本书为国家哲学社会科学基金项目的最终成果

项目名称：马克思的世界历史理论与全球史观研究

（批准号：07BSS001）

全球史导论

AN INTRODUCTION TO GLOBAL HISTORY

张一平 著

人民出版社

目　录

绪　论

全球化进程扑面而来，全球史研究方兴未艾。树立一种什么样的全球史观？或者说如何构建全球史学科的基本理论体系？这已经成为史学界普遍关注的重要理论问题。目前这一问题尚未解决。国外虽然出现了巴勒克拉夫、斯塔夫里阿诺斯、麦克尼尔等全球史研究的著名学者，也出版了他们的许多全球史著作，但他们重在描述全球史过程，并未全面阐述全球史观；国内则由于人们对新的科学理论和方法掌握得较少、全球史研究的时间较短等原因，还来不及建立系统的全球史观。而没有一个正确的全球史观的指导，就很难推动全球史研究的健康发展。本书侧重探讨全球史学科的一些基本理论问题，试图为全球史研究的进一步发展奠定基础。

一、全球化推动世界整体发展

自 20 世纪 80 年代以来，全球化进程已经日益发展成为一个不争的事实。虽然，人们对全球化的理解和态度各不相同，但有一点是无可置疑的，即全球化正在把我们带入一个整体发展的新时代。

所谓整体发展，是指我们所处的世界已经联结为一个密不可分的有机整体，组成这个整体的各个部分是在相互影响、相互作用中共同发展、共同进步的。整体的发展是主流，它牵动着、制约着部分的发展。整体的利益高于部分的利益，并决定着、贯穿着部分的利益。总之，到处是整体在起作用，离开了整体，部分似乎寸步难行、一事无成。而部分的行为，如果不考虑它同整体或其他部分的关系，将是不可思议的。正好比"与损俱损，与荣俱荣"。这就是我们所说的整体发展，它强调的是整体。的确，我们所处的时代与以往一切时代相比，它的最明显的特征就在于整体意义的强化。当前，许多社会领域中出现的一体化、综合化、系统化趋势，就是这一特征的深度展开。

全球化推动世界整体发展主要表现在以下几个方面：

第一，全球一体化进程的加速。随着生产力与科学技术的迅猛发展，当今世界各个国家、各个地区之间的相互联系、相互交往日益频繁、日益密切。首先是从经济、信息、金融领域中各国之间加强了交流与合作，随后是在政治、文化、科学技术等领域中的相互沟通、配合、渗透。由于各种利益关系的交叉、汇合、牵制，各国之间的协调合作、连锁互动、相互影响日趋明显，甚至呈现出一种你中有我，我中有你，浑然一体，难分难离的局面。各个国家、各个地区之间的这种紧密联结的状况，使整个世界愈益发展成为一个不可分割的整体。

全球一体化最突出的表现是经济一体化，最能反映经济一体化水平的是国际贸易和国际金融。近年来，国际贸易增长很快，1970 年，世界贸易总额为 5930 亿美元，而到 1997 年已增长至约万亿美元，到 2005 年全球货物贸易额首次超过 10 万亿美元，2006 年全球货物贸易额达到 11.78 万亿美元。① 而且世界贸易的增长率，已经连续多年超过世界生产增长率。这表明各国经济已经越来越依赖于国际市场。世界贸易的发展推动着世界贸易组织的发展。1994 年关贸总协定"乌拉圭回合"圆满结束，并于 1995 年 1 月 1 日建立了世界贸易组织，通过这一国际性机构来制定多边

---

① 《2008 世界经济发展报告》，上海财经大学出版社 2008 年版，第 9 页。

贸易规则如削减各种关税、非关税壁垒等，从而能够更加稳定地推进世界贸易的发展。

国际金融市场的交易量更是大得惊人。目前每年国际金融市场的交易量高达500万亿到600万亿美元。由于许多国家放松了对金融市场的限制，使金融跨国界流通变得更加灵活方便。20世纪80年代中期，国际直接投资总额每年约770亿美元，到2006年增至1.3万亿美元。国际货币基金组织和世界银行在国际金融市场扮演着极为重要的角色，被称为"经济联合国"。它们的成员国的地理范围和金融合作领域都极为广阔。该组织的最终目标就是使各国货币政策操作和金融监管制度趋向一致，而这种趋向又进一步促进了国际金融业务的发展。

在国际贸易和国际金融的支持下，跨国公司的数量和规模有了明显的增长。据联合国跨国公司中心的统计数字显示，1986年全球跨国公司仅有12000家，1995年增至39000家，国外分支机构从11万家增至27万家。2006年，全球跨国公司又增至78000家，国外分支机构增至77万家。跨国公司从事和控制着世界60%的贸易、70%的直接投资、80%的技术专利。随着跨国经营程度的提高，它的母国色彩不断淡化，比如一家美国建筑公司可以在沙特阿拉伯承建宾馆，它用的水泥来自德国，设备来自巴西，劳动力来自韩国等。它真正是一家世界性企业，因为它已经溶于世界市场。至于它属于哪个国家并不重要了。

第二，全球化的另一个表现是现代化的交通和通讯方式更加紧密地将人类世界联结成一个整体，从而使我们时代的整体性比以往任何时代都更加突出、更加重要。世界整体性的加强，使我们时代的发展更加明显地带有整体发展的特色，而部分的、孤立的、闭塞的发展越来越不可思议了。

当代社会在交通和通讯方面取得了巨大的成就。在铁路、公路、远洋运输和航空等交通领域中，今天比以往任何时候都更加方便、快捷。铁路运输成本低、速度快、安全可靠，目前世界上最先进的磁悬浮列车时速可达400—500公里；公路网的建设大大超过了铁路，在发达国家公路已通往每一个偏僻的村落，发展中国家公路也已通达绝大部分乡村，人们对公路和汽车工业的投资最为踊跃，目前世界上80%以上的国家拥有汽车装配线，汽车工业已成为名副其实的全球性工业，汽车运输的迅速普及，以至于人们可以说，二十世纪是汽车传播和普及的世纪。公路是一张看得见的大网，罩在地球陆地的表层上，给人类提供着基本的交通渠道，而海洋运输则有一张看不见的更大的网，主要承担着远距离的大规模运输。集装箱运输和万吨巨轮的制造，是当代远洋运输的突出成就，它使今天的海运能力比哥伦布时代要高出千万倍！航空运输也是二十世纪令人类感到骄傲的成就之一。今天的喷气式飞机、超音速飞机，最高时速可达1万多公里。民航客机时速一般为800—1000公里，军用飞机时速可达2000公里以上。

通讯事业主要承担着在人们之间传递信息的工作。通讯工具在今天的发展和普及速度，大概在十年前，甚至五年前都是人们无法想象和始料不及的。由于通讯卫星、通讯光缆的发展，人们借助于电话、电脑、电视，可以在瞬间将信息传递到世界任何一个角落。特别是电脑互联网络的建设，在全世界形成了一个高度密集和高效率的信息网络，使人们之间的信息沟通可以以光速来进行，而且不受距离、地形、气候、时差等条件的限制，给人们之间的联系提供了极大的方便。例如国际外汇市场，借助于发达的通讯工具，世界各国的中央银行、商业银行、经纪人、公司和个人可以通过纽约、伦敦、东京和香港的国际金融中心在每天24小时内不间断地进行交易，使目前全球外汇市场的日交易额可达1.5万亿美元，外汇交易成为一种"光速"交易。此外，电脑互联网络的信息共享，使信息全球化成为一种现实。据统计，1995年全球网站总数有1.8万个，2006年全球拥有域名及内容的网站超过1亿个，其中活跃站点约有4800万个。①

第三，当今世界各国、各地区和各族人民所共同面临的问题即全球性问题越来越多。全球性问题的出现，一方面是世界整体发展的结果，另一方面又推动和影响着世界的整体发展。在全球性问题面前，各国政府和人

① 《2008世界经济发展报告》，上海财经大学出版社2008年版，第472页。

民面临着同样的挑战和选择。由于整体利益的驱动，在解决这些全球性问题时，人类不得不携手并肩，通力合作，这就进一步推动了世界的整体发展。因此，全球问题的不断涌现，也是我们时代整体性的一个显著特征。

例如战争与和平的问题，在第二次世界大战后，它日益演变为一个全球性问题。由于核武器的制造成功，使人类掌握了拥有巨大杀伤力和破坏力的武器。目前少数几个核国家拥有的核弹头，足够毁灭人类几十次。如果再发生一次世界大战，就不是谁胜谁败的问题，而是全人类甚至地球上所有生命的灭绝。因此，战争与和平不再是一个地区或几个国家之间的事情，而是整个人类的毁灭与生存的问题，是一个"生死与共"的问题，这就迫使人们在这个问题面前，不得不从整体的利益出发，谋求和平共处、求同存异的根本出路。

再如环境污染问题，也已成为一个全球性的问题。人类只有一个地球，居住环境的优劣直接影响着人类的生存。近 200 年来的工业发展，使环境污染日益严重。首先是大气中二氧化碳的增加，导致保护地球生物免受紫外线辐射伤害的臭氧层减少。调查表明，目前全世界每年向大气中排放的二氧化碳达 210 亿吨，2003 年地球上空臭氧空洞 1100 万平方公里，2008 年扩大到 2800 平方公里。其次是温室效应，造成全球气候变暖、冰川融化、海平面上升，最终将导致江河酸化、森林死亡、农作物减产。另外还有水污染、垃圾污染、核污染、沙漠化等，这些问题无一不对全人类的生存构成威胁，是人类必须共同对付、协作解决的问题。

其他如人口爆炸、水土流失、生物灭绝、能源短缺、资源匮乏以及毒品泛滥、恐怖主义、走私、艾滋病、移民难民等问题，都已成为全球性问题。可以说，我们时代所面临的全球性问题，超过了以往所有历史时代全球性问题之总和。如此众多的全球性问题，使人类整体利益上升到日益显赫的地位，局部的利益不得不让位给整体利益，正是这些整体利益把整个人类更加紧密地联系在一起，使我们的时代别无选择地走上整体发展之路。

第四，构成当今世界整体的组成部分与整体之间的关系日益紧密，部分所发生的变化能够导致整体的变化，即所谓"牵一发而动全身"。在我们时代中，即使是一个很小的国家，或者一个国家内部发生的一件很小的事情，都可能对人类整体利益造成影响，从而引起全世界的关注。这种现象有力地证明了世界整体性的强化。因为部分的孤立行为越来越少，部分只能在整体中运动、变化。离开了整体，部分也就不存在了。部分的变化会引起整体的变化，部分的利益也是整体的利益。从这个意义上讲，部分就是整体，也可以说，只有整体，没有部分，整体就是一切。世界历史发展到今天，已经成为这样一个密不可分的有机整体。

一个典型事例是泰国的金融危机。1997 年 7 月 2 日，泰国中央银行突然宣布放弃泰铢与美元挂钩的汇率政策，改为浮动汇率。在曼谷的金融市场，泰铢对美元的汇率顷刻间下跌了几乎 20%，从而引发了一场剧烈的金融动荡，对泰国经济造成沉重打击。泰国中央银行行长、财政部长及政府总理先后被迫引咎辞职。这次金融危机发生后，迅速波及邻近的东南亚国家，随后又蔓延到亚洲、欧洲、美洲的许多国家，包括菲律宾、马来西亚、印度尼西亚、缅甸、新加坡、巴西、希腊等国的货币都先后受到冲击，出现了程度不同的混乱和下跌趋势。中国的香港、澳门、大陆也先后受到不同程度的影响，从而演变成一场波及全球的金融风暴，对世界经济造成了严重的影响。泰国金融危机发生后，立即引起国际社会的高度重视和密切关注。为了遏制金融危机的蔓延，维护国际金融市场的正常秩序，8 月中旬，国际货币基金组织及亚太一些国家和地区决定向泰国提供 160 亿美元的经济援助，中国政府也决定向泰国提供 10 亿美元贷款，以帮助泰国渡过难关。

这个事例清楚地表明，由于世界已经联结为一个密不可分的整体，各个部分之间有着千丝万缕的联系。因此，一个很小的国家发生的事情，也会影响到整个世界，引起整体的变化。

另一个典型的事例是由一只小羊而引发的。1997 年 2 月 23 日，英国罗斯林研究所宣布利用动物细胞无性繁殖获得成功，一只小羊多利在实验室诞生，称做"克隆羊"。克隆是英文 clone 的音译，指的是无性繁殖细胞系。克隆技术即科学家利用动物的体细胞而非生殖细胞培育成另一个成体的繁殖方式。小羊多利问世后，立即在全世界引起强烈反响。因为克隆技术的成功，在理论上证明了，克隆人也是完全可能的。科学家们担心，如果将克隆技术用于克隆即复制人类，将会产生许多意想不到的严重后果，并能造成巨大的伦理危机，从而给人类社会带来灾难。于是，世界各国政府、科学家及国际组织纷纷发表声明或制定政策，强烈反对和禁止克隆人，有的国家还停止或反对克隆研究。有关克隆问题的各种信息一下子成为世界舆论的中心和热门话题，吸引了全人类的关注，形成了一股"克隆风暴"，席卷全球。一只小羊的诞生，终于演变成一个世界性的事件。

此类事例还可以举出很多，比如 2007 年美国发生的次贷危机，到 2008 年就演变成世界性的金融危机甚至经济危机，联合国不得不召开 20 国峰会来讨论集体应对策略；又如 2008 年年底以色列袭击巴勒斯坦，战争不断升级，引起全球舆论关注，联合国召开紧急会议要求双方停火；再如 2008 年年底首先在墨西哥和北美部分地区发生的甲型 H1N1 流感，到 2009 年夏就传播到世界一百多个国家，致使世界卫生组织不得不向世界各国发布警告，并召集各国卫生部长开会，紧急磋商共同应对措施。全球一致行动防控甲型 H1N1 流感的扩散。这些都说明今天人类的距离是如此之近，生活在地球各处的人类真正是息息相关。世界的每一个组成部分都与整体密不可分，每一个组成部分的变化都会引起整体的变化。这种情况在几十年以前还是无法想象的。

第五，由于全球化进程的驱动，各个国家、各个民族越来越依靠国际性组织机构来协调国家间关系，维护国际社会的集体利益。这就提高了国际组织的地位和作用，而国际组织地位和作用的提高，又进一步推动了世界的整体发展。

国际组织，特别是全球性国际组织，由其本身的性质所决定，它所面对的和要解决的都是全球性问题，它是把全球的利益放在首位，从大局出发来处理问题。它往往是承担着一个或几个国家所不能胜任的工作，起到了单个国家所起不到的更大的作用。近年来，国际组织受到了越来越多的国家和人民的重视和支持，从而使国际组织发挥着越来越大的作用，这必将进一步增强世界的整体性，推动着全人类的共同发展。

最为重要的国际组织当然是联合国。联合国在协调国际社会的复杂的多边关系、解决全球性问题、推进整个人类的文明事业、建设和平幸福的人类大家庭等方面都发挥着举世公认的巨大作用。比如，1970年联合国将每年4月22日定为"地球日"，号召各国人民爱护地球；1986年被联合国定为"国际和平年"，推动世界和平运动的发展；1993年6月，联合国在巴西的里约热内卢组织召开世界环境与发展大会，有183个国家的元首和政府首脑参加大会。会议签署了四个重要文件：《地球宪章》、《21世纪议程》、《气候变化框架公约》和《保护生物多样性公约》。这次会议使各国政府坐在一起共同讨论环境与发展的问题，号召全人类共同努力，为保卫地球、净化环境、持续发展而战斗。2009年12月，联合国气候变化大会在丹麦首都哥本哈根召开，来自全球190多个国家和地区的约15000名代表参会，100多个国家的领导人出席会议共同讨论温室气体减排问题并达成协议。

国际组织不仅在世界经济、政治领域中发挥作用，还涉及医疗卫生、文化教育、法律、劳工、体育等诸多领域。如世界卫生组织、国际红十字会、世界气象组织、国际劳工组织、教科文组织、万国邮政联盟、国际海事组织、国际奥委会等，它们在人类的生活中越来越重要，对全人类的影响也越来越大。像国际奥委会组织的奥林匹克运动会，能够牵动几十亿人的心。奥运会的开幕式或闭幕会，吸引着电视机前的几十亿观众。在同一时间里，几十亿人关心着同一件事，也做着同一件事——看电视，这就是人类一体化、世界整体化的最好说明。全世界几千个国际组织，就像几千条纽带，把世界各国、各地区、各民族紧紧联系在一起，随着国际组织作用的不断增加，人类就大步走向整体发展的光明大道。

第六，跨国行为的日益增加。由于整体利益的超国家性质，就必然会出现一些超越国家和政府界限的跨国行为。跨国行为有三个特点：一是跨国行为主体一般都不是主权国家，而是非国家的实体（包括个人）。而以往国际行为的主体都是主权国家；二是跨国行为代表的是地区利益或全球利益，它一般不受主权国家和政府的限制，能够突破国家间的界限、障碍和壁垒，是一种无国界的行为；三是跨国行为主体能够像主权国家主体一样，拥有一定的权力，对自己行为负责任，可以直接处理某种国际事务。跨国行为由于其跨国界的行为特点，消除了国家间的某些界限，加强了各个国家、各个地区之间的直接联系，从而增进了世界的整体性。

自从 20 世纪 60 年代以后，"跨国行为"、"跨国组织"、"跨国政治"、"跨国主义"等概念就开始频繁地被人们使用，反映出跨国行为的发展趋势。如今跨国行为已出现在经济、政治、文化等诸多领域。经济领域中的跨国行为主要由跨国公司以及世界银行、世界贸易组织、国际货币基金组织等实施，在 2006 年，跨国并购交易就达到 6974 笔，交易金额达 8800 亿美元。① 在 2008 年全球金融危机爆发后，2009 年年初，中国提出建立新的国际货币储备体系——"非主权的储备货币"，俄罗斯建议设立"超主权的储备货币"，联合国大会也讨论建立一个取消美元国际货币地位的新的全球储备体系。在政治领域中出现了跨国政党，如社会党国际、自由党国际、国际民主党联盟等。另外还有联合国维持和平部队。如今联合国维和部队已有 8 万多人，被部署在十多个国家和地区像主权国家的军队一样执行军事任务。在科技领域，国际科学家大会多次呼吁科学无国界，科学技术属于全人类，造福于全人类。当代科学技术迅猛发展，许多高新技术的研究和实验，需要花费巨大的人力、物力和财力，有时超出了一个国家的承受能力，必须通过许多国家的共同协作才能完成。如航天工业、宇宙飞行等。美国与苏联及俄罗斯的科学家在和平号空间站等许多航天事业中，已经合作多年，即使在两国政府关系紧张时，这一合作仍能维持。

跨国行为的综合性成果，是当今世界的区域一体化进程。近几十年来，世界各大洲的一些地区，都出现了一体化的趋势。区域一体化力求突破国家间的许多界限，试图建立同一地区国家间在经济、政治、文化、军

---

① 《2008 世界经济发展报告》，上海财经大学出版社 2008 年版，第 96 页。

事等领域的更加密切的联系与合作，把过去属于主权国家或政府的某些职能，集中在一体化的机构中。如 1965 年建立的欧洲共同体，今天已发展成有 27 个成员国的欧洲联盟，并已从 1999 年 1 月 1 日起在联盟内部流通统一的欧洲货币——欧元；1980 年拉美一体化协会成立，由十多个拉美国家组成；1991 年非洲统一组织首脑会议签署了建立非洲经济共同体条约；1992 年北美自由贸易区形成等。另外，1997 年美洲国家首脑会议，确定 2005 年为谈判达成美洲自由贸易区协议的最后期限；亚太经合组织领导人会议提出"不迟于 2020 年在亚太地区实现自由、开放的贸易和投资"的目标。

区域一体化是世界整体发展的重要组成部分，也是世界整体进程中，从低级阶段向高级阶段不断进化的关键环节，它与全球一体化过程是相辅相成的。区域一体化趋势的日益加强，有利于全球一体化的发展，也有利于世界整体进程的顺利进行。

总之，在全球化进程的推动下，整体发展和整体化趋势成为我们这个时代最为显著的特征。生活在今天的人们，比以往任何时代都更加强烈地感觉到：人类是一个大家庭，居住在同一个星球上。地球并不大，就像一个小村子，人们之间的距离很近，很近，近得可以手拉着手，肩并着肩地创造着、建设着同一个文明。人类是一个整体，世界是一个整体，部分离不开整体，整体的利益高于一切，整体的发展重于一切。为了维护整体利益，推动整体发展，人们今天比以往任何时候都更加需要整体观念和整体意识。

二、全球史是世界整体的历史

全球化浪潮吹动着世界的各个角落，世界整体发展影响着人类社会各个领域、各门科学的发展，整体观念和整体意识已成为一种时代精神和科学主旨，时代的发展给史学界提出了全球史研究的新课题。很显然，全球史研究更为强调对人类历史的整体研究、宏观探索，这一点在最近几十年来，已经得到国内外学者的广泛认同，成为史学界特别是世界史学界的主流意识。

应当指出，全球史并不等于全球化史。就经济全球化而言，国际通行的观点大多认为全球化始于工业革命以后。比如，美国学者米什基认为，全球化的第一个阶段是 1870—1914 年，主要根据是这一时期国际贸易的显著增长。[①] 当然，也有学者认为全球化出现的更早。还有人还提出"古代全球化"（Archaic globalization）这一概念，认为全球化始于 1600 年左右。[②] 无论如何，全球史的时间跨度都更长，它往往贯穿人类历史的整个过程。但是，全球史的研究，却是在全球化的推动下提出的。现代意义上的全球史研究，主要是指第二次世界大战以后，在全球化进程不断加速的背景下，首先在欧美史学界出现的一个新的学科。这个学科接近于中国高校的世界通史、世界文明史，它的显著特点是反对欧洲中心论、不以国家或民族为叙事单元，主要阐述全世界的历史，特别是不同民族、不同国家、不同文化之间相互影响、相互联系的历史。

究竟什么是全球史？学术界尚无统一的定义，在全球史的著作中亦是众说纷纭。多数人都认为，全球史是全世界或人类整体的历史，也就是世界整体的历史。这一点恐怕很少有人会反对，但问题在于，什么是世界整体的历史呢？

要说明什么是世界整体的历史，首先应该回答的问题是：什么是整体？因为不同的整体观，对整体的认识不同，因此对这个问题的回答也不同。古代朴素整体观提出：整体大于部分之和。这个答案显得过于抽象和模糊，它使整体或多或少地带有一些神秘色彩，难怪有人指责整体观思想

---

① Frederic S. Mishkin: *The Next Great Globalization*, 2006 by Princeton University Press, p.2.

② A. G. Hopkins, ed., *Globalization in world history,* New York, 2002, pp.4-7; *Interactions: transregional perspectives on world history,* 2005 University of Hawaii press, p.14.

是一种神秘主义。按照这种观点，世界整体的历史应该大于世界各个组成部分的历史之和，但是世界整体的历史究竟是什么，仍然不够明确。

近代机械论整体观认为，整体等于部分之和。也就是说，整体就是部分的简单相加。如果这样，世界整体历史就是世界各个组成部分的历史之和，这种看法人们是不能满意的。把整体看成是部分之和，似乎是简洁明了，某些事物整体从直观上看也好像就是如此。但这样看问题未免过于狭隘和简单，它不能揭示整体所具有的、与部分不同的新质和功能。即使对一台机器来说，它虽然是由部分组成的，可以拆开成若干零件。但是，把这些零件随便堆放在一起就形不成机器（整体），必须按一定规则将这些零件组装起来，才能成为机器，并且机器整体与零件堆积的功能是完全不同的。机械论整体观对世界历史学科的影响十分深远，它的结果之一就是把世界整体历史写成国别史、地区史的汇编，这种"拼盘式"的世界历史由于不能揭示世界全局的历史过程，因此已遭到越来越多的人的怀疑和反对。但是如果说现在已经消除了这种"拼盘式"的世界历史，那恐怕还为时过早，因为它目前还是很流行的。即使是那些反对把世界历史写成国别史、地区史汇编的人，他们自己写出来的世界历史大多数也还是一种汇编，并未摆脱"拼盘式"的怪圈。造成这一十分矛盾的现象并不奇怪，其原因在于人们并未摆脱近代机械论整体观的影响。因此，解决问题的关键在于用什么样的整体观来指导我们的研究工作。

现代系统论整体观给我们指出了一条充满希望的道路。这种整体观认为，整体是部分与部分的相互关系以及整体与环境的相互关系的总和。这就是说整体与部分之间并不仅仅是加和关系，也不是一种数量关系，而是部分与部分之间的各种相互关系、相互作用的总和构成了整体。离开了这些相互关系，整体就不存在。所以，单是部分加在一起并不是整体，而是部分之间的关系加在一起才是整体，在某种意义上讲，整体是相互关系的集合。这个集合中，还包括整体与外部环境的相互关系。由于整体是存在于一定的环境中，整体与环境之间存在着物质、能量、信息的交换，整体与环境的相互关系就对整体的性质、形态、结构、功能具有一定的决定作用，离开了环境，整体也无法存在。因此，整体与环境的相互关系也必须包含在整体的概念之中。

在现代系统论整体观的指导下，我们可以给全球史作出如下的定义：全球史是世界整体的历史，是世界整体的各个部分之间的相互关系以及世界整体与其外部环境之间的相互关系的总和及其演变过程。

这里需要说明三点：第一，所谓世界整体的组成部分包括了历史上曾经存在过的所有个体、群体、民族、国家及国家集团或地区，所有这些部分在它们的经济、政治、文化和心理活动过程中所形成的相互关系，都属于世界整体的历史内容。这样一来，也许世界整体的历史内容显得十分繁杂，数量也十分巨大，不过这是理论上的断定，在实际撰写全球史时，必然要对这些相互关系进行一定的取舍。与以往世界史研究不同的是，全球史并不需要包括所有国家、民族、地区的历史，而是要说明这些国家、民族、地区的相互关系的历史，这就使全球史有一个较为明确的研究范围。至于世界整体与其外部环境之间的相互关系是以往的世界史研究较为忽略的，而全球史则必须加强这一研究，因为只有通过整体与环境的相互关系才能真正说明整体。

第二，这里所说的各种相互关系，不仅指世界整体各个部分之间以及世界整体与其环境之间在表象上的相互关系，也指它们之间在本质上的相互联系和本质上的统一性。单是表象上的相互关系并不能完全揭示整体，甚至会割裂整体。比如一台机器有许多零件，其中有两个零件并不直接相邻，也不发生直接的联系，但它们仍是这台机器不可缺少的组成部分，它们具有在本质上的统一性，我们不能因为它们没有表象上的相互关系，就说它们不属于整体。同样，在世界历史上，有些国家可能相距遥远，交通闭塞，相互间没有什么交往，但它们仍是世界历史整体的组成部分，它们在本质上仍具有统一性。实际上，由于史料的缺乏，以及我们认识上的局限性，我们无法断定它们之间有无交往，但从理论上讲，相互关系是普遍存在的。

第三，所有的相互关系都是处在不断的演变之中的。一般地讲，事物整体组成部分之间的相互关系，随着整体的发展不断地趋于紧密，也就是说，整体越发展，部分之间的关系就越密切、越复杂。有机体的整体更是如此。对世界整体而言，越是靠近古代，世界整体组成部分之间表象上的相互关系就越少，本质上的相互联系就越明显。越是靠近现代，世界整体组成部分之间表象上的相互关系就越多，本质上的相互联系就显得越模糊（实质上人类的本质统一性并未减少，它不过是被表象逐渐淹没了）。世界整体与外部环境的相互关系也是如此。这种演变过程，就是全球史的整体性不断加强的过程。因此，人类社会由分散到整体的发展过程，也可以看做是人类社会整体性不断加强的过程。

总之，全球史是一门新兴的学科，是在全球化和整体发展背景下产生的新的知识体系，因此它的基本特征就是全球观念和整体意识，它必须反映世界整体的历史，全球史学科本身的历史使命也是如此。

三、树立马克思主义的全球史观

全球史研究离不开全球史观的指导。虽然近年来国内外学术界出现了许多全球史的思想，并且这些思想也有许多合理的成分，但无论国内还是国外学术界，至今并未形成系统的全球史学科理论，或者说还没有形成系统的全球史观。这种情况显然是不利于全球史学科的进一步发展的。因此，建立系统的全球史观，就成为摆在我们面前的一项迫切任务。

建立什么样的全球史观？这是一个值得深入思考的问题。首先应当明确，全球史观与历史观不是同一个层次的问题。历史观是对整个人类历史的一般认识，它要解决生产力与生产关系、经济基础与上层建筑、社会存在与社会意识的关系问题，这对历史学的所有分支学科都有指导意义。而全球史观是在一定的历史观指导下的、对全球史的一般认识，它仅对全球史学科有指导意义。正像经济史、社会史、文化史、人口史等历史学分支学科有自己的理论一样，全球史也应当有自己的学科理论，这就是全球史观。因此，建立全球史观首先要解决的问题是历史观问题，既用什么样的历史观来统领我们的全球史观。

众所周知，唯物史观是当今时代正确的科学的历史观，是指导一切历史学研究——包括全球史研究——的科学的理论基础。只有在马克思主义的唯物史观的指导下，我们才能够建立真正科学的全球史观，所以，建立马克思主义的全球史观是构建全球史学科的必由之路。

让我们用一位西方学者的论述，来说明这一点。巴勒克拉夫是国际著名的历史学家，是全球史观的重要倡导者，曾任英国历史学会主席。他本人并不是一位马克思主义者，但在那本享誉世界的著作《当代史学主要趋势》中，他这样写道：

> 马克思主义的影响之所以日益增长，原因就在于人们认为马克思主义提供了合理地排列人类历史复杂事件的使人满意的唯一基础。……马克思主义的整个影响在 19 世纪末已经明朗。……1930 年以后，马克思主义的影响广泛扩展，即使那些否定马克思主义历史解释的历史学家们（他们在苏联以外仍占大多数），也不得不用马克思主义的观点来重新考虑自己的观点。……马克思主义的影响在世界其他地区也有显著的加强。在英国年轻一代史学家中已经形成蓬勃向上而且很有影响的马克思主义史学派，其中包括一些著名的历史学家，如艾里克·霍布斯鲍姆、克里斯托夫·希尔、约翰·萨维尔和爱德华·汤普森。英国、法国、意大利、南斯拉夫以及其他国家的马克思主义者的积极参与为历史学新观念的形成做出了贡献，这是毫不奇怪的。……到 1955 年，即使在马克思主义的反对者中，也很少有历史学家会怀疑聪明睿智的马克思主义历史研究方法的积极作用及其挑战。①

———————————

① ［英］巴勒克拉夫：《当代史学主要趋势》，杨豫译，上海译文出版社 1987 年版，第 26—42 页。

第二次世界大战以后，唯物史观的影响日益增长，特别是马克思的世界历史理论，在全球化的进程中，得到了越来越多的人的重视。巴勒克拉夫认为：

> 今天仍保留着生命力和内在潜力的唯一的历史哲学，当然是马克思主义。我们已经看到，马克思主义不仅是共产主义国家中强大的思想力量，在整个亚洲也是十分强大的思想力量。马克思主义对非共产主义国家的影响也同样大。当代著名历史学家，甚至包括对马克思的分析有不同见解的历史学家。无一例外地交口称誉马克思主义历史哲学对他们产生的巨大影响，启发了他们的创造力。①

巴勒克拉夫的这些论述，对唯物史观在 19 世纪末叶以后影响不断扩大的过程描述得十分准确，评价也客观、公正。应当指出，唯物史观能够走向成功的根本原因，在于它的辩证唯物主义立场。这一立场，使唯物史观能够找到人类历史进程的真正原因，能够辩证地看待历史发展中统一性与多样性、主观与客观、必然性与偶然性的相互关系，能够揭示人类历史发展的客观规律，能够正确地评价历史事物，从而使历史学能够在科学的光明大道上不断向前迈进。

马克思世界历史理论是唯物史观的重要组成部分，是对世界历史进行整体研究的理论结晶。应当指出，马克思的世界历史理论着力于考察人类的交往实践，认为交往使世界普遍联系不断加强，是生产力在世界范围内得以传播和发展的基本条件；着力于考察全球和全人类整体的人类社会的发展，在方法论上确认了世界上所有的民族和国家都以各自的方式参与了世界历史的演变发展过程，世界历史是各个国家和民族的社会历史发展间的相互联系、相互作用的结果；着力于考察世界历史性个人的实现过程，并从民族历史与世界历史的矛盾来考察人类社会的发展，把它们看做是部分和整体的关系；着力于考察人的全面自由发展与社会主义（共产主义）事业的一致进程，正确揭示世界历史的未来发展趋势，从而科学地把握世

---

① ［英］巴勒克拉夫：《当代史学主要趋势》，杨豫译，上海译文出版社 1987 年版，第 261 页。

界历史的总的进程。因此，建立科学的全球史观，就必须以马克思的世界历史理论作为直接的理论基础。

　　建立马克思主义的全球史观，并不是要完全排除其他学派的全球史思想，而是应当以科学的实事求是的态度，用不断发展马克思主义的眼光，正确对待和积极吸取一切合理的全球史研究的思想和方法。近年来国际史学界出现了各种各样的全球史观思想，除了国内较为流行的巴勒克拉夫、斯塔夫里阿诺斯等人的全球史观思想外，还有美国麦克尼尔的《西方的兴起》，沃勒斯坦的《现代世界体系》，英国佩里·安德森的《从古代到封建主义的过渡》与《绝对主义国家系谱》等，都提出了一些新理论。如麦克尼尔的"欧亚大生存圈"概念，将数千年的游牧、农耕、商贸活动放在这个广阔视野中考察，以解释各个文明与国家体制的兴衰演变；华勒斯坦以"资本主义世界体系"的形成与扩张为系统，将世界分为不断变化的核心、半边缘、边缘、外部竞争场，来分析 500 年来重大历史事件的缘由；安德森以欧洲及亚洲奴隶制、封建制、资本主义各种生产形态与相应的政治体制过渡的系谱诸因素来解释不同国家各自的经济政治进程。这些理论均能够从某些方面阐释世界整体的历史发展，因而能产生广泛持久的影响，使全球史的研究呈现出一片繁荣景象。同时，这些著作能够从多学科、多角度审视与分析历史，如麦克尼尔将文化人类学、人口、生态研究、技术发展、传播史和军事史的成果运用于"生存圈"理论；华勒斯坦的"世界体系论"将历史学与经济学、社会学、政治学等结合为一体，吸收了年鉴派史学、发展经济学、比较社会学、新马克思主义政治学的成果；安德森的"过渡"与"系谱"论结合了历史哲学、政治经济学、社会学的创新发展。社会科学多学科研究方法与成果的应用，使全球史研究有了新的多维视角。

　　总之，只有在马克思主义的唯物史观的指导下，以马克思的世界历史理论为基础，建立马克思主义的全球史观，同时，吸取世界上一切合理的、有价值的全球史研究的思想和方法，才能形成一套较为系统的全球史理论。

四、本书的思路与框架

　　历史研究中的整体观念可以说是和历史学同时产生的，不过，由于受人们认识能力和研究水平的限制，各个时代的整体观念有着不同的特点。古代史学的整体观念显得较为朴素和简略，但那时的史学家们已在努力描述他们所知道的"世界"，并用十分抽象、略显神秘的整体思想去概括整个人类的历史，也在一定程度上达到了对人类历史整体的模糊认识。中世纪史学是在宗教神学的影响下，用"上帝"的概念表达了对人类历史的统一认识。近代由于大工业的发展，机械论在思想界占据了主导地位，加上民族国家的兴起，人们更为重视民族和国家的历史，而世界整体的历史似乎就是民族史、国家史的简单相加。20世纪以来，历史观的演变主线是整体观，无论是文化形态史观，还是总体史观、全球史观，人们比以往任何时代都更加重视世界整体，更加重视不同文明、不同国家之间的相互联系、相互影响，这和一百多年来全球化进程的加快以及系统科学的产生有密切的关系。今天的全球史研究，是在自古以来的世界历史研究的基础上进行的，今天的全球史观，也是在历代史学家的整体观念的基础上发展的。

　　在世界史学理论的发展史上，马克思的世界历史理论有着十分独特的地位，也是迄今为止对世界历史整体认识最为深刻、最为科学的理论，应当成为今天我们研究全球史的基本指导思想。因此，重读马克思的世界历史理论，在今天就有着非常特殊的意义。这不仅是因为马克思的世界历史理论以历史唯物主义为理论基石，能够客观地、科学地解释人类历史的发展过程和发展规律，更重要的是因为马克思的世界历史理论完全是从整体的角度去考察人类历史的，这里没有"欧洲中心论"，也没有狭隘的民族、国家立场，马克思是站在"没有国界"的无产阶级的立场上，从世界历史性个人的角度出发，以人类社会最终的世界历史性存在——共产主义为价值取向，来审视整个人类历史以及世界历史的未来的。全球史研究必须有全球性的立场、全球性的视野、全球性的终极关怀，重读马克思的世界历史理论，对于我们建立科学的全球史观，是非常必要的。

进入 21 世纪，全球化进程不断加速，时代的发展要求我们加强全球史的研究，构建科学的全球史理论体系，更好地服务于人类社会的进步。这就必须首先解决几个问题：

第一，必须建立科学的全球史观。任何一门学科的发展，都必须有自己独特的、成熟的理论作指导。目前全球史的著作虽然出现了许多，但大多是描述全球史过程的通史性质的著作，这些著作中虽包含一些全球史观的观点、思想和方法，但都比较零散，没有形成系统的全球史学科的理论体系。这种状况，显然是不利于全球史学科健康发展的。因此，本书的基本任务，在于探讨全球史的基础理论。那么，究竟哪些问题是全球史的基础理论问题呢？史学界从来没有统一的认识，各种观点，数不胜数。这里无法一一列举。笔者认为，全球史的最基本的理论问题，至少应当包括这样一些问题：如什么是全球史、全球史的存在方式及其本质、全球史的外部环境、全球史运动的动力或原因、全球史运动的模式及目的、全球史的分期、全球史学科的构建等。

第二，必须树立正确的整体观。古往今来的整体观念有一个演变过程，不同时代的整体观都有一些合理的成分，我们应当借鉴这些合理的成分，形成我们的正确的整体观。用正确的整体观指导我们的全球史研究，这是全球史学科的必然要求。因为，全球史学科是以整个人类历史为考察对象的，没有一个正确的整体观，就不能完成全球史研究的任务。而且，人类历史是一个整体，必须从整体出发才能认识整体。如果历史学家只是从自己所处的狭隘性出发来看历史，那他就难免总是从部分出发去看整体，这样是无法看清楚整体的。当然也就写不出符合人类历史整体的全球史。历史学家作为人类的一员，不能不考虑人类整体的利益。这就要求历史学家吸收以往人类的全部思想成果，从整体的高度揭示人类历史发展的真谛。马克思和恩格斯在这方面已经为我们做出了榜样。马克思的世界历史理论并不仅仅是代表无产阶级利益的，它更是代表全人类利益的。因此马克思恩格斯能够吸取前人的所有思想精华，能够客观地、公正地评价资产阶级和其他剥削阶级，能够揭示人类社会总的发展规律。

第三，必须摆正人类与自然界的关系。世界是一个整体，这是相对于自然环境而言的。在环境问题日益突出的今天，全球史研究必须树立自己的环境意识。应当认识到，历史学虽然是描述人类社会的活动，但这并不意味着自然界是以人类为中心的，也不能说人类就一定比自然界其他物种优越。在认识人类的特征时，丝毫不能过分地夸大人类的个性。因为不管人类多么的伟大，依然是自然界的一个组成部分，从这个角度讲，人类与自然界的其他物种，无论如何都存在着某种同一性，人类是不能绝对地与其他物种区别开来的。在自然规律面前，人类与其他任何物种都享有平等的权利和地位，不能过于自豪和骄傲。现代科学证明，海豚的语言就极为丰富和巧妙，而蚂蚁的社会组织的复杂性和严密性丝毫不亚于人类等，在许多方面，人类实际上没有什么太了不起的地方。自然界的每一个物种，都有它的存在价值，人类是自然界的普通一员，人类并不比其他物种拥有更多的价值。任何一个物种，只要它适应自然环境，服从自然规律，推动自然环境的进化，它就是合理的、美好的、有前途的，否则就是不合理的、破坏性的、没有前途的。把人类凌驾于自然界其他物种之上，认为人类可以主宰自然、战胜自然、征服自然，这实际上是人类一种自命不凡的偏见，这种偏见的结果是导致人类对生态系统的严重破坏。因此，必须突破人类中心论，重新摆正人类在自然界中的位置，积极推动人与自然的和谐统一。只有这样，全球史才能够真正揭示世界整体的历史，才能够科学地解释人类社会的发展规律。应当看到，全球史并不仅仅是人类发展史，还是人与自然的关系史，离开了自然环境，人类历史就无法认识；而过高估价人类的价值，就不能正确地认识自然环境，就不能客观地、公正地、科学地说明人与自然的关系。

第四，必须吸收当今世界科学发展的最新成果。全球史理论要想实现新的突破，就必须跟上科学发展的时代步伐，积极吸收当今科学发展的最新成果。应当看到，当代科学发展的基本趋势是各学科之间的融合和渗透。以往把科学划分为自然科学和社会科学，自然科学研究自然规律，社会科学研究社会规律，这种划分是把人与自然相对立的结果，它本身并没有多少科学的根据。因为人类与自然界也是处在一个大的整体之中的，我们不能把人类社会完全从自然界中分离出来，也不能孤立地研究自然界。自然科学与社会科学不能截然分开，人类社会也是自然界中的一种事物，一种现象，马克思曾经说过，客观规律适用于自然界的，也适用于社会。① 人与自然的统一，决定着科学的统一。因此，当今科学发展的一切最新成果，全球史学科都应当积极地吸收和借鉴。比如整体性理论、自组织理论、复杂性理论等，这些都是时下科学思维的主流方式，对世界历史整体研究有重要的指导意义，如果全球史理论能够吸收这些新的科学的世界观和方法论，就一定能有所创新，有所前进。

第五，必须为全球史学科进行科学的定位。全球史学科在历史学大家族中处于什么样的位置？这是一个必须弄清楚的问题。把全球史简单地等同于传统的世界史是不够准确的。众所周知，国内学界习惯上把世界史看做是外国史，既除了中国史以外的其他国家和民族的历史。这和全球史的概念完全不同，全球史强调的是世界整体的历史，包含了世界上所有国家的历史，特别是主要国家的历史。像中国这样的大国，在全球史上占有着重要的地位，是绝对不可以忽略的。近年国内一些世界史著作虽然也包括少量中国史的内容，但由于这些世界史著作基本上是把国别史、地区史汇编在一起，并没有真正揭示世界整体的历史，因此也不能算作是全球史。实际上，国内学界对全球史学科的性质及其地位并未展开深入的讨论，像全球史学科的研究对象和研究范围、全球史学科的理论基础和方法论原则、全球史学科的任务和特点等问题，都没有得到很好的解决。也许正是因为这一点，国内学者很少编著全球史著作，目前市场上流行的全球史著作，大多是从国外引入的。要改变这种状况，就需要对全球史学科进行学

---

① 《马克思恩格斯选集》第 4 卷，人民出版社 1995 年版，第 175 页。

理上的构建，明确全球史学科的定位，确定全球史的编纂原则和方法，在此基础上才有可能编写出真正科学的全球史。

基于上述考虑，本书的内容由三部分组成：

第一部分包括第一、二章，主要阐述相关学术史与理论前提。古今中外的史学家们在世界整体历史的研究和编纂上取得了许多成就，这为我们今天的全球史研究提供了一个很好的基础，只有在这个基础上，我们才有可能进行理论创新。因此，认真梳理和研究前人的学术成果，继承学术史上留下的思想遗产，是今天学术研究的一个基础性工作。马克思的世界历史理论是学术史的重要组成部分，是我们必须要继承的学术遗产。重读马克思的世界历史理论，把握马克思世界历史理论的思想实质，是本书的重要的理论前提。需要说明的是，马克思的世界历史理论是包含了恩格斯的思想和论述的，一些最为重要的著作，恰恰是马克思和恩格斯合著的，比如《共产党宣言》、《德意志意识形态》等。严格地讲，马克思的世界历史理论应该称为马克思主义的世界历史理论，但考虑到学术界已经通行的表述，本书仍沿用了"马克思的世界历史理论"这一提法。

第二部分包括第三、四、五、六章，主要阐述对全球史的本体认识，包括全球史的本质属性、全球史的外部环境、全球史的运行模式、全球史的分期等。全球史是世界整体的历史，是一种运动过程。对全球史的认识主要不是通过数量分析的办法来解决，而是要对它进行定性的描述和质的把握。与人类历史的其他内容相比较，全球史具有更为明显的整体性、不平衡性、开放性、创造性、复杂性等特征。外部环境就是环境史，它主要说明全球史与外部环境的相互关系，世界整体的存在和发展必须放在一定的外部环境中才能够被理解。全球史是在它的自组织机制和环境机制的共同作用下运动发展的，它的运动形式是十分复杂多样并充满矛盾的，有渐变也有突变，有稳定也有振荡，有进化也有退化，但它毕竟是一种有目的的运动过程，这个目的就是趋向于人类社会与自然环境的共同进化。认识不到这一点，就不是一个历史唯物主义者。也正是由于认识到了这一点，才能够正确地认识全球史发展的意义。任何一个运动过程都有阶段性，这就产生了历史分期问题。由于历史运动的连续性是客观存在，阶段性的划分就永远只具有相对的意义，这就使我们能够容忍学界对全球史的各种不同的分期。问题在于，全球史应当有它自己的阶段性划分的标准，有它的分期特色。

第三部分包括第七、八章及余论，主要阐述全球史的研究原则与方法。全球史研究的原则与历史学其他领域研究的原则并无根本的区别，只是考虑到全球史是一个新兴的学科，本书特别强调了历史主义原则、历史辩证法原则、逻辑的与历史的相一致原则，笔者认为，这些是历史研究的基本原则。全球史研究的基本方法是整体方法，从古至今的整体思想，特别是马克思主义的整体观和系统论的整体性原则，都是非常值得我们重视的。本书最后简单论述了全球史的学科建设问题，讨论了全球史的学科定位和全球史的编纂方法，供读者参考。

总之，从认真梳理古今中外史学家们关于世界整体的历史认识出发，在马克思世界历史理论的指导下，深入探讨全球史的本体认识和发展规律，才能为构建科学的全球史学科和编写真正科学的全球史奠定理论基础。

第一章　全球史的理论渊源

全球史是世界整体的历史，全球史研究离不开历史研究中的整体观念。自古以来，在历史学领域里，对人类历史的整体认识和描述，都是一个永恒的、极富魅力的课题。人类历史在整体上究竟是什么样的？这个整体是由哪些部分组成的？这些部分又是怎样相互联系到一起的？人类历史之船到底要漂向何方？这些问题关系到人类对自身的理解和认识，也涉及到人类之前途和命运，它们就像一块块巨大的磁铁，深深地吸引着无数的理论家们。对这些问题的探讨和思考，又往往是扣人心弦或催人振奋的，一代又一代的学者，对此付出了巨大的心血和劳苦，为我们留下了珍贵的思想财富。

一、古代史学家的整体观念

历史研究中的整体观念，可以说是和历史学同时产生的，不过，由于受当时人们认识能力和时代水平的限制，古代历史学中的整体观念显得较为朴素和简略罢了。总体上讲，古代史学家在整体研究方面的成就，大致反映在三个方面。

第一，古代史学家是把他们视野所及的所有国家和地区都纳入到自己的论述中去，这样一个空间范围就是他们所认识的"世界"整体。例如孔子所著《春秋》，是中国历史上第一部完整的历史著作，记载了从公元前722年到公元前481年共242年的历史，内容涉及大大小小共计124个国家，这就是孔子所知道的"世界"。稍晚于孔子的希罗多德，写了一部《希腊波斯战争史》，也称《历史》，这部书中所记载的地区，除了希腊和爱琴海诸岛屿外，还包括了埃及、腓尼基、小亚细亚、叙利亚、巴比伦、波斯、黑海沿岸及地中海地区等，这几乎就是当时希腊人所知道的全部"世界"。因为希罗多德的广阔视野和博学多识，被欧洲人尊为"历史学之父"。古代著述中，对世界空间范围覆盖最广的，大概是《马可·波罗游记》。此书写成于十三、十四世纪之交，全书共分四个部分：第一部分描述了亚美尼亚、两河流域、波斯、中亚、帕米尔高原、天山南北等地的风土人情；第二部分主要记载元朝政治，介绍了北京、西安、洛阳、开封、南京、镇江、扬州、苏州、杭州、福州、泉州等名城；第三部分介绍了日本、缅甸、越南、老挝、暹罗、爪哇、苏门答腊、印度、斯里兰卡以及非洲的埃塞俄比亚、桑给巴尔、马达加斯加等地。第四部分谈到了蒙古和俄罗斯。《马可·波罗游记》虽然不是严格意义上的历史著作，但它包含了许多国家的风土人情，具有丰富的史料价值，是世界历史研究的重要资料。该书印行后立即引起欧洲的轰动，人们争相传阅，并被译成多种文字，影响甚巨。十四、十五世纪欧洲的地理学家，就是根据这本书提供的线索，绘制出了历史上最早的《世界地图》。哥伦布也是由于读了这本书，才有了那次著名的航行。

第二，古代历史学家力求从时间序列上记述历史的全部过程，以体现历史的连贯性和完整性。他们往往从远古时代，一直记述到他们所生活的"当代"，这就产生了编年史和通史体例。司马迁的《史记》所叙内容，上起自传说中的黄帝，下至汉武帝太初年间，贯穿古今三千年之历史，其涉及时代之远，范围之广，史学价值之高，是当时世界上任何一个国家的历史著作都无法比拟的。他的"究天人之际，通古今之变，成一家之言"的宏伟目标和雄心壮志，令历代史学家崇敬不已，他是当之无愧的"史学之父"。古代罗马著名历史学家李维，以其毕生之精力，写成一部具有通史规模的《罗马史》，始自罗马建城，止于他所生活的奥古斯都时代，洋洋一百四十二卷，前后包括七百多年罗马历史，是西方最早的通史著作。古代阿拉伯帝国的历史学家泰白利（838—923 年）写下了编年体巨著《先知与诸王纪年》，始自创世，止于 915 年。稍后的麦斯欧迭所著《黄金草原》，始自创世，止于 947 年，是一部百科全书式的鸿篇巨制，他被誉为"阿拉伯的希罗多德"。

第三，古代史学家已经具备了朴素的整体史观，他们已经认识到，人类历史具有某种统一性，是一个包含有相互联系的有机整体，并且是一个不断发展的过程。古代罗马著名历史学家波里比阿（前 204—122 年）在他所著的《通史》中写道：

"在今天这个时代，历史可说已成为一个有机整体。意大利和利比亚发生的一切与亚洲和希腊发生的一切密切相关，所有各种事件，最终只归于一个结局。……因此，要对历史的全貌有一个实际认识，不能不说个别的历史已用处甚微。只有将各事件与总体之间千丝万缕的联系一起揭示出来，指出其相似点和不同点，才有可能认识历史的全貌；才能在研究历史时，不仅得到乐趣，且有所裨益。"①

这段话清晰地表明，波里比阿已经认识到历史的整体性和联系性，并且指出了历史整体所具有的那种普遍意义。波里比阿根据罗马扩张征服地中海沿岸的历史运动所提供的启示，形成的这种整体观念，再一次向人们展现了古代史学大师的宽广胸襟和深刻洞察力。

欧洲中世纪的基督教史学，从上帝的统一性出发，也达到了对历史的整体认识。北非希坡城的主教圣·奥古斯丁（354—430 年）在他的《上帝之城》一书中，提出了一种历史理论，他认为：人类是一个整体，整个

---

① ［美］斯塔夫里阿诺斯：《全球通史——1500 年以前的世界》，吴象婴等译，上海社会科学院出版社 1988 年版，第 51 页。

人类朝着上帝规定的目标行进，所有的民族无一例外地都加入这一行进过程。上帝之城是由所有民族组成的，上帝之城的城楼高耸在所有民族上面。中世纪晚期的爱瑟伦（1033—1109 年）也认为：人类是一个统一的整体，人类社会发展的统一性体现在基督教关于进步的信仰基础上的行进过程中，人类走向新生，最终将获得解放。[1] 这些理论虽然是建立于宗教神学的基础上的，荒谬地把人类历史的客观进程归结为上帝的意志和目的。但是，这些理论中所包含的整体观念有一定的思想价值，对近代西方世界史的编纂和整体史观产生了深远的影响。

二、近代世界史观的产生

进入近代以后，西方国家的发展逐渐超过了东方国家。由于资本主义生产方式在全世界的传播，以及资本主义对世界市场的依赖，使得西方国家更具有对外的扩张性和开放性，在冒险精神的促使下，西方人走遍了世界各个角落，在他们推行殖民侵略的同时，也形成了对世界整体的认识。因此，在建立世界整体观念方面，西方人也走到了东方人的前面。这种观念，对世界历史的研究产生了直接的影响，所以，近代西方在世界历史的研究、认识和著述上，都远远超过了东方学者的成就。

1. 世界史的编纂

自十五、十六世纪起，由于航海史上的一系列重大成就，在空间上密切了世界各地的直接联系，使各大洲的主要民族进一步相互了解和交往。从这一时期起，各种各样以"世界史"标名的历史著作不断涌现，越来越

---

[1]　［美］斯塔夫里阿诺斯：《全球通史——1500 年以前的世界》，吴象婴等译，上海社会科学院出版社 1988 年版，第 6 页。

多的史学家开始以全世界各民族的历史作为自己的研究范围。在这些史学家中，有一批人能够自觉地把世界历史当做一个有机整体来加以研究，试图描绘出世界史的全貌和统一进程，这就是最初的世界整体的历史研究。

早在1561年，法国史学家鲍杜安就出版了《世界史的结构》一书。他认为，世界历史应从时间和空间的角度来加以认识，注重历史在时空和内容上的普遍性和联系性。他指出，人类历史是一个整体，不仅在时间上是世界性的，而且在空间上也应是世界性的。另一个同时代的法国史学家勒卢阿认为：现在世界上一切种族都已相互认知，他们能互易物品，互通有无。世界各国人民是世界国家的居民，他们如同居住在一个城市那样，全世界的人类正在形成一个世界共和国。[①] 在这些史学家那里，世界已经成为一个联系密切的整体，世界各民族之间存在着十分普遍的相互联系。

在这一时期，对世界历史整体研究有重要贡献的史学家是法国的让·波丹和波贝利尼埃尔。让·波丹著有《易于理解历史的方法》一书，他在书中明确指出，世界历史的发展具有统一性。造成世界历史统一性的原因是：世界各地区由于贸易而不断增多的联系，广泛存在的人类共和国的观念以及诸民族的法律。[②] 可见，让·波丹已经察觉到了经济联系对世界历史统一进程的推动作用，这是近似于唯物史观的一种历史认识。

波贝利尼埃尔的主要贡献是，他直接提出了"整体的历史"概念。他把世界整体作为研究对象，来考察世界诸民族的历史，通过人类对自己的文化历史的表述形式勾勒了世界历史的发展阶段。他积极倡导同时代的学者创造出一种新的历史类型，即"整体的历史"，也称为世界通史或比较历史。波贝利尼埃尔是最早提议建立世界整体史学的人，遗憾的是，他本人未能写出这样一部历史，但他的思想对后人产生了深远的影响。

到了十八世纪，由于受到历史哲学和整体观思想发展的影响，欧洲

---

① ［美］斯塔夫里阿诺斯：《全球通史——1500年以前的世界》，吴象婴等译，上海社会科学院出版社1988年版，第10页。

② ［美］斯塔夫里阿诺斯：《全球通史——1500年以前的世界》，吴象婴等译，上海社会科学院出版社1988年版，第11页。

历史学家对世界整体历史的研究更加具体和深入，其思想成果也更为丰富。这方面的代表人物是德国史学家格特尔（1727—1799 年）和施吕策尔（1735—1809 年）。

格特尔是第一个把世界整体历史当做一门学科，并对这门学科进行过系统构思的人。早在 1760 年，他就对编写新的世界史体系进行理论研究，提出了一系列重大问题："世界史应当怎样布局？什么内容可以写入世界史？它的各部分之间的联系是怎样的一种联系？怎样确定时间断限？各部分的历史应怎样分期？"[①] 这些问题正是世界整体历史所面临的基本问题。格特尔能够提出这些问题，说明他对世界整体、组成整体的部分以及部分之间的关系有过深入的思考。他曾先后提出过八种不同的关于世界史编纂的看法，进一步地开阔了人们的视野，注重世界史作为一个整体的各部分之间的有机联系及其系统性，力求建立一个把世界史作为整体运动的新的世界史体系。他的这些观点，被认为具有划时代的意义，是世界历史研究的一个巨大进步。

施吕策尔则因写出了那部著名的《世界史》，而被称为"世界史之父"。[②] 在这部书中，他严厉地批判了基督教传统世界史体系，提出必须赋予世界史以新的意义。这种具有新的意义的世界史，不是世界各民族历史的简单汇编，而是"人类的历史"，"是迄今为止只为哲学家所撰写的那种新型的历史"，它的真正目的是要说明"地球和人类作为一个整体是怎样从过去演进到现在的状况"。[③] 他所提倡的这种新型的世界史，显然就是世界整体历史。因此，他也十分重视整体史观。他说："人们能够了解一座大城市的所有的一条条街道，但如果没有一个总的图景或缺乏宏观

---

① ［美］斯塔夫里阿诺斯：《全球通史——1500 年以前的世界》，吴象婴等译，上海社会科学院出版社 1988 年版，第 31 页。

② ［美］斯塔夫里阿诺斯：《全球通史——1500 年以前的世界》，吴象婴等译，上海社会科学院出版社 1988 年版，第 32 页。

③ ［美］斯塔夫里阿诺斯：《全球通史——1500 年以前的世界》，吴象婴等译，上海社会科学院出版社 1988 年版，第 32 页。

的眼光，那么，就不会具有对这座城市的整体感"。① 他认为史学家不要纠缠于具体的事实之中，以避免犯只见树木，不见森林的错误。他从宏观角度出发，把世界史作为一个整体的发展过程来加以考察，他认为哥伦布的航行结束了各地区相对隔绝的状态，使世界史开始走上整体的发展道路。他的《世界史》就是把美洲的发现作为整体世界史的开端的。

格特尔和施吕策尔的理论，可以说为西方世界历史的整体研究开辟了广阔的道路，打下了良好的基础。但是，在整个十九世纪，欧洲的世界历史整体研究却毫无建树。这主要是因为西方国家在世界各地的殖民扩张，以及资本主义生产方式在全世界的传播，使欧洲人的自我中心意识得到膨胀，严重地影响了历史学的研究，于是世界史变成了以欧洲为中心的西方扩张史，变成了没有世界性的世界史，而世界历史的整体研究则处于停滞不前的状态。这种局面直到 20 世纪初叶才被打破。

2. 整体史观的进展

伴随着世界史、世界整体历史的研究，在史学界逐渐形成了一种整体史观。所谓整体史观，是指人们运用整体观的方法，来阐述对人类历史的理解和认识，提出有关世界历史整体进程的一些思想、观念和态度。它侧重于解释世界历史的整体以及整体与部分的相互关系等问题，是世界整体历史研究的基本理论原则和方法论基础。在十八世纪西方历史哲学兴起的同时，整体史观也获得了重要的进展。这一时期，欧洲的哲学家、思想家和历史学家们，在整体史观的研究方面，已经取得了如下的思想成果：

第一，世界历史在空间上应包括所有的民族和国家，不能仅仅局限于对欧洲或近东历史的叙述。整个人类社会的历史发展具有内在的规律和各种因果关系。世界历史学科不是单纯为了罗列事实，而是要揭示这些规律性和因果关系，成为具有理论概括性和哲学意味的学科。法国启蒙思想家

---

① ［美］斯塔夫里阿诺斯：《全球通史——1500 年以前的世界》，吴象婴等译，上海社会科学院出版社 1988 年版，第 33 页。

和历史学家伏尔泰在《论世界各国的风俗和精神》一书中，反对用《圣经》来解释世界历史，因为《圣经》只涉及欧洲和近东少数几个民族的历史，而世界历史应当是包括全世界各个民族的历史。他认为历史学家应当揭示人类社会发展的内在规律，写出"有哲学意味的历史"。意大利哲学家维科是欧洲历史哲学的始祖。他在《新科学》一书中第一次提出人类社会是带有规律性的统一过程，并且试图揭示历史事件的必然联系和各民族历史的共同规律。他认为："世界各民族的共性是带有普遍性的"，[①]"一切民族所经过的历程都是一致的"。[②] 德国历史学家施吕策尔提出世界史应当包括"各个历史时期、各个国家和地区、一切已知的重大事件"。[③] 他认为世界历史应当起到一种综合概括的作用，着重阐明历史事件之间的因果关系，成为用事实来说明的哲学，而不能只是罗列人名、地名和年代。

第二，人类社会是一个整体，就像一个完整的链条。各个民族甚至每一个人都是这个链条上的一个环节或一个部分。整体和部分之间是紧密联系、不可分割的。德国哲学家康德把客观世界当做一个整体或系统来看待，认为整体的各个部分之间是相互区别、相互联系的。他在《从世界公民的观点撰写世界通史的想法》一文中，认为整个人类历史是一种合目的性的矛盾运动过程，历史运动的目的只能在整个人类的实践活动中得以展现，而不会表现在某一个别事件中。德国启蒙思想家赫尔德是近代西方历史哲学的奠基人之一。他在《关于人类历史哲学思想》一书中，把人类社会看成是一个带有规律性的严密整体。他认为各民族历史的共同发展，构成了一个统一的链条，这个链条上的每个环节都与前一环节和后一环节紧密联系，甚至每一个人都是和这个链条不可分割的。他说："假如我把人身上的一切都归结为个人，并否定人们之间的相互联系和个人与整体的相互联系的链条的话，那么人的本性和人的历史对我们来说便始终是难以理

---

① ［意］维科：《新科学》，朱光潜译，人民文学出版社1986年版，第562页。

② ［意］维科：《新科学》，朱光潜译，人民文学出版社1986年版，第386页。

③ 郭圣铭：《西方史学史概要》，上海人民出版社1983年版，第125页。

解的了，因为我们中的任何一个人光靠自身都不能成为人。"①德国哲学家费希特则更为深刻地揭示了整体和部分的不可分性。他写道："我在每个部分中都看到整体，因为只能通过整体，每个部分才成其为部分，但通过整体，部分也必然是部分"。②

第三，人类历史是不断发展的，社会发展的推动力是某种内在的有机的力量。随着历史的发展，各民族之间的相互联系也在增强，并最终达到一种完善的境界。赫尔德认为，人类历史是不断地、合规律地从低级向高级发展的过程，尽管人类历史表面上像一片杂乱纷纭的废墟，但"只有一个发展的链条从这些废墟中造成一个整体，诚然，在这个整体里个人的形象在消失，但人类的精神却永远活着，永远进步着。"③维科把各民族的历史发展划分为三个时代，即神的时代、英雄时代和人的时代。他说："我们将看到诸民族都是按照这三个时代的划分向前发展，根据每个民族所特有的因与果之间不断的次第前进。"④赫尔德和费希特都认为，内在的有机的力量比外部因素的作用大得多，是社会发展的主要动因。这些力量是按照内在规律发展的，是被人类历史的本质所规定的。而人类历史本身也是不断发展的，各民族之间的联系会不断加强，最终将实现一种更高层次的整体性境界。正如费希特所说："在将来达到那个首要目标以后，在地球的一端发现的一切有用东西立刻为其他一切地区所知晓，并传达给其他一切地区以后，人们就会没有停顿和倒退，而不断地用共同的力量和统一的步伐把自己提高到我们现在还缺乏了解的文明境界。"⑤今天的全球化进程已经完全证实了这一点。

---

① ［苏］阿·符·古留加：《赫尔德》，侯鸿勋译，上海人民出版社 1985 年版，第 68—69 页。

② ［德］费希特：《人的使命》，梁志学等译，商务印书馆 1983 年版，第 9 页。

③ ［苏］阿·符·古留加：《赫尔德》，侯鸿勋译，上海人民出版社 1985 年版，第 64 页。

④ ［意］维科：《新科学》，朱光潜译，人民文学出版社 1986 年版，第 459 页。

⑤ ［德］费希特：《人的使命》，梁志学等译，商务印书馆 1983 年版，第 99 页。

三、黑格尔的世界历史整体观

十八世纪理论家们的思想，到处闪耀着真知灼见，使整体史观充满了诱人的魅力。但是，这些思想毕竟还比较零散和缺乏体系的。第一个提出较为完整的整体史观思想的，是生活在十八世纪末和十九世纪初的德国伟大的哲学家黑格尔。黑格尔的世界历史整体观形成于十九世纪初叶，它是与十五世纪到十八世纪末世界历史的整体发展密切相关的，也是在批判地继承前人在这方面的理论成果的基础上形成的。

1. 关于世界历史整体的质的规定性

任何事物都具有一定的质。质的规定性实际上是指事物所具有的本质属性和基本特征。按照黑格尔的思想，世界历史作为一个整体，首先是一个客观实在，它的质的规定性可以概括为统一性、合理性和阶段性。

统一性　黑格尔认为，对每一个整体来说，统一性都是根本属性之一。在哲学上，统一性主要是指客观事物最终会统一于某种物质的或精神的东西，而这种东西将解释万事万物的共同起源或本原的问题。作为唯心主义者，黑格尔把宇宙间万事万物的本原归结为一种"绝对精神"。他把"精神"看做是一切事物的起源，同时也是一切事物发展的结果。客观事物本身不过是精神的展开和实现。他说："精神的发展是自身超出、自身分离，并且同时是自身回复的过程。"[①] 精神在其发展过程中，将经历三个阶段，即主观精神、客观精神和绝对精神。人类历史是客观精神的体现，这种精神在世界历史中就表现为"世界精神"。因此，世界历史是世界精神的具体实现，是世界精神表演的舞台。世界历史的本原和最终目标是世界精神，所以世界历史本身也就统一于世界精神。

---

① ［德］黑格尔：《哲学史讲演录》第 1 卷，贺麟等译，商务印书馆 1983 年版，第 28 页。

虽然黑格尔的历史哲学把世界历史的本原归结于精神领域，忽略了人类历史的客观的、物质的基础，但只要我们进行稍微深入一点的考察就会发现，黑格尔关于世界历史统一性思想中，至少有两点是值得我们注意的：其一，"精神"在黑格尔哲学中，并不完全是一种抽象的东西。他曾说："精神世界便是实体世界"。黑格尔认为，精神的统一性与物质的统一性不同：物质的统一性在其自身之外，统一的实现意味着物质的灭亡；而精神的统一性则在其自身之内，它依靠自身而存在，精神因此便是实体，精神统一性的实现意味着"自由意识"的增进。其二，"精神"并不是静止不动的东西。"精神的主要本质便是活动"。精神一开始便包含了历史发展的全部因素，正像一粒萌芽中已经含有树木的全部性质和果实的滋味色相。精神的发展便是历史的展开，反之，历史的发展也是精神的展开。因为精神就存在于历史过程之中。比如民族精神就存在于民族的政治、经济、法律、制度、风俗、宗教、信仰等全部历史过程中，并随着该民族的历史发展而发展。

合理性　黑格尔认为，"理性"是世界的主宰，世界历史是"理性的产物"，是一种合理的过程。他说："从世界历史的观察，我们知道世界历史的进展是一种合理的过程，知道这一种历史已经形成了'世界精神'的合理的必然的路线。"[1]在黑格尔的这一思想里，包含着对世界历史的一种深刻见解，即世界历史是一个现实的、必然的、合规律的发展过程。

为了说明这一点，我们必须回到黑格尔那个著名的命题中去："凡是现实的都是合理的，凡是合理的都是现实的"。显然，合理的东西应当是现实的东西。但是并非一切现存的都是现实的。"现实性在其展开过程中表明为必然性"，也就是说，只有必然的东西才是现实的东西。因此，世界历史既然是一个合理的过程，同时也就是现实的和必然的过程。在大量偶然的历史事件后面隐藏着带有规律性的东西。黑格尔在《历史哲学》中不止一次地指出：历史事件的发生不是偶然的，而是一种必然性发展的结

---

[1]　[德] 黑格尔：《历史哲学》，王造时译，三联书店 1956 年版，第 48 页。

局。例如在谈到罗马共和国灭亡时，黑格尔驳斥了把罗马灭亡的原因归结为恺撒的德行这种观点，他指出："罗马共和国所以灭亡，并不是由于恺撒降生这件偶然事故——这种灭亡自有它的必然性。"[①] 随后黑格尔分析了罗马共和国灭亡的一些现实原因，才从中得出结论说："共和国再也不能在罗马继续下去了"。

黑格尔认为，世界历史既然是一个合理的、必然的过程，同时也就是一个新旧更替、不断上升的发展过程。他认为，自然领域的发展和精神领域的发展不同。在自然领域中，发展不过是"一种周而复始的循环"，在"太阳下面没有新的东西"；而精神领域的发展则会产生新的东西。随着一种精神或一个世界历史民族的衰落，另一种精神或另一个世界历史民族就会兴起；旧的世界历史纪元的结束，就是新的世界历史纪元的开始。黑格尔说："变迁虽然在一方面引起了解体，同时却含有一种新生命的诞生——因为死亡固然是生命的结局，生命也就是死亡的后果。"[②]

阶段性 黑格尔认为，世界历史作为一种具体的、经验的过程，应当有自己的起点和终点，有自己的阶段划分。在他看来，亚细亚是世界历史的起点，而欧洲是世界历史的终点。世界历史经历了从东方到西方的发展过程。尽管地球是圆形的，但亚细亚却是绝对的东方。太阳从东方升起，又落于西方，象征着世界精神——"自由意识"——的展开。在东方世界专制政体下，只有一个人是自由的；在希腊、罗马民主政体或贵族政体下，有一部分人是自由的；在日耳曼世界君主政体下，全体人都是自由的。黑格尔根据这一线索，将世界历史划分为四个阶段：

第一阶段：东方世界。世界历史的"幼年时期"。理性的自由还没有进展为主观的自由，每个人的个性沉没在它的本质中，没有得到实体性的自由意识。在"唯一的权力"面前，没有东西能维持其独立的生存。

第二阶段：希腊世界。世界历史的"青年时代"。这是个性逐渐形成

---

① ［德］黑格尔：《历史哲学》，王造时译，三联书店 1956 年版，第 356 页。
② ［德］黑格尔：《历史哲学》，王造时译，三联书店 1956 年版，第 114 页。

的时期。黑格尔认为希腊世界是道德的东西和主观的意志相结合的"美丽自由的王国",它表现着精神的一种具体新鲜的生命,是真正的"和谐"。自由意识作为美的伦理性的个体性,已经在自为地存在着,但还没有净化到自由的主观性程度。

第三阶段:罗马世界。世界历史的"壮年时代"。在这里,个人只能在普遍的目的下实现自己的目的,个人的利益已归并在"普遍性"之中,他必须牺牲自己来为抽象的、普遍的目的服务。个体性得到了存在的权力,但它必须以抽象的存在为根据。

第四阶段:日耳曼世界。世界历史的"老年时代"。黑格尔认为这里的"老年",并不意味着衰弱不振,而是完满的成熟和力量的标志,世界历史以"精神"的身份重新回到统一。自由以它自己绝对的形式表现自己的内容,精神显示了它的永恒性,世界历史达到了它的目的。

黑格尔把世界历史描述为一个由不同阶段组成的,并不断由低级阶段向高级阶段发展的过程,就像一个不断上升的螺旋,每一个阶段都是在前一阶段的基础上发展起来的,并且为后一阶段准备了条件。这一思想是极为深刻的,包含有丰富的辩证法的因素,是唯物史观直接的理论来源。但是,黑格尔划分世界历史阶段的依据是"精神"的展开和"自由意识"的进步,这就完全没有揭示出世界历史从一个阶段发展到另一个阶段的真正的原因和动力,从而使他的学说带有不少神秘的宿命论色彩。

2. 关于世界历史整体各组成部分的质的规定性

任何整体都是由部分组成的。作为世界历史整体的部分是什么呢?黑格尔认为是"世界历史民族"。他提出了世界历史民族与非世界历史民族的划分,这是黑格尔世界历史整体观的重要内容。按照他的观点,一个民族至少须具备联系性、外在性和现实性三个基本特征,才能成为世界历史民族。

联系性 黑格尔认为,一个民族只有当它登上世界历史舞台,同世界历史过程建立"联系"时,才是世界历史民族。作为亚、欧、非三大洲结合部的地中海地区，是世界历史的舞台和中心。"没有地中海，世界历史便无从设想了，……因为这个世界历史完全限于地中海周围的各国。"① 黑格尔指出，波斯是第一个世界历史民族，"波斯历史的开始，便是世界历史的真正开始"，因为"从波斯帝国起，我们开始走上历史的联系。"② 波斯位于近东，它的历史与地中海沿岸国家的历史密切相连，因此它首先登上了世界历史舞台。黑格尔把远离世界历史中心，同世界历史整体尚未建立联系的民族，都看做是非世界历史民族。例如，中国的历史虽然最为古老，但"这个帝国自己产生出来，跟外界似乎毫无关系"；印度是"经过了一种最十足的闭关发展"；撒哈拉以南的非洲则"对于世界各部始终没有任何联系，始终是在闭关之中"；其他如美洲大陆、北欧、西伯利亚等地区的民族，也都不能算作世界历史民族。黑格尔对中国、印度等国的认识未必正确，但他重视世界历史中各个组成部分之间的相互联系的思想却是十分深刻的，也是非常正确的。

外在性 黑格尔认为，世界历史是世界精神的实现，民族历史是民族精神的实现。因此，民族精神实际上就是世界历史的组成部分。对世界历史民族来说，"精神向外发展，徘徊在外在性之中"。黑格尔这里所讲的"外在性"，可以从三层意义上去理解。

首先，民族精神所处的地理环境或自然联系，是一种外在的东西，但它对民族精神的发展，有着明显的影响。黑格尔说：

> "自然的联系似乎是一种外在的东西，但是我们不得不把它看作是精神所从而表演的场地，它也就是一种主要的、而且必要的基础。……自然类型和生长在这土地上的人民的类型和性格有着密切的联系。这个性格正就是各民族在世界历史上出现和发生的方式和形式以及采取的地位。"③

---

① [德] 黑格尔：《历史哲学》，王造时译，三联书店 1956 年版，第 131—132 页。

② [德] 黑格尔：《历史哲学》，王造时译，三联书店 1956 年版，第 216 页。

③ [德] 黑格尔：《历史哲学》，王造时译，三联书店 1956 年版，第 123 页。

黑格尔认为，海岸地区和多样性地形有利于民族的发展，而孤立闭塞的自然环境不利于一个民族发展成为世界历史民族。

其次，每一个世界历史民族，都不是由单一血统的家族或部落膨胀而成的，而是在同外部的其他部落或民族的汇合中形成的。在这个过程中，它必然吸收外来的东西。例如希腊民族就是多民族融合而成的，外来的东西对希腊民族精神的形成产生过重要影响。希腊文化的成就，显然是在吸收东方的宗教、神话、艺术、科学等的基础上取得的。日耳曼民族则是在同罗马帝国废墟上的民族相融合，才建立起一系列新的国家，"这些国家整个精神的存在表现出一种分散的状态，它们最内在的方面同时也具有一种外在性。"①

最后，每一个世界历史民族都必须进行"外向"的发展，不能闭关自守或只作自身内部的调节。黑格尔把一个世界历史民族的发展过程分为三个时期：第一时期是国家的形成和统一，开始向外发展的时期；第二时期是向外发展，同前一个世界历史民族相接触的时期；第三时期是它同后一个世界历史民族相接触的时期。这三个时期就是该民族形成、发展、衰落的全过程。可见在这个全过程中，该民族都是要向外发展，同其他世界历史民族建立联系的。在黑格尔看来，十字军东征、新航路开辟、美洲大陆的发现和征服等，都是西方世界历史民族外向发展的例证。

黑格尔的这些思想，至今仍有重要意义。因为世界历史发展到今天，已成为一个密不可分的整体，任何一个民族如果不同其他民族建立横向联系，不进行外向发展的话，它就会脱离世界整体，落后于时代潮流。这样的民族是注定没有前途的。

现实性 黑格尔所说的世界历史民族，实际上指的是具备现实性的国家。他认为尚未形成国家的民族，是属于世界历史范围之外的。"在世界历史上，只有形成了一个国家的那些民族，才能够引起我们的注意"。②

---

① [德] 黑格尔：《历史哲学》，王造时译，三联书店 1956 年版，第 395 页。

② [德] 黑格尔：《历史哲学》，王造时译，三联书店 1956 年版，第 79 页。

因为国家是自由的现实化，"一切精神的现实性，都是由国家而有的"，所以，"国家是伦理理念的现实"，精神通过国家"在世界历史的过程中给自己以它的现实性"。① 黑格尔讲的"现实性"是有特定含义的。这个含义主要反映在下面一段话中：

> "国家是现实的，它的现实性在于，整体的利益是在特殊目的中成为实在的。现实性始终是普遍性与特殊性的统一，……如果这种统一不存在，那种东西就不是现实的，即使它达到实存也好。一个坏的国家是一个仅仅实存着的国家，一个病躯也是实存着的东西，但它没有真实的实在性。一只被砍下来的手看来依旧像一只手，而且实存着，但毕竟不是现实的。真实的现实性就是必然性，凡是现实的东西，在其自身中是必然的。必然性就在于整体被分为概念的各种差别，在于这个被划分的整体具有持久的和巩固的规定性，然而这种规定性又不是僵死的，它在自己的分解过程中不断地产生自己。"②

从这段话中可以看出：国家是一个整体，整体利益和局部利益、普遍性和特殊性必须是统一的。如果这种统一不存在，这个国家就不是现实的。一个不完善的国家，虽然是实存着的东西，但却不是现实的东西。现实性也就是必然性，而必然性是指一个国家的合乎规律、不断更新的发展过程。

在黑格尔看来，许多民族由于不具备现实性，而不能列入"世界历史民族"。例如，非洲的黑人国家是不属于世界历史范围的，因为"这里根本谈不到承认什么精神的普遍的法则。这里的普遍性只是独断的主观的选择。所以政治的维系就不能够具有用自由的法律来统治国家的特性。"③ 美洲国家也是同样，"美洲在物理上和心理上一向显得无力"，美洲人身材低劣，体制孱弱，性情懒惰，他们的文化"是一种完全自然的文化，一旦和

---

① ［德］黑格尔：《法哲学原理》，范杨等译，商务印书馆1982年版，第253页。

② ［德］黑格尔：《法哲学原理》，范杨等译，商务印书馆1982年版，第259、280页。

③ ［德］黑格尔：《历史哲学》，王造时译，三联书店1956年版，第140—141页。

精神接触后，就会消灭的"。关于美利坚合众国，黑格尔也认为"合众国国家生存的普遍目的还没有固定，一种巩固的团结的需要还没有发生"。所以，美洲国家也是不能算作世界历史民族的。

黑格尔的国家学说带有许多唯心主义偏见和阶级局限性，他对国家的本质、政体、王权等许多问题的论述是有错误的，对落后国家的轻视态度也是极不妥当的。但黑格尔关于作为世界历史整体的组成部分的国家必须是发展到一定程度的、较为完善的国家的思想，是有合理性的。因为部分必须达到一定的质才成其为部分，而只有这样的部分才能构成一定性质的整体。黑格尔还认为，国家经过一定程度的发展，迟早会加入世界历史。他曾预言说："亚美利加洲乃是明日的国土，那里，在未来的时代中，世界历史将启示它的使命。"① 这种预言反映出黑格尔的发展眼光和天才推测，是他"聪明而且机智"的体现。

3. 关于整体与部分的相互关系

整体与部分的关系问题，是整体观所必须回答的问题。由于存在着某些客观局限性，黑格尔较少直接论述世界历史的整体与部分的关系，但他曾多次谈到一般有机体的整体与部分的关系，我们可以参照他这方面的思想，来说明世界历史整体与部分之间的有机联系。在黑格尔那里，有机体的整体与部分的关系主要表现在相互区别、相互依存、相互作用三个方面。

相互区别 黑格尔认为，整体与部分的相互区别，主要是指它们相互对立的独立性。整体不同于部分，它是相对于部分而言的整体，因此是部分的对立面。任何一个整体，它本身首先是一个独立的实在，有自己的质的规定性。世界历史是一个整体，它有自己特定的质，以区别于部分，并且区分于部分之相加。从质和内容上来看，世界历史是世界精神的展现，而民族历史是民族精神的展现，所有的民族历史相加在一起并不等于世界历史，因为部分之和不能说明部分之间关系的统一和体现整体的质。从量

---

① ［德］黑格尔：《历史哲学》，王造时译，三联书店 1956 年版，第 130 页。

和形式上来看，整体必然大于部分，整体的独立性是内在的，存在于其自身之中，而部分的独立性是外在的，存在于与其他部分的关系之中。

同时，部分是不同于整体的独立性。一部分之所以独立存在是由于它具有区别于他部分的特殊性，特殊性是部分区别于整体的主要特征。因为整体代表的是有机体的普遍性，部分所代表的是特殊性，它必然也含有相对于整体的独立性，所以部分可以看成是在整体这个"大圆圈上的小圆圈"，它既是整体的一个环节，又是一个小的整体。

相互依存　整体和部分不仅是相互区别的，而且是相互依存的。整体作为部分所含有的特殊性的统一和部分之间的联系，就把自身外在化了，即它是在其对立物部分中被组成的。因此，整体就存在于部分之中，如果没有部分，也就没有整体，整体是不能脱离部分而独立的。同样，部分也不能脱离整体而独立。部分本身是整体中的一个环节，它由于其特殊性而成为独立的存在，但这个特殊性又是在与其他部分的联系中才存在的，也就是说部分必须通过整体才能显现其特殊性，才有存在的理由。所以，部分只有在整体中才具有独立性，才成其为部分。如果整体不存在，部分也同样不存在。

由此可知，整体和部分是互为条件、不可分割的，它们的独立性是因对立物的存在而存在的。整体存在于部分之中，部分也存在于整体之中。离开部分的整体和离开整体的部分是同样不存在的。黑格尔在这里强调了有机体和无机体的区别。在无机体中，部分离开了整体，依然可以独立存在，而不丧失其质。例如一块石头是一个整体，这块石头的一部分如果脱离了整体，依然不改变其性质。但在有机体中就不同了。部分一旦离开整体，就失去了其作为有机体的意义。例如，"割下来的手就失去了它的独立的存在，就不像原来长在身体上时那样，它的灵活性、运动、形状、颜色等都改变了，而且它就腐烂起来，丧失它的整体存在了。只有作为有机体的一部分，手才获得它的地位"。[①]同样，世界历史民族只有在世界历

①　[德]黑格尔：《美学》第 1 卷，朱光潜译，商务印书馆 1982 年版，第 156 页。

史整体中才成其为一个有机的组成部分，脱离了这个整体，它就不是世界历史民族了。

　　相互作用　黑格尔认为，如果仅仅说明整体与部分的相互区别和相互依存，这样整体和部分还是彼此分立的，它们处于一种漠不相关的状态，每一方面都是与自身相关。"但彼此这样分开，它们便毁灭了自己"，从而导致对自身的否定。于是，整体和部分便成了一种抽象的独立，一种"不真的"实在。只有当整体和部分在相互作用中统一时，才是有机的整体；部分必须充当整体的"饰物"，取消其孤立封闭的状态，才是有机整体的一部分。只有这样，整体和部分才能都获得发展，不至于崩溃。因此，相互作用对整体和部分是同样至关重要的，它是整体与部分的既相互区别又相互依存的统一，是整体和部分存在的根据和形式。

　　黑格尔认为，相互作用是"因果关系的充分发展"，相互作用实际上就是互为因果的关系。他说："在历史研究里，首先便可发生这样的问题：究竟一个民族的性格和礼俗是它的宪章和法律的原因呢，或者反过来说，一个民族的宪章和法律是它的性格和礼俗的原因呢？于是我们可以进一步说两者，一方面民族性格和礼俗，另一方面宪章和法律，均可依据相互的联系的原则去了解。这样一来，原因即因其在这一联系里是原因，所以同时是效果，效果即因其在这一联系里是效果，所以同时是原因。"① 黑格尔的这些思想表面上看起来是不错的，但它实际上是"悬在半空中"（普列汉诺夫语）的，缺乏一种现实的基础，因此不能令人感到满足。黑格尔自己也认识到还存在着某种东西，决定着这种相互作用，但他没有在社会的物质力量中，而是在精神领域里寻找"概念式的理解"。只有唯物史观从现实的物质生产的发展中，找到了社会进步的"终极原因"，并且在这一现实的、客观的基础之上，说明各种历史因素的相互作用，给历史学奠定了科学的基础。

　　综上所述，黑格尔从宏观角度考察了以往人类历史的全部过程，吸收

---

① 　[德] 黑格尔：《小逻辑》，贺麟译，商务印书馆 1986 年版，第 321 页。

了前人的有关思想，把世界历史当做一个有机整体，全面阐述了它的基本属性和特征，指出了世界整体历史是一个合理的、必然的、从低级向高级不断发展的统一过程。同时，他还提出了"世界历史民族"这一新的概念，详细论证了世界历史组成部分的基本性质以及整体与部分之间的辩证关系。黑格尔的这些思想，对后来的世界史研究产生了深远的影响，在历史哲学发展史上占有重要的地位。恩格斯称黑格尔建立了"巨大功绩"，说他的"划时代的历史观是新的唯物主义世界观的直接的理论前提。"[①] 总之，黑格尔的世界历史整体观，是人类历史上的一项杰出成就，它实现了人们对世界整体历史认识的一次飞跃。

四、汤因比的文化形态史观

十八世纪欧洲启蒙思想家所倡导的整体史观，到黑格尔时似乎被画上了一个句号。在黑格尔之后的几乎整个十九世纪中，整体史观没有取得什么进展，反而显得"沉默寡言"。这一方面是由于近代机械论的世界观的影响，整体观思想没有什么突破，停留在黑格尔的水平上；另一方面也是由于历史学本身尚未得到充分发展，人们没有足够的资料、证据和事实，去论证和展开整体史观，从而使整体史观显得空洞无物、过于抽象和难以理解。

十九世纪末和二十世纪初，是全球史的重大转折时期，也是国际社会大分化、大改组的剧烈动荡时期。由于科学技术的推动、大工业的发展、世界市场的培育和世界经济政治体系的形成等因素的作用，使整个人类社会日益联结为一个密不可分的整体。在这个整体中，各个国家、民族和地区都是在相互联系、相互影响的条件下发展的。全球史的日益明显的整体

---

① 《马克思恩格斯文集》第 2 卷，人民出版社 2009 年版，第 602 页。

化进程，扩大了历史学家的视野，也引起了许多历史学家对历史和现实的重新思考。越来越多的历史学家感到，对于任何一个国家或地区的研究，都必须同对其他国家或地区的研究联系起来才能够完成。或者说，对于世界的某一部分的研究，必须从对世界整体的研究出发才能够说明问题。整体研究开始受到更多的重视，历史学也因此发生了深刻的变化：以往那种以某一国家或某一民族的历史为基础的传统史学，开始让位给以世界整体历史进程为基础，阐述人类文明史的综合的、总的过程的新史学。新史学与旧史学明显不同的是，新史学强调从世界全局和历史总体的角度出发，超越了传统史学的狭隘视野，站在人类历史总和的高度去研究和把握世界整体的历史进程。

1. 文化形态史观的产生

最先提出文化形态史观的是德国思想家斯宾格勒（1880—1936 年）。1918 年 7 月，这位默默无闻的德国中学教师出版了一部震惊西方世界的著作——《西方的没落》。该书一问世立即引起轰动，短短几年中，印行 10 多万册，并被译成多种文字，斯宾格勒也一举闻名世界。

斯宾格勒把自己的理论称为"世界历史的形态学"，也有人称其为文化形态学或文化形态史观。这一理论的主要特征是从研究人类社会历史上各个不同的文化或文明入手，来揭示世界历史的真谛，而不是以单个国家或民族作为历史研究的单位。斯宾格勒认为："世界历史，是各大文化的历史，而民族只是具有象征性的形式和容器，在民族之中，各大文化的人们，完成了他们的命运"[1] 他还说："文化是所有过去和未来的世界历史之基本现象"。[2] 这样一来，文化就成为历史研究的基本单位，扩大了历史研究的范围，更便于对世界历史的整体认识。

斯宾格勒认为世界历史上有八种自成体系的大文化，即：埃及文化、

---

① ［德］斯宾格勒：《西方的没落》，陈晓林译，黑龙江教育出版社 1988 年版，第 378 页。

② ［德］斯宾格勒：《西方的没落》，陈晓林译，黑龙江教育出版社 1988 年版，第 94 页。

巴比伦文化、印度文化、中国文化、古典文化、阿拉伯文化、墨西哥文化、西方文化。他说："文化，即是有机体"，[①] 就像其他一切生命有机体一样，"有它的孩提、青年、成年与老年时期"。[②] 因此，每一种文化都经历了从诞生、发展到衰老、死亡的过程。他认为上述八种文化中前七种已处在僵死过程中，而第八种即西方文化则正在走向没落。斯宾格勒对西方文化的这种悲观情绪，是建立在十九世纪中叶以来，西方国家剧烈动荡，社会弊病日益暴露和资本主义国家之间的大规模相互残杀这一切负面的历史事实之上的。并且，到 1936 年斯宾格勒去世时，西方世界又经历了第一次世界大战、1929 年全球性资本主义经济危机和大萧条、国际无产阶级革命运动和被压迫民族解放运动高涨等，这些都在某种程度上验证了斯宾格勒的基本思想。所有这一切，不仅使西方人永远无法忘记这位孤苦伶仃的中学教师，而且使文化形态史观在国际史坛上占据了重要的席位。

在斯宾格勒之后，继承文化形态史观思想并在学术界产生更大影响的是英国著名历史学家阿诺德·汤因比（1889—1975 年）。汤因比出生于 1889 年 1 月，他的基本思想恰好形成于二十世纪初叶。时代的剧烈动荡，尤其是第一次世界大战的爆发，给他留下难以磨灭的印象。他曾说："第一次世界大战是另一个影响我形成自己观点的事件；在这次战争中，我约半数的中学和大学的同学均被打死。这场悲剧，这种毫无意义的罪恶和人生的无益，均对我产生了长远的影响"。[③] 汤因比作为一个西方资产阶级历史学家，他对自己所处时代整个世界的"纷扰"和"混乱"以及西方社会的前景深感忧虑。为了寻求一条挽救西方文明的途径，汤因比开始研究整个西方文明的演变过程，但他在着手工作的时候发现，如果不了解与西方文明相关联的世界其他文明社会，是无法"真正说明问题的"。于是，

---

① 　[德] 斯宾格勒：《西方的没落》，陈晓林译，黑龙江教育出版社 1988 年版，第 93 页。

② 　[德] 斯宾格勒：《西方的没落》，陈晓林译，黑龙江教育出版社 1988 年版，第 97 页。

③ 　田汝康、金重远选编：《现代西方史学流派文选》，上海人民出版社 1982 年版，第 140 页。

他不得不把整个人类文明史引入到自己的研究范围，从宏观角度考察世界历史的本质进程，从哲学意义上揭示全部人类文明的兴衰更替，因而构思了一个宏大博深的理论体系。

正当汤因比酝酿自己的思想体系时，1920 年，他读到了斯宾格勒的《西方的没落》，这部书立即对他产生了很大的影响。他曾说过："当我读了那些闪耀着历史洞察力的篇章后，最初我曾怀疑：我的全部探索，甚至连那些探索的问题还没有在我心中完全形成以前（更不用说答案了）是不是已经由斯宾格勒解决了"。① 后来，汤因比感觉到，在关于文明的起源等问题上，斯宾格勒的观点过于"教条"和"武断"。况且，汤因比作为一名职业历史学家，掌握有更加广泛而丰富的历史资料，因此，他决心继续构筑自己的理论大厦。

汤因比是在 1920 年夏天读到《西方的没落》的，一年以后，当他以《曼彻斯特导报》记者身份，前往巴尔干半岛和小亚细亚进行采访时，古代希腊文明所留下的遗迹，引发了他的联想。在向东方奔驰的列车上，他忽然产生了创作的灵感，随即拟了一个写作提纲，以后很少再改动。正是在这个提纲的基础上，他写出了那部轰动世界的十二大卷的《历史研究》。

该书陆续出版于 1934 年到 1961 年，由于这部书卷帙浩繁，内容庞杂，最初问世时行销不广。1946 年，当美国学者索麦维尔将这部书删繁就简，缩写成节录本出版后，立刻轰动一时，成为当年美国畅销书之一。下面仅就汤因比的主要观点略作阐述。

2. 世界历史整体的组成部分

任何对于整体的研究，都必须首先解决构成这一整体的部分应具有什么样的特征以及怎样划定这些部分的界限等问题。人类文明史上下六千年，纵横五大洲，前后涉及的国家和民族数以千计。构成这一历史整体的最基本的历史单元是什么？或者说，历史研究的基本单位是什么？这是历

---

① 张文杰等编译：《现代西方历史哲学译文集》，上海译文出版社 1984 年版，第 176—177 页。

史学家首先碰到的一个问题，也是汤因比《历史研究》一书的逻辑起点。

十五世纪以来，由于民族主权国家的普遍建立和发展，使历史学家自觉或不自觉地将国家作为历史研究的一般范围。在长达几百年的时间里，国别史的研究一直在历史研究中占据主导地位。甚至连那些对人类历史作整体的、宏观的考察的历史学家或哲学家，也都难免受到这种倾向的影响。但是，进入二十世纪以后，历史本身的整体性发展，使得任何对于某一个国家或某一个民族的孤立研究都难以进行，这就使历史学家不得不扩大他们的研究范围。　汤因比在《历史研究》的绪论中便提出了"历史研究的单位"这样一个问题，他援引英格兰和古代希腊诸城邦的史料，说明了如果要了解英格兰的历史，而不参考世界其他国家的历史，或者要了解某一希腊城邦而不参考其他城邦的情况，都是不可能的。因此，一个国家是不能作为历史研究的基本单位的。

那么，什么是历史研究的基本单位呢?

汤因比认为，构成历史研究基本单位的，必须是一个"可以自行说明问题的历史研究范围"。它具有相对的独立性，即研究这一范围的历史而不参考其他国家的历史或多或少是可能的。这样的单位必须是一个整体，"因为只有这个整体才是一种可以自行说明问题的研究范围"。① 从这一观点出发，汤因比提出："历史研究的可以自行说明问题的单位既不是一个民族国家，也不是另一极端上的人类全体，而是我们称之为社会的某一群人类"。② 社会是一个相对完整和独立的体系，它比国家的范围更为广泛，整个人类文明史，就是由若干个文明社会组成的。如要了解某一个国家的历史，也必须从研究社会出发，因为：

　　　　"发生作用的种种力量，并不是来自一个国家，而是来自更宽广的所在。这些力量对于每一个部分都发生影响，但是除非从它们对于整个社会的作用做全面的了解，否则便无法了解它们的局部作用。一

① ［英］汤因比：《历史研究》上册，曹未风等译，上海人民出版社1966年版，第7页。
② ［英］汤因比：《历史研究》上册，曹未风等译，上海人民出版社1966年版，第14页。

个同样的总的过程，对不同的部分发生不同的影响，因为不同的局部又以不同的方式反应和促进这个总的过程发生运动的动力。"①

以公元前725—325年的古代希腊城邦为例。当时各城邦同样面临着由于人口增长而生活资料缺乏的危机。对于这样的危机，不同的城邦采取了不同的对策，从而也给整个希腊社会带来了不同的影响。科林斯和卡耳基斯等城邦，在海外夺取土地，建立殖民地，以此度过粮食危机，从而也扩大了希腊社会的疆界；斯巴达采用侵占邻邦土地的办法满足自己的土地需求，但却在希腊社会复活了许多已经行将灭亡的原始的社会制度；雅典则通过发展对外贸易和政治改革，繁荣了经济和文化，成为"全希腊的模范"。由此可知，要了解科林斯、卡耳基斯、斯巴达、雅典等城邦的历史，就必须把整个希腊社会作为研究范围，孤立地研究某一城邦是不能"真正说明问题"的。因此，"文明社会"就成为历史研究的基本单位。

那么，怎样确定"文明社会"的界限或划分它们的范围呢？汤因比认为，从空间上讲，社会的范围不是固定不变的，而是随着时间的推移而变化的。一般情况下，越是追溯到古代，社会的空间范围就越小。比如西方文明社会，在工业革命之后，它的影响几乎扩张到整个世界；但在文艺复兴时期，它的范围局限在西欧，如果追溯到八世纪，西方文明仅指查理曼帝国和不列颠岛。另外，研究的专题不同，文明的范围也有所不同。假如单从经济发展的角度考虑，工业革命时期西方文明波及全球；但若从政治制度或文化的角度来看，当时西方文明的范围局限在西欧及其殖民地。所以说，"社会的空间面积是随着我们注意的方面不同，而有明显差异的"。②

从时间上讲，各个文明社会由于产生的早晚不同，存在时间长短不同，因此也就具有不同的历史范围。例如古代米诺斯文明产生于公元前3000年左右，结束于公元前1100年以前；古代希腊文明产生于公元前1100年以前，结束于公元七世纪；西方文明产生于公元八世纪以前，至今

---

① ［英］汤因比：《历史研究》上册，曹未风等译，上海人民出版社1966年版，第4页。
② ［英］汤因比：《历史研究》上册，曹未风等译，上海人民出版社1966年版，第9页。

尚未结束。汤因比重点论述的文明社会共有二十一个，其中有五个是现存的，即西方基督教社会、东正教社会、伊斯兰教社会、印度教社会和远东社会。其余十六个社会大部分已经"死亡"，或变成了"化石"，有些社会已经"僵化"。在别的地方，汤因比还曾提到过三个"流产文明"（远西方基督教文明、远东方基督教文明、斯堪的纳维亚文明）和五个"停滞的文明"（波利尼西亚文明、爱斯基摩文明、游牧文明、斯巴达文明、奥斯曼文明）。①

汤因比关于文明社会划分的理论，曾经引起过颇多非议，遭到了不少批评和指责。应当承认，汤因比对于文明社会的划分未必是完全准确的，他的许多用语也是不够科学的，如："流产"、"死亡"、"僵化"等。但是，我们也应看到，对于文明社会的划分，实际上就是对构成世界历史整体的部分的界定，它是对于整体研究的出发点，也是汤因比整个理论大厦的一块基石。汤因比《历史研究》全书的论述，都是围绕着这二十一个文明社会的起源、生长、衰落、解体以及各文明社会的相互关系展开的。可以说，这二十一个文明社会兴衰的历史，也就构成了整个人类文明社会历史的整体过程。因此，对于人类历史整体的组成部分——文明社会做出划分和界定是十分必要的。我们必须重视汤因比这一思想的方法论意义。

3. 世界历史各个部分是"同时代"、"等价值"的思想

在汤因比写作《历史研究》的年代里，欧洲人尚缺乏对于原始社会的了解。汤因比没有把原始社会纳入他的研究范围，他所列举的二十一个文明社会也是不包括原始社会的。由于人类文明史只有六千年左右的时间，与漫长的原始社会相比实在是短暂的一瞬间，所以，汤因比提出，从哲学的意义上讲，各文明社会几乎是平行的、同时代的。他说：

"如果我们说的是地球上人类的全部历史的话，那么我们就会发现产生文明的时间，同人类全部历史的时间实在差得远。它仅仅只占

---

① ［英］汤因比：《历史研究》中册，曹未风等译，上海人民出版社1966年版，第416页。

人类全部时间的百分之二，或五十分之一。根据这种情况，我们可以承认，为了我们的研究目的，所有的这些文明社会都可以说完全是同时代的。"①

汤因比的这一思想形成于 1914 年第一次世界大战爆发时，当时他正在贝力奥尔学院讲授修昔底德的著作，他的"理解力突然得到了启发"。他感觉到当时西方人在他们所处的世界感受到的经验，同修昔底德时代人们所经历的世界是一样的。这使他发现"按年代次序记载历史的方法变得毫无意义，因为这种记法把他们的世界标记为'现代'，并把修昔底德的世界标记为'古代'。不管年表怎样说，现在已经证明修昔底德的世界和我们的世界在哲学意义上说是同时代的"。② 汤因比还借用自然科学的一些成就来论证自己的观点。他提出：

"自从我们叫做'文明'的各种人类社会类型最初出现以来，已经过去了五、六千年，在地质学和宇宙起源学所揭示的时间表上，这五、六千年与迄今为止的人类生存年代和生命在地球上的生存年代相比，与地球本身、太阳系以及太阳系在其中只是一粒尘埃的银河系的生存年代相比，或者与无限广阔和久远的整个星际宇宙生存年代相比，只是非常短暂的一瞬。通过这些时间长短的等级的比较，公元前二千年（如希腊—罗马文明），公元前四千年（如古埃及文明）和耶稣纪元最初的一千年（如我们自己的文明）出现的各个文明，都确实属于同一时代。"③

在汤因比那里，不仅时间长短是一个相对的概念，而且价值大小也是一个相对的概念。人类各文明社会不仅在时间上是同时代，而且在价值上也是相等的。他说：

"所谓价值，同时间一样，也是个相对的概念；所有我们这

---

① ［英］汤因比：《历史研究》上册，曹未风等译，上海人民出版社 1966 年版，第 53 页。

② 张文杰等编译：《现代西方历史哲学译文集》，上海译文出版社 1984 年版，第 175 页。

③ 张文杰等编译：《现代西方历史哲学译文集》，上海译文出版社 1984 年版，第 176 页。

二十一个社会，如果同原始社会相比，都可以说是有很大成就的；如果同任何理想的标准相比，它们全部都还是非常不够，其中任何一个都没有资格瞧不起别人。事实上，我们认为所有的二十一个社会都可以假定在哲学上是属于同一时代的，在哲学上是价值相等的。"①

这样一来，汤因比就把各个文明社会之间的差距一下子缩小到常人难以理解的程度，整个人类文明史也由于"同时代"而浓缩到了一块儿，确实成了一个整体。可以说，汤因比关于文明社会"同时代"、"等价值"的思想，最为机智地表述了世界整体的不可分割性，是他的世界历史整体观的一个十分重要的贡献。有人曾提出说汤因比的这个思想，是一种"诡辩"的理论，"割裂"了历史等。这实在是一种误解。必须强调的是，汤因比的这一思想完全是从抽象的、哲学的角度出发的，他自己也多次强调这一思想的"哲学意义"。因此我们是不能用历史的实证的眼光来看待这一命题的。要知道，如果我们不从哲学的高度去观察人类文明史，就无法摆脱一般的时间观念和价值观念对人们认识能力的限制。要想从整体上把握世界历史，就必须把时间上和价值上的一些细微差别忽略不计。这对世界历史整体研究来说是允许的，也是必要的。因为整体研究侧重于部分之间的相互关系，是对世界整体的总的理解，而不是按照时间顺序对历史现象的重述。所以在排列材料时，舍弃时间上、价值上的细节上的差异，不仅不是"割裂"历史，而是更加突出了历史的整体性。如果要求绝对精确地反映历史上的所有差异的话，那么，整体研究就无法进行。

将这样一种哲学境界引入到历史研究中是十分有益的。汤因比正是在文明社会"同时代"、"等价值"的思想支配下，轻而易举地推翻了以往在西方史学界占统治地位的三种谬论，即自我中心论、东方不变论、直线发展论。

"自我中心论"是原始人类狭隘眼界的自然遗存。在古代、近代甚至现代历史上，不仅西方人，而且中国人、犹太人等许多民族都存在着以自

---

① ［英］汤因比：《历史研究》上册，曹未风等译，上海人民出版社1966年版，第53页。

己为世界中心的思想。尤其是西方人的"欧洲中心说"统治史学界达几百年之久，其错误影响至今尚未完全消除。汤因比第一次提醒他的欧洲同胞把眼光放到欧洲以外的世界，并且把欧洲以外的文明看做是和西方文明平行的、等价值的，这是对欧洲中心论的一个直接的、大胆的挑战，任何对于整体的认识都是对中心说的批判。因为在一个有机整体中，是无中心可言的。同时，排除形形色色的中心，就是排除了对世界历史整体认识中的最大障碍。尽管汤因比本人的著作中难免残存着某些欧洲中心论的痕迹，但他对欧洲中心论的抨击则是众所周知、有口皆碑的。

"东方不变论"是在欧洲人中流行的一种错觉。因为东方曾一度比西方先进许多，后来落后了，西方人便以为东方没有发展变化。汤因比认为这种说法是无知的。东方和西方是同样平行发展的。汤因比甚至十分重视东方人的发展。他曾提出："二十一世纪是东亚人的世纪"。① 对于中国在未来世界中的作用，他也曾给予高度的估价。他说："将来统一世界的大概不是西欧国家，也不是西欧化的国家，而是中国……可以说正是中国肩负着不止给半个世界而且给整个世界带来政治统一与和平的命运"。②

"直线发展论"认为历史的进步都是直线式发展的。这种观点至今在史学界仍有影响，比如在历史分期问题上，人们总是习惯于以为历史是像竹子似的一节节发展的，往往把某一国家的历史进步作为某一时期全人类历史的转折点。这就难免受到中心说的影响，割裂了历史的整体性，像"古代"、"中世纪"、"近代"这些概念本来仅适用于欧洲和地中海的历史，现在却硬把它们推广到全世界，以适应直线发展的思想，汤因比十分反对这种观点，他认为这是一种把复杂的历史过程简单化的做法，不能反映历史发展的全貌。他批评说："这就好像是一位地理学家写了一部书，书名

---

① ［英］汤因比：《半个世界——中国和日本的历史及文化》，梅寅生译，台湾枫城出版社 1979 年版，扉页。

② ［英］汤因比、［日］池田大作：《展望二十一世纪》，荀春生等译，国际文化出版公司 1985 年版，第 289 页。

叫《世界地理》，而其实却全是谈地中海流域和欧洲。"① 按照汤因比"同时代"、"等价值"的思想，我们应当把历史发展过程理解成"多元"、"共时"的过程才较为准确。这种理解将对世界历史的整体研究提供极大的帮助。

4. 部分之间的相互关系

整体研究，关键在于对部分之间相互关系的研究。世界历史整体研究的主要内容就是各个历史单元之间的相互关系、相互影响。汤因比在列举了历史上二十一个文明社会并说明了这些文明社会起源、生长、衰落、解体的过程之后，便着重探讨了文明社会的相互关系。他是用"接触"这个词来表示相互关系的。首先，汤因比论述了文明社会在空间的接触。所谓空间的接触，指的是彼此同时的文明之间的相互关系。同时存在的文明由于地理上相接邻或某种历史的机遇，它们之间的相互影响几乎是不可避免的。一般地讲，越是靠近现代，文明之间的接触就越是频繁和广泛。接触的范围不仅包括政治的、军事的，也包括经济的、文化的。并且这些接触不是"个别的"，而是"连锁的"。反映了某种历史的规律性。汤因比以古代希腊社会和西方文明社会为例，说明了在不同的历史时期，它们与当时存在的其他文明之间的相互关系。

所有文明社会在空间的接触，无非通过两种方式：暴力的或和平的。从古代和近代的历史来看，暴力的方式比较多见，而和平的方式在文化交流方面取得的成就较多，一般情况下，接触的双方总有一方是进攻者或挑战者，而另一方是防守者或应战者。汤因比把它们分别称做行为者和反应者。在文明接触的过程中，反应者对行为者所做出的反应，比较常见的有三种：第一种是"狂热主义"，即一种顽强地抵抗外来影响的政策，甚至不惜用暴力实行抵抗，以维护本民族原有的传统和精神；第二种是"希洛德主义"。这是一种在外来影响面前，主张学习、接受外部文化，以适应新环境的政策；第三种是"福音主义"。这是一种调和主义。在外来影响面前，

---

① ［英］汤因比：《历史研究》上册，曹未风等译，上海人民出版社 1966 年版，第 49 页。

它既不抵抗，也不接受，而是受到了某种启示，走上一条新的创造性道路。

由于行为者和反应者采取的政策不同，文明社会接触的后果就不同。一般地讲，当行为者的进攻失败时，自己将面临着严峻的挑战，难免会出现社会骚乱和政治瘫痪。当行为者进攻胜利时，反应者社会可能面临更大的危害，因为行为者的文化会大量渗入，汤因比认为，"文化因素，一旦离开了原有的适宜的组织而被介绍到一个异族的社会环境，往往会发生一种破坏作用。"① 因此，外来文化往往遭到抵抗。例如印度的甘地曾经发起手纺车运动，来抵制英国的经济渗入。当这种抵抗无效时，反应者就可能"接受"外部影响或者创造出一种新型的文化。

其次，汤因比论述了文明社会在时间上的接触。所谓时间上的接触，指的是并非同时存在的文明社会之间的接触，或者说是"现在的"文明和"过去的"文明相接触。文明在时间上的接触有三种形式。第一种形式是"亲体—子体"关系，当两种文明社会之间存在着"历史继续性"，或者说一个文明是另一个文明的继承者，那么在它们之间就存在着一种类似母子关系的"亲体—子体"关系。这是处在不同历史时期的文明社会之间的一种联系。例如，现代西方社会同八世纪以前的古希腊社会；伊斯兰教社会同十六世纪以前的叙利亚社会之间等，就存在着"亲体—子体"关系。

第二种形式是"复兴"，即"一个成长了的文明和它的久已死去的亲体的'阴魂'的接触"。② 这种接触是过去的文明的某种成分，在现存文明中重新出现并产生了影响。一个明显的例子是意大利的"文艺复兴"。这种"复兴"不仅包括文学艺术，有时也包括政治制度、法律、哲学、宗教等。例如古希腊亚里士多德哲学在西方基督教文明社会中的影响；古老的哥特人建筑风格一直到十七世纪还享誉欧洲；欧洲宗教改革中产生的新教实际上是古代犹太教的复兴等。

第三种形式是"复古主义"和"未来主义"。"复古主义"是指一个社

---

① [英] 汤因比：《历史研究》下册，曹未风等译，上海人民出版社 1966 年版，第 271 页。

② [英] 汤因比：《历史研究》下册，曹未风等译，上海人民出版社 1966 年版，第 294 页。

会企图回到自己发展过程中的早先阶段。"未来主义"则相反，是一种舍弃传统，盲目投入一个不可知的未来的做法。这两者往往是文明接触中失败的例子。它们的共同特点是"逃避现在"，所不同的只是方向问题，"一个是要使时间倒退，一个是顺着时间之流，两下都为摆脱现在的苦难而作同样绝望的挣扎"。① 这两者在历史上都不乏其例。复古主义如：十九世纪西方由于建筑业的凄凉而出现了"哥特式的复活"，许多公共建筑都以"古迹"的形式出现；十九世纪末的犹太复国主义以及犹太人回到巴勒斯坦后竟要使用已经死亡的语言——希伯来语作为他们的日常用语；十九世纪日本神道教的复活等。未来主义的主要特征是舍弃传统，改变现状，如彼得大帝强制推广西方化生活方式；希特勒肆意"焚书"；凯米尔强令通行拉丁字母等。

关于历史单元之间的相互关系，在汤因比之前一直没有得到解决，黑格尔虽然提出了许多关于相互关系的理论，但基本上是一种哲学范围内的探讨，斯宾格勒则完全没有把这一问题提升到理论的高度来加以专门研究。唯有汤因比从空间和时间的不同角度，分析了文明社会相互联系的各种方式，从而弥补了世界历史整体研究中的一项重要空白。

汤因比的《历史研究》是一部受到了许多赞扬，也受到了同样多批评的著作，这些批评大多是对该书史实方面的订正和异议。笔者认为，对于像《历史研究》这样的鸿篇巨作，挑出一些史实方面的错误是很容易的事情。历史知识从数量上说，几乎是无限的，任何个人都不可能全部掌握。但《历史研究》实际上是对于历史的"质"的方面的研究，是一部历史哲学。它的主要贡献不是在于叙述历史事实，而是在于对世界历史所作的整体考察。

汤因比无疑是当代历史学家中知识最为渊博的学者之一，但他也没有穷尽所有的史料。比如关于亚非史的知识，他就知之不多。这就是他的著作被攻击为带有西方中心论色彩的原因。尽管如此，汤因比依然是在整体

---

① ［英］汤因比：《历史研究》中册，曹未风等译，上海人民出版社1966年版，第345页。

研究方面作出突出贡献的历史学家。

世界历史进程本身的发展，使汤因比认识到了整体研究的重要性。他曾说：

> "为了深刻理解现代世界，并应付它，我觉得专门化是一种不好的倾向，因为所有民族，所有人生的表现，所有的活动都是互相依存的，我们是生活在需要整体观念的时代。"①

汤因比是当代少数几个自觉地引导人们去认识历史整体的伟大的历史学家之一。巴勒克拉夫指出："汤因比提醒那些沉湎于专门领域的研究而迷失方向的历史学家，使他们认识到需要用全面的眼光去看待人类历史的整体。这项成就应当得到大家的承认。"②事实上，汤因比的世界历史整体观正是他唯一没有受到批评，并且对历史学界产生了深远影响的思想。

当然，汤因比的理论并不是完美无缺的，《历史研究》既是一部杰出的巨作，也是一部漏误颇多的著作，除了前人已经多次批评过的地方之外，还应当指出的有：第一，汤因比始终没有对世界历史整体本身做出总的论述。《历史研究》从头到尾都是对构成世界历史整体的部分——文明社会进行阐述。汤因比并未回答世界历史整体的质具有什么样的特征这一不应回避的问题。第二，世界历史整体过程对每一个文明社会有怎样的影响？或者说，整体与部分的关系如何？这个问题汤因比同样没有解决。第三，汤因比本质上是一个唯心主义史学家，他常常用"神的启示"来替代客观的考察。他自己也承认说："犹太教—基督教—穆斯林教对历史的态度却明显渗透到我身上来，而且就一直留在我的信念中"。③比如汤因比就曾提出，文明"衰落的原因是精神的，不是物质的"。④这是典型的唯心史观。第四，汤因比体系缺乏一个严密的逻辑基础，许多概念、用语显

---

① ［英］汤因比、［日］池田大作：《展望二十一世纪》，荀春生等译，国际文化出版公司1985年版，第80页。

② ［英］巴勒克拉夫：《当代史学主要趋势》，杨豫译，上海译文出版社1987年版，第264页。

③ 田汝康、金重远选编：《现代西方史学流派文选》，上海人民出版社1982年版，第139页。

④ 田汝康、金重远选编：《现代西方史学流派文选》，上海人民出版社1982年版，第126页。

得含混不清，这就使他的著作极易受到攻击。即使如此，我们依然应当承认，汤因比的《历史研究》在描述人类文明史的综合过程和本质意义方面，至今仍是一部盖世无双的优秀著作，他的世界历史整体观思想，将在今后相当长时间的历史研究中继续散发着神秘的理论魅力。

总体上讲，文化形态史观尽管存在许多缺陷，遭到了学术界的严厉批评，但是，它的基本思想对于推动世界历史的整体研究却起到了积极的作用。这一作用至少体现在三个方面：第一，文化形态史观能够自觉地从整体角度来考察世界历史的行程，试图揭示出世界历史的本质，在时代条件的局限下，他们能够承受这种艰苦的创造性工作的挑战，对后人的整体研究是一种莫大的鼓舞；第二，文化形态史观把世界历史看做是一个有机整体，把各个区域文明看做是这一整体的有机组成部分，通过各个部分之间的相互关系来把握世界历史整体的发展过程，这就扩大了以往传统史学以国别史和民族史为基础的狭隘视野，也避免了把世界历史看成是国别史、民族史的拼凑的简单化倾向，使世界史的整体研究上了一个新的台阶；第三，文化形态史观由于指出了西方文化的种种弊端和黯淡前景，就从根本上动摇了"西方中心论"或"欧洲中心论"的观点，为整体研究的进一步发展铺平了道路。可以说，"西方中心论"或"欧洲中心论"的思想倾向，是近几百年来世界历史整体认识上的基本障碍。这种思想不能客观地看待欧洲以外地区的历史进程，往往把世界史写成欧洲的扩张史或外围史，因此不能实现对世界历史整体的正确认识。20世纪世界历史整体研究的首要任务就是要彻底破除"西方中心论"或"欧洲中心论"，在这一点上，文化形态史观作出了重要贡献。

五、年鉴派的总体史观

19世纪国际史坛的主流是实证主义史学，其杰出代表是德国的兰克学派。实证主义史学提倡"如实地说明历史",再现历史的真面貌,这就要充分重视史料,让史料讲话,通过发掘大量史料来再现历史原来面貌。客观地讲,实证主义史学在推动历史学发展成为一门独立的科学,以及对史料的搜集、整理、运用等方面都取得了巨大的成功。这些成就令世人瞩目,在整个 19 世纪处于十分显赫的地位。因此,有人称 19 世纪是"历史学的世纪"。但是,进入 20 世纪以后,人们对传统实证主义史学日益感到不满,认为那是"枯燥无味的职业作风","缺乏洞察力","迂腐穷酸地追逐细枝末节"等。① 人们重新渴求一种对历史的整体认识和富有洞察力的新见解,这就推动了思辨的历史哲学的再度振兴,形成了新的历史研究的时代潮流,历史学经历了又一次否定之否定的上升进程。总体史观就是在这样的时代背景下,重新占据国际史坛。

1. 总体史观的产生

总体史观与文化形态史观都是在 20 世纪初思辨的历史哲学复兴的潮流中产生的,都是对人类历史整体研究的结果,但是两者的特点不同。文化形态史观主要是从对人类历史上出现的各个主要的文化或文明的比较研究出发,来描述世界历史的总的进程。而总体史观则力图通过对人类历史的各个方面的总体考察,来解释人类社会的过去、现在和未来。

最先提出总体史观思想的是美国历史学家鲁滨逊(1863—1936 年)。1912 年,鲁滨逊出版了他的代表作《新史学》。他在这部著作一开始,就为他的新史学确定了新的思想原则。他说:"从广义来说,一切关于人类在世界上出现以来所做的或所想的事业与痕迹,都包括在历史范围之内。大到可以描写各民族的兴亡,小到描写一个最平凡的人物的习惯与感情。……历史是研究人类过去事业的极其广泛的学问。"② 在这里,鲁滨逊把历史学规定为一门包罗万象的学科,从而突破了传统实证主义史学的狭

---

① [英] 巴勒克拉夫:《当代史学主要趋势》,杨豫译,上海译文出版社 1987 年版,第 10 页。
② [美] 鲁滨逊:《新史学》,齐思和等译,商务印书馆 1964 年版,第 3 页。

隘视野，这是总体史观的出发点。从这里出发，鲁滨逊指出了旧史学的三个主要缺陷：

"（1）随便罗列人名、地名，对读者毫无意义，它不但不能激起读者的思想和兴趣，反而使他没有精神。

（2）不讲别的重要事情，专偏重政治事实的记载。

（3）好叙述非常特殊的事件，不是因为这些故事可以说明一般事物的进展，或某时代的情况，而只是因为它们在编年史中很突出。"①

应当说，鲁滨逊对旧史学的这些批评是中肯的。因为实证主义史学醉心于对琐碎史实的考证，只能提供历史的细枝末节，不能使人们对历史有一种较为完整的认识。而且，旧史学只重视政治史、军事史和外交史，忽略了社会历史的其他许多重要领域，因而未能使历史学发挥充分的社会功能。

鲁滨逊十分重视历史学的这种社会功能，他说："历史还有一件应做而尚未做的事情，那就是它可以帮助我们了解我们自己、我们的同类以及人类的种种问题和前景。这是历史最主要的功用，但一般人所忽略的恰恰就是历史所产生的这种最大效用"。② 不仅如此，鲁滨逊还认为，历史学的发展必须适应时代的变化，不断更新观念，才能实现这种"效用"。他指出：

"我们不应该把历史看作是一门固定不变的学问，它仅仅通过改进研究方法、搜集、批评和融化新的资料来获得进展。恰恰相反，我们认为历史学的理想和目标应该伴随着社会和社会科学的进步而变化，它在我们的精神生活中应比从前发挥更为重要的作用。"③

鲁滨逊的新史学是对传统实证主义史学的勇敢挑战，有力地推动了历史学的发展，揭开了世界历史整体研究的崭新一页。今天，当我们回顾

① ［美］鲁滨逊：《新史学》，齐思和等译，商务印书馆1964年版，第14页。

② ［美］鲁滨逊：《新史学》，齐思和等译，商务印书馆1964年版，第15页。

③ ［美］鲁滨逊：《新史学》，齐思和等译，商务印书馆1964年版，第15页。

20 世纪历史学所走过的历程时，我们能够明显地感觉到，20 世纪历史学经历了一场革命性的变化，这场革命，在很大程度上可以说是总体史观的胜利。鲁滨逊似乎预见到了这场革命潮流的到来，他曾说："现在有许多历史学家还不知道历史也需要一个革命……历史这门科学也就必然已被卷入这个革命潮流中去"。① 在鲁滨逊新史学的带动下，20 世纪美国历史学家在世界整体历史编纂方面，取得了一系列令世人瞩目的成就，而法国的年鉴学派则在总体史观上作出了突出贡献。

1929 年，在法国东部边陲一所很不起眼的学校——斯特拉斯堡大学，诞生了一份《经济社会史年鉴》杂志。就是以这份杂志为旗帜，产生了20 世纪最为显赫的历史学派——年鉴派。年鉴派历史学家继承和发扬了启蒙运动时期法国思想家的战斗精神，勇敢地批判了传统实证主义史学的种种弊端，喊出了"为历史而战"的战斗口号，把新史学运动推向了高潮。半个多世纪过去了，年鉴学派培养了一批又一批优秀的历史学家，撰写了大量的经典的历史著作，改变了整个历史学的面貌和它在人们心目中的地位。年鉴学派所取得的这些丰硕成果和伟大建树，以及它对全世界历史学界的广泛影响，在全部史学发展史上都是无与伦比的。

2. "总体历史"或"全面的历史"

年鉴学派在考察人类历史时，首先是把人类历史当做一个整体，这个整体内部存在着不同的层次，各个层次之间存在着相互关系，它们是不可分割的。年鉴派的代表人物布罗代尔曾明确指出："无论回到几千年以前的时代或沿着它那似乎止步不前的曲折发展过程，人类历史总是不可分割的整体，是贯时性和共时性相会合的整体。"② 布罗代尔还曾经用系统论的观点来看待人类历史。他认为历史可以分为若干个系统，每个系统又可以再

---

① [美] 鲁滨逊：《新史学》，齐思和等译，商务印书馆 1964 年版，第 20 页。
② [法] 布罗代尔：《15 至 18 世纪的物质文明、经济和资本主义》第一卷，顾良等译，三联书店 1992 年版，第 210 页。

分出一些小的系统，各个系统之间存在着相互关系。在这些系统中，最重要的是经济、社会、政治、文化四个系统。这四个系统是研究的重点，不仅要研究这四个系统本身的状况，还要研究它们之间的相互关系的性质。

　　一般地讲，年鉴派的历史理论被称做是"总体历史"的理论。所谓"总体历史"'，按照年鉴派创始人费弗尔的说法，是"全体部分构成的历史"，是"属于人类，取决于人类，服务于人类的一切，是表达人类，说明人类的存在、活动、爱好和方式的一切"。① 总之，是人类以往的全部活动、痕迹和过程。与传统史学只重视政治史、军事史和外交史以及少数历史人物的活动不同，年鉴派再一次地扩大了人们的视野，其研究范围涉及人类社会的各个领域，尤其重视普通民众最琐碎的日常生活，包括普通人的一日三餐、烟酒茶、住宅、家具、时装、流行病、习俗、心理、交通工具等等，都属于"总体历史"的研究范围。可以说，"总体历史"就是人类的事无巨细、包罗万象的历史。要研究这样的历史，单靠传统史学所依据的文献资料是远远不够的，年鉴派主张扩大史料的范围，把以往人类的一切遗留物都纳入史料的范围，史料的概念发生了转变。有人认为："新史学扩大了历史文献的范围。它使史学不再限于朗格罗瓦和塞诺博斯所主要依据的书面文献中，而代之以一种多元史料的基础，这些史料包括各种书写材料、图像材料、考古发掘成果、口头资料等。一个统计数字、一条价格曲线、一张照片或一部电影、古代的一块化石、一件工具或一个教堂的还愿物，对于新史学而言都是第一层次的史料"。因此，这是一场"资料革命"。②

　　从总体历史理论出发，年鉴派认为历史只有在整体意义上才是真正存在的。费弗尔说："经济和社会史其实是不存在的，只有作为整体而存在的历史。就其定义而言，历史就是整个社会的历史"。③ 因此，历史不仅

① ［英］巴勒克拉夫：《当代史学主要趋势》，杨豫译，上海译文出版社1987年版，第55页。
② ［法］勒高夫等编：《新史学》，姚蒙编译，上海译文出版社1989年版，第6页。
③ ［法］勒高夫等编：《新史学》，姚蒙编译，上海译文出版社1989年版，第7页。

是不能割裂的，而且个人行为和具体事件只有在社会整体的关联性中才能被理解。历史研究不能只见树术，不见森林，必须重视那些普遍性的、一般的事物。可见，年鉴派重视的是普遍存在的历史现象，是历史的最基本的内容，而反对把历史写成是个别事件的堆积，这是对传统史学的有力批判。

3. 历史时段理论

这是布罗代尔系统阐述的关于历史时间多元性的精辟见解，这一理论赢得了学术界的高度评价，影响很大。简单地讲，布罗代尔是把历史上的时间分成三个层次：

第一层次，叫做长时段。指那些在相当长时间里起作用、变化非常缓慢的历史因素，例如地理环境、气候变迁、文化传统、社会习俗、农业生产等。这些因素往往几百年、几千年才有一点变化，人们几乎感觉不到它们的运动，但正是这些因素对人类社会产生着最基本、最稳定的影响，被称为是"结构"的历史；

第二层次，叫做中时段。指那些在十年或几十年内起作用的、经济和社会的周期性波动的历史因素。例如人口增长、价格曲线、利率波动、工资福利、生产流通等。这些因素能够在一段时间内影响社会，是"缓慢而有节奏的历史"，被称为是"局势"的历史；

第三层次，叫做短时段。指那些在很短时间内存在的历史因素，这些因素即传统史学所熟悉的历史事件，它们是"昙花一现的现象"，在历史上往往只存在几年、几个月，甚至几天，它们往往带有很大的偶然性，处在历史的表层，被称为是"事件"的历史。

布罗代尔最为重视长时段，而忽视短时段。1958 年，他曾专门写了一篇关于长时段理论的文章，即《历史和社会科学：长时段》。他在文中谈到结构时说，结构"在长时段问题中居于首位。在考察社会问题时，'结构'是指社会上现实和群众之间形成的一种有机的、严密的和相当固定的关系。对我们历史学家说来，结构无疑是建筑构件，但更是十分耐久的实在。有些结构因长期存在而成为世代相传、连绵不绝的恒在因素：它们妨碍着或左右着历史的前进。另有一些结构较快地分化瓦解，但所有的结构全都具有促进和阻碍社会发展的作用"。[1] 在布罗代尔的著作中，"结构"和"局势"占据了绝大部分篇幅，而对著作所涉及的同一时代的重大历史事件，如宗教改革、尼德兰革命、英国革命、北美独立战争等，则往往一笔带过甚至只字不提。[2] 布罗代尔对"事件"的轻视态度，曾招致许多严厉的批评，他后来也纠正了自己的一些看法。比如，1966 年，他的名著《腓力二世时代（1551—1598 年）的地中海和地中海世界》出第二版时，他在第三部分增写了一段话，其中承认："每一事件，无论多么简单，都确有其意义，它照亮了某些黑暗的角落，甚至某些历史的背景"。[3]

年鉴派关于历史时段的理论，对于世界历史整体研究有着十分重要的意义。我们知道，每一个整体，它的内部都可以划分为不同的层次，这些层次相互联结和相互作用，因而构成了整体。世界历史既然是一个整体，从它的时间序列上（纵向）应当怎样划分出不同层次呢？以前似乎还没有人提出或解决这个问题。人们往往只是从空间序列上（横向）划分过世界整体的层次，比如地区、国家、社区、群体、个人等等。所以，年鉴派的这一理论尽管它自身还有许多不完善和模糊不清的地方，但其理论价值是不容抹煞的。

4. 人类与时间、空间的关系

年鉴派认为，历史首先是人类的历史，是关于人的科学。这里所说的"人"，使用的是复数名词，即指广大的民众、普通人和全人类。与传统史学只重视少数所谓英雄人物，帝王将相明显不同，年鉴派重视的是普通的

---

[1] ［法］布罗代尔：《历史和社会科学：长时段》，载《史学理论》1987 年第 3 期。

[2] ［法］布罗代尔：《15 至 18 世纪的物质文明、经济和资本主义》第一卷，顾良等译，三联书店 1992 年版，第 18 页。

[3] Fernand Braudel：*The Mediterranean and the Mediterranean World in the Age of Philip II*，Harpar Torchbook，1976，p.901.

人们的日常活动。费弗尔说："历史是关于人的科学，是关于人类过去的
科学"等。① 显然，人是历史活动的中心，是历史学研究的首要对象，而
不是别的任何东西。不仅如此，费弗尔还强调人类是一个整体，所以人类
历史也应当是一个整体。他说："人不能分割为一个个片断，他是一个整
体，历史也绝不能分割为这儿一堆事件，那儿一堆信仰"。② 布洛赫也强
调说，历史研究中的人，"不是个别的人，重复一遍，决不是个别的人，
而是人类社会，是组织起来的人类群体"。③ 年鉴派之所以强调人类整体，
是为了提高成千上万的普通人在历史中的地位。传统史学往往忽视普通人
的历史活动。年鉴派认为，普通人的活动的确很平凡，在历史中，少掉一
两个普通人对历史也许毫无影响，但是，全体普通人合为一个整体，就完
全不同了，他们的历史就既不普通，也不平凡了。甚至正是这些普通人的
日常平凡的活动，决定着历史的坚定步伐。布罗代尔曾经指出，普通人的
日常琐事，由于不断反复地发生，"经多次反复而取得一般性，甚至变成
结构，它侵入社会的每个层次，在世代相传的生存方式和行为方式上刻下
印记"。④

　　历史研究的对象是整个人类，但和其他人文科学不同的是，历史研究
的人类，是生活在过去的、时间中的人类，而时间在历史中是不可分割
的。因此，人类是一个整体，人类历史（时间）也是一个整体。布洛赫有
一段话，讲得十分精彩：

　　　　"说历史是一门'人的科学'，仍太模糊，必须加上说历史是一
　　　　门'时间中的人'。历史学家并不研究抽象的人，他的思想是在时间

---

① ［法］雅克·勒戈夫等编：《史学研究的新问题、新方法、新对象》，郝名玮译，社会科学文
　　献出版社 1988 年版，第 11—12 页。

② Ernst Breisach: *Historiography, Ancient, Medieval and Modem*,University Of Chicago Press, 1983,
　　p.370.

③ Marc Bloch: *Historian's Craft*, Alfred A. Knopf, Inc. 1953, p.26.

④ ［法］布罗代尔：《15 至 18 世纪的物质文明、经济和资本主义》第一卷，顾良等译，三联书
　　店 1992 年版，第 27 页。

这个领域中呼吸。确实，很难想象有哪一门科学能够把时间作为纯抽象的东西来对待。然而，大多数学科根据自己的研究目的，把时间任意分割为相同的片断，在那里，时间只是一种量度而非别的东西。相反，历史时间是具体的和活生生的现实，它不可逆转，一往无前。它是历史事件赖以涌现的场所，正是在这个领域中，这些历史事件才能被理解。……时间从本质上说，是一个连续系统，是一种持续不断的变化。"①

可见，时间在历史研究中具有特殊的意义，人类的一切活动都在时间中产生，因此，也只能在时间中理解它、认识它。时间具有无限的可以延续和延伸的广度，能够容纳人类的全部历史。时间这一整体，对历史的作用又有所不同。布罗代尔根据长时段、中时段、短时段的理论，把时间相应地划分为地理时间、社会时间、个体时间。其中，地理时间，即结构，对历史的影响最为深刻和重要，其思想实质仍是从整体的角度观察人类历史。②

所谓地理时间，指的就是自然环境。年鉴派认为人是自然界的一部分，人类历史与自然历史是密不可分的。历史学家不考虑地理环境就不能研究社会的发展，而地理学家不考虑人类的活动就不能理解自然的变化。年鉴派反对传统史学割裂自然史和社会史的联系的做法，认为自然史应该在历史研究中占据十分重要的地位。费弗尔曾经专门写过《土地与人类的演变：地理历史引论》一书，他在书中首次提出"地理历史学"的概念，反映出他关于地理与历史密切联系的思想。布罗代尔在《腓力二世时代（1551—1598 年）的地中海和地中海世界》一书中，把地理环境放在首要位置上。该书共由三部分组成，第一部分就详细描述了地中海沿岸国家的山脉、平原、海岸、岛屿、气候、城市、交通等，侧重说明了地理环境与人类历史的关系。他解释道：

---

① Marc Bloch: *Historian's Craft,* Alfred A. Knopf, Inc. 1953, pp.27-28.

② Fernand Braudel: *On History*, The University of Chicago Press, 1982, preface.

"第一部分写的是人与其环境的关系的历史。这种历史的流逝几乎无法被察觉，在这种历史中，一切变化都十分缓慢，这是一种由不断重演、反复再现的周期构成的历史。我不能无视这种几乎不受时间影响的历史，这种人与无生命的世界交往的历史。"[1]

年鉴派虽然很强调地理环境的作用，但却不是地理环境决定论者。费弗尔在阐述他的地理历史学时，认为"地理环境无疑构成了人类活动框架中的重要部分，但是人本身也参与形成这一环境"。[2] 可见，人类并不是消极、被动地接受地理环境的影响，而是主动地、积极地、自觉地参与改变自然和改变自身的历史活动。布罗代尔在强调地理、气候环境对人类活动的作用的同时，也承认人类塑造和利用环境的可能性。例如地中海周围城市的经济扩张雄心以及商人、水手的进取精神和创造性，往往能克服风向、雨量的阻碍，使大海和港口服从自己的需要。因此，布罗代尔并不认为是地理环境决定了历史的发展，他认为对历史发展起决定性作用的是结构。所以，他的理论也被称为是"地理历史结构主义"。[3]

年鉴派在 20 世纪获得的巨大成功，是与它的"总体历史"理论分不开的。随着年鉴学派的影响不断扩大，总体史观的思想也传播到了世界各国，成为国际史坛最为引人注目的一支生力军。十八世纪启蒙思想的整体史观在新的层次上重新放射出耀眼的光辉。当然，这并不是说总体史观就是完美无缺的了。实际上，从年鉴派第三代领导人开始，就已经意识到了总体历史理论的不足之处。比如对专题史不够重视，使局部的研究难以深入；又如对政治史几乎割弃的态度，使总体史本身就不够完整；再如忽略了短时段在某些条件下，对历史起着重要作用等等。因此，20 世纪 70 年代以后，年鉴派发生了许多变化，"总体历史"变成了"碎化"的历史，政治史重新成为热门话题，事件史的地位得到"平反"等等。也许正是在

---

① Fernand Braudel:*The Mediterranean and the Mediterranean World in the Age of Philip II*，Harpar Torchbook, 1976, p.20.

② ［美］伊格尔斯:《欧洲史学新方向》，赵世玲等译，华夏出版社 1989 年版，第 57 页。

③ 参见 *American Historical Review*，1981 年 2 月号。

这些变化之中，总体史观正在酝酿着新的突破。

六、全球史观的产生

20 世纪是整体发展的世纪，也是整体研究的世纪。在这个世纪中，历史学也和其他许多学科一样，经历了从分析还原方法论到综合系统方法论的转变，从而极大地推动了世界历史整体研究的发展。这一方面是由于人类历史本身的整体化进程，向历史学提出了新的时代要求；另一方面也是由于系统科学方法论以及系统哲学在 20 世纪的逐步成熟，并且对包括历史学在内的社会科学领域不断冲击、渗透的结果。在这两种因素的影响下，历史学不仅在全球史观方面，而且在世界整体历史的编纂方面都取得了显著的成就。

1. 韦尔斯的《世界史纲》

这部书初稿于 1918 年和 1919 年，第一次世界大战给欧洲带来的伤亡、匮乏和痛苦，使人们对欧洲的前途命运感到迷茫和困惑，当人们陷入对欧洲民主国家许多重大问题的深思时，他们发现自己对这些问题的背景和本质知之甚少，有很多疑问难以解决，而传统的民族主义史学著作却"除了自己的国家之外，一切国家都视而不见"。[1] 因而不能给人们提供任何帮助。有感于此，韦尔斯决心重编一部世界历史。在写这部书时，韦尔斯首先是把人类历史当做一个"广阔的整体"来研究，他承认自己"特别倾向于对过去的和现在的事物采取一种通观全局的看法"。[2] 为了突出人类的整体性，该书一开始，用了很大的篇幅来描述宇宙天体的演变和生物的进

---

① ［英］韦尔斯:《世界史纲》，吴文藻译，人民出版社 1982 年版，第 2 页。

② ［英］韦尔斯:《世界史纲》，吴文藻译，人民出版社 1982 年版，第 3 页。

化过程，用这种广博无涯的背景，衬托出人类所生存的地球只不过是宇宙间的"一颗物质微粒"，而人类也只不过是无数生命群体中最晚出现的一种。把人类放在其外部环境中去考察，这是整体研究的重要途径之一。不仅如此，韦尔斯"开始认识到欧洲历史学者怎样严重地贬低了亚洲中央高地、波斯、印度和中国等文化在人类这出戏剧里所分担的部分。他开始越来越清楚地看到遥远的古代怎样依然生气勃勃地活在我们的生活和制度里……"① 所以，他能够用手中的笔横贯东西、纵领古今地描绘出完整的人类生命演变的生动景象。韦尔斯并不是一个职业历史学家，他的书也不是严密得无懈可击，但是这部书在 1920 年初版后，深受读者欢迎，被译成几种文字，先后几次修订再版，发行达两百多万册，成为名副其实的世界畅销书，这实在是由于书中的整体观念和全球眼光所散发出的诱人魅力。

2. 伯恩斯和拉尔夫合著的《世界文明史》

该书明显受到文化形态史观的影响，它是通过对世界各地区各民族文化或文明的叙述，揭示了从史前社会直到 20 世纪 70 年代的人类历史进程。作者十分重视从整体角度来研究，他们在该书的前言中指出："要了解世界上一个部分的根本问题，必须对世界整体有一个广阔的看法"。② 因此，作者特别注意到不同文明之间的相互联系，比如古埃及的哲学、数学和文学对后世的文明有着巨大影响；中国的罗盘和火药促进了欧洲资本主义萌芽；印度佛教对中国、日本、朝鲜的传播和影响等。作者反对用政治史来取代整个文明史，他们认为："政治事件是重要的，但是它们并不是历史的全部。总的来说，政治历史的事件从属于制度和思想的发展，或者是文化、社会和经济运动的基础。作者认为工业革命的后果决不亚于拿破仑战争。作者认为了解佛陀、孔子、牛顿、达尔文和爱因斯坦的意义，其价值

---

① ［英］韦尔斯：《世界史纲》，吴文藻译，人民出版社 1982 年版，第 4 页。

② ［美］伯恩斯、拉尔夫：《世界文明史》第 1 卷，罗经国等译，商务印书馆 1987 年版，第 1 页。

要比能够背诵法国国王的名字重要得多。根据这种广阔的历史观念，本书在叙述约翰·洛克、约翰·斯图尔特、穆勒、圣雄甘地和毛泽东的学说时，比古斯塔夫·阿道尔夫和威灵顿公爵的武功给予了更多的篇幅"。①这部 120 万字的大作，资料翔实，观点新颖，富有启迪，阅后能使人形成一种世界文明历程的完整印象。该书问世后一再重版，被多所大学采用为教材，流行甚广，影响颇大。

3. 斯塔夫里阿诺斯的《全球通史》

该书被认为是"近年来在用全球观点或包含全球内容重新进行世界史写作的尝试中，最有推动作用"②的著作。作者十分推崇十八世纪欧洲世界史的编纂理论，主张用整体的观点和全球的眼光来编写世界历史，反对任何民族主义的偏见。在该书的一开始，作者就指出："本书是一部世界史，其主要特点就在于：研究的是全球而不是某一国家或地区的历史；关注的是整个人类，而不是局限于西方人或非西方人。本书的观点，就如一位栖身月球的观察者从整体上对我们所在的球体进行考察时形成的观点，因而，与居住伦敦或巴黎、北京或德里的观察者的观点判然不同"。③作者写出这样一部全球历史或整体历史，不仅在于时代本身发展的需要，还在于作者坚持认为："人类历史自始便具有一种不容忽视，必须承认的基本的统一性。要确切认识西方的历史或非西方的历史，没有一个包含这两者的全球性观点是不行的；只有运用全球性观点，才能了解各民族在各时代中相互影响的程度，以及这种相互影响对决定人类历史进程所起的重大作用。"④因此，全球性观点对世界史的编纂是不可缺少的，而且这种观点

---

① [美]伯恩斯、拉尔夫：《世界文明史》第1卷，罗经国等译，商务印书馆 1987 年版，第 2 页。

② [英]巴勒克拉夫：《当代史学主要趋势》，杨豫译，上海译文出版社 1987 年版，第 245 页。

③ [美]斯塔夫里阿诺斯：《全球通史——1500 年以前的世界》，吴象婴等译，上海社会科学院出版社 1988 年版，第 54 页。

④ [美]斯塔夫里阿诺斯：《全球通史——1500 年以前的世界》，吴象婴等译，上海社会科学院出版社 1988 年版，第 55 页。

也是以人类历史本身的统一性为基础的。应当说，作者的这一见解还是较为深刻的。

此外，在世界史的结构和编纂体系方面，该书也提出了一些颇有新意和十分明智的观点。作者反对那种"搭积木式"的办法，认为世界史不是世界上各种文明的总和，不能够也不必要逐一研究各个国家和各个民族的历史，研究的重点应当放在那些具有世界性影响的历史力量和历史运动上。[①] 作者还提出在空间上，世界史应着重研究那些发生了具有世界性影响的历史运动的区域。他认为："人类取得进步的关键就在于各民族之间的可接近性。最有机会与其他民族相互影响的那些民族，最有可能得到突飞猛进的发展。相反，那些处于闭塞状态下的民族，既得不到外来的促进，也没有外来的威胁，因而，被淘汰的压力对它们来说是不存在的，它们可以按原来的状况过上几千年而不危及其生存"。[②] 这里，作者已经清楚地看到相互关系和相互作用在世界历史整体进程中的重要意义。正是由于这种整体观念和全球眼光为该书带来了广泛的声誉。

4. 巴勒克拉夫的全球史观

巴勒克拉夫虽然没有编写出一部完整的世界史著作，但他所倡导的"全球历史观"和一系列博大精深的历史论著，不仅为他赢得了国际史坛的普遍赞誉，而且还鼓舞了众多年轻一代的历史学家对世界历史进程的重新探索和不懈努力。

虽然身为一名英国历史学教授，但巴勒克拉夫对欧洲中心论或西方中心论的批判是极为彻底的，而欧洲中心论的观点与全球历史观是水火不相容的，要建立新的全球整体史观，就必须首先破除欧洲中心论的种种谬说。早在 20 世纪 50 年代，巴勒克拉夫就认识到："主要从西欧观点来

---

① ［美］斯塔夫里阿诺斯：《全球通史——1500 年以前的世界》，吴象婴等译，上海社会科学院出版社 1988 年版，第 56 页。

② ［美］斯塔夫里阿诺斯：《全球通史——1500 年以前的世界》，吴象婴等译，上海社会科学院出版社 1988 年版，第 58 页。

解释历史事件已经不够了，我们必须尝试运用更加广阔的世界史观点"。①
他呼吁历史学家"跳出欧洲，跳出西方，将视线投射到所有的地区和
时代"。②1955 年，巴勒克拉夫出版了他的一部论文集，名为《处于变动
世界中的历史学》，这部书集中反映了他的全球历史观的基本思想，有力
地冲击了传统史学的狭隘眼光。汤因比在看了这部书后评价说："这里有
足够的炸药，能把 19 世纪的西方历史主义烧为灰烬"。③

　　巴勒克拉夫所倡导的全球历史观，着重从世界整体的角度出发，公
正、客观地看待各大洲、各地区的历史以及它们对人类进步的贡献。在他
主编的《泰晤士世界历史地图集》的前言中，他提出要"公正地评价各个
时代和世界各地区一切民族的建树。……我们特别注重世界各大文明及其
联系和相互影响"。④ 他认为：

　　　　"世界上每个地区的各个民族和各个文明都处在平等的地位上，
　　都有权利要求对自己进行同等的思考和考察，不允许将任何民族或任
　　何文明的经历只当作边缘的无意义的东西加以排斥。"⑤

　　因此，巴勒克拉夫十分重视欧洲以外世界的重要性，他说："在形成
了今天的这样结构的世界上，印度、中国和日本的历史，亚洲和非洲其
他国家的历史如同欧洲的历史一样，都是至关重要的"。⑥ 他甚至预言说，
欧洲的时代已经过去，亚洲正在崛起，未来的时代将是太平洋时代，"到
了 20 世纪后期或 21 世纪，欧洲将注定会沦于类似 18、19 世纪曾经加于
非洲、部分亚洲和新大陆的殖民地地位"。⑦ 不管未来在多大程度上能够

---

① Geoffrey Barracloygh, *History in a Changing World*, London, 1955, p.133.

② Geoffrey Barracloygh, *History in a Changing World*, London, 1955, p.27.

③ Geoffrey Barracloygh, *History in a Changing World*, London, 1955, paper wrapping.

④ ［英］巴勒克拉夫主编：《泰晤士世界历史地图集》，邓蜀生等编译，三联书店 1985 年版，
　　第 13 页。

⑤ ［英］巴勒克拉夫：《当代史学主要趋势》，杨豫译，上海译文出版社 1987 年版，第 158 页。

⑥ ［英］巴勒克拉夫主编：《泰晤士世界历史地图集》，邓蜀生等编译，三联书店 1985 年版，
　　第 13 页。

⑦ Geoffrey Barracloygh, *History in a Changing World*, London, 1955, p.208.

验证他的预言，这至少反映了一位历史学家对时代脉搏的深刻把握和对历史全局的精辟透视。

从全球历史观出发，巴勒克拉夫反对传统的世界历史三分法，即把世界历史分为古代、中世纪、近代的历史体系，这种历史分期的所有界标都发生于欧洲的历史上，巴勒克拉夫认为："这样的体系是否有充分的根据，甚至在欧洲都存在激烈的争议，如果把这个体系应用于亚洲和非洲的历史研究，出现的问题更大"。① 他在主编《泰晤士世界历史地图集》时，完全摒弃传统三分法，把公元前 9000 年到 1975 年间的世界历史，划分为：早期人类的世界、最初的文明、欧亚的古典文明、划分为地区的世界、新兴的西方世界、欧洲统治时期、全球文明时代这样七大部分，令人有耳目一新的感觉。该地图集配有约 50 万字的解说词，其中充满对人类历史总体进程的宏观解释和高度概括，它其实就是一部世界整体史的纲要。②

巴勒克拉夫的《当代史导论》一书，可以说是 20 世纪世界史整体研究最具代表性的著作。该书阐述了 1890 年到 1961 年的世界历史，他既没有按传统的编写体例分别记叙各民族和各地区的历史，也不是按照年代顺序简单地排列那些历史事件，而是从全球的角度出发，"探讨当代社会新的框架和彼此依存的各种新的联系"。③ 他认为："当代史旨在阐明塑造当代世界各种基本结构的变化，那么它只能证实它是一门严谨的学科，而不是当代景象浮光掠影的观察。这些变化之所以是根本的，是因为它们构成了政治行为赖以发生的骨架或框架"。④ 在这部书中，巴勒克拉夫把当代史的框架，归结为七个领域的问题，如科技进步和工业制度、人口因素、全球政治、大众民主、反对霸权的斗争、共产主义的影响以及文学和艺术等等。他是从这些领域的问题出发，深刻剖析当代社会的演变历程和它的

① ［英］巴勒克拉夫：《当代史学主要趋势》，杨豫译，上海译文出版社 1987 年版，第 254 页。

② 三联书店 1983 年将该地图集的文字部分单独出版，取名为《世界史便览》。

③ ［英］巴勒克拉夫：《当代史导论》，张广勇等译，上海社会科学院出版社 1996 年版，第 19 页。

④ ［英］巴勒克拉夫：《当代史导论》，张广勇等译，上海社会科学院出版社 1996 年版，第 19 页。

根本特征。该书不足 20 万字，但它的影响却超过许多大部头著作，书中的全球眼光和深刻透彻的分析给人们留下了难以忘怀的印象，他的许多观点甚至直接影响了英国政府的政策。就在该书出版的那一年，他当选为英国历史学会主席。

1976 年，巴勒克拉夫受联合国教科文组织的委托，撰写了《当代史学主要趋势》一书，该书全面论述了二十世纪以来世界史学界的基本状况和发展趋势，他站在国际历史学全局的角度，再一次指出："今天历史学著作的本质特征就在于它的全球性"。[①] 他还说："认识到需要建立全球的历史观——即超越民族和地区的界限，理解整个世界的历史观——是当前的主要特征之一"。[②] 直到该书最后的结语，巴勒克拉夫仍在提醒人们，"今天的历史学既面临着广阔的前景，同时又面临着巨大的危险"，[③] 这些危险主要来自传统史学的陈旧观念和民族主义史学的狭隘视野，他大力号召青年一代的历史学家努力"建立得到全世界公认的历史"，这种历史"必须是富有科学精神并且具有明确的社会目标的历史学"。[④]

1984 年，巴勒克拉夫在他的故乡英国谢世，虽然他生前的许多写作计划没有完成，但他所倡导的全球史观正在鼓舞和推动着世界历史整体研究走向一个新的阶段。

七、中国学者的整体史观

在中国传统思维方式中，历来重视对研究对象的整体认识和把握。从《易经》的八卦思想、阴阳五行学说、道家哲学到中国佛教华严宗的"一

① ［英］巴勒克拉夫：《当代史学主要趋势》，杨豫译，上海译文出版社 1987 年版，第 1 页。

② ［英］巴勒克拉夫：《当代史学主要趋势》，杨豫译，上海译文出版社 1987 年版，第 242 页。

③ ［英］巴勒克拉夫：《当代史学主要趋势》，杨豫译，上海译文出版社 1987 年版，第 341 页。

④ ［英］巴勒克拉夫：《当代史学主要趋势》，杨豫译，上海译文出版社 1987 年版，第 342 页。

与多"以及宋明理学的《太极图说》等等,都是把客观世界的万事万物当做一个整体,来研究它的演变和生灭。哲学上的整体观思想不断地渗透到历史学中来,对历史学的研究产生了明显的影响。从司马迁的《史记》开始,历代史家都在力图建立一个完整的理论体系。但是,我们这个泱泱大国的灿烂文化,也培育了中国人的自我中心意识。历史的编纂向来是围绕着国史而展开,域外的历史在史学家的笔下不过是一种陪衬或脚注。因此,世界史一直未能成为一门真正独立的学问。

1. 梁启超

自鸦片战争以降,西方列强的大炮,震醒了东方的睡狮,中国人开始重视西方各国的文化和制度,先是出现了来华传教士编译的外国史书,随后又出现了中国人自己编写的有关外国史地的著作,如魏源的《海国图志》、徐继畬的《瀛环志略》等。到了19世纪末和20世纪初,中国史学逐步酝酿着一场深刻的变革。梁启超实为积极推动这场变革,大力倡导新史学的第一人。

1902年,梁启超在《新民丛报》上发表其名著《新史学》。该书首先对传统旧史学提出了严肃的批评,同时也宣传了许多崭新的历史观念,呼吁开展一场"史界革命"。该书对中国史学界所产生的振聋发聩、推陈出新的影响,恰如鲁滨逊的《新史学》对西方史学界的影响,而且比鲁滨逊《新史学》还要早问世十年,这反映出东西方史学界在20世纪所共同面临的改革潮流。梁启超在书中也提出了整体史观的思想,比如在谈到旧史学的弊端时,梁启超指出,旧史学"知有一局部之史,而不知自有人类以来全体之史也。或局于一地,或局于一时代,……夫欲求人群进化之真相,必当合人类全体而比较之……"① 梁启超还批评旧史学"知有个人而不知有群体",把历史写成少数或个别人物的传记堆积,就像"合无数之墓志铭而成者耳"。他认为,历史应当叙述人类群体及其相互关系、共同发展

---

① 《梁启超史学论著三种》,三联书店1984年(香港)版,第13页。

的过程。他说："夫所贵乎史者，贵能叙一群人相交涉相竞争相团结之道，能述一群人所以休养生息同体进化之状……"①

1918 年到 1920 年，梁启超曾漫游欧洲，直接接触了西方的学术思想和文化氛围，归国后不久，他出版了《中国历史研究法》一书，这是他的历史观和史学方法论方面的代表作。书中所论，反映出他对人类历史的整体认识更为深刻和细腻。书中在谈到历史学的定义时，梁启超仍然是从整体角度把历史学的研究对象规定为"人类社会之赓续活动"，他解释这一规定时说：

> "不曰'人'之活动，而曰'人类社会'之活动者：一个人或一般人之食息、生殖、争斗、忆念、谈话等，不得谓非活动也；然未必皆为史迹。史迹也者，无论为一个人独力所造，或一般人协力所造，要之必以社会为范围，必其活动力运用贯注，能影响及于全社会——最少亦及于社会之一部，然后足以当史之成分。质言之，则史也者，人类全体或其大多数之共业所构成，故其性质非单独的，而社会的也。"②

梁启超在这里十分重视人类社会整体的历史，他已经意识到，并不是人们所有的琐碎活动都能构成人类历史整体的组成部分，而是只有那些具有广泛影响的历史活动，才能构成历史。大约在这一时期，梁启超读到了韦尔斯的《世界史纲》，他对此书甚为赞赏，不仅在自己的著作中多次引用，还令其子梁思成翻译全书，自己亲为校订，上海商务印书馆 1927 年出版了此书。《世界史纲》中译本的出版，大概是国内最早出现的世界整体史著作，它不仅推动了国内世界历史整体研究的发展，而且还促进了世界史学科的逐步独立成型。

---

① 《梁启超史学论著三种》，三联书店 1984 年（香港）版，第 5 页。
② 《梁启超史学论著三种》，三联书店 1984 年（香港）版，第 45—56 页。

2. 周谷城

世界史作为一门独立的学科，在我国大约是 20 世纪中叶形成的。在世界史学科的形成过程中，对于整体研究有着突出贡献的，当推周谷城先生。

周谷城先生自 20 世纪 30 年代起开始其史学生涯，1939 年出版了他的《中国通史》，1949 年又出版了他的《世界通史》（三册），国内一人独撰两门通史者，恐周谷城一人而已。此外，周谷城还先后发表过 200 多篇论文，阐述其史学思想，可谓撰述宏富，著作等身。仅就世界史的整体研究而言，周谷城的贡献主要在两个方面：

其一，全面排除欧洲中心论。世界史学科在酝酿形成的过程中，由于受到外国史学论著的影响，欧洲中心论的色彩极为浓厚，出现了"言必称希腊"的现象。周谷城是国内坚决反对欧洲中心论的代表人物。他说："希腊、罗马并非世界古代史上凌驾于其他各地的文化中心。我们发言不一定只称希腊，印度、中国、罗马是可以相提并论的"。他认为，欧洲中心论的目的是为欧洲资产阶级的扩张和侵略服务的，"我们自己讲世界史，如果也以欧洲为中心，则大不可。就爱国思想说，不应该；就地理的方位说有错误。我们在中国，也称巴比伦、埃及为近东，则听者除先假定我们在欧洲以外，将莫知所云。近东、远东、古代东方云云，在他人说来对，在我们说来则不对。因此我们不能追随以欧洲为中心的思想"。① 周谷城在他所著《世界通史》中，冲破欧洲中心论的思想束缚，力图构建一种新的世界史框架。他在第一册中，列举了六个古文化区，它们是：尼罗河流域文化区、西亚文化区、爱琴文化区、中国文化区、印度文化区、中美洲文化区。这六个区是并列的和相互关联的，它们共同构成了世界古代的历史。第二册叙述十五世纪以前的世界史，主要是讲亚、欧、非三洲之间的相互关系。第三册论述十六至十八世纪世界史，其重点是欧洲历史。他认为："反对欧洲中心论，并不抹煞世界史上某一时期某一区域成为突出的

---

① 周谷城：《评没有世界性的世界史》，载《文汇报》1961 年 2 月 7 日。

重点……第三册集中精力叙述了十六、十七、十八世纪的欧洲这个重点，为的是找出今日民族解放运动的理由。没有欧洲的向外扩张，今日的民族解放运动即没有根据"。[①] 应当说，国内史学界排除欧洲中心论的影响，周谷城是起到了较大作用的，而排除欧洲中心论，则为世界历史的整体研究铺平了道路。

其二，倡导具有世界性的世界史。周谷城主张世界史应当具有世界性和整体性，他反对以国别史的堆积来取代世界史，注重研究世界各部分历史之间的有机联系和必然规律。在《世界通史》的弁言中，他明确指出："世界通史并非国别史之总和"。他还曾专门撰文论述这一观点，他说："研究世界史，不能不利用国别史；但国别史之和，究竟与世界史不同；我们不能把国别史之和看成世界史"。[②] 因为国别史之和不能反映各国历史之间的有机联系和世界历史的整体性，周谷城十分重视历史事件之间的"有机组织和必然规律"，他曾说："撰写世界通史亦复如此，统一整体或有机组织也是必要的，否则写出的书也必然是流水账式的"。[③] 周谷城还批评当时流行的一些世界通史著作如同"百科全书"，可以查找个别历史事件，却不易形成世界历史的整体概念。

周谷城认真研究过黑格尔的整体观思想，在黑格尔思想的影响下，他曾较为完整地表述过世界历史的整体与部分的相互关系。他说："历史自身是复杂的统一整体，它的各部分是相互联系着，互相依靠着，互相制约着；既不是空洞的'一'，也不是散漫的'多'，历史书籍是反映历史自身的，篇、章、节、目分明，应该或多或少地代表了历史自身各部分的互相联系、依靠、制约等。历史自身，既有具体事实，又有有机组织；既是部分，又是全局；部分是全局所有的，全局也是部分所不能离开的"。[④] 这段话，概括了世界历史整体与部分相互区别、相互联系、相互依存的关系，

① 周谷城：《我是怎样研究世界史的》，载《浙江日报》1981 年 9 月 18 日。

② 周谷城：《史学上的全局观念》，载《学术月刊》1959 年第 12 期。

③ 周谷城：《我是怎样研究世界史的》，载《浙江日报》1981 年 9 月 18 日。

④ 周谷城：《史学上的全局观念》，载《学术月刊》1959 年第 12 期。

含有辩证思维的火花，是当时世界历史整体研究水平的集中反映。

3. 吴于廑

吴于廑先生是中华人民共和国成立后，国内马克思主义世界史学科建设的主要开拓者和奠基人，也是整体世界史观的积极倡导者。他在学术上的远见卓识和非凡建树，已得到国内外同行的广泛赞誉。

吴于廑早年毕业于东吴大学历史系，后赴美留学。1944 年及 1946 年，先后获哈佛大学文学硕士和哲学博士学位。1947 年回国后一直在武汉大学历史系任教授，长期从事世界史的教学和研究，出版和发表了多种论著，均在学术界引起了良好反响和广泛重视。其中包括 20 世纪 60 年代初，根据全国高等学校文科教材会议的决定，吴于廑和周一良共同主编的四卷本《世界通史》。这是新中国成立后第一部综合性的世界历史著作，标志着我国世界史学科的奠立。此书曾经多次重版，印数总计达 40 多万册，其学术权威地位历 30 余年而不减。此外，吴于廑还主编了四卷本《世界通史资料选辑》、《外国史学名著选》等，都得到了学术界的一致好评。吴于廑在年近八旬之时，依然思维敏捷，精神饱满，欣然接受国家教委委托，与齐世荣教授共同主编六卷本《世界史》，并任五卷本《从分散到整体的世界史》一书的顾问。

吴于廑对学术界的最大贡献在于他所倡导的整体世界史观。吴于廑早年受到威尔斯《世界史纲》和斯宾格勒《西方的没落》两书中的宏观视野的影响，其后他曾认真研究了马克思关于历史向世界历史转变的重要思想，在此基础上，他提出了许多关于世界历史全局和世界历史整体研究的精辟见解和深刻思想。他的核心思想主要包含有以下内容：

第一，"破除自古以来就有的各种中心论。必须树立以世界为一全局的观点，来考察人类历史的发展。这里说的以世界为一全局，并不是说，只要把各个国家、各个地区的历史全部汇编起来就行了。世界史的编写，当然离不开国别史、地区史以及各类专史，离开国别史和地区史的研究成果，世界史的编写就将失去必要的依据。但是必须看到，世界史并不等于国别史和地区史的总和。"①

　　第二，"世界历史是历史学的一门重要分支学科，内容为对人类历史自原始、孤立、分散的人群发展为全世界成一密切联系整体的过程进行系统探讨和阐述。世界历史学科的主要任务是以世界全局的观点，综合考察各地区、各国、各民族的历史。"②

　　第三，"人类历史发展为世界历史，经历了一个漫长的过程。这个过程包括两个方面：纵向发展方面和横向发展方面。这里说的纵向发展，是指人类物质生产史上不同生产方式的演变和由此引起的不同社会形态的更迭。……所谓世界历史的横向发展。是指历史由各地区间的相互闭塞到逐步开放，由彼此分散到逐步联系密切，终于发展成为整体的世界历史这一客观过程而言的。……纵向发展和横向发展并不是平行的、各自独立的。它们互为条件，最初是缓慢地、后来是越来越急速地促成历史由分散的发展到以世界为一整体的发展。纵向发展制约着横向发展。纵向发展所达到的阶段和水平，规定着横向发展的规模和广度。……横向发展一方面受纵向发展的制约，另一方面又对纵向发展具有反作用。横向发展与一定阶段的纵向发展相适应，就往往能促进和深化纵向发展。……物质生活资料生产的发展，是决定历史纵向和横向发展的最根本的因素，它把历史的这两个方面结合在一个统一的世界历史发展过程之中。"③

　　第四，"世界史是宏观历史。宏观历史的特点之一就是视野要比较广阔，把国别史、地区史、专史的内容加以提炼、综合、比较，同的地方看到它是一，有特殊的地方看到它是多，做到一和多的统一，来阐明世界历史的全局发展，阐明各个时期世界历史的主潮。世界史要勾画的，是长卷的江山万里图，而非团团宫扇上的工笔花鸟。国别史、地区史、专史的精

①　吴于廑：《关于编纂世界史的意见》，载《武汉大学学报》1978年第5期。

②　参见吴于廑为《中国大百科全书·外国历史卷》所写的词条《世界历史》，中国大百科出版社1990年版。也可见吴于廑、齐世荣主编《世界史》的"总序"，高等教育出版社1992年版。

③　参见吴于廑为《中国大百科全书·外国历史卷》所写的词条《世界历史》，中国大百科出版社1990年版。也可见吴于廑、齐世荣主编《世界史》的"总序"，高等教育出版社1992年版。

密研究成果，必须要理解、吸收，而且不足的还要作认真的补充研究。但是必须超越国别史和地区史，绝不是把国别史、地区史以一定的结构汇编在一起就是世界史了"。①

吴于廑的整体世界史观一方面极大地开阔了人们的视野，另一方面也为世界历史学科给予了一个恰当的定位。以往的世界历史不是被看做无所不包的学问，就是被当成国别史和地区史的简单堆积。吴于廑批评了世界历史领域中的种种弊端，使世界历史学科走上了整体研究和综合考察的正确道路。为了贯彻和体现他的历史理论，推动世界历史整体研究的进一步发展，吴于廑在晚年时连续写了四篇重要论文，即《世界历史上的游牧世界和农耕世界》、《世界历史上的农本与重商》、《历史上农耕世界对工业世界的孕育》、《亚欧大陆传统农耕世界不同国家在新兴工业世界冲击下的反应》。② 这四篇论文气势恢宏、高瞻远瞩，对近代以前世界历史上的四个全局性的问题，进行了总体分析和综合比较，读后令人耳目一新，叹为折服。

吴于廑在学术上的这些鸿篇论著以及他的整体世界史观思想，不仅奠定了他在国内史学界的里程碑式的地位，而且也为世界历史学科的发展开辟了道路。在吴于廑学术思想的鼓舞和启发下，国内世界历史的整体研究得到了较快的发展，出现了许多优秀成果，也产生了一批卓越有成就的学者，其中最为突出的是武汉大学历史系教授李植枬先生。李先生不仅发表了《世界历史与整体发展》③ 等多篇高质量的论文，而且还主编了《当代世界史》（武汉大学出版社 1985 年版）、《从分散到整体的世界史》（湖南出版社 1990 年版）、《二十世纪世界史》（湖北教育出版社 1998 年版）、《宏观世界史》（武汉大学出版社 1999 年版）等多种学术著作，为世界历史的整体研究作出了重要贡献。

---

① 吴于廑：《关于编纂世界史的意见》，载《武汉大学学报》1978 年第 5 期。

② 这四篇论文分别载于《云南社会科学》1982 年第 6 期、《历史研究》1984 年第 1 期、《世界历史》1987 年第 2 期、《世界历史》1993 年第 1 期。

③ 参见《世界历史》1991 年第 2 期。

第二章 马克思的世界历史理论

马克思世界历史理论是唯物史观的重要组成部分，是我们研究全球史的基本指导原则，也是建立马克思主义全球史观的主要依据。近年来，国内学术界对马克思世界历史理论的研究已经取得了丰硕的成果，对一些基本问题的认识也是深刻的、准确的。这些认识我们已没有必要再重复论述。但同时，我们也应当看到，目前学术界的这些研究主要还局限在哲学和全球化、现代化理论领域，至于在我们的历史学研究实践中，特别是在世界史学研究的实践中如何更好地运用马克思世界历史理论的基本原则，建立科学的全球史观，仍是摆在史学界面前的一项重要而迫切的任务。

一、马克思世界历史理论产生的时代条件

任何伟大的理论都是时代的产物，任何杰出的学者都是时代的骄子。脱离了时代条件，我们就很难正确认识学者马克思和他的世界历史理论。十九世纪上半叶，是马克思的青少年时期，这一时期的时代特征，对于马克思的学术道路、对于马克思世界历史理论的萌发、对于马克思的人生观

与价值观，都产生了深刻的、不可磨灭的影响。

十九世纪初，第一次工业革命已基本完成，生产力水平明显提高，资本主义生产方式在全世界广泛传播，社会化大工业的发展推动着国际分工、国际贸易、国际联系，世界市场逐步形成，地方性的小市场联合成为一个世界市场，古老的民族工业被新的工业取代，而新的工业加工的是其他地方的原材料，并且其产品要供世界各国消费。马克思在《共产党宣言》中写到："美洲的发现、绕过非洲的航行，给新兴的资产阶级开辟了新天地。……但是，市场总是在扩大，需求总是在增加。甚至工场手工业也不再能满足需要了。于是，蒸汽和机器引起了工业生产的革命。现代大工业代替了工场手工业；工业中的百万富翁，一支一支产业大军的首领，现代资产者，代替了工业的中间等级。大工业建立了由美洲的发现所准备好的世界市场。世界市场使商业、航海业和陆路交通得到了巨大的发展。"① 大工业和世界市场发展的结果，使任何一国的经济活动都成为世界经济活动的组成部分，并影响着其他国家。各个国家、各个民族、各个地区之间的相互影响已经成为一个铁的事实和不可抗拒的时代潮流。

十九世纪上半叶，欧洲的经济社会发展走到了世界的前列。欧洲人的富足与自豪超过了此前任何世纪，他们的眼光也开始超出欧洲的局限，去搜索世界的每一个角落。欧洲资产阶级在世界经济中的主导地位使它确立了在全球范围内的政治主导地位，西方国家更具有对外扩张性和开放性。在商业冒险精神的促使下，西方人走遍了世界各个角落，一方面推行殖民侵略，另一方面也推行着欧洲的政治理想和价值观念。伴随着各种不平等的交换和血与火的洗礼，各大洲的主要民族进一步相互交往和了解，各民族的思想文化也在走向世界，各民族的精神产品成了公共的财产，民族文学也融合成一种世界的文学。总之，大工业使各民族消除原始封闭状态，世界各国人民互相联系起来，"到处为文明和进步作好了准备，使各文明国家里发生的一切必然影响到其余各国。"因此，到

① 《马克思恩格斯选集》第 1 卷，人民出版社 1995 年版，第 273 页。

19 世纪中叶，世界性、全球性的概念至少在欧洲已经日益普及并深入人心。作为一个学者、一个理论家，马克思的视野也必然是世界性的，而不会限制在欧洲一隅。

其实，马克思在青年时期就已经具有了世界性的眼光，他在中学时就已经立志要为全人类谋福利，为全人类服务。在中学毕业论文中，他写道：

> "如果我们选择了最能为人类服务的职业，我们就不会为任何沉重负担所压倒，因为这是为全人类做出的牺牲；那时我们得到的将不是可怜的、有限的和自私自利的欢乐。我们的幸福属于亿万人，我们的事业虽然并不是显赫一时，但将永远发挥作用。当我们离开人世之后，高尚的人们将在我们的骨灰上洒下热泪。"①

从这一段话中，我们可以看到，中学时代的马克思所考虑的问题已经是全人类的问题，他准备献身的事业已经是全人类的事业。中年以后的马克思，实践了他青年时代的志愿，的确把他的一生都无私地奉献给了人类社会最伟大的事业——社会主义和共产主义事业。社会主义事业是和世界历史的整体进程联系在一起的，社会主义的理论也不可避免地要和世界历史的理论联系在一起。这也许就是马克思后来非常重视世界历史的研究，并且把社会主义事业看做是世界历史性存在的根本原因。

马克思的世界历史理论最初产生于 19 世纪中叶，这一理论在《德意志意识形态》、《共产党宣言》、《哲学的贫困》和《资本论》等著作中得到了阐释，直到 19 世纪 80 年代，马克思在他晚年的《人类学笔记》和《历史学笔记》中仍在丰富和发展这一理论。研究马克思的世界历史理论，也需要认识马克思的世界历史理论产生的时代条件：既 19 世纪中叶到 19 世纪 80 年代，马克思所面临的历史环境和学术环境。

十九世纪中叶，资本主义在取得巨大历史成就的同时，也暴露出许多弊端和危机，社会矛盾不断激化。工业革命造成社会阶级结构的深刻变

---

① ［德］格姆科夫：《马克思传》，易廷镇等译，三联书店 1978 年版，第 25 页。

化，资产阶级和无产阶级之间的矛盾与斗争日益激烈。例如，在英国，工业和社会的发展，对煤炭的需求不断增加。从 1800 年到 1846 年，英国的年均煤开采量由 1000 万吨猛增到 4400 万吨。煤矿工人要每天工作 12—13 个小时，许多妇女、儿童被雇来在井下干活，他们的劳动条件十分恶劣，工资低廉，生命安全没有保障。而矿主们为了追求高额利润，完全不顾矿井的安全，支柱断裂、塌方、瓦斯爆炸夺去了无数人的生命。据统计，1835—1850 年，英国发生了 643 起瓦斯爆炸事件。其他行业的情况也是同样悲惨：在英国纺织业的中心城市，由于未成年人的死亡、生产事故、疾病等原因，利兹当时的居民平均寿命只有 19 岁，而利物浦当时的居民平均寿命只有 15 岁。无产阶级的贫困状况和悲惨命运，激化了阶级矛盾和阶级斗争，无产阶级作为一个新兴的阶级力量逐渐登上历史舞台。1848 年出现了欧洲革命的普遍高涨，反映无产阶级利益的各种社会主义思潮此起彼伏，圣西门、傅立叶、欧文等人提出了空想社会主义的理论。但是，这些空想社会主义理论并未给无产阶级的解放提供科学的思想武器，也没有给全人类的未来指出一条光明大道。世界向何处去？人类的前途和命运会怎样？困扰着每一个思想家、理论家。

19 世纪 70 年代初，巴黎公社失败后，西欧资本主义进入较为稳定的发展时期，西欧无产阶级急风暴雨式的革命斗争已经基本结束，转入了相对和平的革命准备阶段。西欧无产阶级革命运动趋于低潮，在可以预见的短时期内很难看到无产阶级革命斗争重新高涨的情景。但在东欧，俄国传统的社会结构在剧烈的社会矛盾和冲突中渐趋瓦解，开始了向资本主义发展的历史过程；在印度、在中国，殖民地、半殖民地的民族革命浪潮汹涌澎湃；在美洲，北美国家的资本主义发展迅猛，拉丁美洲国家独立后的道路很不平坦；而在国际社会，资本主义大国之间矛盾不断激化，特别是欧洲的战争危险在不断增加。

世界历史将向哪里去？唯物史观的基本原理能否经得起历史的考验？资本主义的延续和社会主义的未来又会怎样？这些都成了马克思晚年必须探索的重要理论问题。

从学术环境上讲，马克思出生在 19 世纪初叶的德国。德国是黑格尔主义的家乡，19 世纪 30 年代，黑格尔在学术界的影响达到顶峰，在德国的学术天空中，到处弥漫着黑格尔情结。影响了整整一代德国的青年人。马克思就是其中之一。大学期间，马克思的专业是法学，但他抽时间自学了大量的黑格尔的著作，深受黑格尔哲学的影响，积极加入到了青年黑格尔学派。黑格尔的辩证法思想和黑格尔的世界历史整体观，都给马克思留下了深刻的印象。

19 世纪自然科学的三大发现，即进化论、细胞学说、能量守恒定律，作为那个时代的科学精神和科学思维的范式，对马克思的理论思维产生了明显的影响。达尔文提出进化论后，在学术界产生轰动性影响，马克思和恩格斯几乎是立即成为进化论者，马克思的世界历史理论无疑也是进化论的。近代关于有机体细胞结构的学说，是现代生命科学的基础，它实际上告诉人们，生命是一种整体意义上的存在，一个细胞就是一个整体。从整体上考察人类社会的历史是马克思世界历史理论的一个基本特征。1840—1851 年，迈耶、焦耳等人建立了热力学第一定律，即能量守恒定律。随后开尔文、克劳修斯又提出了热力学第二定律，即熵定律。熵定律第一次科学地揭示了物质运动的不可逆特征，使人们得出了一个与宇宙进化完全相反的结论——"宇宙热寂"理论。这一理论深刻地影响着人们对自然界和人类社会发展过程的辩证认识，也影响着马克思和恩格斯。马克思和恩格斯曾特别强调，他们的理论是**辩证**唯物主义，而不是辩证**唯物主义**，可以看出，他们对辩证法的认识论的高度重视。

欧洲史学传统对马克思也产生一定的影响。马克思自中学时代就非常喜欢阅读历史，他有十分丰富的历史知识。他在中学时就曾写过一篇文章，题目是《奥古斯都的元首政治应不应当算是罗马国家比较幸福的时代?》。大学时期，马克思读过许多大部头的历史著作，他学习历史的兴趣甚至超过了法学。1842 年，马克思在《莱茵报》的经历，使他意识到必须进一步研究历史。1843 年，马克思在克罗茨纳赫研读了 24 本历史学著作及一些历史学文章，写下了满满 5 大本笔记，后来整理出版为《克罗茨纳赫笔记》，长达数百万字。内容涉及法国、德国、意大利、瑞典、波兰、美国等国家的历史，时间跨度长达 2500 年。对马克思影响比较大的主要是近代欧洲的史学理论家、思想家，包括以意大利维科为代表的历史哲学，以法国圣西门、傅立叶为代表的空想社会主义的世界历史思想，以德国施洛塞尔为代表的职业历史学家等等。他们的名字在马克思的著作中经常被提到，他们的理论和思想也经常被马克思所引用。

晚年马克思在爱妻逝世，疾病缠身的情况下，仍阅读了大量的世界历史著作。从已经出版的马克思晚年的《人类学笔记》、《历史学笔记》中可以看到，马克思认真阅读的著作就包括：摩尔根《古代社会》、梅恩《古代法制史讲演录》、拉伯克《文明的起源和人的原始状态》、菲尔《印度和锡兰的雅利安人村社》、柯瓦列夫斯基《公社土地占有制》、博塔《意大利人民史》、施洛塞尔《世界史》、科贝特《英格兰和爱尔兰的新教改革史》、休谟《英国史》、马基雅弗利《佛罗伦萨史》、卡拉姆津《俄罗斯国家史》、塞居尔《俄国和彼得大帝史》、格林《英国人民史》等。应当说，马克思具有的广博历史知识，丝毫不亚于任何一个历史学家。这些都为他创建世界历史理论打下了坚实的基础。

二、马克思世界历史理论的思想实质

马克思的世界历史理论是内容极为丰富的科学理论体系，它对我们认识迄今为止的社会主义实践，认识资本主义在当代的新变化，认识当今世界重大现实问题，认识今天的全球化进程等都有重要的指导意义。限于本书的研究范围，这里笔者不打算全面阐述马克思世界历史理论的内涵，而是结合全球史研究的需要，重点探讨马克思世界历史理论中与全球史研究相关的基本思想和理论原则，把握马克思世界历史理论的思想实质，以此作为我们研究全球史的理论基础。

1. 关于世界历史性个人

世界是由人组成的，人是世界整体的最小的、最基本的组成部分。离开了人和人的活动，世界历史就无从谈起。因此，人就成为世界历史的真正核心和重心，同时也是一切历史理论的逻辑起点。马克思在世界历史理论中，提出了世界历史性个人的思想。他认为世界历史发展与世界历史性个人的生成是同一过程，历史向世界历史的转变过程就是个人从地域性存在向世界历史性存在转变的过程。

在马克思那里，所谓"世界历史性个人"，是指随着资本主义的对外扩张与世界性普遍交往的日益频繁，摆脱了民族地域局限性的、与整个世界生产包括精神生产发生实际联系的，具有利用全球的全面生产能力的现实的个人，或者说是自由而全面发展的个人。世界历史性个人的思想包含于马克思的世界历史理论之中，是马克思世界历史理论的一个重要组成部分。

马克思世界历史性个人思想来源于黑格尔对世界历史个人的阐述，但又完全不同于黑格尔的理论。黑格尔认为："个体性的运动就是普遍的东西的实现。"① 世界精神是历史中的"普遍东西"，它只能通过特殊的民族与个人去实现。他将社会成员分成两类：一类是"再生产的个人"，他们是以个人利益为指南，追求自己个人目的的群众；另一类是"世界历史个人"，他们是伟大的历史人物，是"世界精神的代理人"，即英雄人物。

在黑格尔那里，世界历史个人仅指那些具有非凡能力的人，他们具有能动的自觉性，能自觉认识到世界历史的需要，并自觉地顺从历史发展的趋势，他们是"有思想的人物，他们知道什么是需要的东西和正合时宜的东西。……他们的职务是知道这个普遍的东西，知道他们的世界在进展上将取得必然的直接相承的步骤，把这个步骤作为他们的目的，把他们的力量放在这个步骤里边。这样说来我们应当把世界历史人物——一个时代的英雄——看做是这个时代眼光犀利的人物。他们的行动，他们的言词都

---

① ［德］黑格尔：《精神现象学》上卷，王玖兴译，商务印书馆 1996 年版，第 259 页。

是这个时代最卓越的行动、言词。"① 黑格尔在强调历史上英雄人物的作用时，难免会轻视人民群众的作用。他说过："作为单个的多数人的确定是一种总体，但只是一种群体，只是一群无形的东西……他们的行动完全是自发的、无理性的、野蛮的、恐怖的。"② 这就完全抹杀了人民群众的独立性与创造性，根本没有看到人民群众的"世界历史性"存在。

马克思的世界历史性个人概念不同于黑格尔的世界历史个人概念。在马克思看来，"世界历史性个人"既不是什么"世界精神"的代理人，也不是什么伟大的英雄人物，而是与世界历史直接联系的个人。在马克思看来，人类历史就是个人发展的历史。他说：

> "后来的每一代人都得到前一代人已经取得的生产力并当作原料来为自己新的生产服务，由于这一简单的事实，就形成人类的历史中的联系，就形成人们的历史，这个历史随着人们的生产力以及人们的社会关系的越益发展而越益成为人类的历史。由此就必然得出一个结论：人们的社会历史始终只是他们的个体发展的历史，而不管他们是否意识到这一点。"③

在资本主义生产方式下，随着世界市场的不断向外开拓，为个人的世界性发展提供了物质基础和可能性的空间。世界性的普遍联系使个人摆脱了狭隘的地方性、民族性联系的束缚，结束了以往的封闭状态，使个人有可能从狭小的地域走向世界历史的舞台，"地域性的个人为世界历史性的、经验上普遍的个人所代替。"④ 在另一个地方，马克思还说过：

> "交往的普遍性，从而世界市场成了基础。这种基础是个人全面发展的可能性，而个人从这个基础出发的实际发展是对这一发展的限制的不断消灭，这种限制被意识到是限制，而不是被当作某种神圣的界限。……由此而来的是把他自己的历史作为过程来理解，把对自然

① ［德］黑格尔：《历史哲学》，王造时译，上海书店出版社1999年版，第31—32页。
② ［德］黑格尔：《法哲学原理》，范杨等译，商务印书馆1982年版，第323页。
③ 《马克思恩格斯选集》第4卷，人民出版社1995年版，第532页。
④ 《马克思恩格斯选集》第1卷，人民出版社1995年版，第86页。

界的认识（这也表现为支配自然界的实际力量）当作对他自己的现实体的认识。"①

马克思认为自由而全面发展是世界历史性个人的特点。这里所说的自由不是黑格尔所说的绝对精神的本性，而是指从世界对人的各种束缚中摆脱出来。可见，马克思所说的世界历史性个人，不是抽象而神秘的个人，而是自由而全面发展的个人。马克思说：

> "全面发展的个人——他们的社会关系作为他们自己的共同的关系，也是服从于他们自己的共同的控制的——不是自然的产物，而是历史的产物。要使这种个性成为可能，能力的发展就要达到一定的程度和全面性，这正是以建立在交换价值基础上的生产为前提的，这种生产才在产生出个人同自己和同别人相异化的普遍性的同时，也产生出个人关系和个人能力的普遍性和全面性。"②

由此可见，在世界历史形成的同时，世界历史性个人也就产生了，并且具备了其全面发展的特性。

马克思所说的世界历史性个人的全面性，不仅包括其生活的全面性，也包括其思维上的全面性，即指其社会存在和社会意识上的全面发展。"一个人，他的生活包括了一个广阔范围的多样性活动和对世界的实际关系。因此是过着一个多方面的生活，这样一个人的思维也像他的生活的任何其他表现一样具有全面的性质。"③

在世界历史条件下，要实现人的全面而自由的发展，就必须有高度发达的生产力和普遍的世界交往，从而消灭了旧式分工，使人从人与自然、社会和自身的关系束缚中解放出来，使人成为世界性的存在，成为世界历史性的个人。世界历史性个人是与整个世界生产相互联系的具有全面的需要和能力体系，并摆脱了各种民族地域性束缚的自由而全面发展的个人。

---

① 《马克思恩格斯全集》第46卷（下），人民出版社1980年版，第36页。

② 《马克思恩格斯文集》第8卷，人民出版社2009年版，第56页。

③ 《马克思恩格斯全集》第3卷，人民出版社1960年版，第296页。

世界历史性个人的生成是一个客观的历史过程，只有到共产主义社会，才能实现个人与人类关系的彻底解放，即人类的发展不再以牺牲个人的发展为条件，而是"每个人的自由发展是一切人自由发展的条件。"①

因此，世界历史性个人是追求解放的个人。马克思指出："每一个单个人的解放的程度是与历史完全转变为世界历史的程度一致的。"②即世界历史的发展与人的发展和解放是同一历史过程。同时他又指出："至于个人的真正的精神财富完全取决于他的现实关系的财富……只有这样，单个人才能摆脱种种民族局限和地域局限，而同整个世界的生产（也同精神的生产）发生实际联系，才能获得利用全球的这种全面的生产（人们的创造）的能力。"③即个人必须获得充分的解放，才能从地域性存在向世界历史性存在转变，也就是说才能真正摆脱民族性的和地域性的限制。由此可见，人的发展和解放与世界历史性个人的生成是同一历史过程，世界历史性个人在其发展过程中必然具有追求解放的特性。

个人怎样才能获得解放呢？马克思说过：

"只有在现实的世界中并使用现实的手段才能实现真正的解放；没有蒸汽机和珍妮走锭精纺机就不能消灭奴隶制；没有改良的农业就不能消灭农奴制；当人们还不能使自己的吃喝住穿在质和量方面得到充分供应的时候，人们就根本不能获得解放。'解放'是一种历史活动，而不是思想活动，'解放'是由历史的关系，是由工业状况、商业状况、农业状况、交往关系的状况促成的。"④

可见，人的解放是一个现实的、历史的过程，是建立在一定的生产方式的基础上的。伴随着生产力水平的不断提高，生产方式的不断进步，人的解放才能够逐步实现。这个过程，本质上与世界历史的形成过程也是一致的。

---

① 《马克思恩格斯选集》第 1 卷，人民出版社 1995 年版，第 294 页。
② 《马克思恩格斯选集》第 1 卷，人民出版社 1995 年版，第 89 页。
③ 《马克思恩格斯选集》第 1 卷，人民出版社 1995 年版，第 89 页。
④ 《马克思恩格斯全集》第 42 卷，人民出版社 1979 年版，第 368 页。

资本主义时代虽然也是世界历史的形成时代，但资本主义并不能带来个人的真正解放。这主要是因为资本主义生产资料私有制的存在，造成了资本和劳动的分离，形成了一种人的能力的异化力量，最终限制了人的能力的发展。所以，马克思说：

> "单个人随着自己的活动扩大为世界历史性的活动，越来越受到对他们来说是异己的力量的支配（他们把这种压迫想象为所谓世界精神等等的圈套），受到日益扩大的、归根结底表现为世界市场的力量的支配，这种情况在迄今为止的历史中当然也是经验事实。"①

因此，个人解放必须在消除私有制的前提下，摆脱旧式分工的束缚，获得全面的社会关系。马克思指出："任何解放都是使人的世界和人的关系回归于人自身。"②这句话表明，获得全面的社会关系才是个人解放的本质内涵。因此，世界历史性个人要获得解放，必须要打破旧式分工的限制，即"现存社会制度被共产主义所推翻以及与这一革命具有同等意义的私有制的消灭。"③也就是说，到了共产主义社会才能实现个人与人类的彻底解放。因为"个人的全面发展，只有到了外部世界对个人才能的实际发展起到推动作用为个人本身所驾驭的时候，才不再是理想职责等等，这也正是共产主义所向往的。"④"共产主义和所有过去的运动不同的地方在于：它推翻一切旧的生产关系和交往关系的基础，并且第一次自觉地把一切自发形成的前提看作是前人的创造，消除这些前提的自发性，使它们受联合起来的个人的支配。"⑤马克思在这里明确地指出，共产主义由于消灭了旧的资本主义的私有制，建立了"新的生产关系和交往关系，使人们的自发的活动转变为自觉的活动，使整个社会的发展受到联合起来的个人"的支配，这样的个人才是真正解放了的个人。

---

① 《马克思恩格斯文集》第 1 卷，人民出版社 2009 年版，第 541 页。
② 《马克思恩格斯全集》第 3 卷，人民出版社 2002 年版，第 189 页。
③ 《马克思恩格斯选集》第 1 卷，人民出版社 1995 年版，第 89 页。
④ 《马克思恩格斯全集》第 3 卷，人民出版社 1960 年版，第 330 页。
⑤ 《马克思恩格斯选集》第 1 卷，人民出版社 1995 年版，第 122 页。

马克思关于世界历史性个人的思想是他的世界历史理论的重要组成部分，但迄今并未受到人们的足够重视。一部世界历史，其实就是一部人类个体不断追求和实现解放的历史，同时就是一部由地域性个人逐步地向世界历史性个人转变的历史。揭示这一点，是历史学的基本任务，也是世界历史的核心内容。

2. 关于普遍交往

在马克思和恩格斯的著作中，是经常出现"世界历史"、"世界历史性"、"世界历史意义"这一类概念的。只要我们仔细地研究就可以发现，他们使用这些概念往往是为了强调在人类历史的总进程中，各个国家、各个民族，甚至各个个人之间的相互作用、相互联系和相互影响的不断扩大和加强。他们是用"交往"来表达这些相互关系的。他们经常提到"物质交往"、"精神交往"、"世界交往"、"普遍交往"、"交往的扩大"、"外部交往"、"交往的发展程度"等等。在考察人类这些交往活动的基础上，马克思恩格斯揭示了人类历史由分散、孤立、闭塞的状况向相互联系、相互影响、整体发展的状况逐渐进化的历程。而这一点正是世界历史的整体性最为关键的地方。因为所谓整体，指的就是各个部分之间的相互作用和相互关系。如果没有人类交往活动的发展和扩大，世界整体的历史就无从谈起。

应当看到，交往是马克思世界历史理论的一个基本概念。这个概念包含有两层基本含义：一方面，交往是人的社会存在的一种普遍的方式。由于人在本质上是他的社会关系的总和，离开了社会关系的个体是不存在的，因此，人与人之间的交往就是不可避免的，是人的本质属性的一部分；另一方面，交往是与生产相联系的，一定的生产方式是交往存在和发展的物质基础。马克思认为，"生产本身又是以个人彼此之间的交往为前提的。这种交往的形式又是由生产决定的"。[①] 所以，物质交往是其他一

---

① 《马克思恩格斯选集》第 1 卷，人民出版社 1995 年版，第 68 页。

切交往的基础，这是历史唯物主义的基本立场。

交往在世界历史上起着非常重要的作用。马克思说过："各民族之间的相互关系取决于每一个民族的生产力、分工和内部交往的发展程度。这个原理是公认的。然而不仅一个民族与其他民族的关系，而且这个民族本身的整个内部结构也取决于自己的生产以及自己内部和外部的交往的发展程度"。① 因此，正是由于交往逐步打破了各民族和国家的原始闭关自守状态，推动了世界历史的发展。

交往首先是在民族内部发展的，由于民族内部的生产和分工，推动着交往的发展。当内部交往发展到一定程度的时候，就不可避免地会产生外部交往。随着内部交往和外部交往越来越频繁，最终就形成了普遍交往。世界历史是建立在普遍交往基础上的。马克思说过：

"普遍交往，一方面，可以产生一切民族中同时都存在着'没有财产的'群众这一现象（普遍竞争），使每一民族都依赖于其他民族的变革；最后，地域性的个人为世界历史性的、经验上普遍的个人所代替。不这样，（1）共产主义就只能作为某种地域性的东西而存在；（2）交往的力量本身就不可能发展成为一种普遍的因而是不堪忍受的力量：它们会依然处于地方的、笼罩着迷信气氛的'状态'；（3）交往的任何扩大都会消灭地域性的共产主义。"②

可见，在普遍交往的基础上，个人能够成为世界历史性的存在，共产主义也才能是一种世界历史性的存在。

十五世纪新航路的开辟，使各大洲之间、各个国家之间的交往日益频繁且范围日益扩大，从而为资本主义世界市场的形成提供了有利条件，推动着世界历史前进的步伐。《共产党宣言》中有这样一段话：

"不断扩大产品销路的需要，驱使资产阶级奔走于全球各地。它必须到处落户，到处开发，到处建立联系。

---

① 《马克思恩格斯选集》第1卷，人民出版社1995年版，第68页。
② 《马克思恩格斯选集》第1卷，人民出版社1995年版，第86页。

资产阶级，由于开拓了世界市场，使一切国家的生产和消费都成为世界性的了。使反动派大为惋惜的是，资产阶级挖掉了工业脚下的民族基础。古老的民族工业被消灭了，并且每天都还在被消灭。它们被新的工业排挤掉，新的工业的建立已经成为一切文明民族的生命攸关的问题；这些工业所加工的，已经不是本地的原料，而是来自极其遥远的地区的原料；它们的产品不仅供本国消费，而且同时供世界各地消费。旧的、靠本国产品来满足的需要，被新的、要靠极其遥远的国家和地带的产品来满足的需要所代替了。过去那种地方的和民族的自给自足和闭关自守状态，被各民族的各方面的互相往来和各方面的互相依赖所代替了。物质的生产是如此，精神的生产也是如此。各民族的精神产品成了公共的财产。民族的片面性和局限性日益成为不可能，于是由许多种民族的和地方的文学形成了一种世界的文学。"①

"随着贸易自由的实现和世界市场的建立，随着工业生产以及与之相适应的生活条件的趋于一致，各国人民之间的民族分隔和对立日益消失。"②

马克思在这里为我们描述了资本主义时代世界历史的本质特征，它是一幅世界整体相互联系的宏伟画面。可以说，相互联系和普遍交往就是世界历史的本质特征。

交往是建立在一定的生产方式基础上的，资本主义的生产方式为普遍交往提供了物质基础。马克思曾强调："只有随着生产力的这种普遍发展，人们的普遍交往才能建立起来。"③在资本主义生产方式下，由于追求利润最大化的本性，生产规模的无限扩大与有限的国内市场之间必然会产生矛盾，从而驱使资本家打破地域限制，到处开拓世界市场。正如马克思所说的："资产阶级社会的真实任务是建立世界市场……和以这种市场为基础

---

① 《马克思恩格斯选集》第 1 卷，人民出版社 1995 年版，第 276 页。

② 《马克思恩格斯选集》第 1 卷，人民出版社 1995 年版，第 291 页。

③ 《马克思恩格斯选集》第 1 卷，人民出版社 1995 年版，第 86 页。

的生产"。① 除此之外，生产技术的提高和劳动工具的改进使国际间的分工成为可能，进而促进国际贸易的发展与世界市场的形成，马克思指出"由于有了机器，现在纺纱工人可以住在英国，而织布工人却住在东印度……分工的规模已使脱离了本国基地的大工业完全依赖于世界市场，国际交换和国际分工。"② 而在世界市场条件下，世界性的政治、经济、文化等各个方面的交际和往来也日益加深。这些交往促进了历史向世界历史的转变，并对世界未来格局的发展有着深远的影响。

普遍交往对于世界历史的形成是非常重要的。比如，世界市场的建立，就离不开普遍交往的推动作用。马克思在谈到市场需求的时候指出：

"需求的世界历史性发展——它的普遍推广——首先取决于世界各国相互间对产品的了解。如果说，在发展过程中，需求创造贸易，那么，最初的贸易又是由需求创造的。需求是贸易的物质内容——交换对象的总和，用来进行交换和贸易的商品的总和。战争、为了有所发现等等而进行的旅游、使各国人民彼此之间建立联系的一切历史事件，同样是扩大需求——建立世界市场的条件。需求的增长，直接和首先以各国现有的产品相互进行交换为保证。需求渐渐失去了自己的地方性等等，而带有广泛扩展的性质。"③

恩格斯也曾经说过：

"三百五十年前克里斯托弗尔·哥伦布发现美洲时，他大概没有想到：他的发现不仅会推翻那时的整个欧洲社会及其制度，而且也会为各国人民的完全解放奠定基础；可是，现在越来越明显，情况正是这样。由于美洲的发现，找到了通往东印度的新航线，这就完全改变了欧洲过去的贸易关系；结果，意大利和德国的贸易关系完全衰落，而其他国家则上升到前列；西方国家掌握了贸易，因此英国开始

---

① 《马克思恩格斯全集》第 29 卷，人民出版社 1972 年版，第 348 页。
② 《马克思恩格斯文集》第 1 卷，人民出版社 2009 年版，第 627 页。
③ 《马克思恩格斯全集》第 42 卷，人民出版社 1979 年版，第 382 页。

起主导作用。在美洲发现之前，各个国家，甚至在欧洲，彼此还很少来往，整个说来，贸易所占的地位很不显著。只是在找到通往东印度的新航线之后和在美洲开辟了对欧洲商业民族有利的广阔活动场所之后，英国才开始越来越把贸易集中在自己手中，这就使其他欧洲国家不得不日益紧密地靠拢。这一切导致大商业的产生和所谓世界市场的建立。"①

当然，世界历史的形成，从根本上讲要依赖生产力的发展。普遍交往也许不能创造生产力，但它却能保存生产力、传承生产力，同样也为生产力的发展作出了贡献。马克思认为：

"某一个地域创造出来的生产力，特别是发明，在往后的发展中是否会失传，完全取决于交往扩展的情况。当交往只限于毗邻地区的时候，每一种发明在每一个地域都必须单另进行；一些纯粹偶然的事件，例如蛮族的入侵，甚至是通常的战争，都足以使一个具有发达生产力和有高度需求的国家处于一切都必须从头开始的境地。在历史发展的最初阶段，每天都在重新发明，而且每个地域都是独立进行的。发达的生产力，即使在通商相当广泛的情况下，也难免遭到彻底的毁灭。……只有当交往成为世界交往并且以大工业为基础的时候，只有当一切民族都卷入竞争斗争的时候，保持已创出来的生产力才有了保障。"②

对于世界历史来说，最重要的普遍交往就是国际交往、跨国交往，它最能体现交往的世界历史性。马克思曾举例说：

"例如，如果在英国发明了一种机器，它夺走了印度和中国的无数劳动者的饭碗，并引起这些国家的整个生存形式的改变，那么，这个发明便成为一个世界历史性的事实；同样，砂糖和咖啡是这样来表明自己在19世纪具有的世界历史意义的，拿破仑的大陆体系所引起

---

① 《马克思恩格斯全集》第42卷，人民出版社1979年版，第471页。
② 《马克思恩格斯选集》第1卷，人民出版社1995年版，第107—108页。

的这两种产品的匮乏推动了德国人起来反抗拿破仑，从而就成为光荣的 1813 年解放战争的现实基础。"①

马克思关于普遍交往的思想，用今天整体观的语言表述，就是指的部分与部分的相互关系。在整体中，部分与部分的相互关系是最为重要的，因为所谓整体，它本质上就是整体的组成部分之间的相互关系，离开了部分之间的相互关系，整体就不存在。所以，马克思关于普遍交往的思想，实质上抓住了世界整体的核心内容，掌握了解释世界整体历史的一把钥匙。

3. 关于历史向世界历史的转变

历史向世界历史转变的思想，是马克思世界历史理论中的重要思想，也是国内学术界转述最多的思想。这一思想主要反映在马克思和恩格斯下面一段著名的论述中：

"各个相互影响的活动范围在这个发展进程中越是扩大，各民族的原始封闭状态由于日益完善的生产方式、交往以及因交往而自然形成的不同民族之间的分工消灭得越是彻底，历史也就越是成为世界历史。例如，如果在英国发明了一种机器，它夺走了印度和中国的无数劳动者的饭碗，并引起这些国家的整个生存形式的改变，那么，这个发明便成为一个世界历史性的事实；同样，砂糖和咖啡是这样来表明自己在 19 世纪具有的世界历史意义的，拿破仑的大陆体系所引起的这两种产品的匮乏推动了德国人起来反抗拿破仑，从而就成为光荣的 1813 年解放战争的现实基础。历史向世界历史的转变，不是'自我意识'、宇宙精神或者某个形而上学怪影的某种纯粹的抽象行动，而是完全物质的、可以通过经验证明的行动，每一个过着实际生活的、需要吃、喝、穿的个人都可以证明这种行动。"②

---

① 《马克思恩格斯选集》第 1 卷，人民出版社 1995 年版，第 88—89 页。

② 《马克思恩格斯选集》第 1 卷，人民出版社 1995 年版，第 88—89 页。

在笔者看来，在理解这段话时，至少有几点是应当明确的：

第一，"历史"与"世界历史"不同，人类经历了从"历史"向"世界历史"转变的过程。

第二，历史向世界历史的转变，主要是由于各民族之间的"相互影响"和"交往"的发展和扩大，使各民族闭关自守的孤立状态逐渐消失。

第三，世界历史的形成是一个渐进的过程，它是随着历史的发展，"就越是成为"世界历史。也就是说，越是靠近现代，"世界历史性"或人类历史的整体性就越是明显，越是追溯到古代，由于人类历史的交往比较少（但不是没有），人类历史的整体性就越是模糊和弱小（但不是没有）。

第四，世界历史主要地是由那些"世界历史性的事实"和"具有了世界历史的意义"的事情构成的。这些事实的影响往往是超出了一国的范围，对许多国家产生影响并且导致了这些国家深刻的社会变化。

第五，历史向世界历史转变的最终原因，不是某种精神的力量和抽象的行为，而是"可以通过经验确定的事实"，是人们的物质生活中的事实。

由此可见，马克思和恩格斯的这段话，揭示了历史向世界历史转变的原因、特点、内容和发展动力等问题的实质，这些问题正是全球史研究的基本问题。因此，可以把这段话看做是全球史研究的理论基础的经典表述。

在其他地方，马克思也说过一些类似的话。比如，马克思在《〈政治经济学批判〉导言》中说过："世界史不是过去一直存在的；作为世界史的历史是结果"。[1] 马克思还说过，"后来的每一代人都得到前一代人已经取得的生产力并当作原料来为自己新的生产服务，由于这一简单的事实，就形成人们的历史中的联系，就形成人类的历史，这个历史随着人们的生产力以及人们的社会关系的越益发展而越益成为人类的历史。"[2] 以及大工业

---

① 《马克思恩格斯选集》第 2 卷，人民出版社 1995 年版，第 28 页。
② 《马克思恩格斯选集》第 4 卷，人民出版社 1995 年版，第 532 页。

"首次开创了世界历史，因为它使每个文明国家以及这些国家中的每一个人的需要的满足都依赖于整个世界，因为它消灭了各国以往自然形成的闭关自守的状态"等等。①

马克思的这些论述，基本思想是一致的，都是表明世界历史是一个逐渐形成的过程。国内许多学者把它看成是从分散到整体的过程，也是基本正确的。但是，仍有些学者把马克思的这些思想理解成世界历史是从 15 世纪，或者从资本主义生产方式产生开始的。也就是说，人类历史前一段是历史，后一段才是世界历史，这就是从历史向世界历史的转变。这样的理解就不够准确。

笔者认为，对于马克思的世界历史理论应当有一个完整的、准确的认识，而不能仅从个别词句上得出一些字面上的、机械的理解。马克思在谈到"世界历史"、"世界历史性"、"历史向世界历史的转变"时，本质上是强调了各民族间交往的扩大、活动范围的扩大。他的基本思想是，随着生产力的发展，民族间的交往不断扩大，历史就在愈来愈大的程度上成为世界整体的历史。这一思想实质上表达了世界历史的整体性是随着历史的发展而不断加强的，并不是说在古代就不存在世界历史。实际上，在马克思世界历史理论中所提出的"世界历史"，是对人类历史过程中的整体性的抽象和概括，而在历史学中所提出的世界历史，指的是人类历史过程中的具体的历史内容。我们在应用马克思世界历史理论去研究人类历史的时候，应当用抽象的概念去分析具体的历史内容，而不应当用抽象的概念去代替具体的历史内容。比如马克思说大工业开创了世界历史，这完全是对大工业历史地位的一种抽象的评价，我们不能因此就说世界历史是从大工业开始的。在具体的世界历史的编纂中，也不能以大工业作为起点来编写世界历史。

这里，还有一个如何正确对待马克思主义理论的问题。我们要把马克思的理论和唯物史观的基本原理当做历史研究的原则和方法，而不能当做

---

① 《马克思恩格斯选集》第 1 卷，人民出版社 1995 年版，第 114 页。

一种公式去解释历史。马克思说过："历史是不能靠公式来创造的"①。"如果不把唯物主义方法当作研究历史的指南，而把它当作现成的公式，按照它来剪裁各种历史事实，那它就会转变为自己的对立物"。② 马克思所说的历史向世界历史的转变、大工业开创了世界历史等，都是为我们提供一种研究的思路与方法，帮助我们正确认识世界历史的形成过程，如果我们硬要把大工业当做世界历史的开端，那就是比较幼稚的，也背离了唯物史观的基本立场。

总之，世界历史是从人类一产生就开始的，不过，在人类历史的运行过程中，世界历史的整体性是不断加强的。在人类早期历史中，人们之间的交往相对较少，地域性存在相对较多，随着历史的发展，人们之间的交往越来越普遍，世界历史性存在越来越多，这就是历史向世界历史转变的过程。在这个过程中，历史和世界历史是相互依存的辩证统一的过程，或者说是阶段性和终极性的统一过程，而不是前后相连的两个阶段。所以，不能说到近代某个时期，历史就变成了世界历史。这一点是特别需要说明的。

4. 关于世界历史的统一性和多样性

人类历史的长河，正如一幅五光十色、绚丽多彩的画卷。它的内容是非常丰富具体，极其复杂多样的。不同的民族和国家的历史发展的各个方面，诸如经济发展、社会性质、政治制度、意识形态、文化习俗等，都是千差万别，各不相同的。这就是历史首先向人们展现的多样性特征。认识这一点并不困难，但是，问题在于，在这些极其复杂的多样性的背后，有没有历史的统一性？如果有，历史的统一性与多样性的关系是怎样的呢？在这个问题上，形形色色的唯心主义史观和形而上学论调，不是抹杀历史的统一性，就是割裂统一性和多样性的辩证关系。马克思主义唯物史观彻

① 《马克思恩格斯选集》第 1 卷，人民出版社 1995 年版，第 163 页。
② 《马克思恩格斯选集》第 4 卷，人民出版社 1995 年版，第 688 页。

底批判了旧的历史理论的种种偏见，正确地指出了历史统一性和多样性的客观存在以及两者间的相互关系。正像列宁所说的那样：把历史当做一个"极其复杂，充满矛盾而又是有规律的统一过程"。①

世界历史的统一性，指的是人类社会发展进程中所具有的共同的本质属性和共同的规律性。在马克思主义看来，世界历史的统一性主要表现在以下几个方面：

第一，历史，首先是人的发展史，是人类的生产活动和社会关系的发展史。正如恩格斯所说："随同人，我们进入了历史"。② 离开了人和人的活动，一切历史都无从谈起。人类的活动具有某种共同的本质属性，这是从人类离开动物界而产生的，因此也是人与动物的本质区别。这个区别就在于："动物仅仅利用外部自然界，单纯地以自己的存在来使自然界改变；而人则通过他所作出的改变来使自然界为自己的目的服务，来支配自然界"。③ 所以，"人离开狭义的动物愈远，就愈是有意识地自己创造自己的历史"。④ 总之，人类与动物的本质区别，在于人类能够通过有意识、有目的的活动来改变自然界，使自然界为人类服务。因此，人的发展，包括人口的繁衍、种族的形成、民族的迁徙以及人们的生产活动等等，都是人类改变和征服自然的过程，世界历史首先是这一过程的展开。正是在这个意义上，马克思和恩格斯指出："每一个单个人的解放的程度是与历史完全转变为世界历史的程度一致的"。⑤

马克思十分强调人的发展和人类的生产活动在世界历史上的首要意义。早在马克思创立唯物史观的初期，他就重视到一点。在他的《1844年经济学—哲学手稿》中，马克思写到："整个所谓世界历史不外是人通过人的劳动而诞生的过程，是自然界对人来说的生成过程，所以，关于他

---

① 《列宁选集》第 2 卷，人民出版社 1996 年版，第 425 页。

② 《马克思恩格斯选集》第 3 卷，人民出版社 1995 年版，第 274 页。

③ 《马克思恩格斯选集》第 3 卷，人民出版社 1995 年版，第 383 页。

④ 《马克思恩格斯选集》第 3 卷，人民出版社 1995 年版，第 274 页。

⑤ 《马克思恩格斯选集》第 1 卷，人民出版社 1995 年版，第 89 页。

通过自身而诞生，关于他的形成过程，他有直观的、无可辩驳的证明"。①
可见，人的劳动和人本身的"形成过程"，就是世界历史的本质属性之一，
而且是最基本的属性。以往人们往往忽视了马克思关于人的学说，实际
上，马克思正是从这里出发，创建了科学的历史观，从而避免了旧的历史
理论中的"抽象性"和"片面性"的缺陷。

第二，人类社会的发展是一个不断地从低级阶段向高级阶段依次更替
的自然历史过程，世界历史的总的前景是共产主义社会。这是全人类发展
的必然过程和共同本质。

恩格斯曾明确指出：

> "一切依次更替的历史状态都只是人类社会由低级到高级的无穷
> 发展进程中的暂时阶段。每一个阶段都是必然的，因此，对它发生的
> 那个时代和那些条件说来，都有它存在的理由；但是对它自己内部逐
> 渐发展起来的新的、更高的条件来说，它就变成过时的和没有存在的
> 理由了；它不得不让位于更高的阶段，而这个更高的阶段也要走向衰
> 落和灭亡。"②

唯物史观的这一思想，从进化论的角度揭示了人类社会发展的一般规
律，否定了那种认为某种社会制度，比如资本主义制度是"永恒的"这
种谬论，为世界历史的进程指出了光明的前景。在谈到新旧社会更替时，
恩格斯还说到："在发展进程中，以前一切现实的东西都会成为不现实的，
都会丧失自己的必然性、自己存在的权利、自己的合理性；一种新的、富
有生命力的现实的东西就会代替正在衰亡的现实的东西，——如果旧的东
西足够理智，不加抵抗即行死亡，那就和平地代替；如果旧的东西抗拒
这种必然性，那就通过暴力来代替"。③ 由此可见，世界历史由低级向高
级发展的趋势，是一种必然的趋势，是不可阻挡的历史洪流，不论新旧

---

① 《马克思恩格斯全集》第 3 卷，人民出版社 2002 年版，第 310 页。
② 《马克思恩格斯选集》第 4 卷，人民出版社 1995 年版，第 217 页。
③ 《马克思恩格斯选集》第 4 卷，人民出版社 1995 年版，第 216 页。

更替的方式是和平方式还是暴力方式，历史的车轮都是滚滚向前，不可逆转的。

当然，这并不是说人类历史发展的总进程中没有倒退和例外，实际上，马克思主义经典作家都多次谈到历史的发展是"曲折的"，有时会有"暂时的退却"，但这些毕竟是例外的情况，不是规律性的东西。对世界历史总体趋势来讲，它是呈上升路线发展的，这已经被以往的历史进程所证明。如果说将来人类历史会走下降的路线，这是我们今天无法证明的东西，而且正像恩格斯所说的那样："无论如何，我们离社会历史开始下降的转折点还相当遥远"。①

第三，人类社会从低级阶段向高级阶段的自然历史过程，以及人类社会的一切发展变化，其根本原因在于人们的物质生活的生产方式的生产和再生产，在于社会的经济关系。这是唯物史观的基本原理。

马克思主义认为：

> "生产以及随生产而来的产品交换是一切社会制度的基础；在每个历史地出现的社会中，产品分配以及和它相伴随的社会之划分为阶级或等级，是由生产什么、怎样生产以及怎样交换产品来决定的。所以，一切社会变迁和政治变革的终极原因，不应当到人们的头脑中，到人们对永恒的真理和正义的日益增进的认识中去寻找，而应当到生产方式和交换方式的变更中去寻找；不应当到有关时代的哲学中去寻找，而应当到有关时代的经济中去寻找。"②

生产和交换构成了一切社会制度的基础，经济基础的变化是社会变化的终极原因。但是，马克思主义并不是认为经济因素是社会变化的唯一因素。恩格斯说："历史过程中的决定性因素归根到底是现实生活的生产和再生产。无论马克思或我都从来没有肯定过比这更多的东西。如果有人在这里加以歪曲，说经济因素是唯一决定性的因素，那么他就是把这个命题

---

① 《马克思恩格斯选集》第 4 卷，人民出版社 1995 年版，第 217 页。
② 《马克思恩格斯选集》第 3 卷，人民出版社 1995 年版，第 740—741 页。

变成毫无内容的、抽象的、荒诞无稽的空话"。① 究竟是什么力量推动着世界历史的进程？恩格斯认为是许多因素的相互作用，是许多力量构成的"合力"。他说：

> "经济状况是基础，但是对历史斗争的进程发生影响并且在许多情况下主要是决定着这一斗争的形式的，还有上层建筑的各种因素，……历史是这样创造的：最终的结果总是从许多单个的意志的相互冲突中产生出来的，而其中每一个意志，又是由于许多特殊的生活条件，才成为它所成为的那样。这样就有无数互相交错的力量，有无数个力的平行四边形，……各个人的意志……融合为一个总的平均数，一个总的合力，……每个意志都对合力有所贡献，因而是包含在这个合力里面的。"②

在马克思以前，旧的历史理论，尤其是资产阶级的历史理论，不是在人们的"思想动机"中寻找历史发展的原因，就是把问题归结于某种"神"的力量，因而从未给历史一个科学的解释。唯物史观克服了以往旧的历史理论的这个缺陷，把物质生产和经济关系看做是社会制度的基础，从这个基础出发，去探求推动历史前进的各种力量及其相互作用，深刻地揭示了世界历史进程的这一本质规律，从而使历史学走上了真正科学的道路。

第四，世界上各个不同的民族和国家，即使它们之间远隔千山万水，只要它们具有本质上相同的生产关系，就会具有本质上相同的上层建筑和共同的历史发展规律。这是由于经济基础决定上层建筑这一普遍规律所起作用的结果。

恩格斯指出："适用于一定的生产方式和交换形式的规律，对于具有这种生产方式和交换形式的一切历史时期也是适用的。例如，随着金属货币的采用，一系列适用于借金属货币进行交换的一切国家和历史时期的

---

① 《马克思恩格斯选集》第 4 卷，人民出版社 1995 年版，第 695—696 页。
② 《马克思恩格斯选集》第 4 卷，人民出版社 1995 年版，第 696—697 页。

规律起作用了"。^① 因为经济因素是社会发展的最终原因，同样的原因自然就会产生同样的结果。这就给予了那些不同的国家为什么会有相似的发展过程以科学的解释。因此，无论在英国或在美国，"都是同样的经济规律在起作用，所以产生的结果虽然不是在各方面都相同，却仍然属于同一性质"。^② 恩格斯在这里揭示了世界历史统一性之所以存在的深刻基础。

唯物史观从生产关系和经济基础着手，去寻找世界上不同国家和民族具有本质相同的历史发展规律，这就找到了一把解开许多历史之谜的钥匙。正由于各个国家和民族的发展都是以生产方式和经济结构为基础的，因此，无论是同一历史时期的不同国家和民族，还是不同历史时期的不同的国家和民族，只要具有本质相同的经济基础，就会处于同一社会经济形态，就会有本质上相同的社会制度、阶级结构、上层建筑和意识形态，也就会有相同的历史规律起作用。

马克思在阐明世界历史进程的统一性的同时，并不否认多样性的存在，而是指出统一性存在于多样性之中，统一性和多样性是相互联系、相互依存的，世界历史是"多样性的统一"。马克思说过：

　　"相同的经济基础——按主要条件来说相同——可以由无数不同的经验的情况，自然条件，种族关系，各种从外部发生作用的历史影响等等，而在现象上显示出无穷无尽的变异和色彩差异，这些变异和差异只有通过对这些经验上已存在的情况进行分析才可以理解。"^③

世界历史的多样性是不可避免的，在世界历史的进程中，不同的国家和民族，总会带有一些不同的色彩和特点，这反映了客观历史进程的丰富多彩、生动具体，它绝不会由于所谓神的"意志"或"观念"，而变成刻板僵化、整齐划一的过程。古代历史上，有些民族之间的差异在我们看来比较少，这是有客观原因的。恩格斯曾分析道：

---

① 《马克思恩格斯选集》第 3 卷，人民出版社 1995 年版，第 490 页。

② 《马克思恩格斯选集》第 4 卷，人民出版社 1995 年版，第 422 页。

③ 《马克思恩格斯全集》第 46 卷，人民出版社 2003 年版，第 894—895 页。

"我们越是深入地追溯历史，同出一源的各个民族之间的差异之点，也就越来越消失。一方面这是由于史料本身的性质，——时代越远，史料也越少，只包括最重要之点；另一方面这是由这些民族本身的发展所决定的。同一个种族的一些分支距他们最初的根源越近，他们相互之间就越接近，共同之处就越多。……史料的年代越是久远，这种地方性的差别就越是少见。"①

随着世界历史的发展，越是靠近现代，世界历史的多样性丝毫没有减弱，而是日益显示出多彩多姿的景象。列宁在20世纪初叶写道：

"在发达的资本主义条件下一致需要的托拉斯和银行，甚至在现代帝国主义条件下，在各个不同的国家里也具有各种不同的具体形式。至于美、英、法、德等先进的帝国主义国家的政治形式，虽然基本上相同，但它的形式是更加不一样的。在人类从今天的帝国主义走向明天的社会主义革命的道路上，同样表现出这种多样性。一切民族都将走到社会主义，这是不可避免的，但是一切民族的走法却不完全一样，在民主的这种或那种形式上，在无产阶级专政的这种或那种类型上，在社会生活各方面的社会主义改造的速度上，每个民族都会有自己的特点。"②

世界历史发展到今天，其多样性的特征越来越清晰了，历史正沿着愈益丰富多彩的道路走下去，但这也同样不能否认世界历史统一性的存在，而是相反，世界历史的统一性正是包含在其多样性之中的。正如列宁所说："世界历史的发展是按着总规律进行的，这不仅丝毫不排斥在形式或顺序上有所不同的个别发展阶段，反而预定了要有这样的发展阶段"。③

马克思主义关于世界历史进程的统一性和多样性的思想，通过纷繁芜杂的历史表象揭示了人类历史的共同本质和规律，并且阐明了这些规律性

---

① 《马克思恩格斯全集》第16卷，人民出版社1964年版，第570—571页。
② 《列宁全集》第28卷，人民出版社1991年版，第163页。
③ 《列宁全集》第43卷，人民出版社1987年版，第370页。

的东西与历史表象之间的辩证关系。这一思想对于世界整体的历史研究，对于我们深入认识世界整体、部分的特性以及整体与部分之间的相互关系都有着重要的指导意义。

5. 关于世界历史的未来——共产主义

人类社会将向何处去？世界历史的未来是什么？这个问题是每一代思想家、理论家都要思考和回答的问题。马克思的世界历史理论也不可避免地要回答这个问题。

19世纪，由于资本主义的迅猛发展和资产阶级的巨大历史成就，使形形色色的理论家们都在为资本主义制度涂脂抹粉，甚至把资本主义制度说成是人类永恒的社会制度。马克思主义则不同，马克思和恩格斯一方面肯定了"资产阶级在历史上曾经起过非常革命的作用"，[①] 另一方面也尖锐地指出资本主义生产方式的根本缺陷在于生产的社会化与生产资料的私人占有之间的矛盾。这个矛盾既造成了资本主义社会周期性的经济危机，也造成了资产阶级和无产阶级的严重对立。而无产阶级正是资本主义制度的"掘墓人"，无产阶级的历史使命就是推翻资本主义制度，消灭一切剥削阶级，建立更高阶段的新社会。这个新社会就是公有制的、无阶级的共产主义社会。共产主义社会就是人类社会发展的最高阶段，是世界历史的未来。

马克思、恩格斯在论述世界历史从低级阶段向高级阶段演化的总进程时，曾提出过"三形态论"和"五形态论"。"五形态论"在学术界引起了许多不同的理解和争论，但是，"三形态论"却是非常明确和清晰的。也就是人类社会经历了"无阶级社会—阶级社会—无阶级社会"，或者"公有制社会—私有制社会—公有制社会"这样三种形态、三个阶段。这个最后的无阶级、公有制社会，就是人类未来的高级阶段——共产主义社会。

---

① 《马克思恩格斯文集》第2卷，人民出版社2009年版，第33页。

马克思认为:"共产主义是作为否定的否定的肯定"①,是世界历史的最高阶段。因为共产主义"是人和自然界之间,人和人之间的矛盾的真正解决"。② 并且,只有在共产主义社会"自主活动才同物质生活一致起来,而这又是同各个人向完全的个人的发展以及一切自发性的消除相适应的,同样,劳动向自主活动的转化,同过去受制约的交往向个人本身的交往的转化,也是相互适应的"。③ 可见,共产主义是人类发展的最为完美的社会形态,而这种社会形态也必然是世界历史的美好未来。所以,马克思和恩格斯指出:"无产阶级只有在世界历史意义上才能存在,就像共产主义——它的事业——只有作为'世界历史性的'存在才有可能实现一样"。④ 以往许多历史理论的研究,都不包括对未来社会的探讨,这是不够全面的。实际上,世界历史的未来趋势是世界历史理论或者世界历史观的题中应有之义。

在世界历史的形成与发展中,资本主义生产方式起到了巨大的作用。但是,不能就此认为世界历史发展的前途是使整个人类走向资本主义。这是由资本主义本身的局限性所决定的。资本是用来生产或经营以求牟利的生产资料和货币。资本家投入资本的目的是为了榨取工人劳动产生的剩余价值,这是资本主义经济的基本规律,而资本主义社会生产剩余价值的方式无外乎绝对剩余价值和相对剩余价值两种,这两种生产方式皆有其极限:前者主要通过绝对延长工作日实现,但"工作日的长度也有极限,虽然是很有伸缩性的极限。它的最高界限决定于工人的体力。如果他的生命力每天的消耗超过一定限度,就不能日复一日地重复使用。"⑤ 后者则主要通过提高劳动生产率来实现,这种方式表面看来可以随着科学技术的进步而不断深化并无限期存在,但是当"一方面整个社会只需用较少的劳动时

① 《马克思恩格斯全集》第 3 卷,人民出版社 2002 年版,第 311 页。
② 《马克思恩格斯全集》第 3 卷,人民出版社 2002 年版,第 297 页。
③ 《马克思恩格斯文集》第 1 卷,人民出版社 2002 年版,第 582 页。
④ 《马克思恩格斯选集》第 1 卷,人民出版社 1995 年版,第 87 页。
⑤ 《马克思恩格斯全集》第 21 卷,人民出版社 2003 年版,第 207 页。

间就能占有并保持普遍财富，另一方面劳动的社会将科学地对待自己的不断发展的再生产过程，对待自己的越来越丰富的再生产过程，从而，人不再从事那种可以让物来替人从事的劳动——一旦到了那样的时候，资本的历史使命就完成了。"① 而资本在资本主义生产方式下的发展达到极限的同时也是资本主义达到生存极限的时候。由此可见，在资本发展的要求下，资本主义社会形态终将走向灭亡，世界历史的发展不会使整个世界最终走向资本主义社会。

马克思认为：

> "共产主义和所有过去的运动不同的地方在于：它推翻一切旧的生产关系和交往关系的基础，并且第一次自觉地把一切自发形成的前提看作是前人的创造，消除这些前提的自发性，使它们受联合起来的个人的支配。"②

马克思在这里明确地指出，共产主义由于消灭了旧的资本主义的私有制，建立了新的生产关系和交往关系，使社会主义制度与资本主义制度相比，有着无比的优越性。从根本上讲，资本主义生产资料私有制同社会化大生产的要求不相符合，随着生产力的不断发展，资本主义生产方式越来越显示出其局限，一旦"生产资料的集中和劳动的社会化，达到了同它们的资本主义外壳不能相容的地步。这个外壳就要炸毁了。资本主义私有制的丧钟就要响了。剥夺者就要被剥夺了。"③ 在这种情况下，资本主义的社会形态必然遭到淘汰。而在社会主义条件下，生产资料在本质上是全社会共有，资本可以在全社会范围内自由流动，满足社会化大生产的需要。其生产方式较之资本主义更为优越，更能适应生产力的发展要求，也更符合世界历史发展的趋势。这样一来，随着生产力和世界交往水平的不断提高。社会主义生产方式不但可以促进社会主义国家生产力水平的发展，还

---

① 《马克思恩格斯全集》第 30 卷，人民出版社 1995 年版，第 286 页。
② 《马克思恩格斯选集》第 1 卷，人民出版社 1995 年版，第 122 页。
③ 《马克思恩格斯全集》第 44 卷，人民出版社 2001 年版，第 874 页。

可以促进全球范围内生产力的发展。在这种条件下，社会主义国家由于其制度的优越，发展速度必将赶上并超越发达资本主义国家，使社会主义社会形态在世界范围内占据优势地位，进而成为世界历史的领导力量，促使资本主义制度向社会主义制度转变，促使整个世界历史走向社会主义和共产主义。

三、马克思世界历史理论对全球史研究的启示

从马克思的世界历史理论产生到现在，一百多年过去了。在这一百多年中，世界历史发生了巨大的变化。但是，马克思的世界历史理论不仅没有过时，反而重新引起学术界的浓厚兴趣，这是为什么？在全球化进程不断加快的背景下，在全球史研究方兴未艾的时候，马克思的世界历史理论究竟告诉了我们什么？我们今天重新学习马克思的世界历史理论，并不单是为了了解马克思当年的思想，更重要的是为了从马克思的理论中得到哪些对全球史研究有益的启示呢？这些问题是我们重读马克思世界历史理论时所必须回答的。

1.必须扣紧时代主题

一切科学研究，尤其是社会科学研究，都无法回避时代问题，都必须在一定的时代条件下酝酿产生和走向成熟，也必然在它们的研究中打上时代的烙印，解决时代所提出的问题，满足时代的要求。科学研究如果脱离了它们所处的时代，就注定是没有前途的、缺乏生命力的。时代问题之所以如此重要，这是因为时代问题反映的是整个人类世界的全局性问题。时代的主题和特征，规定着全人类发展的大趋势和大走向，代表着人类总体的根本利益和根本需求。正是在这个意义上，我们说，时代的步伐是不可抗拒的，是不以我们个人的主观意志为转移的。

时代以它那滚滚向前的车轮，不断揭开人类历史的新的画卷。在这个过程中，它能够不断地向科学研究提出新的课题和新的目标，同时也赋予了新的历史条件，因而使科学研究能够不断前进，跟上时代的步伐。当我们回顾历史的时候不难发现，每一个伟大时代的到来，伴随而来的就有科学研究的重大进步，以及人类认识能力的重大突破。

马克思曾经说过："人类始终只提出自己能够解决的任务，因为只要仔细考察就可以发现，任务本身，只有在解决它的物质条件已经存在或者至少是在生成过程中的时候才会产生。"①恩格斯也指出："我们只能在我们时代的条件下去认识，而且这些条件达到什么程度，我们才能认识到什么程度"。②马克思的世界历史理论也同样只能完成19世纪时代条件所具备的任务。

因此，理论是时代的反映，世界历史理论首先应当反映世界历史进程的一般情况，应当扣紧时代的主题。在资本主义时代条件的基础上，马克思的世界历史理论首先反映的是资本主义的世界历史。18世纪以来的大工业、国际分工、世界市场以及资本主义时代的阶级和阶级斗争成为马克思的世界历史理论所关注的历史内容；生产力、普遍交往、相互依存是马克思世界历史理论的实质性内涵；马克思说资本主义是世界历史的开创者，这也是从时代的主题出发，强调了资本主义的世界历史地位（并不意味着世界历史就是从资本主义开始的）。

今天的理论是当今时代的产物，今天的世界历史研究也应该扣紧今天的时代主题，即全球化进程。而不应该停留在十八九世纪的水平上，拘泥于马克思在一百多年前的论述，或简单地照搬马克思当年的言论。应当看到，马克思世界历史理论对于今天的全球化实践和落后国家的现代化道路具有科学的、重要的指导意义，对于今天的全球史研究也有着重要的历史观和方法论意义。这也是从对今天的时代认识的基础上提出的。

---

① 《马克思恩格斯选集》第2卷，人民出版社1995年版，第33页。
② 《马克思恩格斯选集》第4卷，人民出版社1995年版，第337—338页。

20 世纪世界全球化进程的最为明显的特征就是整体化。随着生产力与科学技术的迅猛发展，各个国家、各个地区之间的联系和交往日益频繁，在经济、政治、文化、科学技术等领域中相互沟通、配合、渗透，呈现出一种你中有我，我中有你，浑然一体，难分难解的局面，使整个世界发展成为一个不可分割的整体。生活在今天的人们比以往任何时代都更加强烈地感觉到：人类是一个大家庭，居住在同一个星球上。人类是一个整体，世界是一个整体，部分离不开整体，整体的利益高于一切，整体的发展重于一切。为了维护全球的利益，推动整体的发展，今天人们比以往任何时候都更加需要整体观念和整体意识，而整体观念和整体意识必须通过整体研究才能实现。只有通过对各个科学领域知识体系的整体研究，才能给人们提供新的整体思路。因此，全球史研究和整体研究的提出，是全球化时代发展的客观要求。

我们应当学习马克思恩格斯当年的科学研究精神，扣紧那个时代的主题，客观分析资本主义生产方式的发展过程，揭示资本主义产生、发展的规律。当代世界的主题是全球化进程，全球化的主要特征是整体发展。我们今天的科学研究，包括全球史研究，就应当扣紧全球化这个主题，深入分析整体发展的时代特征，全面揭示全球化的发展规律。这是时代的发展在历史学领域中产生的必然反映。早在 1842 年，马克思就说过："世界史本身，除了通过提出新问题来解答和处理老问题之外，没有别的方法。因此，每个历史时期的谜是容易找到的。这些谜反映了时代所提出的问题……问题就是时代的口号，是它表现自己精神状态的最实际的呼声。"[1]

近年来国内外史学界所提出的"整体的历史"、"全球史观"、"宏观研究"等，都不同程度地反映了时代发展的特征，折射出人们对于现实世界的深度思考。说明整体思想正在逐步渗透到历史研究中来，应当引起我们的足够重视。遗憾的是，在国内世界史的研究和教学中，将国别史、地区史的汇编或堆积等同于世界历史的状况至今并未得到根本改变。可以说，

---

[1] 《马克思恩格斯全集》第 40 卷，人民出版社 1975 年版，第 289 页。

在当今时代世界全球化、整体化、综合化的大趋势面前，全球史学科只有引进整体研究，从整体上解释全球史，才能真正揭示全球史的发展过程和本质联系，才能正确回答时代给我们提出的重大课题。

2. 重视对世界历史的整体考察

马克思的世界历史理论在考察人类社会发展进程，揭示世界历史的共同本质及普遍规律的时候，无疑是对世界历史进行整体考察的。因为，在马克思看来，只有通过对整体的研究，才能发现客观事物的总的特征和总的规律，才能建立起总的概念。而整体中的任何一个部分、一个要素、一个方面，即使是很重要的部分，都不能提供关于整体的总的概念。例如欧洲的历史，尽管曾经是世界历史的极为重要的组成部分，但它们仍不能取代整个世界的历史，也不能给出世界历史的总的图像。马克思、恩格斯在他们的著作中，较多地引用了欧洲的历史，这主要是由于当时他们所能见到的史料的限制。实际上，马克思、恩格斯总是从世界历史的总的进程中来考察欧洲的历史和资本主义的历史，无论是从他们的方法论角度还是从社会阶级基础上看，他们都不可能把自己的眼光局限于欧洲一隅的。因此，有的人以为，马克思、恩格斯在吸取黑格尔理论体系的"合理成分"时，也受到了"欧洲中心论"的影响，这实在是一种误解。

应当看到，马克思世界历史理论与"欧洲中心论"是有本质区别的。一方面，马克思世界历史理论是建立在辩证唯物主义基础上的，是用人类的物质生产和交往活动的程度来说明历史的。马克思强调："历史向世界历史的转变，不是'自我意识'、宇宙精神或者某个形而上学怪影的某种纯粹的抽象行动，而是完全物质的、可以通过经验证明的行动，每一个过着实际生活的、需要吃、喝、穿的个人都可以证明这种行动"。[①] 而许多"欧洲中心论"者则难免带有唯心史观的倾向，他们总是夸大了某些民族或某些国家的精神或意识的影响，从而导致某种"中心论"；另一方面，

---

① 《马克思恩格斯选集》第 1 卷，人民出版社 1995 年版，第 89 页。

马克思世界历史理论是站在世界整体即全球的高度去考察历史，从世界历史的整体进程和趋势来说明欧洲国家的历史的。在谈到英法资产阶级革命时，马克思就指出："1648年革命和1789年革命，并不是英国的革命和法国的革命……这两次革命不仅反映了它们发生的地区即英法两国的要求，而且在更大的程度上反映了当时整个世界的要求"。[①] 而"欧洲中心论"者则总是试图用欧洲国家的历史去诠释全世界的历史。比如把欧洲的社会制度说成是人类永恒的制度，把有色人种说成是白种人的负担等等。

即使是西欧发达的资本主义历史，也同样不能代替整个世界的历史。马克思在批评俄国民粹派思想家米海洛夫斯基时说：

> "他一定要把我关于西欧资本主义起源的历史概述彻底变成一般发展道路的历史哲学理论，一切民族，不管它们所处的历史环境如何，都注定要走这条道路，——以便最后都达到在保证社会劳动生产力极高度发展的同时又保证每个生产者个人最全面的发展的这样一种经济形态。但是我要请他原谅。他这样做，会给我过多的荣誉，同时也会给我过多的侮辱。"[②]

可见，马克思世界历史理论与"欧洲中心论"完全不同，马克思从来没有夸大某一个地区的历史作用而是坚持用世界整体的眼光来看待世界历史。

从世界历史进程中的每一个横截面来看，马克思都是从世界整体的角度看问题的。这是由于马克思对人类共同命运的关注，决定了他必然是从世界整体的角度来研究问题。尽管在不同时期、不同领域，马克思关注的重点会有所不同。比如，早期马克思主要研究的是英、法、德等西欧国家，此后逐渐关注到爱尔兰、波兰、西班牙等其他欧洲国家，晚年更多的是研究美国、俄国、印度和东方社会等。从根本上讲，马克思世界历史理论的分析单元是整个世界而非民族和国家，这就克服了国家史、地区史研

---

① 《马克思恩格斯选集》第1卷，人民出版社1995年版，第318页。

② 《马克思恩格斯选集》第3卷，人民出版社1995年版，第341—342页。

究的局限性。直到 19 世纪 70 年代末和 80 年代初，马克思写作《历史学笔记》这部史学手稿时，其视野仍涵盖了几乎整个世界。在这部著作中，除了西欧国家的历史以外，我们还能够看到有关阿拉伯人、土耳其人、蒙古人、花剌子模人以及地理发现、宗教改革、三十年战争等许多重要的历史内容。

马克思所说的"世界历史"是特指世界整体的历史，是从世界整体的角度考察人类历史进程，从而得出一些规律性的认识。比如，某些相对落后的民族能够"跨越"某一社会形态而迅速走上更高阶段的文明发展道路，这种情况在世界历史上是常见的。像日耳曼民族占领西罗马帝国，从原始社会直接进入封建社会；非洲、美洲的许多民族在外部力量影响下，从原始社会或奴隶社会直接进入到资本主义社会等。要认识这些问题，就必须有世界全局的眼光。因为单独看待一个民族或国家，是无所谓"跨越"不"跨越"的，"跨越"什么？"跨越"到哪里？都需要与其他民族和国家相比较，甚至要在全球范围内相比较才行。这是因为："跨越"的产生要以几个相关社会形态在空间上并存为前提。社会形态更替在不同民族具有不同属性，当有的民族已经进入封建社会甚至资本主义社会时，有的民族还停留在奴隶社会甚至原始社会，从而在空间上呈现出几个社会形态并存的局面。另外，"跨越"与民族之间的交往密切相关。从原始社会开始，民族间就有了一定的历史交往，随着生产力的发展，这种交往经历了一个从毗邻地区的交往到地域性交往直至世界性交往的发展过程，特别是世界历史的形成使这种交往扩展到全球范围。交往的扩大与深化，使不同民族之间产生了密切的相关性，从而使进入交往过程中的民族之间产生相互作用、相互影响、相互渗透、相互补充。以上两个条件同时发生作用，即这种处于不同社会形态的民族既同时并存又密切交往，就会产生"跨越"现象。所以马克思指出："民族本身的整个内部结构也取决于自己的生产以及自己内部和外部的交往的发展程度。"[1] 脱离了整体的世界历史进程，相对落后的国家

---

① 《马克思恩格斯选集》第 1 卷，人民出版社 1995 年版，第 68 页。

要通过"跨越"走上更高阶段的文明发展道路是绝对不可能的。

马克思在分析历史问题时，从来没有把眼光局限在一个国家或地区，他总是从人类整体的角度去观察问题和解决问题。在分析资本主义社会时，马克思并未只从欧洲的情况来看问题，而是考虑到全球各地的不同情况。比如在谈到资本主义制度产生的方式时，他就指出：

> "在现实的历史上，雇佣劳动是从奴隶制和农奴制的解体中产生的，或者像在东方和斯拉夫各民族中那样是从公有制的崩溃中产生的，而在其最恰当的、划时代的、囊括了劳动的全部社会存在的形式中，雇佣劳动是从行会制度、等级制度、劳役和实物收入、作为农村副业的工业、仍为封建的小农业等等的衰亡中产生的。"①

马克思在这里指出了资本主义产生的三种方式：第一种是从奴隶制和农奴制的解体中产生；第二种是从原始公有制的崩溃中产生；第三种是从封建制的衰亡中产生。显然，这三种方式分布在世界各大洲，如果没有一个世界整体的眼光是得不到这种认识的。

在《共产党宣言》中，马克思恩格斯更是从全球范围的历史变迁，分析了资本主义产生的原因。"美洲的发现、绕过非洲的航行，给新兴的资产阶级开辟了新天地。东印度和中国的市场、亚洲的殖民化、对殖民地的贸易、交换手段和一般商品的增加，使商业、航海业和工业空前高涨，因而使正在崩溃的封建社会内部的革命因素迅速发展"②。资本主义虽然最先产生在欧洲，但它是整个世界历史发展的结果。因此，资本主义时代的世界历史必然也是世界整体的历史，而不是仅仅局限在欧洲的历史。

如何认识资本主义时代世界历史的本质特征？《共产党宣言》中有这样一段话：

> "不断扩大产品销路的需要，驱使资产阶级奔走于全球各地。它必须到处落户，到处开发，到处建立联系。

---

① 《马克思恩格斯全集》第30卷，人民出版社1995年版，第15页。
② 《马克思恩格斯选集》第1卷，人民出版社1995年版，第273页。

资产阶级，由于开拓了世界市场，使一切国家的生产和消费都成为世界性的了。使反动派大为惋惜的是，资产阶级挖掉了工业脚下的民族基础。古老的民族工业被消灭了，并且每天都还在被消灭。它们被新的工业排挤掉，新的工业的建立已经成为一切文明民族的生命攸关的问题；这些工业所加工的，已经不是本地的原料，而是来自极其遥远的地区的原料；它们的产品不仅供本国消费，而且同时供世界各地消费。旧的、靠本国产品来满足的需要，被新的、要靠极其遥远的国家和地带的产品来满足的需要所代替了。过去那种地方的和民族的自给自足和闭关自守状态，被各民族的各方面的互相往来和各方面的互相依赖所代替了。物质的生产是如此，精神的生产也是如此。各民族的精神产品成了公共的财产。民族的片面性和局限性日益成为不可能，于是由许多种民族的和地方的文学形成了一种世界的文学。"①

"随着贸易自由的实现和世界市场的建立，随着工业生产以及与之相适应的生活条件的趋于一致，各国人民之间的民族分隔和对立日益消失。"②

马克思在这里为我们描述了一幅世界整体相互联系的宏伟画面。可以说，相互联系和普遍交往就是世界历史的本质特征。

马克思早年还曾提出：

"凡是民族作为民族所做的事情。都是他们为人类社会而做的事情，他们的全部价值仅仅在于：每个民族都为其他民族完成了人类从中经历了自己发展的一个主要的使命（主要的方面）。因此，在英国的工业，法国的政治和德国的哲学制定出来之后，它们就是为全世界制定的了，而它们的世界历史意义，也像这些民族的世界历史意义一样，便以此而告结束。"③

---

① 《马克思恩格斯选集》第1卷，人民出版社1995年版，第276页。

② 《马克思恩格斯选集》第1卷，人民出版社1995年版，第291页。

③ 《马克思恩格斯全集》第42卷，人民出版社1979年版，第257页。

今天人们常说，民族的就是世界的。其实，这个道理马克思在一百多年前就已经说得非常明白。这样的认识，只能从世界整体的角度出发才能得到。所以，马克思的哲学观和他的历史观同样都是一种整体观。

马克思生活在 19 世纪，这是一个世界整体化或者全球化趋势已经十分明显的世纪，马克思必然会高度关注世界整体的发展。不仅如此，从逻辑上看，世界整体还应当包括世界历史的过去和未来，即古代的和将来的世界（社会主义和共产主义时代）。这是从纵向上看的整体。比如，马克思所使用的"世界历史"概念，在多数情况下指的是整个人类的历史。马克思的世界历史观是一种整体的历史观。马克思说："整个所谓世界历史不外是人通过人的劳动而诞生的过程，是自然界对人来说的生成过程，所以，关于他通过自身而诞生、关于他的形成过程，他有直观的、无可辩驳的证明"。[①] 在马克思看来，世界历史不仅是一个整体，而且是一个有机的整体、活的整体，是一个动态的过程，完全不同于无机界的整体。他们从唯物辩证法的科学角度出发，突破了近代欧洲机械论的整体观和形而上学的种种偏见。因此，列宁认为，马克思和恩格斯的学说"推翻了那种把社会看作可按长官意志（或者说按社会意志和政府意志，反正都一样）随便改变的……机械的个人结合体的观点"。[②] 列宁在研究黑格尔历史哲学思想时，曾明确指出："世界历史是个整体，而各个民族是它的'器官'"。[③] 这一论断高度概括了世界历史作为有机整体的总的特征。

有人认为，马克思的"世界历史"概念，仅指现代社会产生以来的历史，或者资本主义产生以来的历史，即不包括古代的历史。这是不全面的。马克思的《人类学笔记》，内容涉及早期人类的社会组织；《历史学笔记》记录的内容自公元前 1 世纪起直到 17 世纪中叶；恩格斯的《家庭、私有制和国家的起源》阐述了原始部落的社会制度以及阶级、国家的早期

---

① 《马克思恩格斯全集》第 43 卷，人民出版社 2002 年版，第 310 页。

② 《列宁选集》第 1 卷，人民出版社 1995 年版，第 10 页。

③ 《列宁全集》第 55 卷，人民出版社 1990 年版，第 273 页。

形态等，这些都是马克思世界历史理论的有机组成部分。历史不可分割，世界历史亦是同样不可分割。无论是从横向看，还是从纵向看，世界都是一个整体，任何分割都是要犯错误的。如果说世界历史仅指资本主义产生以来的历史，那么，人类历史就会被分作两段，一段是历史，一段是世界历史，这是很不妥当的。尽管马克思在某些地方曾经说过"历史也就越是成为世界历史"，"世界历史不是过去一直存在的；作为世界历史的历史是结果"，"历史向世界历史的转变"等，但对马克思的话应当全面理解，把握其思想实质，而不能根据对一、两句话的字面理解，就把人类历史的过程分割成两段。有关这一点，本书第六章还将展开论述，此处不再多叙。

世界历史是否应当包括未来的社会主义和共产主义社会呢？如果从历史学作为一门具体的实证科学来看，它只研究过去的历史过程，可以不讨论未来的发展。但从历史观的角度，世界历史必须包括未来，它才是一个整体。事实上，历史学不研究未来，是不能完全说明问题的，因为未来就在现实中，也必然在历史中。因此，马克思把社会主义看做是世界历史性事业，把共产主义看做是世界历史性存在，都是非常深刻的思想。马克思的无产阶级立场决定了马克思世界历史理论的价值取向是无产阶级，这不仅与唯心主义的世界历史观划清了界限，而且必然将人类未来的最高社会形态——共产主义社会，纳入到世界历史理论的范畴中来。

3.把"世界历史性"存在作为研究对象

历史科学的研究对象是客观存在的历史过程，世界历史学作为历史科学的一个分支，它的研究对象也应该有特殊的范围。马克思的世界历史理论的一个突出特点，就是把世界历史性存在作为自己的研究对象。认识不到这一点，就有可能把世界历史学混同于历史科学的其他分支学科。

世界历史性存在不同于人类历史上的其他客观存在，它是相对于地域性存在而言的，是建立在普遍交往基础上的。马克思说过：

"普遍交往，一方面，可以产生一切民族中同时都存在着'没有财产的'群众这一现象（普遍竞争），使每一民族都依赖于其他民族的变革；最后，地域性的个人为世界历史性的、经验上普遍的个人所代替。不这样，（1）共产主义就只能作为某种地域性的东西而存在；（2）交往的力量本身就不可能发展成为一种普遍的因而是不堪忍受的力量：它们会依然处于地方的、笼罩着迷信气氛的'状态'；（3）交往的任何扩大都会消灭地域性的共产主义。"①

可见，世界历史性存在是在普遍交往基础上的客观存在，个人能够成为世界历史性的存在，共产主义也是一种世界历史性的存在。

马克思世界历史理论关注个人的活动，不过，并不是在一般意义上的关注，而是关注个人的世界历史性存在。所谓个人的世界历史性存在，指的是在生产力不断发展和交往的普遍扩大的基础上，个人的非地域性的活动。马克思在谈到生产力的发展时说，"随着这种发展，人们的世界历史性的而不是地域性的存在同时已经是经验的存在了"。② 他还从共产主义历史时代人的彻底解放的意义上使用"世界历史"范畴，把"历史向世界历史的转变"视为"个人生产力的全面的、普遍的发展"的时空规定性，并得出如下结论：

"每一个单个人的解放的程度是与历史完全转变为世界历史的程度一致的。至于个人的真正的精神财富完全取决于他的现实关系的财富，根据上面的叙述，这已经很清楚了。只有这样，单个人才能摆脱种种民族局限和地域局限，而同整个世界的生产（也同精神的生产）发生实际联系，才能获得利用全球的这种全面生产（人们的创造）的能力。各个人的全面的依存关系，他们的这种自然形成的世界历史性的共同活动的最初形式，由于这种共产主义革命而转化为对下述力量的控制和自觉的驾驭，这些力量本来是由人们的相互作用产生的，但是迄今为止对他们来说都作为完全异己的力量威慑和驾驭着他们。"③

---

① 《马克思恩格斯选集》第 1 卷，人民出版社 1995 年版，第 86 页。
② 《马克思恩格斯选集》第 1 卷，人民出版社 1995 年版，第 86 页。
③ 《马克思恩格斯选集》第 1 卷，人民出版社 1995 年版，第 89—90 页。

因此，人的发展，包括人口的繁衍、种族的形成、民族的迁徙以及人们的生产活动等等，都是人类改变和征服自然的过程，世界历史首先是这一过程的展开。正是在这个意义上，马克思和恩格斯指出："每一个单个人的解放的程度是与历史完全转变为世界历史的程度一致的"。①

马克思十分强调人的发展和人类的生产活动在世界历史上的首要意义。早在马克思创立唯物史观的初期，他就重视到一点。在他的《1844年经济学—哲学手稿》中，马克思写到："整个所谓世界历史不外是人通过人的劳动而诞生的过程，是自然界对人来说的生成过程，所以，关于他通过自身而诞生，关于他的形成过程，他有直观的、无可辩驳的证明"。②可见，人的劳动和人本身的"产生过程"，就是世界历史的本质属性之一，而且是最基本的属性。以往人们往往忽视了马克思关于人的学说，实际上，马克思正是从这里出发，创建了科学的历史观，从而避免了旧的历史理论中的"抽象性"和"片面性"的缺陷。

资本主义生产方式虽然也是一种世界历史性存在，但它却不能实现人的真正解放。因为，在资本主义条件下"生产力表现为一种完全不依赖于各个人并与他们分离的东西，表现为与各个人同时存在的特殊世界……在过去任何一个时期生产力都没有采取过这种对于作为个人的个人交往无关紧要的形式，因为他们的交往本身还是受限制的"③。只有在共产主义时代才能够实现人的彻底解放，因此，共产主义必然也是一种世界历史性存在，也应当在世界历史理论中加以考察。马克思说：

> "共产主义革命将不是仅仅一个国家的革命，而是将在一切文明国家里，至少在英国、美国、法国、德国同时发生的革命。在这些国家的每一个国家中，共产主义革命发展得较快或较慢，要看这个国家是否有较发达的工业，较多的财富和比较大的生产力。因此，在德国

---

① 《马克思恩格斯选集》第 1 卷，人民出版社 1995 年版，第 89 页。
② 《马克思恩格斯全集》第 3 卷，人民出版社 2002 年版，第 310 页。
③ 《马克思恩格斯文集》第 1 卷，人民出版社 2009 年版，第 580 页。

实现共产主义革命最慢最困难，在英国最快最容易。共产主义革命也会大大影响世界上其他国家，会完全改变并大大加速它们原来的发展进程。它是世界性的革命，所以将有世界性的活动场所。"①

在阐述具体的历史内容时，马克思曾强调大工业开创了世界历史，资产阶级揭开了世界历史的新的一页，这首先是因为大工业和资产阶级都是"世界历史性"存在。因为大工业使"每个文明国家以及这些国家中的每一个人的需要的满足都依赖于整个世界……凡是它渗入的地方，它就破坏手工业和工业的一切旧阶段"。② 而"资产阶级，由于一切生产工具的迅速改进，由于交通的极其便利，把一切民族甚至最野蛮的民族都卷到文明中来了。……它迫使一切民族——如果它们不想灭亡的话——采用资产阶级生产方式……正像它使农村从属于城市一样，它使未开化和半开化的国家从属于文明国家，使农民的民族从属于资产阶级民族，使东方从属于西方。"③ 实际上，马克思东方社会理论是其世界历史理论的一个重要组成部分，并且构成了他的"世界历史性存在"概念的本质特征。因为：第一，马克思始终是站在世界历史的高度，并以其世界历史理论为出发点对东方的印度、中国社会性质进行分析，对"半东方"的俄国未来发展进行探讨的。第二，马克思尽管提出了人类历史演进的"五种形态"，但他从来也没有肯定人类历史是直线演进而不存在多样化发展的可能性的。第三，社会主义革命首先在一国或几国发生，并没有改变这一革命的世界历史性意义。

总之，作为世界历史理论，首先应当把世界历史性存在作为主要的研究对象，这是马克思世界历史理论给我们的一个基本的启示。全球史研究是对世界整体的历史进行研究，也应当把世界历史性存在作为主要的研究对象，否则，就不能完成全球史学科的任务。

---

① 《马克思恩格斯选集》第 1 卷，人民出版社 1995 年版，第 241 页。
② 《马克思恩格斯文集》第 1 卷，人民出版社 2009 年版，第 566 页。
③ 《马克思恩格斯选集》第 1 卷，人民出版社 1995 年版，第 276—277 页。

4. 建立一个开放的理论体系

世界历史理论由于其学科的特点所决定，必须是一个开放的理论体系。因为，一方面，既然是"世界"的，就应该向各个民族和国家开放，而不能局限于某一个民族或国家的立场；另一方面，既然是"历史"的，它就应该是一个动态的过程，要随着历史的发展而发展，封闭的、停滞的理论都不能作为历史的理论。马克思的世界历史理论就是一个开放的理论体系。

首先，马克思世界历史理论是世界性的理论，它不属于任何一个民族或国家，也不属于任何一个地区，它是属于全人类的共同的精神财富。马克思主义理论，包括他的世界历史理论，从一开始就是世界性的理论。马克思说过，他的理论的根本目的不仅要解释世界，更要改变世界。① 马克思世界历史理论反映的是全人类的利益，以解放全人类为最终目标，而不是只代表某些国家或民族的利益。无产阶级的利益符合全人类的根本利益，因此，马克思选择了无产阶级的立场。马克思世界历史理论是全世界共同的精神财富，而不只是某些国家或民族的精神财富。

马克思世界历史理论本身就是世界历史性存在。世界历史理论本身的性质，要求它必须是世界性的，否则，就毫无理论的价值。马克思世界历史理论不是只研究某些国家或民族的理论，而是研究全人类发展演变历程的理论。马克思世界历史理论所探讨的是人类社会的普遍规律，他的研究旨趣在于"人的全面而自由的发展"以及人的彻底解放，这都是世界性的问题。马克思在世界历史理论中所使用的概念和范畴都是适用于所有国家和民族的，比如：生产力、生产关系、经济基础、上层建筑、交往、世界市场、分工、意识形态、阶级、国家、民族等，都是世界性的。因此，我们不能说马克思是德国的或英国的思想家，甚至我们也不能说马克思是欧洲的思想家，因为他的确是属于全人类的。马克思本人是真正的世界公民，马克思主义理论也是真正的世界人民的理论。

---

① 《马克思恩格斯文集》第 1 卷，人民出版社 2009 年版，第 502 页。

其次，人类历史的动态本质，决定了任何历史理论都必须是开放的理论，都必须随着历史的不断发展变化而变化。十九世纪世界历史的客观进程，为人类认识史上实现新的飞跃提供了广阔的时代背景。马克思在深入研究整个人类发展史的基础上，全面总结了近代以来欧洲思想家们的各种理论成果，终于在十九世纪中叶创立了唯物史观，提出了世界历史理论，从而"在整个世界史观上实现了变革"。[①] 唯物史观以其对人类历史的深刻洞察力和一系列精辟见解，揭示了历史发展的客观规律，使历史学走上了科学的道路。十九世纪中叶以后，直到二十世纪，马克思主义经典作家包括恩格斯、列宁、斯大林、毛泽东等人，根据世界历史的一些新进程、新材料，对唯物史观不断地进行补充和发展，使其成为内容十分丰富的历史理论体系。这里面就包括了对世界历史理论的不断丰富和发展。

再次，马克思世界历史理论本身并不是封闭的、一成不变的。即使在马克思在世时，他的世界历史理论就是不断完善的。比如，《共产党宣言》是比较系统地反映早期马克思世界历史理论的重要文献，1848 年该文发表后，随着时间的推移和再版的需要，马克思、恩格斯先后写过七个序言。在这七个序言中，他们多次强调，由于现实情况的变化，他们的一些观点"在今天毕竟已经过时"，由于巴黎公社的原因，《共产党宣言》"现在有些地方已经过时了"，"某些地方本来可以做一些修改"等。可见，即使马克思、恩格斯本人也从未把他们的理论当做封闭的理论，而是用开放的态度对待自己的理论，使自己的理论不断地修改完善。这才是真正科学的态度。

马克思晚年的世界历史思想，也不断地丰富和发展了他早期的理论。由于实证材料的缺乏，马克思早年对史前社会形态的研究结论难免带有某些假设性质，有的结论后来被事实证明是不正确的。例如，在《德意志意识形态》中，马克思认为父权制的部落社会是人类最早的社会形态，并且认为部落社会就已经存在奴隶制，因为部落是家庭的扩大，父权制是一种

---

① 《马克思恩格斯选集》第 3 卷，人民出版社 1995 年版，第 334 页。

"潜在于家庭中的奴隶制"。① 在《共产党宣言》中，马克思还认为"至今一切社会的历史都是阶级斗争的历史"。② 然而，19 世纪 70 年代以后，历史科学发展的新成就，不断提供关于原始社会的组织和特征的材料。马克思阅读了美国学者摩尔根、俄国学者马·柯瓦列夫斯基等人的大量著作，摘录了大量关于原始家庭史、氏族组织的特征和职能、财产继承权、私有制、阶级、国家起源方面的材料，写下了卷帙浩繁的笔记——《人类学笔记》。因此，在掌握大量新的社会人类学关于人类史前社会状态的实证资料的基础上，晚年马克思对史前社会的状况、性质、结构、特点和发展规律进行了全面、系统、深入的考察。马克思晚年对史前社会形态的再认识获得了三个重要成果：第一，认识到人类最初是从原始群进化到母系氏族社会的，只是随着生产力的发展和财富的增加才导致私有财产的出现及其继承问题，才由母系氏族社会逐渐转变为父系社会。第二，认识到氏族是史前时期人类最基本的社会组织，弄清了氏族的本质及其与家庭、部落的关系。第三，认识到氏族公社原始的共产主义公有制是人类社会出现的第一个所有制形式，探明了原始公社如何解体、社会如何分裂为彼此对立的阶级的历史进程。可见，马克思对待自己的理论也是一种开放的态度，这就使理论本身能够不断地丰富和发展。

最后，世界历史理论的开放性，是世界整体历史本身的开放性所决定的。关于世界整体历史的开放性，在下一章我们再作具体论述。这里笔者想强调的是，任何封闭的理论都注定不能用来解释世界历史，坚持不断发展马克思主义的世界历史理论是我们研究全球史问题的一个起码的要求。因此，今天我们研究全球史问题，也应当用开放的态度来对待理论研究，要善于提出新问题，研究新思路；要敢于理论创新，才能真正做到与时俱进。

---

① 《马克思恩格斯文集》第 1 卷，人民出版社 2009 年版，第 521 页。
② 《马克思恩格斯选集》第 1 卷，人民出版社 1995 年版，第 272 页。

5. 坚持历史研究的正确原则

重读马克思的世界历史理论，我们深深地感到，马克思运用唯物史观的基本原理，在研究世界历史的具体问题的时候，能够始终坚持历史研究的一些正确的原则。这些原则主要有三条：

第一，坚持正确的历史主义的态度，实事求是地对待一切历史问题。马克思对待历史的态度是非常严肃认真的，尊重历史、重视历史是马克思主义的一个基本特征。正如恩格斯所说："我们根本没有想到要怀疑或轻视历史的启示；历史就是我们的一切，我们比其他任何一个先前的哲学学派，甚至比黑格尔，都更重视历史"。[①] 这里，恩格斯用"历史就是我们的一切"这句话，来强调马克思主义者是多么重视历史。重视历史就意味着要实事求是地对待历史问题，在历史研究中要从事实出发，充分地占有资料。恩格斯还曾经说过："即使只是在一个单独的历史事例上发展唯物主义的观点，也是一项要求多年冷静钻研的科学工作，因为很明显，在这里只说空话是无济于事的，只有靠大量的、批判地审查过的、充分地掌握了的历史资料，才能解决这样的任务。"[②]

保尔·拉法格曾在《忆马克思》一文中描述过马克思的这种治学态度，让我们通过拉法格的描述，来了解一下什么是实事求是的态度，马克思又是如何做的。拉法格说：

> "马克思永远是非常认真慎重地工作。他所引证的任何一件事实或任何一个数字都是得到最有威信的权威人士的实证的。他从不满足于间接得来的材料，总要找原著寻根究底，不管这样做有多麻烦。即令是为了证实一个不重要的事实，他也要特意到大英博物馆去一趟。反对马克思的人从来也不能证明他有一点疏忽，不能指出他的论证是建立在受不住严格考核的事实上的。
>
> ……

---

① 《马克思恩格斯全集》第 3 卷，人民出版社 2002 年版，第 520 页。
② 《马克思恩格斯选集》第 2 卷，人民出版社 1995 年版，第 39 页。

马克思对待著作的责任心，并不下于他对待科学那样严格。他不仅从不引证一件他还未十分确信的事实，而且在他尚未彻底研究好一个问题时他决不谈论这个问题。他决不出版一本没有经过他仔细加工和认真琢磨过的作品。他不能忍受把未完成的东西公之大众的这种思想。要把他没有作最后校正的手稿拿给别人看，对他是最痛苦的事情。他的这种感情非常强烈，有一天他向我说，他宁愿把自己的手稿烧掉，也不愿半生不熟地遗留于身后。"①

恩格斯也曾经举过一个例子说：

"马克思为了写地租这一篇，在70年代曾进行了全新的专门研究。他对于俄国1861年'改革'以后必然出现的关于土地所有权的统计资料及其他出版物，——这是他的俄国友人以十分完整的形式提供给他的，——曾经根据原文进行了多年的研究，并且作了摘录，打算在重新整理这一篇时使用。"②

马克思的这种严肃的历史主义态度，是非常值得我们学习的。对任何历史问题的研究，包括全球史研究，都必须坚持马克思主义的历史主义原则，充分地占有史料，掌握足够的史实，就是对历史的尊重，就是实事求是的、科学的态度。这是对历史研究的一个起码的要求。

第二，坚持辩证唯物主义的基本立场，用辩证法的观点看待历史。世界历史的发展过程本身是十分复杂、充满矛盾的，这就要求我们用辩证法的态度去对待世界历史过程，去研究世界历史上的种种复杂的历史现象。马克思在这方面已经为我们树立了一个光辉的榜样。马克思能够用发展的眼光、辩证的眼光来看待世界历史上出现每一种社会制度，他认为历史上每一种社会制度的出现，都有它的必然性、合理性，但最终都是要被更高阶段的社会制度所取代的。马克思说：

---

① 转引自《马克思、恩格斯、列宁、斯大林论历史科学》，人民出版社1980年版，第409—410页。

② 《马克思恩格斯全集》第46卷，人民出版社2003年版，第11页。

　　"一切依次更替的历史状态都只是人类社会由低级到高级的无穷
发展进程中的暂时阶段。每一个阶段都是必然的，因此，对它发生的
那个时代和那些条件说来，都有它存在的理由；但是对它自己内部逐
渐发展起来的新的、更高的条件来说，它就变成过时的和没有存在的
理由了；它不得不让位于更高的阶段，而这个更高的阶段也要走向衰
落和灭亡。"①

　　面对纷繁复杂的历史进程，辩证法的一个基本要求，就是要看到事物
的矛盾性、两面性，任何简单、片面的判断都是可能犯错误的。在马克思
所生活的十九世纪，资本主义获得了巨大的成功，但是马克思仍然指出：

　　"这里有一件可以作为我们 19 世纪特征的伟大事实，一件任何政
党都不敢否认的事实。一方面产生了以往人类历史上任何一个时代都
不能想象的工业和科学的力量。而另一方面却显露出衰额的征兆，这
种衰额远远超过罗马帝国末期那一切载诸史册的可怕情景。

　　在我们这个时代，每一种事物好像都包含有自己的反面。"②

　　在这里，马克思坚持了历史辩证法的原则，才没有被资本主义繁荣的
假象所迷惑，而是透过现象看本质，看到了资本主义的根本缺陷，由此得
出资本主义必将被社会主义所取代的正确结论。

　　我们可以列举一个具体的事例，来看一下马克思是怎样运用辩证法的
原则，去对一个历史现象进行精辟分析的。马克思在研究 1848 年欧洲革
命时，对革命的失败是这样理解的：

　　"1848—1849 年的革命编年史中每一个较为重要的章节，都冠有
一个标题：革命的失败！

　　在这些失败中实际上灭亡的并不是革命。而只是革命政党的一些
非革命成分，即造反党在二月革命以前没有摆脱的一些人物、幻想、
观念和方案，这些都不是二月胜利所能使它摆脱的，只有一连串的失

---

① 《马克思恩格斯选集》第 4 卷，人民出版社 1995 年版，第 216 页。
② 《马克思恩格斯选集》第 1 卷，人民出版社 1995 年版，第 774—775 页。

败才能使它摆脱。

　　总之，革命的进展不是在它获得的直接的悲喜剧式的胜利中，相反，是在产生了一个联合起来的、强大的反革命势力的过程中，即在产生了一个敌对势力的过程中为自己开拓道路的，只是通过和这个敌对势力的斗争，造反党才走向成熟，成为一个真正革命的党。"[1]

　　显然，从表面上看失败了的革命，实质上并没有失败。而是使无产阶级得到了锻炼，为新的革命和最终的胜利准备了条件。最终将要失败和灭亡的不是革命，而是反革命。马克思在 1848 年欧洲革命遭到失败，无产阶级革命斗争陷入低潮的情况下，能够提出这样的认识，不仅鼓舞了无产阶级的革命志气，而且是运用辩证法原则分析历史现象和革命前景的一个光辉典范。学习马克思的历史辩证法原则，是我们科学分析世界历史进程，正确揭示全球史的演变趋势和发展规律的一件法宝。

　　第三，坚持逻辑的和历史的相一致的原则，逻辑的东西必须与历史的东西相一致，世界历史的理论必须与世界历史的过程相一致，这是马克思研究世界历史的一个基本原则。

　　马克思早年在提出世界历史理论的时候，由于时代条件的限制，史料的缺乏，人们对人类社会早期的历史所知甚少。马克思更多是采用了逻辑方法去论证问题，缺乏用实证方法对历史客观进程进行描述。晚年马克思为了弥补实证方法（既历史方法）的不足，阅读大量的历史著作，梳理史料，订正史实。最后写下了数百万字的读书笔记，这就是《人类学笔记》和《历史学笔记》。

　　已经出版的《人类学笔记》，是马克思阅读摩尔根《古代社会》、梅恩《古代法制史讲演录》、拉伯克《文明的起源和人的原始状态》、菲尔《印度和锡兰的雅利安人村社》、柯瓦列夫斯基《公社土地占有制》五种历史著作的笔记，约合中文 40 万字。另外还有马克思阅读的几十种历史著作的笔记，包括佩顿《亚洲君主制原则》、罗伊尔《印度长期停滞不前状况

---

[1]　《马克思恩格斯选集》第 10 卷，人民出版社 1998 年版，第 361 页。

的原因调查》、哈尔斯豪森《关于俄国的农村制度》、克拉辛斯基《斯拉夫民族宗教史纲》、毛勒《马尔克制度、农民制度、乡村制度、城市制度和公营权力的历史概况》等，人们正在研究整理，尚未出版。这些著作主要反映人类社会早期的历史，从人类的起源，氏族社会到国家产生、古代希腊罗马等。马克思之所以非常重视这些著作，主要是考虑到逻辑起点与历史起点必须一致，世界历史从那里开始，世界历史理论也应该从那里开始，因此就必须弄清楚世界历史的早期过程。正像恩格斯所说的那样："历史从哪里开始，思想进程也应当从哪里开始，而思想进程的进一步发展不过是历史过程在抽象的、理论上前后一贯的形式上的反映。"①

马克思的《历史学笔记》内容更为丰富，篇幅浩大，约合中文 140 万字。《历史学笔记》共有四册，是马克思阅读了八种主要的历史学著作所作的札记。其主要目的也是收集史料，订正有关历史过程的史实，用实证的方法（既历史的方法）来研究世界历史。但值得注意的是，马克思这四册笔记所摘录的史料的时代范围都是经过精心选择的。

这四册笔记涉及的历史时代范围如下：

第一册笔记（共有 141 页手稿）：公元前 1 世纪到 14 世纪初。

第二册笔记（共有 145 页手稿）：14 世纪到 15 世纪上半叶。

第三册笔记（共有 143 页手稿）：15 世纪到 16 世纪 70 年代。

第四册笔记（共有 116 页手稿）：16 世纪末到 17 世纪上半叶。②

这样一个时代范围，绝不是随便选择的。因为在公元前 1 世纪之前的历史，马克思在《人类学笔记》中已经做过研究了。公元前 1 世纪之后的历史是古罗马的历史，马克思的《历史学笔记》就是从古罗马的历史开始的。第二册和第三册，重点是 15 世纪到 16 世纪的世界历史，篇幅大，分量重。说明马克思对这一段时期的世界历史十分重视，而 15、16 世纪恰好是世界历史的重要转折时期。第四册摘录到 17 世纪上半叶的历史，涉

---

① 《马克思恩格斯选集》第 2 卷，人民出版社 1995 年版，第 43 页。

② 参见马克思：《历史学笔记》，中国人民大学出版社 2005 年版，译者前言。

及英国的资本主义原始积累，而马克思的《资本论》就是从资本的原始积累开始的。马克思的《历史学笔记》到此结束，此后的历史就是《资本论》所揭示的资本主义的历史，直到马克思生活的时代。这样一来，《历史学笔记》的时间范围，前面与《人类学笔记》相连，后面与《资本论》相接，正好连接成世界历史的全过程。也就是说，《人类学笔记》、《历史学笔记》、《资本论》所研究的，正好是世界历史从原始社会到中世纪，再到近代资本主义的一个完整的发展过程，它体现了世界历史的整体性，也实现了世界历史理论与世界历史过程的一致。

为什么马克思在生命的最后一段时间完成的工作恰好是历史研究呢？这并不是一种巧合，而是马克思坚持要在有生之年完成的他认为最重要的工作。1880 年，燕妮身患不治之症，马克思陷入深深的悲伤之中，这时马克思本人也是疾病缠身，他预感到自己能够工作的时间已经不多了，在一封信中，马克思写道："在这种情况下，我能够挤出来工作的那一点时间，只能用到我无论如何应当完成的那些著作上去"。① 哪些著作是马克思"无论如何应当完成"的呢？马克思在世时，并未告诉别人他最后做的是什么工作。当时，马克思的《资本论》第一卷已经出版，第二卷和第三卷还没有出版，人们一般都猜测他在做《资本论》第二卷和第三卷的出版工作。今天我们终于知道，马克思在他生命的最后两年多的时间里，完成了《人类学笔记》和《历史学笔记》，这就是马克思"无论如何应当完成"的工作。

为什么马克思如此重视对古代、近代的世界历史研究呢？我们知道，唯物史观（包括世界历史理论）是对人类历史的理论认识，它属于逻辑的东西，对唯物史观的最后检验，是它必须与人类历史的进程相一致。马克思完成了对古代、近代的世界历史研究，也就完成了对世界历史进程的完整认识。唯物史观作为马克思一生中最伟大的两个发现之一，只有经历了整个世界历史客观进程的检验之后，才能得以确定。

---

① 《马克思恩格斯全集》第 34 卷，人民出版社 1972 年版，第 438 页。

第三章　全球史的本质属性

　　全球史是世界整体的历史，那么，这个整体是什么样的整体？或者说世界整体的基本特征是什么？这个问题是首先应当回答的问题，它实际上就是我们对全球史本质的认识，这是非常重要的。因为任何一个客观存在的事物，我们必须首先认识它的本质属性，然后才可能理解和把握它的产生、发展及规律，才可能将它与其他事物区分开来。而且，对全球史的认识主要不是通过数量分析的办法来解决，而是要对它进行定性的描述和质的把握。在学术史上，只有黑格尔谈到过世界历史整体的质的规定性为统一性、合理性和阶段性。其他学者较少论及这一问题。今天，我们可以在现代科学认识的帮助下，重新阐述全球史的本质。

一、全球史的整体性

　　马克思世界历史理论中的整体观念，是我们认识全球史的一把钥匙。如前所述，全球史是世界整体的历史，它不能简单地混同于全世界的历史或所有国家的历史，而是要反映人类历史的整体性。因此，整体性是全球史的基本属性。所谓整体，它主要是指构成整体的各个部分之间的相互关系以及整体与其外部环境之间的相互关系的总和，而不能简单地等同于部分的相加。全球史的发展过程，实际上就是世界的整体性不断加强的过程。整体性的加强就意味着部分与部分之间的相互关系趋于密切。因此，首先要解决的问题在于什么是世界整体的组成部分？这些部分与世界整体之间的相互关系如何？世界整体组成部分之间的相互关系又是怎样的？这是认识全球史的逻辑起点。不了解这一点，就不能认识也不能弄清全球史的结构，更谈不上理解全球史上那些波澜壮阔的历史内容。

1. 世界整体的组成部分

前人对世界历史的组成部分有各种各样的解释。例如黑格尔提出构成世界历史的是"世界历史民族"；汤因比则认为世界历史的基本单元是若干个地域性的"文明社会"等。这些提法都有偏颇，或过于简单。黑格尔把民族划分为世界历史民族和非世界历史民族，认为只有地中海沿岸的民族才算是世界历史民族，而中国、印度、非洲、北欧以及西伯利亚、美洲大陆等许多民族都是非世界历史民族。这种划分明显地过于片面和狭隘，把亚、非、美洲许多民族排除在世界历史之外，显然是不合适的，也实际割裂了世界历史的整体性。汤因比列举的二十一个"文明社会"，虽然扩大了历史研究的视野，但他划分这些文明社会的标准难免牵强，而且他认为现存的文明社会只剩下五个不同宗教色彩的文明，即：西方基督教社会、东正教社会、印度教社会、伊斯兰教社会和远东社会。这就把世界历史的组成部分简单化了。一方面，这五种文明并不能包括世界所有民族和地区；另一方面，构成世界历史组成部分的不仅是宗教社会，还有国家、社会制度、意识形态、种族、民族等等，十分复杂多样，不能仅以宗教来划分。

笔者认为，我们在划分世界整体的组成部分时，应当首先明确几点认识：

第一，全球史是世界整体的历史，所谓整体，主要是指部分与部分之间的相互关系以及整体与外部环境之间的相互关系。但是在逻辑上，世界整体作为一种全称判断，它应当包括全部人类的每一个组成部分。因此，把任何一个群体或个体排除在世界之外，都是不正确的。

第二，每一个整体都是可以划分出不同层次的，所有的部分都可归属于某一层次之中。高级层次包含了低级层次，低级层次中的部分的数量一般总是多于高级层次中部分的数量。比如国家作为一个较高级别的层次，它包含了若干个社会群体，而每一个社会群体又包含了数量更多的个体。

第三，全球史虽然着重于世界各个部分之间的相互关系，但又不能穷尽这些关系。即在实践上，全球史学科只能研究相互关系中的一部分。这一部分即我们所说的具有世界意义的、反映整体趋势的历史运动。而这些历史运动有时是由若干个国家承担的，有时是发生在一国之内的，有时甚至主要是由某些历史人物完成的。所以，个体、群体、国家等都有可能成为全球史所研究的世界整体历史的组成部分。

根据上述认识，我们可以将世界整体的组成部分共分为五个层次：

第一层次，指最高层次，是人类社会整体。该层次之外，即为人类历史的外部环境。

第二层次，指国家集团或地区。该层次的特征是由两个以上的国家或民族构成，如同盟国集团、七十七国集团、东南亚、欧盟等。

第三层次，指种族、民族或国家。这里的民族一般是指人口较多、规模较大、有共同地域或文化关系的若干群体。有些民族很难划归某个国家，影响又较大，也属于这一层次。比如：犹太民族、吉卜赛民族、阿拉伯民族等。

第四层次，指社会群体。此处群体可以有多种类型，比如：血缘家族、宗教团体、政治组织、军事联盟、消费者群体、学术团体、企业、艺术团体等。

第五层次，指人类个体。每一个在历史上曾经存在过的个人都属于这个层次。该层次是整体中的最低层次，也是数量最大的层次。

在这五个层次中，每一个高级层次都包含着所有的低级层次。比如：国家包含若干群体，群体包含若干个体。每一个层次中，都可以有若干部分，每个部分都是世界整体的组成部分。每一较高层次，都是由较低层次组成的，所有的层次以及世界整体的所有部分最终都是由个体组成的。因此，归根结底，人是世界整体历史的核心，是世界整体历史的最小单位。

每一个人作为个体，作为全球史有机整体中的一个基本细胞，他在全球史中的地位和作用都是微不足道的，但却具有特殊的意义。在全球史中，先后出现过的个体数以百亿计，每一个人，他的生、老、病、死，对他自己来说，都是重大的事件，但对全球史来说却是非常渺小、不必理会的事情。人生匆忙而短促，每年都有成千上万的人诞生，同样有成千上万的人死亡，而全球史的步伐却仍然如故，坚定而踏实，历时几百万年似乎不知疲倦地向前迈进。这是为什么？为什么同样是一个人，有些人能够在历史上留下深刻而久远的影响，而绝大多数人则是默默无闻地销声匿迹？

要回答这些问题，我们首先要理解人作为个体，他虽然是独立的、完整的，是全球史中不可再分的统一性，但是，他必须是在群体中才能体现出独立性，才能对历史做贡献，离开了群体的个体对历史是没有任何意义的，也是不可能进行什么历史性的创造的。因为人不仅仅是一个个体的生命，而且更重要的是，他还是一个群体动物。历史上的每一个人都是属于一定的群体的，绝对独立的个人是不存在的或是没有意义的。

马克思曾经精辟地指出过这一点。他说：

"人是最名副其实的政治动物，不仅是一种合群的动物，而且是只有在社会中才能独立的动物。"[1]

人的群体性是理解人类历史的一条重要途径。有些动物也许也有不同程度的群体性，但是人的群体性是与动物有很大不同的。人的群体性是在社会环境下实现的，是与人的生产劳动紧密相关的。人们在劳动中建立联合的关系，并随着社会分工的不断发展而加强人们之间的种种联系。并且是在生产劳动中，产生了人们交往的语言。语言是群体联络的重要手段，人们通过语言彼此交流信息、交换思想、增进了解、密切合作。可以说，

---

[1] 《马克思恩格斯选集》第 2 卷，人民出版社 1995 年版，第 2 页。

是语言把个体联结为群体。而离开了群体的个体，其独立性也会丧失。比如"狼孩"的例子。甚至还有资料证明，即使是成年人，如果让他一个人独处山林之中几十年，不和群体有任何交往的话，他的语言功能也会大部分丧失。因此，个体只是在群体中才成为个体，也只能在群体中才能参与历史活动。

所以，个体的历史地位和作用都是通过群体实现的，个体的生命即使结束了，还不断有新的个体产生，群体依然存在，群体借助于个体力量的集合，推动着历史的前进。在世界历史上，有过各种各样的群体。有些群体也许后来消失了，但也有些群体刚刚诞生，经过无数群体的共同努力，世界历史得以延续。至于人们在历史上留下的影响大小不同，实际上也是由于每个人对群体的影响大小不同，个体总是通过影响群体，改变或支配了群体的行为，才能影响历史进程。如果没有群体的作用，任何个体对历史的影响都是微乎其微的。历史上的帝王将相或军事统帅，如果不是通过他的国民或军队，他本人是不会成为显赫的历史人物的。即使是科学家、思想家，他个人的思想成果如果不是从社会中汲取营养或传播到人群中去，仅仅存在于他的头脑中，那也同样是没有多大意义的。

这样说丝毫不意味着忽视个体的意义，也不是说只有群体在起作用。恰恰相反，个体同样也是群体的前提和条件。没有个体，就没有群体，群体也不能离开个体而单独存在。正好像没有细胞，就不能构成器官一样。器官对有机的整体是重要的，整体少一个细胞无关痛痒，而缺少一个器官就可能关系重大。但是，器官由于是细胞组成的，所以细胞依然是重要的。个体与群体的关系，类似于细胞与器官的关系，它们是相互依存、不可分离的。世界历史毕竟是由无数个体、无数普通人物的共同努力所创造的，正是这些无数的个体的思想、行为、活动、情感、意识等构成了整个历史过程的鲜活画面。

此外，人类与完全属于自然界的动物不同，人类既属于自然界，又属于社会；既是自然界的存在物，又是社会的存在物。人的社会性是指人与人之间的超生物的联系，如经济的、政治的、精神的联系等，这些联系是人的本性中最为活跃的成分，因而是人的本性中主导的因素。马克思曾经指出：人的本质"是一切社会关系的总和"。[①] 虽然人类的生物性是其社会性的基础，但是，最能反映人类特征的并使人类最终与动物相分离的是其社会性。

人类的社会性最初是以家庭和群体为基础的。以血缘关系为纽带而联结的家庭与群体，为人类的生存和繁衍起到了重要作用。群体内部的成员之间存在着频繁的信息交流与沟通，而不同群体成员之间联系就较少。由于语言不通、地域隔绝、观念差异，不同群体之间的信息交换就比较少，甚至存在着相互间的敌视。久而久之，不同的群体就形成了不同的文化特色，正是在这一基础上，最终形成了民族、种族和国家。不同的文化背景，包括经济基础和生产方式，最终会造成不同的社会制度和社会组织，每一个人都生活在一定的社会制度下，并属于一定的社会组织（如阶级、集团、职业等）。随着文化背景的不断演变、日趋复杂，相互联系越来越频繁，社会制度和社会组织的规模、形式、内涵也会变得越来越复杂和扩大化，这是人类进化历程的一个基本方面。人们总是在一定的社会条件下参与各种历史运动，一个人如果脱离了社会，实际上也就脱离了历史。

还应说明，全球史是一个动态的过程，世界整体的组成部分也是动态的过程。静止不动的部分，是死亡的部分，死亡的部分是已经退出世界整体不再存在的部分，只是这些死亡部分的历史遗产以其他活着的部分为载体继续参与动态的历史过程。每一个人类个体都是动态的，只有把人类的各种活动，附加在世界整体的各个部分之上，这些部分才成为真实的部分，才是客观的存在。

人类的活动千姿百态，数不胜数。为了叙述方便，我们暂且将人类的所有活动分为四大类：

第一类：心理活动。人是有思想、有意识、有目的、有理想的动物，人类的所有活动都离不开心理活动。

---

① 《马克思恩格斯文集》第 1 卷，人民出版社 2009 年版，第 505 页。

第二类：经济活动。人类为了生存和发展，必须获得一定的物质生活条件和生产条件，人类活动本质上是要解决人与自然的矛盾。

第三类：政治活动。此类活动主要是解决人与人之间的各种矛盾。比如：战争、党派、制度、法律等内容。

第四类：文化活动。主要是为了满足人类的各种精神需求而进行的活动。主要包括：科学、宗教、文学、艺术等。

在客观历史过程中，人类的活动很难分解成不同类别。每一个国家或民族，甚至每一个群体或个体，都会或多或少地参与到这四种活动之中。所以，人类的各种类型的活动，是相互影响、相互渗透、交叉融合地投入到世界整体各个组成部分的历史过程中去的。只有这样的部分才能结合成世界整体，才成其为世界整体的组成部分。

人类所从事的各类活动之间存在着相互作用，也就是说，人类的活动是人类各种类型活动相互影响的综合的结果，简单地断定哪一种活动是重要的，或者那一种活动是次要的，都是可能犯错误的。马克思世界历史理论的基本思想，也是非常重视相互作用的。恩格斯曾明确指出：

> "相互作用消除了一切绝对的首要性和次要性；……如果我们片面地抓住一个观点，认为比起另一个观点来它是绝对的观点，如果我们根据推理的一时需要而任意地从一个观点跳到另一个观点，那我们就会陷入形而上学思维的片面性；我们抓不住整体的联系，就会纠缠在一个接一个的矛盾之中。"①

所以，世界整体的组成部分应当理解为构成世界整体的各个部分所从事的各类活动的相互作用的过程。

由于具体历史过程的复杂性和多样性，我们在认识世界整体的组成部分时，还应注意三点：其一，世界整体的组成部分本身是一个动态的过程，它是处在不断的发展变化之中的。比如：一个国家可能分裂为几个国家；几个国家也可能合并为一个国家；一个处于领先地位的国家可能变成

---

① 《马克思恩格斯全集》第20卷，人民出版社1971年版，第506页。

一个落后的国家，一个十分落后的国家也可能成长为先进的国家；一个对世界整体有重要影响的历史人物，他可能在一段时期对历史的进步起了积极作用，在另一段时期又起了消极作用等等。此类事例，在全球史上都是屡见不鲜的，所以对世界整体组成部分的划分和理解不能过于机械和简单。

其二，世界整体的组成部分往往会经历一种从产生、发展到衰亡的过程，即使在全球史上起过重大作用的部分，也有可能消失或衰亡。这也许是世界整体的一种新陈代谢功能，一些旧的部分消失了，一些新的部分产生了，但整体始终是存在的。所以，部分并不是一种永恒的存在，部分的消亡是常见的和必然的，历史上许多曾经是重要的部分后来都消失了。比如：罗马帝国、巴比伦王国、奥匈帝国、轴心国集团等等。至于作为部分的个体的消亡，更是不言而喻的了。

其三，世界整体的组成部分并不是孤立地存在的，部分和部分之间存在着密切的相互关系、相互作用，这就使部分的准确划分成为一件十分困难的事情；因为部分和部分往往是相互交叉、相互渗透、难解难分的。比如，两个国家之间可能在贸易、文化、宗教等方面相互交融在一起，你中有我，我中有你，难以分立。两个群体之间也可能存在着一些成员的重叠现象，甲群体中有乙群体的成员，乙群体中有甲群体的成员等等。由于世界是一个不可分割的整体，部分与部分之间的相互交织融合也是必然的。如果一个部分可以完全与其他部分分开的话，这个部分恐怕就难以作为部分存在了。正如部分不能离开整体单独存在一样，部分也不能离开其他部分单独存在。

2. 世界整体与部分的关系

整体与部分的关系问题，历来是整体研究中所讨论的核心问题。从亚里士多德的"整体大于部分之和"、"整体逻辑上在先"到黑格尔的整体与部分的相互依存、相互区别、相互作用，可以看出这一问题所带有的神秘色彩和浓厚的思辨性质。但对这一问题的研究始终具有重要的理论价值和现实意义。每一个国家、群体甚至个人，作为世界整体的一个组成部分，如何处理好自己同整体的关系问题，是关系到自己前途、命运的至关重要的问题。正像人类要处理自己同自然环境的关系一样，因为人类正是自然环境这个更大整体的一部分，如果不能摆正人与自然的关系，那就意味着人类将走上歧途。

世界是一个有机的整体，它与其组成部分之间的关系，可以概括为四个方面：第一，世界整体与部分的相互依存。因为整体是由部分组成的，如果没有部分，就不能构成整体，整体脱离了部分是无法存在的。实际上，整体的性质和功能就存在于部分以及部分的相互关系之中，在每一个部分身上，都可以看到整体的某些属性。比如封建时代世界整体的性质就存在于各个封建国家之中，没有这些封建国家，包括封建的社会等级、社会制度、封建文化等等，世界整体就不会具备封建时代的性质。所以，离开了部分，整体就成了一个空壳，就是一个不真的存在。这是从质的角度来讲。从量的角度来讲，整体的规模和尺度，是部分的数量所组成的，整体的量，存在于部分的量之中，没有部分的量，也就没有整体的量。因此，整体是依赖于部分的。但是，对这个问题不能机械地去理解，这里所说的部分是指所有的部分和部分的质，并不是说某一个部分不存在了，整体就不能存在或者会受到多大影响。世界整体自产生以来，无数的部分消亡了，但整体依然存在，因为新的部分又产生了，整体就存在于新的部分之中了。有些重要的部分的消亡，可能给世界整体带来了一定的影响，比如罗马帝国的灭亡，使整个奴隶制度分崩离析了。但是更多的部分的消亡，比如个体的消亡，对世界整体几乎没有什么影响。

同时，部分只是整体中的部分，离开了整体，部分就不能存在，每一个有机整体都是这样。世界历史是一个有机整体，有机整体是不可分割的，也就是说，部分不能离开整体而单独存在。列宁曾指出："世界历史是个整体，而各个民族是它的'器官'"。[①] 器官是不能离开有机体的，离

---

① 《列宁全集》第55卷，人民出版社1990年版，第273页。

开了有机体，它就会变质、消亡。每一个部分都有自己的独立性和特殊性，这是部分存在的理由。但是部分的独立性和特殊性，是由于部分在整体中与其他部分相互联系、相互比较、相互作用时才能存在的。所以，一部分如果离开了与其他部分的联系，该部分就不能存在。亚里士多德提出"整体逻辑上在先"，实质是指出了部分对整体的依赖。世界历史上所有脱离整体的部分，都是死亡的部分，都是已经不存在的部分。一个国家、一个群体如果脱离了世界整体，都是不能存在的。甚至一个个体，即使他生活在与世隔绝的山林中，也不能认为他脱离了世界整体，因为他的肌体、思维和行为，仍然带有整体的某种属性，他与其他个体仍然有着某种联系，比如血缘关系等。只不过他的生活方式与众不同罢了，这正是他的特殊性。总之，部分是依存于整体的，离开整体的部分是不可思议的。

第二，世界整体与部分的相互制约。世界整体与其他有机体整体一样，整体在本质上决定着、规定着部分，整体的性质、水平、功能制约着部分的性质、水平和功能。世界整体以人为其基本细胞，以人类活动为其基本内容，这就决定着部分也必然是以人为细胞（个体的细胞不过是缩小了的人），以人的活动为基本内容。世界整体的生产力水平和普遍交往的水平，制约着部分的社会发展和对外联系的水平。这是由于整体是部分与部分之间的相互关系，而部分与部分一旦结成某种相互关系，就会反过来制约部分，部分就受制于这个相互关系。部分如果不能适应这种相互关系，就不利于部分的存在和发展。部分如果抗拒或改变这种相互关系，就会受到新的相互关系的制约，而新的相互关系对部分是否有利，还取决于这种新的相互关系的性质。19世纪的中国和日本就是两个鲜明的例子。当资本主义已经取代封建制度成为世界历史上占统治地位的先进的生产方式时，中国清政府腐败无能，拒绝革新，结果失去了以往的大国地位，沦为备受欺侮的半殖民地半封建国家；而日本在同样的背景下，则通过明治维新，走上了资本主义道路，从一个小小的岛国，逐渐挤进了大国的行列。总之，整体对部分的制约是根本的制约，部分必须适应整体，服从整体的利益，否则是没有出路的。正如列宁指出的那样："局部必须配合整体，而不是相反"。^① 美国当代著名历史学家 A.G. 霍普津斯也曾指出，"全球性有别于地区性，也高于地区性，它的影响可以传播到很远的地方。地区性在多数情况下是相互碰撞并被更大的力量所改变"^②。

但是，部分作为整体的某些属性的载体，对整体也有一定的制约作用。比如整体的质变，都是先从部分的质变开始的。13—14 世纪地中海沿岸城市首先出现的资本主义萌芽，成为世界整体走向资本主义时代的起点。另外，部分与部分之间不同的结合、不同的相互作用，也会对整体造成一定的影响。20 世纪世界上两种社会制度，不同意识形态之间的对立和斗争，能够导致世界大战或冷战。而两种社会制度的合作，也能带来世界和平与发展，以及一国两制的创新等，部分在其中起到了积极的、主动的作用。归根结底，整体对部分的制约是绝对的、本质的，部分对整体的制约是相对的、表征的。

第三，世界整体与部分的相互转化。世界整体与部分的相互转化是指部分的整体化和整体的部分化。所谓部分的整体化是指部分所承载的整体的属性越来越多，部分越来越能够体现整体、反映整体。世界历史的过程，也是世界整体性不断加强的过程。整体性的不断加强，就意味着部分与部分之间的相互联系、相互影响、相互作用不断增多，部分接受整体信息的机会和表现整体水平的机会都会增多，部分也就包含了越来越多的整体的属性。20 世纪的国家比起 15 世纪以前的国家，能够包含有更多的世界整体的信息。15 世纪以前的国家，由于相互联系较少，各国差异很大，反映世界整体的信息难以普及。比如当中国的封建制度已经很繁荣、很发达的时候，非洲中南部基本上还是原始社会或奴隶制，美洲大陆基本上还处在氏族社会；当中国已经能够造纸、印刷、制造火药的时候，欧洲还在使用羊皮纸、手抄本和刀剑。而 20 世纪就不同了，由于各国之间的联系日益密切，世界整体的信息可以很快普及到各个国家。比如电脑、互联网

---

① 《列宁全集》第 15 卷，人民出版社 1988 年版，第 359 页。

② A.G Hopkins:*Global History*, published 2006 by Palgrave Macmillan, New York. pp.1-2.

络、移动电话、通信电缆等，都迅速在各国普及，一国之产品可以很快出现在许多国家的市场上，各国之间的共同之处越来越多，部分与整体的发展程度日益接近，这是全球史发展的一个基本趋势。

所谓整体的部分化，是指世界整体的多样性不断丰富。虽然世界的整体性不断加强，部分能够不断地接近整体的水平，但这并不是说部分就能够整齐划一，没有差异，更不是说部分能够最终取代整体。恰恰相反，在全球史的统一性不断加强的同时，它的多样性也不断发展。因为多样性是统一性的基础，统一性存在于多样性之中，整体中部分的充分发展，才是整体发展的基础。20世纪比起19世纪，世界的整体性加强了，但是，20世纪的世界是一个多元化、多极发展的世界，19世纪却是资本主义的一统天下。当今世界虽然进入到了整体发展的时代，但是多样化的现象却在增加。比如各国不同的发展模式、贫富差距的拉大、民族意识增强、地方主义抬头、文化的新奇性的增加等等。有人把此类现象称为"历史的碎化"，试图说明人类历史进程中多样性不断扩大的趋势。这种趋势是的确存在的，它与世界整体性不断增强的趋势是处在一个对立统一的进程之中。

第四，加和关系与非加和关系。世界整体历史是一个充满复杂性的过程，整体与部分之间，既存在加和关系也存在非加和关系。如果只是从量的角度看问题，部分的数量之和就是整体所包含的量，即整体等于部分之和，比如世界人口，就等于各个国家和地区的人口之和。但如果从质的角度来看，整体不同于部分，部分与部分之间的相互关系能够产生部分所不具备的新质，因此，整体又大于部分之和。比如联合国的许多功能，是它的会员国所不具备的，这些功能是会员国协作的结果，所以联合国的功能，就超出了它的各个会员国的功能之和。再比如，有些空间技术是许多国家合作的结果，单独一个国家在人力、物力、财力和技术力量上的条件是不足以完成这些空间项目的。所以，许多空间项目的成功，是世界整体的功能，不是部分的功能，因此不能用部分之和来表示整体，这是一种非加和关系。

从全球史的总进程来看，虽然加和关系与非加和关系同时都存在，但非加和关系的比重在逐渐增加，这是由于世界的整体性不断加强的缘故。在全球史的初期，人们相互间联系较少，部分与部分之间的关系较松散，加和关系就较多一些。随着全球史的不断进步，部分与部分之间的联系日益密切，整体具备的新质越来越多，非加和关系就逐渐增多。所以，从质的角度，全球史不等于国别史和地区史的简单相加；从量的角度，全球史也可以等于国别史、地区史之和。越是往古代追溯，加和关系就越多，越是往现代发展，非加和关系就越多。我国著名历史学家吴于廑、李植枏等提出，世界历史经历了一个从分散到整体的发展过程。这是一个十分深刻的思想，也是与全球史基本过程相吻合的。这里的"分散"就是一种加和关系，"整体"则是一种非加和关系，全球史就是分散与整体，加和关系与非加和关系的统一过程。从质与量的统一来讲，整体不等于部分之和，全球史也不等于国别史、地区史之和，而是大于这个和。但由于历史过程的极端复杂性，在分析具体历史问题时，整体大于部分之和、等于部分之和、小于部分之和的情况都是可能发生的。

3. 世界整体的部分与部分的关系

世界整体中部分与部分的关系在具体的历史过程中是极其复杂多样的，单单指出世界整体中部分与部分之间相互联系、相互区别、相互作用是远远不够的，重要的是，应当揭示世界整体中部分与部分之间的相互关系是什么性质的？不同的相互关系会给世界整体历史带来怎样的影响？从这一角度出发，我们可以把世界整体中部分与部分的各种相互关系分为四个主要类型：

第一，协同关系。部分与部分之所以能够结合成一个整体，本质上是因为它们能够和平共处、协同合作，协同关系是部分与部分之间的一种基本关系。部分之间的协调一致，能够使整体出现新质，推动整体的发展变化。如果没有协同关系作基础，整体就会崩溃。协同关系对整体的影响有两种情况：一种是当部分之间协同的目的与整体的目的一致时，部分之间的协同就有利于整体的进化、发展。这种协同关系是多数的、主要的，因此，整体是不断进化的。世界整体是一个不断从低级向高级进化的整体，说明部分之间有利于整体的协同是主流。这种协同在历史过程中的表现是多种多样的，比如：国际贸易、文化交流、技术合作、国际组织、友好外交等等；另一种是当部分之间协同的目的与整体的目的不一致时，部分之间的协同就不利于整体的进化、发展，而导致整体的退化。这种协同是少数的、次要的，不是协同关系的主流。但在世界整体历史上，这种协同关系也是经常发生的。比如法西斯轴心国集团之间的合作，推行惨无人道的屠杀政策，违背了人类的良知，破坏了世界整体的和谐，给人类带来了惨重的损失。再比如近代西方列强，共同对亚非拉广大地区进行的殖民侵略，大肆掠夺这些地区的矿产资源、劳动力、黄金白银以及历史文化遗产，导致这些地区社会经济的严重破坏，长期处于停滞不前的状况，最终导致当今世界发展中国家与发达国家的贫富悬殊，影响了世界整体的健康发展。

第二，竞争关系。部分与部分之间并不总是能够协同合作的，合作只是在它们的根本利益一致时才会发生，当部分之间的根本利益发生冲突时，双方的矛盾就会占据主导地位，这时就会产生部分与部分之间的竞争关系。竞争的目的是战胜对方，保护自己的某种利益。竞争关系对整体的影响也有两种情况：一种是良性竞争，即竞争的结果是使竞争双方的利益都不遭受损害，双方通过竞争都能获得某种发展。这种情况下，竞争关系就有利于整体的发展，起到一种推动整体进步的催化剂的作用。比如市场竞争、经济竞争、技术竞争、文化艺术的竞争等等，都能对世界整体历史在某些方面的发展，起到一定的推动作用；另一种是恶性竞争，即竞争的结果使双方或一方的利益受到损害，造成双方或一方的发展受阻或停滞。这种情况下，竞争就不利于整体的发展，就造成了整体的动荡，导致整体的退化。比如战争双方的竞争，以消灭对方为目的，成为人类自相残杀的怪物，造成大量人员伤亡，并使交战国社会经济、文化受到一定程度的破坏，两次世界大战所造成的人员伤亡和经济损失，更是数额巨大，使世界整体利益受到惨重破坏。再如经济活动中的恶性竞争，造成一方或双方的企业倒闭、破产、工人失业、产品积压，也导致了巨大的社会浪费，也是不利于世界整体进步的。大规模的恶性竞争比如战争，往往带来剧烈的社会动荡，人民颠沛流离，社会陷于瘫痪，经济文化停滞不前，造成了整体的退化。

第三，制约关系。部分与部分之间的相互关系意味着对部分的一定程度的制约，因为相互关系能够改变或影响部分的状态和行为，能够限制部分的自由度，使部分的活动空间缩小。有效的制约关系能够使整体形成某种有序的结构，有利于整体的稳定，避免剧烈的动荡。世界整体历史的大部分时间里，整体都能保持一种较为稳定的结构，稳定并不是停止发展，而是处在一种渐变的状态，这主要是制约关系起了决定作用。一般地讲，制约应当保持一种适当的力度。如果制约地过于严格，部分完全失去了自由活动的空间，那就阻碍了部分的发展，也不利于整体的发展，这样的制约有可能被突破，导致动荡；如果制约地过于疏松，达不到有效约束，部分仍能完全自由地活动，那就不利于整体的稳定，就需要加强制约。在世界整体历史上，大国与周边小国的关系就往往是一种相互制约的关系。如果大国过多地干预小国事务，约束小国行为，就会遭到小国的联合对抗，危及大国安全；如果大国对小国不管不问，放任自流，小国的欲望就会膨胀，寻求扩张机会，最终也会对大国构成威胁。因此，只有大国与小国间的适度相互制约，才能确保双方相安无事，各自稳定发展。国际组织中会员国的关系，也是一种相互制约的关系，比如联合国，加入联合国的国家要承认联合国宪章，执行联合国决议，这对成员国就是一种制约。但如果这种制约过于严格，成员国就会不满意，就可能拒绝执行联合国决议，甚至退出联合国；如果这种制约过于宽泛，对成员国毫无约束力，联合国也就名存实亡了。所以，制约必须适度。实际上，在世界整体历史的发展过程中，大部分制约关系都能够比较适度，达到了稳定或平衡的目的。比如第二次世界大战后不久，两种社会制度之间的矛盾一度尖锐激烈，双方剑拔弩张，不少人担心第三次世界大战就要爆发，但对立双方又都不愿意再陷入一场全面战争中，于是出现了北约和华约两大军事政治联盟的相互制约的局面，"冷战"产生了，"热战"避免了，世界全局处于一种相对稳定的状态，这对双方的战后重建、恢复，都是十分有利的。

第四，选择关系。部分与部分之间的制约关系，并不是约束部分的一切行为和一切方面，部分总是或多或少地拥有自由活动的空间，使部分面对多种可能性，这就意味着选择。特别是当制约关系失效后，部分格外活跃起来：它面临着多种的可能性和随机性，这就形成了部分的选择关系。选择关系使整体产生动荡，孕育着突变，这种突变对整体是否有利，还取决于突变的性质。总之，部分的选择关系，意味着整体的动荡和突变，直到新的制约关系形成，整体才能重新稳定下来。仍以北约和华约两大集团为例，双方相互制约，各自稳定发展四十多年后，由于苏联东欧的改革，1991 年华约宣布解散，双方的制约关系结束，各自都面临新的选择，动荡不可避免。华约解散不久，苏联即宣告解体，原华约集团国家大部分陷入剧烈的动荡之中，至今未能稳定下来。而北约则因为华约的解散，失去原有的目标，只好寻求从军事政治同盟，向政治经济联合体转变，通过自我调整来争取北约的继续存在，至今也未能在国际关系格局中找到一个明确的定位。实际上，世界整体历史进程所表现出的丰富多样性以及那些惊心动魄的历史巨变，都是部分之间选择关系起作用的结果。

世界整体中部分与部分之间的关系并不仅是这四种关系，还可以举出一些，比如平衡关系、替代关系、互补关系、排斥关系、连带关系等等，这里就不一一赘述了。需要强调的是，在实际历史过程中，这些关系是十分复杂地交织、纠缠在一起的，很难将部分与部分的关系用某种公式化的东西表述出来，也不能只用某一种关系来反映部分与部分的联系，实际情况是，部分与部分之间既存在协同关系，同时也存在竞争关系；既存在制约关系，同时也存在选择关系。这些关系之间还存在着相互影响和相互转化，在某一个历史时期，可能某一种关系占主导地位，而在另一个历史时期，另一种关系占据了主导地位。正如俗话所说的那样，没有永远的敌人，也没有永恒的朋友。世界上一切事物都是在不断变化的，静止不变的东西是不存在的。恩格斯曾明确讲道："除了变化本身外万物皆变幻无常"。①

二、全球史的不平衡性

全球史是一个远离平衡态的巨大系统，不平衡性是它的基本属性之一。正是由于不平衡性，才使全球史具有了丰富多彩的、千姿百态的发展过程；也正是由于不平衡性，才使全球史走在一条逐渐进步、不断优化的光明大道上，使人类不断趋向一种理想的未来图景。全球史的不平衡性主要表现在整体结构的不规则、非线性的因果关系、动态的实质等方面，认识全球史的不平衡性有着重要的理论意义。

1. 整体结构的不规则

世界整体历史不平衡发展的表征之一是整体结构的不规则状态。所谓不规则，是指整体结构上的不对称、不均匀、不整齐的种种状态和现象。过去人们往往认为，事物整体的对称均匀、整齐划一是一种美的、整齐的结构，像人体这样复杂的整体，表面上看来，他的上下、左右等，也有对称的特征。但是，当我们考察到较为复杂事物的内在性质或深刻本质时，我们就会发现，绝对的对称、均匀、规则是不存在的，而不对称、不均匀、不规则甚至是更加美好的，因为它们更接近事物的本质。比如艺术领域中的现代画派、抽象画派，他们的许多作品着意反映自然界中不对称、不整齐那些特征，体现了作家对自然、对美、对艺术的深刻理解。若对人体进行深入研究，就会发现他的左右、上下并不是严格对称的，左右脑的区别、左右手的区别、上下肢的区别等等，都是明显存在的。像人类

---

① 《马克思恩格斯全集》第 12 卷，人民出版社 1998 年版，第 40 页。

由男性和女性两种性别组成，但也不是完全对称的，自人类产生以来，构成人类的男性和女性之间，无论在数量上，还是在生理上、心理上都不是相对等的，也不是完全吻合的。在自然科学研究中也是一样，对研究对象的深层剖析，都会发现对称的局限性。比如正物质与反物质并不是绝对相等的，正物质总是比反物质略多一点，明物质与暗物质也不是对等的，暗物质显然大于明物质等等。这些现象就叫做对称破缺。无论自然界还是人类社会的历史，都是许许多多对称破缺的展开的历史，像正与负、阴与阳、明与暗、日与月等等，都是如此，绝对的对称、均匀、规则是不存在的。科学家们推测，宇宙在最初起源的时候，在它发生"大爆炸"开始膨胀之前的那一瞬间，它也许是一个高热高密的对称、均匀的实体。但在这一点上，科学界至今未下定论。除此之外，没有人能够证明一件绝对对称的东西。可以说，绝对的对称是不存在的，存在的只是对称破缺。就对称而言，破缺是基础，所有的对称都是在破缺基础上的对称，但是对称又是破缺的目标，所有的破缺都是为了追求和接近对称。这也是客观世界的一种辩证关系。

因此，世界整体结构的不规则状态，从根本上讲，是宇宙演化基本规律的一种表现。从较为直观的研究来看，影响这种不规则的主要因素，一是人类自身的多样性，二是人类所处的外部环境的多样性。人类的多样性，决定了人类在参与历史时呈现出变化多端、参差不齐的状况。另外，人类所处的外部环境，也是一个充满多样性的综合体，它也直接影响了人类历史的不规则结构。

整体结构的不规则，表现在全球史的方方面面。从时间序列上讲，历史运动的纵向发展过程从来不是整齐划一的。比如，四大文明古国中国、印度、埃及、巴比伦（今伊拉克），在几千年前它们就闻名于世，它们的经济繁荣、政治强盛、文化发达在当时就远远走在世界各国的前列，但经过几千年的发展，它们今天反而落后了，成为发展中国家。而几千年前还是人迹罕至、野兽出没的许多不毛之地，比如欧洲许多地区，今天却跨入了发达国家行列，远远超过了几个文明古国。再比如，封建制度的延续，在欧洲，封建制度大约存在一千年左右，以后资本主义就迅速传播，到处摧毁封建的桎梏。但在亚洲，尤其是中国，封建制度缓慢发展达三千年之久，而且资本主义迟迟不能顺利生长，封建残余势力至今未能完全清除，历史运动在时间上出现了巨大反差。

从空间上讲，例如世界人口的分布，在历史上大都是处于动荡和剧变之中。非洲被认为是人类的发源地，公元前 5000 年时，非洲人口占世界总人口的 16.3%，但到 20 世纪下降到 7% 以下；18 世纪初，亚洲、欧洲和非洲人口占世界人口的 97.5%，到 20 世纪后半叶下降到 85.6%，美洲和大洋洲的人口则从世界人口的 2.5%，急剧上升到 14.4%。尤其是北美洲，19 世纪以前，北美洲人口占世界人口一直不到 1%，但到 20 世纪初时已增至 5%。世界人口的 80% 以上居住在北半球中纬度地带，而北纬60 度以北只占 1.5%，整个南半球只占世界人口的 11.5%。城乡差距也很大，目前世界城镇人口占总人口的 40%，而他们的占地面积仅为土地总面积的 0.4%。

即使是在同一区域内，各个民族和国家的发展水平也是参差不齐的。比如在美国这样的高科技的发达国家中，也曾存在着印第安人的原始部落以及奴隶制或封建制的庄园经济。再比如亚洲，一方面存在着中国、印度这样的数千年文明古国，并且还有日本这样的发达的资本主义国家，但在许多地区也还同时存在着一些十分落后的社会制度。比如在西伯利亚，直到 19 世纪末，那里的科里亚克人还处在父权制家族公社的解体阶段。[①]直到 20 世纪后半叶，斯里兰卡的维达人、印度的琴丘人、泰国的姆拉布尔人等等，还处在狩猎和采集的生产水平上。

从整体结构的每一个层面上讲，不规则也是一种普遍现象。比如就氏族社会而言，易洛魁人的氏族就与希腊人的氏族不同。在希腊人的氏族中，群婚的痕迹已开始消灭，母权制已让位给父权制，易洛魁人则长期保

---

① ［苏］尼·切博克萨罗夫、伊·切博克萨罗娃：《民族·种放·文化》，赵俊智等译，东方出版社 1989 年版。

持着群婚与母权制的传统。而在印度的原始时代，氏族制就采取了农村公社的形式，其间的差异是很大的。再比如，就同一时期的资本主义国家来讲，它们的步伐也是很不整齐的。一个典型的例子是，列宁在对 20 世纪初资本主义国家进行深入研究的基础上，概括性地指出了垄断资本主义的几个特征，即便如此，在谈到单个帝国主义国家的具体情况时，列宁依然指出了它们之间的不同特征。比如美国是托拉斯帝国主义、德国是军事封建帝国主义、法国是高利贷帝国主义等等。列宁不愧是一个杰出的理论家，他在分析历史问题总是强调历史现象的"具体性"、"特殊性"，反对用"一般"的理论、"抽象"的概念，去代替历史过程中的丰富的多样性和差异性。他曾指出："……任何一般的历史的理由，如果用在个别场合而不对该场合的条件作专门的分析，都会变成空话。"[1] 他常常告诫人们说："具体实现的结果与任何人所能想象的不同，它要新奇得多，特殊得多，复杂得多"。[2]

2. 非线性的因果关系

所谓非线性的因果关系，是相对于线性的因果关系而言的。按照近代机械论世界观的看法，客观事物以及人们的主观精神的运动变化，都是由因果关系支配的，而因果关系则是一种线性的关系，即一定的原因导致一定的结果，一个原因后面必然是一个结果，就像一根直线把因与果连接起来，形成因果链。这似乎就形成了自然界变化的一种规律。比如，一个太阳吸引一个行星、一个基因产生一种遗传、一种细菌导致一种疾病等等。在历史研究中也是一样。比如把整个世界历史分为"古代—中古—近代"的分法一样，历史发展好像是一节一节地竹竿似的直线发展过程，历史运动也就成为从一个原因到一个结果，再从另外一个原因到另外一个结果的简单运动过程。这种观点就是线性的因果关系，它的影响至今仍十分

---

① 《列宁全集》第 33 卷，人民出版社 1985 年版，第 388 页。
② 《列宁全集》第 29 卷，人民出版社 1990 年版，第 138 页。

强大。

线性因果关系的观点，至少有两种局限性。一是把因果关系简单化了。似乎某种原因必定导致某种结果，或某种结果一定是某种原因造成的。看上去好像很有道理，好像是掌握了某种规律性，实际上它往往把人们引向认识的歧途。因为在现实世界中，因果关系是很复杂的，有着多种可能性。比如我们随便可以罗列出几种因果关系，比如同因同果、同因异果、异因同果、异因异果、一因一果、一因多果、多因一果、多因多果、单向因果、循环因果、交叉因果、混合因果等。这些因果关系不论在现实中，还是在历史上都是非常多见的。历史运动是由十分复杂、十分多样的因果关系组合而成的，它绝不是一种简单的直线形式，而是一种及多种复杂的变化形式，这就是非线性的因果关系。

线性因果关系的另一个局限性是把整体看做是部分的简单相加。由于事物是由一个个因果串联起来的，是在一根直线上的，因此，每一个因果之间都是一种叠加的关系，事物的整体也就是这些因果相加之和。这样一来，部分和部分之间复杂的相互关系，就被简化为一种单一的加和关系，它完全不能说明整体内部的有机联系。

现代科学在研究系统、整体、有机体、格式塔等的过程中，发现线性因果关系的概念是无法令人满意的，它难以解释客观事物发展过程中极为复杂的相互关系，只有非线性的因果关系才可能接近客观真实。

对于世界整体历史来说，它是一个更为复杂多变的运动过程，任何将它加以简单化理解的试图，都会导致荒唐可笑的后果。恩格斯对此有过十分精彩的阐述。他说：

"历史是这样创造的：最终的结果总是从许多单个的意志的相互冲突中产生出来的，而其中每一个意志，又是由于许多特殊的生活条件，才成为它所成为的那样。这样就有无数互相交错的力量，有无数个力的平行四边形，由此就产生出一个合力，即历史结果。"[1]

---

[1] 《马克思恩格斯选集》第4卷，人民出版社1995年版，第697页。

恩格斯在这里对历史事件的错综复杂的原因的描述，今天看起来仍然十分准确。

列宁对历史辩证法有着深刻的认识，他曾多次指出："历史的发展是迂回曲折的"。[①] 他认为："因果性只是片面地、断续地、不完全地表现世界联系的全面性和包罗万象的性质"。[②] 可见，历史运动过程是一个复杂的过程，它并不是简单地直线似的向上发展的，历史的发展是有时前进，有时倒退；有时急促，有时缓慢甚至停滞不前，用简单的因果关系是不能揭示历史过程真实面貌的。所以，列宁指出："我们通常所理解的因果性，只是世界性联系的一个极小部分"。[③]

当代许多著名学者，都反对用简单的线性关系来描述世界。比如，罗素就曾提出："世界全是各种点和跳跃"。[④] 他在这里就回避了线的概念。英国著名历史学家巴勒克拉夫也认为：

> "连续性决不是历史的最显著的特征。……在每一个伟大的历史转折点，我们面临各种偶然的、未预见到的、新的、生气勃勃的和革命性的事件；正如巴特费尔德所指出的，处于这样的时代，通常关于历史发展因果联系的理论'已不足于解释历史发展的下一个阶段，以及各种事件的下一次转折'。"[⑤]

显然，用线性关系来解释历史过程是不能获得正确的认识的。

一般地讲，在线性因果关系作用下，事物的发展往往是一种平衡的、对称的过程；而在非线性因果关系作用下，事物的发展往往是一种不平衡的、不对称的过程。全球史的运动过程，本质上是受非线性因果关系影响的，因此，它是一个不平衡的发展过程。

---

① 《列宁选集》第 3 卷，人民出版社 1995 年版，第 473 页。

② 列宁：《黑格尔〈逻辑学〉一书摘要》，人民出版社 1965 年版，第 88 页。

③ 列宁：《黑格尔〈逻辑学〉一书摘要》，人民出版社 1965 年版，第 90 页。

④ Bertrand Russell, *The Scientific Outlook*, London, 1931, p.98.

⑤ [英] 巴勒克拉夫：《当代史导论》，杨豫译，上海社会科学院出版社 1996 年版，第 3 页。

3. 动态的实质

人类历史是一个动态的过程，它每时每刻都处在运动变化之中，静止的、不变的事物在历史上是不存在的。这似乎是一个不言而喻的道理，但在历史研究中，这远不是一个已经很好解决的问题。由于形而上学的、机械论的思想的长期影响，人们往往不能够用发展的、变化的眼光来看待历史现象，总是期望发现历史上的"重演"、"循环"现象，以及那些固定不变的"定式"或僵硬的"模式"。虽然历史事实不断地打破这些梦想，但作为人们思维中的习惯和惰性却始终没有根本清除。因此，辩证唯物主义的任务之一，就是要不断地强调历史的运动和变化。恩格斯把人类历史的动态性描述如下：

> "当我们深思熟虑地考察自然界或人类历史或我们自己的精神活动的时候，首先呈现在我们眼前的，是一幅由种种联系和相互作用无穷无尽地交织起来的画面，其中没有任何东西是不动的和不变的，而是一切都在运动、变化、生成和消逝。"①

如何认识事物的运动？近代科学与现代科学有着很大的不同。近代科学以牛顿力学为基础，而牛顿力学只描述事物运动的一般状态，不追究导致事物运动的具体原因，这就决定了牛顿的抽象的、静观的研究态度。牛顿认为，时间是"瞬间"的集合，空间是"点"的集合，在物质运动过程中，绝对的、无变化的"瞬间"和"点"，可以被相对的、多变的事物所占有。因此，事物运动虽然有其存在的范围和生灭间隔，但这些范围和间隔的意义只能从绝对空间和绝对时间的"绝对坐标系"中获得确定。牛顿曾说道：

> "绝对的空间，就其本性而言，是与外界任何事物无关而永远是相同的和不动的。……绝对的、真正的和数学的时间自身在流逝着，而且由于其本性而在均匀地、与任何其他外界事物无关地流逝着，它又可以名之为'延续性'。"②

---

① 《马克思恩格斯选集》第 3 卷，人民出版社 1995 年版，第 733 页。

② [英] 牛顿：《自然哲学的数学原理》，郑太朴译，商务印书馆 1957 年版，第 8 页。

这样一来，事物的运动只能从静止的状态来认识，事物的静止是"绝对地"存在着的。时间与空间是毫无联系的，事物之间也是互不相关、各自孤立地运动的。牛顿力学对近代以来的哲学社会科学研究，包括历史研究，都产生了很大的影响。人们在研究历史时，习惯于先把历史事件分解为若干个因素，对这些因素分别进行静止状态下的考察，然后把所有的考察结果简单相加在一起来说明历史事件。这样的方法，极大地限制了人们认识历史的视野，妨碍了人们对历史的总体把握。

现代科学是建立在爱因斯坦相对论原理的基础上的，它突破了牛顿的绝对时空观和静止观。相对论证明了世界上不存在绝对的时间和空间，只存在依赖于物质运动的时间和空间，它们是物质运动的基本属性，是紧密联系、不可分割的。并且时间与空间都是相对的，在不同的坐标系中，时间与空间会有不同的变化。比如在物质高度密集的区域，空间会发生弯曲，时间也会变慢等等。由此看来，事物的运动是绝对的，静止是运动状态的特例，实际上是不存在的。对于事物的运动必须从运动的状态才能够认识，时间和空间不能离开物质运动而单独存在，时间与空间的紧密联系以及事物之间的相互关系是普遍的、绝对的存在。

因此，全球史作为一个动态的过程，它的运动是绝对的，静止是不存在的或相对的。而运动意味着不平衡，静止意味着平衡。运动只能不断地趋向平衡，但只要运动不停止，就不能实现绝对的平衡。换句话说，只有在停止运动情况下，才能实现平衡。所以，全球史的动态本质决定了它的不平衡性。

4. 不平衡的意义

如何认识全球史的不平衡性？怎样评价不平衡发展的意义？不平衡究竟是好事情，还是坏事情？对于这样的问题，不能简单地给予回答。笔者认为，至少要从三个方面来把握这些问题中存在的界限：

第一，从不平衡性的本质来看，它是有利于客观事物的总体上的发展、进化的。这从不平衡与平衡的区别上可以看得很清楚。因为，平衡意味着是一种静态的东西，静态的东西是不运动、不变化的，也可以说是"僵死"的东西。所以，平衡有利于事物的稳定，但不利于事物的发展，要发展就得打破平衡，寻求变化。所谓在"平衡中求发展"，并不是一种真正的平衡，如果保持平衡不变，就无法得到发展。只有改变了平衡状况，才能得到发展，发展之后，再寻求新的平衡。因此，事物的发展过程，是一个不断地打破平衡，又不断地建立平衡的过程，但在本质上这是一个不平衡的过程。这是由于所有的平衡都是暂时的、相对的，而不平衡则是长期的和绝对的。

全球史是一个明显的不平衡的发展过程。几百万年以来，人类所取得的巨大的进步，以及丰硕的文明成果，已经从客观事实上证明：不平衡性有利于全球史的运动和发展。得出这样的结论，可能令许多人难以接受，有的人会说，如果总是处在一种动荡不安的状况，人们怎么会去发展生产呢？这里需要解释一下，首先，不平衡并不意味着社会动荡，而是说历史处在一种不规则、不对称、不均匀和多样化的状态。其次，人们要发展生产本身就是不平衡的行为，而且并不是只在平衡、稳定的状态下才能发展生产，实际上往往那些不平衡和动荡的环境更能刺激生产的发展。比如市场激烈竞争刺激了新技术的发明，大规模的战争推动着重工业的发展等等。最后，长期的"平衡"和稳定的社会状况，并不一定带来长足的发展，而是往往带来长期的停滞不前。中国封建社会的缓慢延续就是一个典型的例子。因此，从根本上讲，不平衡性正是人类历史进步的重要源泉。

第二，不平衡性是怎样推动世界整体进化呢？这也可以从几个方面来理解：一是不平衡性反映着人类社会的多样性，多样性是不断丰富、不断更新的，这就有利于人类社会不断创新、不断获得新的生命力，由此推动社会的前进；二是不平衡性决定了人类社会的不规则、不对称、不均匀的特点，由于这种特点而导致了社会个体及群体之间的差异，差异导致竞争，竞争推动着社会的进步；三是不平衡意味着复杂的、非线性的因果关系，促进着社会内部的以及社会与外部环境的普遍联系的发展，而人们之间的相互影响、相互交往、相互作用是有利于社会发展的；四是不平衡在本质上是动态的，动态意味着运动和变化，不平衡状态的事物在运动过程中总的趋向是平衡和稳定，尽管最终的平衡和稳定是不能实现的，但是这种趋向使人类社会向着更为理想的目标迈进。

第三，不平衡性并不总是有利于社会发展的，不是在每时每刻，也不是在每一次运动变化中都带来益处。由于要打破平衡，引起竞争，就必然会造成社会的动荡和社会成员之间的冲突；由于要运动，就必然会失去稳定性，这些都会对社会产生一定的破坏作用。最为明显的例子是历史上不断发生的战争。战争导致社会的剧烈震荡，人民颠沛流离，社会经济文化遭到破坏，甚至在一定时期内，战争还会造成社会的倒退。这是不平衡性的负面影响，以及它的破坏作用。从感情的角度出发，人们对这种破坏作用十分厌恶和痛恨，人们因此对社会的平衡和稳定有着一种朴素的向往。但是，感情不能代替科学，也不能改变历史。对不平衡性的认识不能停留在朴素的情感的水平上。列宁给我们做了一个很好的榜样。列宁在谈到第一次世界大战时说道："战争使最文明的、文化最发达的国家陷于饥饿的境地。不过从另一方面来看，战争这一巨大的历史过程又空前地加速了社会的发展。发展成帝国主义即垄断资本主义的资本主义，在战争的影响下已经变成了国家垄断资本主义。我们现在达到了世界经济发展的这样一个阶段，即它已为社会主义直接打开了大门"。[1] 历史的辩证法就是如此。

三、全球史的开放性

开放性是相对于封闭性而言。一般地讲，封闭系统是与外界没有联系、没有交换或很少联系、很少交换的系统。这样的系统往往是平衡的、静态的系统，因而是停止发展的系统。相反地，开放系统是一个与外界保

---

[1]　《列宁全集》第 33 卷，人民出版社 1985 年版，第 171 页。

持密切联系、不断发生交换的系统，它每时每刻都在与外界交换着物质、能量或信息。这样的系统往往是不平衡的、动态的系统，它通过与外界的联系，不断获得新的物质、能量和信息，促进自身的新陈代谢、吐故纳新的过程，从而保持了系统的生命力和活力，推动着系统的进化和发展。全球史就是这样一个开放的系统。全球史的发展过程，就是人类开放性的充分展开过程。

1. 对外开放与对内开放

世界整体的开放性有着多种不同的形式。就开放的不同对象而言，它们可以划分为两大类，即对外开放和对内开放。所谓对外开放，指的是世界整体与其外部环境之间的密切联系和物质、能量、信息的交换。世界整体的外部环境就是整个自然界，包括宇宙空间。世界整体必须对其外部环境保持开放的性质和功能，它才能够存在。离开了与外部环境的相互联系和相互交换，世界整体就一天也存在不下去，更不用说发展了。这是因为人类的生存，必须不断地从外部环境中得到大量的物质、能量和信息。比如阳光、水、空气、自然资源等等，这些构成了世界历史赖以存在和发展的物质基础。同时，人类也逐渐学会越来越多地利用自然界所提供的各种信息，比如人们根据天气变化和季节更替的规律来安排农业生产；根据自然界中的一些异常变化来预测和预防自然灾害；根据自然界中的一些动物和植物的功能，来启发和丰富人的想象力，模仿生物的某种特性推动技术发明，这就是仿生学的原理。据说飞机在研制过程中，参考了鸟、蜻蜓的飞翔原理；草药的研制和利用，借鉴了动物为自己治疗时选择的植物；某些植物的抗风、抗倒伏能力启发了人们对农作物品种的改良等等。

当然，人类对自然界的开放并不仅仅是从自然界索取物质、能量和信息，也向自然界提供物质、能量和信息，人类也不断地用自身的行为影响和改变着自然界。比如人类的繁衍变迁本身就是对地球生物圈的一种改变，由于人类数量的增加和分布的广泛，使自然界的其他物种受到很大影响，不少物种因此而灭绝或濒危；人类兴修的大规模水利工程，对于自然界中的江河湖泊的演变产生了巨大的影响；人类对动物的驯化和植物的引种，改变着地球生物的多样性；工业文明的迅猛发展，导致了大气的污染和废弃物的堆积；地下资源的开发，甚至影响了地球局部的地质结构变化和地壳运动异常等等。从理论上讲，人类对自然界的种种影响以及人类给自然界所提供的物质、能量和信息，应该有利于维护自然界的生态平衡和自然界的进化。遗憾的是，人类在这方面的自觉性和主动性还远远不够。迄今为止，人类从自然界所索取的远远多于所给予的，这种人类与自然界之间的不平等的交换关系，正在逐步得到调整和改善。人类在这一调整过程中的获益多少或代价大小，将与人类的主动作用发挥的程度直接相关。

世界整体对外开放的深度和广度，随着人类的进化而不断扩大。在原始的采集和狩猎时代，人类只是利用了地表的动物和植物，为自己提供生存所需的物质资料。随着科学技术水平的提高，人们获取自然界的物质、能量和信息的能力也不断提高。现在人类不仅可以开采几千米深的地下矿产资源以及海洋深处多种资源，而且还可以遨游太空，登上月球，去寻找更多的物质、能量和信息。可以说，自然界有人类取之不尽、用之不竭的物质、能量和信息。不过，单就陆地表面来说，可供人类获取的东西是越来越少了，但在海洋深处和宇宙空间，人类的开放性，仍面临着无限的希望和机遇。

所谓对内开放，指的是世界整体内部的各个组成部分的开放性。世界整体的组成部分，本身也是一个相对独立的整体，也同样具有开放性的特征。每一个部分都有它的外部环境。这些外部环境不仅仅是指自然界，而且还包括世界整体的其他部分。因此，世界整体的每一个组成部分一方面同自然界之间存在着物质、能量和信息的交换，另一方面同其他部分之间也存在着物质、能量和信息的交换。这两方面的开放性，对于一个部分来说都是至关重要的。

比如，一个民族或一个国家，既是世界整体中的一个部分，又是一个较低层次的整体，其他民族或国家就成为这个较低层次的整体的外部环境。一个民族或国家的开放，就是同其他民族或国家之间的密切联系以及在物质、能量和信息方面的交换，也就是文化交流和国际交往。交流和交往对于促进民族和国家的发展是十分重要的。在世界整体历史上，往往是那些对外交流和交往比较多的民族或国家得到了较快的发展，而那些闭关自守、孤立闭塞、固步自封的民族或国家往往发展较为迟缓。例如资本主义产生后，由于大力开拓世界市场，促进国际贸易和文化传播，使得资本主义国家迅速强大起来，并且扩张到世界各地；而封建制度的国家，由于自给自足的自然经济的特点，对外交流和交往比较少，社会进步就十分迟缓，即使经历了上千年的历史过程，生产力水平仍变化不大。对于那些交通不便、与世隔绝的民族来说，更是如此。相比之下，资本主义国家则在几百年、甚至几十年内，使社会生产力发生着天翻地覆的变化。列宁曾明确指出：

> "资本主义生产的规律，是生产方式的经常改造和生产规模的无限扩大。在旧的生产方式下，各个经济单位能存在好几世纪，无论在性质上或者在规模上都没有变化，不超出地主的世袭领地、农民的村庄或农村手艺人和小工业者（所谓手工业者）的附近小市场的界限。因为国家的孤立和闭关自守的状态已被商品流通所破坏，所以每个资本主义生产部门的自然趋向使它必须'寻求国外市场'。……这种需要明显地表明资本主义进步的历史作用，资本主义破坏了旧时经济体系的孤立和闭关自守的状态（因而也破坏了精神生活和政治生活的狭隘性），把世界上所有的国家联结成统一的经济整体。"[①]

可见，民族或国家的开放性对于社会的发展是多么至关重要。

2. 空间开放与时间开放

就开放的范围而言，世界整体开放的形式主要有空间开放和时间开放。所谓空间开放指的是世界整体所保持的那种横向的、立体的、区域的开放性。这种空间的范围可以说是无限的。因为人类与外界的联系以及物

---

① 《列宁选集》第 1 卷，人民出版社 1998 年版，第 192 页。

质、能量和信息的交换，是没有空间上的限制的。它既可以在很近的距离内、微观的层次上进行，也可以在遥远的太空和宇宙宏观的层次上进行。世界整体开放性的这种广阔前景，再一次证明了世界整体的巨大生命力和活力。

人类对自然界的认识能力是从微观和宏观两个层次上同时展开的，也是一个不断提高的过程。在微观层次上，人类目前已经跨越了原子、原子核和基本粒子这三个层次，正在向基本粒子结构的超微观方向继续探究。在宏观层次上，19 世纪时，人们还只能看到 10 万光年范围内的银河系；20 世纪初，随着巨型望远镜的发展，人类已能够看到 300 万光年范围的河外星系；第二次世界大战以后，随着天体物理学的发展和射电望远镜的建造，人类进一步探测到范围达 150 亿光年的天区。这大体就是人类迄今观测所及的总星系的范围，这个范围还在继续扩大之中。

人类借助于科学技术所能提供的种种手段，正在这个广阔的空间与外界建立着种种联系并进行着物质、能量和信息的交换。比如人类的宇宙飞行、登月成功都从遥远的星空获取各种信息。除此之外，人类还在寻找地外文明，将我们人类的信息传送到外层空间。1977 年，美国发射了两艘"旅行者号"宇宙飞船，它们以每秒 17.2 公里的速度向外层空间飞去，预计它们将在 14.7 万年和 55.5 万年后飞抵太阳系以外的另一个恒星系。"旅行者号"上带有录制着地球人特征、地球风貌及美国总统卡特签署的给外星人的激光唱盘——"地球之音"。卡特总统的电文如下：

> "这是来自遥远的小小星球的礼物。它是我们的声音、科学、形象、音乐、思想和感情的缩影。我们正在努力使我们的时代幸存下来，使你们能了解我们生活的情况。我们期望有朝一日解决我们面临的问题，以便加入到银河系的文明大家庭。这地球之音是为了在辽阔而令人敬畏的宇宙中寄于我们的希望、我们的决心和我们对遥远世界的良好祝愿。"[1]

---

① 参见李卫东：《人是太空人的试验品》，甘肃人民出版社 1994 年版。

空间开放不仅表现在人类与自然界之间的联系和交往，而且也表现在人类内部相互间的横向联系和交往。从古代哥伦布、麦哲伦的航海旅行，到近代欧洲探险家们的种种探险活动（暂且不论其动机如何），以及现代国际政治、经济体系的建立，都反映出人类对于联系和交往的向往。尽管在人类交往的历史上，不乏暴力、欺诈、掠夺，但是，交往仍然是人类的一种本性，交往对于人类历史的推动作用仍是不可低估的。马克思在谈到人类历史进程时指出：

> "各个相互影响的活动范围在这个发展进程中越是扩大，各民族的原始封闭状态由于日益完善的生产方式、交往以及因交往而自然形成的不同民族之间的分工消灭得越是彻底，历史也就越是成为世界历史。"①

当今世界的所有国家，都意识到了开放的意义，都期望着从国际大家庭的充分合作和交流中获得益处，推动本国的发展。没有哪一个国家愿意再走上一条闭关锁国的道路。开放已成为一种时代的潮流和全球的共识。

空间开放并不单是物质上的交流和交换，也包括思想文化、科学技术上的相互交流和相互促进。自古以来，世界各民族、各国之间的文化交流就对世界历史的进步起着重大的影响。比如中国的四大发明在欧洲的传播，极大地推动了欧洲社会的变革，它甚至是欧洲封建制度瓦解和资本主义诞生的催化剂。近代以来，中国的科学技术落后了，我们也同样要从其他国家引进先进的技术和设备，也要向别人学习。邓小平在领导中国改革开放的宏伟事业时，对于这一点十分重视。他曾多次强调指出：

> "要利用外国智力，请一些外国人来参加我们的重点建设以及各方面的建设。对这个问题，我们认识不足，决心不大。搞现代化建设，我们既缺少经验，又缺少知识。不要怕请外国人多花了几个钱。他们长期来也好，短期来也好，专门为一个题目来也好。请来之后，

---

① 《马克思恩格斯选集》第 1 卷，人民出版社 1995 年版，第 88 页。

应该很好地发挥他们的作用。"①

所谓时间开放指的是世界整体所具有的那种纵向的、阶段性的、序列性的开放。由于整个宇宙，包括世界整体在内，都是在一定的时间序列上展开的过程，时间性就成为一个不可避免的特征。世界整体历史时间在人类看来已十分漫长，达几百万年之久，但在整个宇宙时间中，世界整体历史不过是短暂的一瞬间而已。从理论上讲，宇宙时间有它的起点和终点，它本身是一个过程，世界整体的时间开放只能在这个过程中展开，它的范围应是有限的。但实际上，由于宇宙时间极其漫长，人们往往也把它理解成一种无限的过程。这也给世界整体的开放性提供了广阔的舞台。

世界整体的时间开放基本上是在三个序列上展开。第一序列，是在前人类历史的地球及宇宙时间中，这是一个非常漫长的时间序列，世界整体同这一时间序列中的物质、能量、信息的交换，可以说有着无限的前景。按照宇宙学说目前的理论成果，宇宙时间大约为 200 亿年，地球的年龄约为 45 亿年，而人类社会最多不过 400—500 万年。人类早已学会利用史前时期的物质、能量和信息，比如远古的化石、地下矿藏、古老的生物种群等。此外，人类也早已开始认识和利用地外宇宙时间中的物质、能量和信息。比如陨石、日月、星辰等等。但是总的来说，人类在这一时间序列中的开放性成果还是微不足道的，今后人类所能够继续开发的宇宙时间的物质、能量和信息仍是无限大的。

第二序列，是在世界整体的时间范围之内的纵向开放。世界历史过程犹如一根割不断的纽带，每一个历史时期的发展都与它以前所有历史时期之间有着千丝万缕的联系。人们总是在以往历史遗产的基础上创造着新的历史。每一代人的进步，都是继承了它的所有前辈们的物质财富或精神财富。正如马克思和恩格斯在《德意志意识形态》中所指出的那样：

"历史的每一阶段都遇到一定的物质结果、一定生产力总和，人对自然以及个人之间历史地形成的关系，都遇到前一代传给后一代的

① 《邓小平文选》第 3 卷，人民出版社 1993 年版，第 32 页。

大量生产力，资金和环境，尽管一方面这些生产力、资金和环境为新的一代所改变，但另一方面，它们也预先规定新的一代本身的生活条件，使它得到一定的发展和具有特殊的性质。"[1]

实际上，人们的历史活动如果离开了与以往历史时期的物质、能量和信息的交换，将是不可思议的。历史的联系是割不断的，人们只能在这种联系中创造出新的历史。所以，通常人们所说的，总结历史经验教训，继承传统文化和精神，都是不可或缺的。

第三序列，是在未来的宇宙时间和未来的世界整体时间上展开的开放性。人类的发展不仅仅是以过去为基础，而且是以未来为导向的；因此它不仅要尊重历史，更重要的是要面向未来。由于发展实质上是沿着时间之矢的进化，所以，人类的开放在本质上是面向未来的。单纯面对过去的开放是不够的，开放必定是为了发展，而发展必然是在未来的时间中体现。未来往往代表着人类的目的性，人类的发展每时每刻都与它的目的紧密相关，离开了目的，现实就不可理解。从这个角度讲，目的就在现实之中，它并不是虚无缥缈的、看不见摸不着的东西，而是就在我们周围实实在在地存在着。全球史在它的发展进程中始终是追求目的、向往未来的，这是全球史的显著特征之一。

3. 开放度与开放价值

开放度即事物的开放程度。并不是任何开放都是绝对有利的，事物整体只有在保持一种适度的开放时，才有利于事物的发展。开放度太小或太大都是不利的。开放度如果太小或者等于零的话，那就等于是一个封闭系统，它与外界没有什么联系和交换，因此就是一个陷于停滞的事物；开放度如果太大或者等于百分之百，它与外界的联系和交换是毫无节制的、不加选择的，那么该事物与它的外部环境就混为一体，它就失去了自身的独立性，成为其外部环境的组成部分，因此也就失去了该事物的存在。所

---

[1] 《马克思恩格斯选集》第 1 卷，人民出版社 1995 年版，第 92 页。

以，如何把握和调节开放度，就成为事物整体面临的一个根本性问题。

世界整体从本质上讲，它的开放度是能够自我调节的。人类历史在与外部环境的联系和交换中，一方面要适应环境，从环境中吸取物质、能量和信息；另一方面也要保证其独立性的存在和自身的发展。没有哪一种外部力量来改变人类的开放度，这完全是世界整体自我调节机制起作用的结果。①

但对世界整体的组成部分来说，就未必能够很好地完成这一调节过程。在人类历史上，由于开放度过小或过大，而造成的停滞、失败甚至灭亡的例子是很多的。比如，有些民族和文化，由于自我封闭或地理上的隔离状况，缺少与外界的交流和交往，开放度太小，就处于停滞不前的境况之中，它们可能在几千年中，都没有多少发展变化；有些语言文字甚至由于缺乏人际交流，终于被人遗忘。也有一些民族和文化，它们与其他民族文化的联系过于紧密和直接，相互间的交流和交换毫无选择、毫无保留，结果由于开放度过大，这些民族和文化反而被其他民族和文化所同化、融合或吸收，它们也就不再作为一个独立的民族文化存在了，它们在历史上也就逐渐消失了。因此，民族文化的健康发展，一方面要充分地对外开放，积极参与和其他民族文化的交流和交往，不断吸收外来的营养；另一方面，也要注意保留自己的民族特性，有选择地吸取外来的东西，这样才不至于失去自身的价值。邓小平同志就曾强调要"在独立自主、自力更生的前提下，执行一系列已定的对外开放的经济政策，并总结经验，加以改进"。② 因此，在改革开放过程中，邓小平同志一方面多次提出"开放得还不够"，"要继续开放，更加开放"；③另一方面又强调指出："独立自主，自力更生，无论过去、现在和将来，都是我们的立足点"。④ 这就比

---

① 建立这一机制，主要依靠人类社会的自组织功能。关于这一点，此处不再展开，可参见：埃里克·詹奇：《自组织的宇宙观》，中国社会科学出版社 1992 年版。

② 《邓小平文选》第 2 卷，人民出版社 1993 年版，第 363 页。

③ 《邓小平文选》第 3 卷，人民出版社 1993 年版，第 202 页。

④ 《邓小平文选》第 3 卷，人民出版社 1993 年版，第 3 页。

较好地把握了对外开放的度。

人类对自然界的开放也有一个如何把握度的问题。如果开放度太小，人类不能充分地认识和利用自然界的物质、能量和信息，生产力的发展就会受到阻碍，世界整体历史的步伐就会变慢；但是，如果开放度太大，不加选择地、过度地向自然界索取，其后果也是不堪设想的。比如，滥砍滥伐森林，导致水土流失，沙漠化扩大，威胁到人类生存；或者地下开采毫无计划和节制，也会造成地表下沉，诱发地震，给人类带来难以估量的损失等等。在自然界面前，能否适度开放，是人类所面临的严峻考验，人类的未来前景，在很大程度上就取决于这一考验的结果。

开放度与开放价值之间是高度相关的，即开放度是否适中与开放价值的大小呈正比例关系。在适度开放的前提下，开放对于事物的发展有着重要的价值。首先，开放有利于事物处于不平衡状态。因为开放使事物总是处于运动、变化、相互联系、相互作用之中，因此它总是远离平衡态的。而不平衡性是有利于事物发展的。封闭的事物一般都容易保持平衡和稳定，但它却缺少运动和变化，因而是不利于事物发展的。世界整体的开放性，使它不断地与其外部环境之间发生着各种相互联系和相互交换，从而使世界整体不断地失去平衡和失去稳定，这就促使世界整体不断地处在运动变化之中。不平衡性作为全球史的本质属性之一，它是与其开放性紧密联系、相互依存的。

其次，开放有利于事物保持自身的生命力和活力。由于开放是事物与外部环境之间的物质、能量和信息的交换，所以，通过开放，事物可以不断地从外部获取新的能量，补充自身的功能。对于生命有机体来说，更是如此。比如一个人，他需要不断地从外部获得阳光、水、空气、食物和信息，维持着生命的新陈代谢、吐故纳新过程。没有这样一个过程，生命有机体就不可能存在和发展。全球史的运行过程，同样需要不断地从外部环境中获得各种物质、能量和信息，从而使全球史不断地获得发展所需的能源和力量，推动着全球史的进步。同时，全球史在发展过程中，也向外界释放一定的物质、能量和信息，以此来维护世界整体与其外部环境之间的有机联系。

最后，开放还有利于建立事物的自我调节机制。由于开放，事物才能够在与外界事物的相互联系和相互关系中调整自身的发展。任何事物的发展，都需要有一个自我调节的机制，建立这样的机制是绝对必要的，它能够调节事物发展的方向、速度和规模。像世界整体这样高度进化、高度和谐的事物，只有依靠这样一个机制，才能有效调节自身与外部环境的关系，才能保证自身更好地适应环境，并与环境一起共同进化。比如近年来人类环境意识的增长，许多国家和组织都主动采取了保护生态平衡和生物多样性的措施；再比如人类目前已能够自觉地限制人口数量的增长，以减少地表环境的压力，促进人类的健康成长和可持续发展等等，而这一切，都是由于世界整体的开放性本质所决定的。

四、全球史的创造性

从古猿制造出来第一把石斧开始，人类的创造活动就一刻都没有停止过。从采集狩猎、刀耕火种，直到今天的电子计算机、宇宙飞船、激光等等，人类的每一步发展，都是与人们的创造性工作分不开的。可以说，没有创造，就没有人类的发展；没有创造，甚至也不能维系人类的生存。整个全球史，就是建立在人类非凡创造性的基础上。所以创造性是人类的本能之一，只要人类存在一天，创造性就会存在一天。过去在不同的历史时期，总有一些形而上学思想家和悲观论者，怀疑人类的创造性是否已走到尽头？人类的智慧是否已消耗殆尽？然而历史仍然在创造中前进，并且人类的创造性似乎在以加速度的方式展开着。尽管人类已经创造出了数不清的物质成果和精神成果，可是还有更加数不清的东西等待着人们去创造。摆在人类创造性面前的，是一条永无尽头的宽广大道。

1. 思维是创造的基础

人类是自然界大家庭中最为优秀的成员，人类在自己的历史上取得的那些辉煌成就，使得自然界的其他成员与之相比都显得大大地相形见绌，而这一切首先应归功于人类杰出的和复杂的思维能力。思维与感觉、知觉不同，也许所有的生物体，都具有感觉和知觉，但是，感觉、知觉只能反映事物的个别属性或认识个别事物，而思维则能反映事物的本质和事物之间的规律性的联系，形成一定的概念。例如，通过感觉、知觉，我们只能感知到太阳每天从东方升起，又从西方落下，通过思维，我们能揭示这种现象是地球自转的结果。思维还能够凭借着知识和经验，对那些没有直接作用于感觉器官的客观事物甚至对那些根本不可感知的事物进行反映。列宁曾经指出："表象不能把握整个运动，例如它不能把握秒速为 30 万公里的运动，而思维则能够把握而且应当把握。"[①] 可见，思维的领域比感知的领域要广阔得多。正是通过思维，人类可以获得丰富的知识，形成抽象的概念，推进科学技术发展。在这方面，自然界的其他物种也只能自叹弗如了。

人类的思维能力依赖于人的发达的大脑。根据考古学和人类学所提供的资料，人脑的容量在 500 万年间增加了 3 倍，这大概是生物进化史上仅有的特例。下表反映了人类脑容量的增长过程：[②]

人类脑容量的增长

种类名称	发生年代	平均脑容量
南方古猿	500 万年到 100 万年前	450cm^3
能人	250 万年到 150 万年前	75cm^3
直立人	150 万年到 13 万年前	850—1200cm^3
尼安德特智人	13 万年到 3.5 万年前	1500cm^3
现代智人	13 万年前至今	1350—1400cm^3

① 《列宁全集》第 55 卷，人民出版社 1990 年版，第 197 页。

② 资料来源：[芬兰] 佩克·库西：《人，这个世界》，张晓翔等译，中国工人出版社 1989 年版。

脑容量的增长反映着人类进化过程中智力、意识水平的提高，也有利于中枢神经系统的发育。中枢神经系统与人类的语言功能密切相关，而语言则是人类思维活动的主要表现方式。人类是动物界中唯一具有高度发达的语言能力的物种，人们运用声音和符号来表达一定的思想、概念和意见，并且相互间进行错综复杂的信息交流。语言的丰富与准确则要靠思维进行加工、组织、创造。语言和思维的共同发展奠定了人类在自然界中创造出辉煌业绩的坚实基础。

恩格斯十分重视人类的劳动，认为劳动是人类区别于动物的根本标志之一。因为劳动过程所具有的目的性、能动性和社会性，都是动物所不具备的。虽然动物为了谋取食物和生存也会付出各种各样的努力，但却没有一种动物能够制造出工具，人类用他自己制造的工具不仅改变了人类社会而且也改变了自然界。因此，恩格斯说：

> "动物仅仅利用外部自然界，简单地通过自身的存在在自然界中引起变化；而人则通过他所做出的改变来使自然界为自己的目的服务，来支配自然界。这便是人同其他动物的最终的本质的差别，而造成这一差别的又是劳动。"①

恩格斯还把语言的产生、大脑的发达以及手的进化，都看成是劳动的结果。的确，如果没有人类的创造性和复杂的劳动，人类的历史就会变得不可思议。

人的思维能力是人与动物的显著区别之一。正是由于人所具有的思维能力，才从根本上支持和推动着人类的创造性活动。因此，思维是创造的基础，人的思维能力，决定了人类远远超过其他物种的创造能力。这是由思维本身的特性所造成的。

我们知道，思维有四个特征，即概括性、间接性、问题性、生产性。这些特征对于人的创造性活动是十分有利的。思维的概括性是揭示事物的本质和内在规律性的主要途径。通过概括，把某种事物的一般的、共同的

---

① 《马克思恩格斯选集》第 4 卷，人民出版社 1995 年版，第 383 页。

属性或特征结合起来，并把区分某种事物的本质属性或特征推广为同类事物的本质属性或特征。人们形成和掌握概念的过程，就是对一类事物加以分析、综合、比较，从中抽象出共同的本质属性，然后把它们加以概括的过程。因此，概括性是思维活动的速度、迁移的广度和深度等智力品质的基础。迁移就是概括，一切学习的迁移、知识的运用、创新的产生都离不开概括。概括性越高，知识系统性越强，迁移越灵活，思维能力就越强，创造成功的可能性也越大。因为创造往往是在对大量的个别事实认识和加工的基础上产生的新的综合和概括的结果，比如科学研究中的创造，就是要概括出对于大量资料的研究所获得的新的东西，也就是从个别中认识一般的过程。这就是概括的过程。

思维的间接性是指思维凭借着知识经验或以其他事物作媒介对客观事物的间接反映。思维凭借过去的知识经验，能对没有直接作用于感觉器官的客观事物加以反映。例如，清早起来，发现院子里地面湿了，房顶也湿了，便可以推想到昨天晚上下过雨。在这里，对昨晚下过雨的认识，就是通过房顶湿和地面湿的媒介而推断出来的，是凭借过去的知识经验，通过揭示事物的内在联系判断出来的，而想象和假设正是创造性活动的根本途径。人们所要创造的那个东西，往往是现实中不存在的东西，它能够通过人们的想象和假设，首先出现在创造者的计划、方案、图纸上，形成人们对它的间接的认识。这是创造过程的重要环节。

人的思维并不是漫无目的、空洞无物、毫无意义的胡思乱想，而是指向于解决某个任务或问题，带有某种目的性的思想活动。这就是思维的问题性。人们在社会实践活动中，往往会遇到一些新的或不太理解的事物，需要通过思维去认识和理解这些事物；也有些时候，人们会碰到许多困难或障碍，需要想办法克服和排除它们等等。在这时，思维都是具有解决问题、执行任务的倾向的。这种倾向总是要求思维面对新事物，解决新问题。因为，对于旧的问题，人们熟悉的事物是不需要思维的，只需要记忆就可解决。因此，思维的问题性决定了思维的新奇性，在这一点上，思维和创造是完全一致的。重复以往旧的活动不是创造，创造必须是以"新"

为特征的。思维在解决新问题中一般要经历四个阶段，即：发现问题——明确问题——提出假设——检验假设。创造的过程大致也是如此。

思维的生产性是指人们的思维活动能够产生一定的思想产品，这些产品可以帮助人们认识和改造客观世界。正如毛泽东所说：

> "认识从实践始，经过实践得到了理论的认识，还须再回到实践去。认识的能动作用，不但表现于从感性的认识到理性的认识之能动的飞跃，更重要的还须表现于从理性的认识到革命的实践这一个飞跃。"①

这里就是指思想产品转化为物质的力量。思想产品可以包括：科学实验、技术发明、远景规划、工程设计、工作方案、文学作品、艺术创作、调查报告、新闻报道等等。这些产品有些本身就是人们的创造成果，有些可以指导或帮助人们去进行创造性活动。由于思维的生产性特点，人们不仅仅是要认识世界，而且更重要的是，人们还要改造客观世界，正是这一点，推动了人们的创造性活动，最终也推动了社会的发展与进步。

由于思维与创造的密切关系，不少学者提出了"创造性思维"这一概念。至于如何给创造性思维下一个确切的定义，学术界众说纷纭，没有形成一致的意见。有的学者认为，创造性思维是与创造活动联系在一起的，具有社会价值的新颖而独特的思维活动。有的学者认为，创造性思维是在解决问题时，具有主动性和独特性的一种思维活动。还有的学者把创造性思维定义为：反映事物本质属性和内在、外在有机联系，具有新颖的广义模式的一种可以物化的思想心理活动。

实际上，要把创造性思维从一般思维中完全分离出来是很困难的，因为思维在本质上都是创造性的，毫无创造的思维是罕见的。人类所具有的思维能力本身，就决定了人类从此走上了不断创造的漫漫征途。

---

① 《毛泽东选集》第 1 卷，人民出版社 1991 年版，第 292 页。

2. 创造推动进化

所谓创造，就是新奇性的建立，是人类经过主观努力而取得的新成果。人类在社会实践活动中，往往会遇到一些新事物、新问题，需要去认识，去解决。这时，旧的办法、旧的工具可能无济于事，人们必须想出新的办法，制造出新工具，这就是创造。由于创造，人们认识了客观世界越来越多的事物，也解决了越来越多的问题，从而使人类社会不断地克服自然界的约束，取得了日益增加的文明成果，推动着人类自身及社会文化的不断进步。只要人类创造性存在一天，人类的进化也就会前进一天。有创造，就会有进化，在创造停止的地方，进化也必然中止，甚至会退化。

因此，人类在创造历史的同时，也在创造着自己。自从人类产生以来，人类始终处在不断的进化之中。只要历史存在一天，人类就将进化一天，进化的步伐将永远不会停息。

人类的进化可以分为生物进化和社会进化。人类的生物进化是指人类作为一个物种，自身的生物学特征的变化，比如器官、脑容量、身高、寿命等。人类的生物进化主要是由人类的遗传基因所发生的变异造成的，每一代人都承接上一代人的遗传基因，而遗传基因的变异就会造成两代人之间的生物学特征的差别。一般地讲，人类的生物进化是缓慢的，并且，人类的生物进化归根到底是受自然界整体进化方向制约的。

人类的社会进化主要是指人与人之间的社会关系的演化和改变。随着物质生产的进步和文明程度的提高，个人在社会关系中的主动性和自由度也在逐步提高，人与人之间的联系也更为有效和完善，这是社会进步的总趋势。从人类社会已经经历过的几种社会制度，我们可以看到人的社会进化的大致轨迹：

在原始公有制度下，人和人之间虽然存在着一种平等的关系，但这是在野蛮和愚昧笼罩下的平等，生存环境极为恶劣，人们的生活毫无保障，社会组织程度低下，人们之间的联系稀少，交流障碍较多。

在奴隶制度下，人类步入了文明的门槛，国家形成，社会组织程度有所提高，社会制度逐步建立，但是人们之间的平等关系被打破，社会两大对立集团——奴隶阶级与奴隶主阶级之间的关系水火不容。奴隶可以被当作工具一样任意买卖，任意屠杀，失去人格。

在封建制度下，国家制度、官僚机制趋于稳定，社会经济有所发展，人们过着自给自足的田园生活，社会结构变化迟缓，文明程度渐渐提高，宗教是联结人们的主要纽带。社会两大对立集团——农民阶级和地主阶级之间的关系虽很紧张，但已较奴隶制时代有所缓和，农民已不能被任意屠杀，但还可以随着土地任意被买卖。

在资本主义制度下，科学技术高速发展，社会生产力迅猛提高，各种社会交往和相互联系空前地扩大，人和人之间的关系在很大程度上是一种经济关系或金钱关系，社会两大主要集团——资本家和工人之间虽然矛盾重重，但工人对资本家已没有任何依附关系，资本家既不能买卖、更不能任意屠杀工人，工人在法律上、在形式上取得了平等和自由。

在社会主义制度下，社会生产力将稳步发展，社会文明将逐步提高，人与人之间真正的平等关系以及个人的充分自由都不仅在形式上，而且在实质上逐步得到实现，社会制度和社会组织的各个方面都将努力地、有效地维护着人们的平等、自由和幸福。

人的生物进化和社会进化之间存在着一定的相互关系。生物进化是社会进化的基础，社会进化对生物进化能够产生重要的影响；生物进化是人类进化中的低层次、被动的变异现象，社会进化则是人类进化中的高层次的、主动的进步和变化；生物进化是渐进的、缓慢的变化过程，而社会进化有时则可能是急流勇进式的革命。生物进化和社会进化的相互影响和相互交织构成了人类进化的基本框架和大致流程。但是，应当说明的是，并不是所有的进化都能给人类带来愉快的后果，比如能源的过度消耗、工业造成的污染等，如果人类历史之船要想顺利地驶向理想的彼岸的话，人类必须学会把握和调节自己的进化，否则的话，人类将会和自然界其他物种一样面对着一个自己不愿意看到而又无可奈何的未来图景。

可见，全球史的发展过程，实际上也是人类不断进化的过程。人类每一次进化，总是伴随着人类的创造性活动。可以说，没有创造，也就没有进化，也不可能进化。创造与进化，就如同一枚硬币的两个面，谁也离不开谁。创造推动着进化，而进化又孕育着创造。

仅仅在四百年前，人们对宇宙、天空、星体的认识还是十分幼稚可笑的。那时人们认为银河就是遥远天空的一条河，人们认为太阳是围绕地球转动的，地球是唯一的，是宇宙的中心。但是，一件在今天看起来极为普通的东西被制造成功后，它一下子改变了我们的宇宙观、世界观，震惊了整个学术界，这就是天文望远镜。1609 年，天文学家、物理学家伽利略研制出了一架可放大 30 倍的望远镜，当他第一次将望远镜转向天空时，他所看到的东西使他大为惊奇。迅即他出版了一本《星的使者》的小册子，他在书中记述了望远镜给他带来的欣喜、惊奇和激动人心的收获。他写道：

> "最美丽和最愉快的景象，所有自然现象的观察者极感兴趣的事……首先，从它们本身的优美来看；其次，从它们的绝对新奇来看，最后，也因为我借助于仪器来领悟。……（望远镜）清楚地将无数从未见过的其他恒星展现在眼前，这些恒星比以前知道的要多十多倍。……（月亮）大约大了三十倍，表面大了九百倍，体积比用肉眼看到的大了几乎二万七千倍，因此任何人都能确信月球的表面并不像我们感到的那样平滑而光亮的，却是又粗糙而又不平坦的，就像地球的表面一样，月球的表面到处是巨大的突起物、深深的峡谷和无数蜿蜒弯曲的东西。……银河系只不过是群聚集在一起的无数星星而已。"[①]

由于望远镜的运用，宇宙的神秘面纱开始被揭开了，人类的视野被空前地扩大了，天文学中的一系列革命性变革开始了，以至于整个 17 世纪都被称为天文学的世纪，天文学的这些重大发现引起了人类无数的激动、狂喜和困惑。也许就是从那时起，人类开始了征服外层空间的努力；从那

---

① ［美］丹尼尔·丁·布尔斯廷：《发现者》，严撷芸等译，上海译文出版社 1995 年版，第 462 页。

时起，人类感觉到了自己的渺小，感觉到了人类是一个整体。

历史事实证明，人类社会每一次跨时代的进步，都会伴随着一系列的创造发明，美国人类学家摩尔根，通过对美洲印第安人部落易洛魁社会长达几十年的观察和研究，完成了著名的《古代社会》一书。他在书中将人类历史分作三个时代，他认为每一个时代都以它的创造发明为特征。在"蒙昧时代"，人类学会捕鱼和使用火，发明了弓和箭。在"野蛮时代"，人类发明了制陶技术，学会驯养动物和耕种植物，最后学会了炼铁和使用铁制工具。在"文明时代"，人们首先是发明了文字，以后一直到摩尔根生活的十九世纪，人类的创造发明可以说是不胜枚举。摩尔根描述如下：

> "近代文明社会的主要贡献是电报；煤气；靳尼纺纱机；动力织布机；蒸汽机及与它有关的无数配合机器，包括火车头、铁路和蒸汽船在内；望远镜；大气层和太阳系可测性的发现；印刷术；运河水闸；航海罗盘；还有火药。此外还有许多发明是根据上述某项发明而得来的，如埃里克森螺旋桨即属其中一例；但也有不属此例者，如摄影术……必须与这些发明一起列举的则有近代的科学；宗教自由和公共学校；代议制民主政治；设有国会的立宪君主制；封建王国；近代特权阶层；国际法、成文法和习惯法。"[1]

全球化进程的快速发展，是与当代人类的创造性成果迅猛增加密切相关的。回顾一下 20 世纪人类的进步，可以毫不夸张地说，一百年前，19 世纪末的人们，对于 20 世纪末的人类生活，完全是无法预料的和不可思议的。这种巨大的社会进步，伴随着多少发明创造，恐怕已难以计数。只要想一下"知识爆炸"这个概念；想一下全球目前每天增加四万项专利技术；想一下互联网上那无穷无尽的信息……我们就能够感觉到人类正在进行着多么巨大的创造性活动。正是这些创造性的活动，构成了人类进化的奔腾不息的滔滔大河。

---

[1]　[美] 丹尼尔·丁·布尔斯廷：《发现者》，严撷芸等译，上海译文出版社 1995 年版，第 937 页。

3. 创造性的意义

历史上人类的创造性成果真可谓是举不胜举，不可计数。单是那些对人类生活和历史进程产生巨大的和深远影响的创造，就可以罗列出许多：

在原始氏族时代，人类制造出石器工具、用火、建造房屋、用兽皮或植物纤维制作衣服、发明弓箭、绘画、雕刻、制陶、驯养动物、栽培植物、发明农业等等。

在古代文明时期，人类发明文字、造纸、印刷、酿酒、玻璃制造、金属加工、采矿冶炼、瓷器、耕犁、烧砖、轮车、帆船、火药火器、宗教、国家机器、社会组织等。

近代以来，人类发明蒸汽机、火车、轮船、汽车、飞机、钢筋混凝土、煤气、电力、广播、电话、电灯、电影、塑料、化肥、生物分类、近代医学等。

现代以来，人类的创造性成果更是宏伟壮观，比如核能利用、激光、宇宙飞行、微观粒子研究、电子计算机、工业自动化、现代通信、遗传学研究、国际组织、大型企业、电视、现代教育、标准化等等。

每当回顾起人类这些杰出的创造时，总会让人从心底里油然升起崇敬和不可超越的感觉。人类所获得的巨大成功，使人类成为地球上最为优秀、最具支配力量的物种。但是，这并不是说，人类的创造已经达到顶峰，也不是说人类没有什么还需要再创造的了。恰恰相反，人类的创造也许才刚刚开始，摆在我们面前的创造之路还很长、很长，这不仅是因为人类所面临的未知领域还很大、很宽阔，人们还会遇到很多事情需要去创造，去奋斗；而且即使在人类已知的领域中，人类还有很多可以做但还没有去做的事情。比如，人们目前已知动物种类有 150 万种，其中绝大部分是可以人工驯养的，但是人类目前已驯化的动物仅占可驯化动物的0.03%；目前人们已知的植物有 30 万种，其中很大一部分可以通过引种成为农业种植的品种，但人类目前已引种的植物在可引种植物中还不足 1%。可见，需要人们去创造的事情还很多，人类现在还不能过于骄傲和满足，脚下的路还有很长。这是我们在认识人类创造性成果时首先要想到的。

其次，人类的创造性成果数量巨大，种类繁多，并不是所有的成果都有利于社会的发展，也不是所有的成果对人类的进化都起着积极的和正面的作用。人类的有些发明，实质上对人类自身是不利甚至有害的。比如，人类制作的各种麻醉品。许多民族自远古时代起就有吸食麻醉品的习惯。如美洲印第安人吸烟，亚洲一些民族吸食鸦片和大麻酚，南美安第斯山一带咀嚼古柯硷叶子，印度、印度尼西亚人咀嚼枸酱，大洋洲人饮用胡椒酿制的烈性卡威酒等。① 这些麻醉品即毒品至今对人类社会有很大危害。再如杀人武器、军火的生产、制造。自古以来，武器的研制都是一个蓬勃发展的行业，而且是一个科技含量较高的行业，其中出现过许许多多充满智慧的发明创造。不过人类的这些创造，其目的和后果都是屠杀自己的同类、同胞而已，助长了人类自相残杀的怪癖行为。目前，人类在这方面的创造，已首先到达了顶点，研制出了足以毁灭全人类的核武器。人类终于创造出了能够否定自己、消灭自己的武器，这样的创造究竟有什么意义呢？

再次，创造性的成果一般地讲都是某种新奇性的东西，而新奇性是不易持久的。人类的许多创造，在它问世时或问世后一段时期是新生事物，是一种创新，有较明显的积极意义。但经过一段时间之后，它就变成了一种陈旧的、保守的、落后的东西，变成一种需要被新的创造所突破的东西。于是新的创造取代了旧的创造，人类社会因此就向前迈进了一步。从某种意义上讲，一部人类的进化史，就是不断地用新的创造去取代旧的创造的历史，就是不断地更新创造的历史。并且，这种取代和更新的速度似乎是越来越快了。科学技术的加速度式的发展，推动着人类的创造性活动更加迅猛地向前推进。换句话说，就是新的东西越来越快地变成了旧的东西。许多发明创造刚刚诞生不久就被新的发明创造淘汰，人类社会就像一列运行中的火车，它在不停地提速。人们随着时间的推移、时代的变迁，而不断地改变着对人类创造性成果的应用。例如，15、16 世纪手工工场

---

① ［苏］尼·切博克萨罗夫、伊·切博克萨罗娃：《民族、种族、文化》，赵俊智等译，东方出版社 1989 年版，第 282 页。

在欧洲一些国家刚出现时，它比起以往的手工作坊有着明显的优越性，而当大工业生产以后，利用机器生产的大工厂迅速淘汰了手工工场；又如，塑料制品曾经是近代化学工业的一大骄傲，至今仍在人们的生活中占据重要位置，但是，人们现在已经认识到它的危害。由于塑料制品数量巨大，塑料垃圾堆积如山，这些塑料制品因不可降解，不易腐化，不易再利用，而成为垃圾处理的一大难题，对环境构成了严重的威胁。目前一些国家已经采取措施，限制塑料制品的生产使用。当前进化速度最快的行业，大概是信息产业。电脑芯片更新换代，软件产品的升级变化，使人眼花缭乱，应接不暇。通信设备也是如此。固定电话从发明到普及，用了100多年，而移动电话只花了十多年。

最后，在人类的创造性成果中，有些是对整个人类社会都有益的、适用的；有些则仅是对人类的一部分或一个群体是有益的，而对另一些群体可能是不利的和无用的。对全人类有益的创造往往会是许多民族都参与了的、相互类似的创造，或者传播很快的文明成果。比如用火、农业、制陶、酿酒、音乐舞蹈、轮车等等。仅对某一部分人有益的创造，它往往是由这部分人创造出来，传播的范围也有一定的局限性。比如宗教、语言文字、法律、社会制度、政治组织等等。

不管怎样，创造性已经深深地扎根于人类历史的土壤之中，它必然要发芽、生长、开花、结果。人类必须借助于创造性来维系自己的生存和发展。正如毛泽东所说："人类总得不断地总结经验，有所发现，有所发明，有所创造，有所前进。"现在的问题在于，人类应当怎样准确地、科学地把握自己的创造性活动，才能保证全球史之船驶向光明呢？

五、全球史的复杂性

20世纪80年代产生了一门新兴的边缘交叉学科——复杂学，它主要研究系统或整体的复杂性。这里所说的复杂，并不是通常意义上的纷繁杂乱或混乱无序，而是指开放巨系统的多种因素相互关联所产生的宏观有序的组织和行为，复杂性是开放巨系统的一种特性。人类社会是一个充满复杂性的过程，全球史无疑是一个复杂巨系统，也是一个充满复杂性的过程。过去人们往往容易忽略这一点，总以为自己抓住了历史的真谛，或给出了完整的解释。而事实上，历史研究的结论总是不断地被推翻或遭受种种怀疑。这都说明人们对历史的复杂性的构成是认识不足的。

1."过程的集合体"

复杂学认为，复杂巨系统一般是随着时间而演化的，系统的涨落、跃迁、分形、混沌、衍生等这些非线性过程都涉及到时间的维度。也就是说都是一种过程。如果仅仅指出人类历史是一种过程，还不能揭示全球史的深刻的复杂性，也不利于洞察历史上那些千姿百态、难以捉摸的传奇式变化。必须指出，全球史不仅是一种过程，而且是一种由许多过程相互交织、相互渗透在一起的过程，是许多过程相互作用、相互影响、相互关联的结果。这些过程交叉、融合在一起，就像是一种奔腾涌动着的流，它虽然看上去有一定的形状和明确的方向，但它内部的结构却是极其复杂的。

在全球史发展的过程中，每一个历史的横断面都有一个错综复杂的结构，每一个历史事物都由一系列关联因素相互结合而成。这些因素本身都有一个过程，都不是固定不变的，它们以自身动态的、不断变化的过程，相互联系、相互作用、相互渗透在一起，从而形成历史结构和历史事件。这些结构和事件又会成为新的因素、新的过程，加入到历史的洪流之中，这就导致了历史内容新的复杂性和丰富性。

像拿破仑战争这样的历史事件，它是由许多称得上是一种过程的因素相互作用的结果。比如：法国大革命的酝酿和深入、平民与贵族的长期矛盾与斗争、封建制度与新生资本主义生产方式的冲突与斗争、欧洲大陆与英伦三岛之间的历史隔阂和相互怨恨、不同民族文化传统的差异和相互影响、历史遗留下来的宗教势力和教派纷争、欧洲各国封建王室之间的联姻关系和家族矛盾、土地与人口的不断争夺、各有关民族的心理与性格、各国的军事传统和战略战术、外部环境的各种影响等等。这些因素本身都是一个过程，这些过程之间的有机联系构成了拿破仑战争。其中每一个因素都是不可或缺的，任何一个因素的变化都会影响拿破仑战争的进程和结局。所以，拿破仑战争是许多因素在动态中相互作用的综合性的结果。

如果硬是要指出这些因素中哪个是主要的，哪个是次要的，就会陷入还原论的和形而上学的泥潭之中。恩格斯就曾指出：

"相互作用消除了一切绝对的首要性和次要性；可是，同时它又是一个两面的过程，按其本性来说可以从两种不同的观点加以观察；为了把它作为一个整体来理解，在全部结果尚未能综合出来以前，甚至必须分别按两种观点一一地加以研究。但是，如果我们片面地抓住一个观点，认为比起另一个观点来它是绝对的观点，或者，如果我们根据推理的一时需要而任意地从一个观点跳到另一个观点，那我们就会陷入形而上学思维的片面性；我们抓不住整体的联系，就会纠缠在一个接一个的矛盾之中。"①

把事物整体看做是许多过程的交织、融合，这种思想对于认识自然界和人类社会是十分深刻的。实际上，早在一百多年前，恩格斯就曾提出"过程的集合体"这一概念，并把它称做是"一个伟大的基本思想"。恩格斯将这一思想十分精辟地表述如下：

"一个伟大的基本思想，即认为世界不是既成事物的集合体，而是过程的集合体，其中各个似乎稳定的事物同它们在我们头脑中的思想映象即概念一样，都处在生成和灭亡的不断变化中，在这种变化中，尽管有种种表面的偶然性，尽管有种种暂时的倒退，前进的发展终究会实现。——这个伟大的基本思想，特别是从黑格尔以来，已经

---

① 《马克思恩格斯全集》第 20 卷，人民出版社 1971 年版，第 506 页。

成了一般人的意识，以致它在这种一般形式中未必会遭到反对了。"①

由此看来，把世界看成"过程的集合体"，这一思想在恩格斯所处的时代已经不新鲜了。问题在于，人们只是表面上承认这一思想，而在实际研究工作中并没有具体地运用它，其表现形式之一就是对永恒真理的追求。而实际上，由于事物是不断变化的过程，人们的知识、认识都有很大的局限性和相对性，所以永恒真理是根本不存在的，存在的只有变化本身。

2. 关联递增律

复杂性的另一个表现是历史现象的关联因素众多以及关联因素的不断增加的趋势。当人们去研究和认识某一种历史现象时，人们很快会发现，单是研究这一现象本身，是无法真正认识它的。因为每一个历史现象的发生和发展，都有一系列的相关的历史因素，这些因素都从不同的角度影响着、制约着这一历史现象。所以，如果不弄清楚这些关联因素的情况和它们的作用，就不能完整地、准确地揭示这一历史现象。关联因素越多，历史现象就越复杂，研究工作就越困难。

在实际研究工作中，人们往往不能发现全部的关联因素，而只看到它们的一部分，因为有很多历史因素从表面上看起来，它们之间似乎没有什么联系，如果深入地研究下来，就会发现其中的关联奥秘。比如，罗素曾将工业革命的因果关系描述如下：

"工业制度是由于近代科学而产生，近代科学是由于伽利略，伽利略是由于哥白尼，哥白尼是由于文艺复兴，文艺复兴是由于君士坦丁堡的陷落，君士坦丁堡的陷落是由于土耳其人的迁徙，土耳其人的迁徙则是由于中亚细亚的干旱。"②

可见，历史现象之间有着深刻的内在联系，是否能够揭示出这种联

---

① 《马克思恩格斯选集》第 4 卷，人民出版社 1995 年版，第 244 页。

② 张文杰等编译：《现代西方历史哲学译文集》，上海译文出版社 1983 年版，第 129 页。

系，决定着我们研究工作的成功与否，决定着我们对历史现象认识的深度和理解的准确性。所以，有时一种新的关联因素的发现，会改变一项流行多年的历史结论。

但是，有些关联因素的确是很难被发现的。一个较为极端的例子是所谓"蝴蝶效应"。据说亚洲某地一只蝴蝶抖动一下翅膀，最终将会导致美国东海岸的一场飓风。这样的关联因素虽然显得极端，令人难以置信。但在无奇不有的大千世界里，谁又敢说极端的现象不会发生呢？1998年8、9月间，出现了全球性的股市狂跌和金融动荡，这是由俄国的卢布贬值和金融危机引起的，而俄国的金融危机是受亚洲包括日本的金融危机冲击的，亚洲金融危机又是起源于1997年7月的泰国金融风暴，泰国金融风暴是因为泰国房地产投资过热，泰国房地产投资过热又是由于……一个局部的、微观领域里的小小因素，就是这样在一年多时间里就演变为全球性的恐慌和波动。如果不是亲身经历，确实让人难以相信。然而，现实的关联性和复杂性就是如此，历史的关联性和复杂性也是如此。

不仅如此，历史事件的关联因素还是逐步增加的。当今时代某一社会现象的关联因素，肯定比古代同类现象的关联因素要多。有人曾做过一些统计显示：制造肥料所涉及的因素的数量级为 10^1；生产缝纫机为 10^2；生产电视机为 10^3；生产汽车为 10^4；生产喷气式飞机为 10^5；生产火箭为 10^6；兴办教育为 10^7；建设城市为 10^8 等等。[1] 那么，治理一个国家所涉及的因素是多少呢？一次国际性行动涉及的因素又是多少呢？恐怕已经无法计算。古人可能无法想象今天的人们是生活在多么复杂的相互关系中，因为随着时间的推移，历史现象的关联性是在不断地扩大。比如，中世纪法兰克王国若要立一个新的国王，绝不像今天选举一位新的美国总统那样复杂，那样多程序，那样多的制约因素。不远的将来，当互联网络把全球联为一网时，社会发展变化的关联因素还将成倍地增加。这也是历史发展

---

[1]　张华金、王森洋主编:《社会发展论纲》，上海社会科学院出版社1996年版，第106页。

的一种趋势，一种规律。约翰·麦克尼尔认为，"人类历史正像宇宙史和生物史一样，是不断向复杂结构进化的，这个结构依靠能量流来建立和维持，其规模与复杂化和结构化的程度相关。"[1]

关联因素递增的主要原因是人类交往的不断扩大。人是一种社会动物，也是一种群体动物。人类社会的每一步发展都离不开人与人之间的各种形式的交往活动。一个孤立的人，离开了所有的交往活动，他是很难生存下去的。人们是在相互交往中，传播信息、交流思考、互相沟通、互相影响。交往因此就成为各种历史因素相互关联的一种桥梁和中介。人类社会离不开交往，因此就必然会产生各种历史因素和历史现象之间的关联，就必然会出现各种相互关系和相互作用。

人类的交往活动并不是一成不变的固定模式，随着社会生产力的发展和科学文化水平的不断提高，人类的交往也是不断扩大的。马克思就曾谈到一个例子。他说："中世纪的市民靠乡间小道需要几百年才能达到的联合，现代的无产者利用铁路只要几年就可以达到了。[2]"由于交通工具和传播媒介的迅速发展，使人们克服了空间距离的限制，增加了交往的次数，提高了交往的频率，从而不断扩大了人们的交往。

交往的不断扩大就意味着关联因素的不断递增。由于交往的范围不断扩大，交往能力不断提高，交往方式不断丰富。过去毫不相干的社会因素现在联系在一起了；过去联系很少的因素之间，现在联系密切了。交往形成了关联，交往的扩大形成了关联的递增，而关联的递增加剧了人类历史的复杂性。今天，社会现象的关联因素是如此之多，以至于人们越来越难于全面地掌握这些因素了。研究对象变得越来越复杂，研究工作也越来越困难。即使是一个很小的因素的疏漏，都可能给研究结论带来很大的风险。这就是我们面临的复杂性的一种情形。

---

[1]　J.R. Mcneill & William H.Mcneill: *The Human Web*,Printied 2003 by W·W·Norton & Company, New York, p.320.

[2]　《马克思恩格斯选集》第 1 卷，人民出版社 1995 年版，第 281 页。

3. 人脑的复杂结构

全球史是人类活动的结果。人类的活动并不是盲目的、随机的、单调的行为，而是有目的、有情感、多样化的行为。这是因为人类的活动都是在人的大脑支配下发生的。人脑的复杂结构，影响着人类活动的多样化和复杂化。

现代神经解剖学与神经生理学研究表明，人脑是由约 1000 亿个神经元组成的极其复杂的网络结构体系。神经元是由细胞体、轴突、树突构成的具有输入信息和输出信息功能的复杂系统。一个神经元就是一个信息处理机构，它有着巨大的和神奇的加工信息的能力。每个神经元有上千个突触与其他神经元相联系，它接受几百个乃至上千个神经元传来的信息，又把信息输送到成百上千个其他神经元。因此，估计突触数量为 100 万亿，即意味着大脑的信息容量达到 100 万亿比特。而且，大脑还是一个多层次、多功能区交织的复杂系统，各个层次、各个分区既是相对独立的，又是可以协同工作的。从而使人脑具有巨大的和缜密的信息加工能力，负责调控人类的极其复杂的行为。

由于人脑的复杂结构和复杂功能，使人脑能够加工复杂的信息和对信息进行复杂的加工，最终将使人类的行为复杂化。比如，在人的认识活动中，感官接受外界的信息通过特定的通道进入大脑皮层及深层结构，在大脑皮层各特定区形成感知印象，一方面进行整合，另一方面下达到深层结构。整合过的感知印象进入更高级的整合区，成为思维材料。高级整合区与深层结构发生联系，不同功能区协同合作，形成情绪、情感、意向、意志、决策，最终得出个体的思维的产品。这是一种知、情、意的统一。如果进一步考虑到人脑的组织结构——无论是组织层次上还是功能组织上，都包含着一定的背景因素，那么这里更是以多层次、多功能区协同工作形式表现出来的更为复杂的复杂性。

人脑的复杂功能及其网络系统，主要是与人脑的巨大的信息储存量密切相关。据匈牙利数学家冯·诺伊曼的研究，如果人的一生用 60 年计算，神经元每秒接受的信息量是 14 比特的话（最高可达到 25 比特），那么，一个人毕生接受的信息总量可达 2.8×10^{23} 比特。这个信息量大约是美国国会图书馆的 3 至 4 倍。这是任何计算机存储器都无法比拟的。而且，人脑的网络结构也比任何计算机程序都复杂得多。

由于人脑的结构和功能的复杂性，导致人的心理活动的复杂性，形成了多种多样、变幻莫测的各种人的性格、情绪、感情、意识、观念、欲望、思想、风格、志向、智慧、灵感、想象以及冲动、怪异、冷漠等等。总之，是人的复杂的心理、意识和精神。可以说，每一个人的心理都是不同的，心理是个体的特征（大众心理只是一种相似性，而不是相同）。并且人的心理活动本身又处在不断变化之中。可以想象，在这种极其复杂的心理活动支配下的人类历史活动会是何等的复杂多变！

任何人类的历史活动都离不开人的心理活动，都受人的大脑支配。从这个角度讲，有的人提出："历史就是意识史"，[①] 也许不无道理。因为所有的人类活动，无不打上思想的、意识的烙印，离开了思想和意识，人的活动是不可思议的。甚至有人提出自然界也有它的"意识"，也是按着它自身提出的指令在运行着，更何况具有高等智慧的人类呢？既然如此，人类复杂的思想和意识，也就必然导致人类活动的复杂性。

这样讲是否违背了辩证唯物主义的"物质第一性，精神第二性"的基本原理呢？其实没有，这里不过是从人脑的复杂性与历史的复杂性的相互关系的角度来认识历史过程，强调了精神的独立性及作用而已。物质基础是最终起决定性作用的客观实在，没有了物质基础，任何历史都谈不上。但有了物质基础，不等于历史就一定是复杂的。精神在反映物质世界时，有着自己的运行规律和独特功能。精神可以对十分复杂的自然现象做出简化的反映，也可以对十分简单的自然现象做出非常复杂的反映，正是后者加剧了历史的复杂性。

这方面的例子很多，2000 多年前，著名的数学家阿基米德根据洗澡

---

① ［美］埃里克·詹奇：《自组织的宇宙观》，曾国屏等译，中国社会科学出版社 1992 年版，第 203 页。

时人进入盛满水的浴盆，水会溢出来一部分的简单现象，论证出复杂的浮力定律；近代科学家牛顿却根据苹果落地这样一个非常普通和常见的事实，得出了牛顿的万有引力定律这样著名的结论。由此可知，人类的思维能力或精神作用，可以把客观世界的简单信息进行复杂的加工，获得复杂的精神产品，随着人类这些精神产品的不断提升和发展，历史就走上了越来越复杂的、逐步减少自然力束缚的灿烂征途。

认识到这一点，对于发展心理史学是十分有利的。不了解一个时代人们的心理，是不能认识这一时代的历史的；不了解某个历史人物的心理活动，也是难以正确评价他的历史活动的。过去人们往往忽略了心理史的研究，结果总是把复杂的历史过程简单化。比如研究了一个社会，以为抓住了生产力水平就能理解一切；研究一个历史人物，以为抓住了阶级关系就能说明一切。其实，历史绝不是这么简单的。虽然说存在决定意识，但是存在并不等于意识，意识也有它对历史活动的独特影响，而且往往是更为复杂的影响。可以说，不了解一个时代的意识，就不可能真正了解这个时代。任何简单化的倾向都是危险的和有害的。

4. 发展的不确定性

列宁曾经提出，历史是一个"极其复杂，充满矛盾而又是有规律的统一过程"。[1] 在这里，列宁在指出历史发展是有规律性的同时，明显地强调了历史的复杂性和矛盾性。历史事实也是如此，在受内在规律支配的历史进程中，到处都表现出大量的偶然性和随机性，并不是一切都在事先确定的，而是在发展过程中存在着大量的不确定性。

确定性的作用是十分有限的，否则的话，历史研究就会变成一件很容易的事情，历史科学也就会成为多余的。并且确定性是从那里来的？也是令人困惑不解的问题。所以，马克思说："如果'偶然性'不起任何作用

---

[1] 《列宁选集》第 2 卷，人民出版社 1996 年版，第 425 页。

的话，那末世界历史就会带有非常神秘的性质"。① 过去由于受到机械决定论的影响，人们用简单的因果关系来看待社会发展规律，得出很多轻率的结论。现在，人们发现令人信服的"规律"是越来越少了，不确定性和偶然性的作用是越来越大了。甚至连那些"规律"本身也都是不确定的，这就是历史所展现出来的复杂性。

所谓不确定性，并不是由于我们的认识能力有限，无法看清楚历史的发展过程，而是说历史过程本身就是不确定的。一方面，影响历史发展的各种因素是不确定的；另一方面，人类历史的外部环境的发展也是不确定的。不确定性是一种客观存在，而不是主观意识。实际上，人们因为急于想理解历史，总是习惯于把历史看做是带有确定性的过程。这就使事情变得简单易懂了。但主观认识是一回事，客观现实却是另一回事。人们主观认识中的这种简单化倾向，极大地妨碍了人们对历史真实的认识，也是人们经常被历史所捉弄的原因之一。

不确定性的主要表现是事物发展过程中所面临的各种可能性。在客观世界中，可能性是大量存在的，是潜在的现实性，被称为潜存性。潜存性在数量上远远大于实存性，而且潜存性正是实存性的基础和本源。过去人们总是习惯于用一种实存性去解释另一种实存性，用实存性作为因果链来解释事物的发展，这就忽略了大量存在的潜存性和可能性的作用。实际上，潜存性对实存性具有更为重要的影响，对事物整体的发展也有着明显的制约作用。单单用实存性来解释客观事物的发展是很不完整的，我们实际上是生活在潜存性和可能性的海洋中。

事物发展中面临的可能性非常之多，而且整体性越强的事物，可能性的选择也会越多。由于相关因素的增加，每一个因素的一点点微小变化，都可能最终导致整体的变化。可能性因此也在逐步增加。并且，每一个可能性实现的机会都是同样的，最后是哪一个可能性变成了现实性，这纯粹是偶然的和随机的。因为每一个可能性都有实现的条件和基础，所以现实

---

① 《马克思恩格斯列宁斯大林论历史科学》，人民出版社 1980 年版，第 287 页。

性也就受到这些可能性条件和基础的影响，现实性也就往往是可能性的结果，而不是确定性的结果。当然，这并不是说确定性完全不存在，客观规律、自然规律都是存在的，必然性是隐藏在偶然性背后的一种存在，它规定着事物发展的基本方向和总的趋势。事物的发展是确定性和不确定性共同影响的结果。不过，不确定性的数量远远大于确定性的数量，不确定性的作用也是非常重要的。

马克思主义经典作家在阐述人类社会发展的基本规律，即它的确定性的同时，从来没有忽略不确定性和偶然性的作用。马克思曾经指出：

"偶然性本身自然纳入总的发展过程中，并且为其他偶然性所补偿。但是，发展的加速和延缓在很大程度上是取决于这些'偶然性'的，其中也包括一开始就站在运动最前面的那些人物的性格这样一种'偶然情况'。"①

人类社会是一个极为复杂的整体，它的相关联因素也很多，比如人的性格、情绪、文化背景、经济条件、自然环境的变化等等。任何一个因素的变化，都会或多或少地影响世界整体。甚至会出现差之毫厘，失之千里的情况。所以偶然性的作用是不能忽视的。

恩格斯在谈到起义问题时曾说过："起义是一种用若干极不确定的数进行的演算，这些不确定的数的值每天都可能发生变化"。② 毛泽东在谈到战争时也说过："战争的现象是较之任何别的社会现象更难捉摸、更少确定性，即带有所谓概然性。"③ 起义与战争都是人类社会中常见的现象，这类现象如果是充满不确定性的话，其他社会现象就更加难以确定。可见，不确定性是人类社会发展中的一个基本特点。当然，人类历史活动都是由人来参与的，起义和战争都是人类群体之间的矛盾和冲突，参加起义和战争的人都是自觉的、有目的的，甚至能预测起义和战争结局。但是，对于

---

① 《马克思恩格斯列宁斯大林论历史科学》，人民出版社 1980 年版，第 287—288 页。
② 《马克思恩格斯选集》第 1 卷，人民出版社 1995 年版，第 566—567 页。
③ 《毛泽东选集》第 2 卷，人民出版社 1991 年版，第 490 页。

世界整体来说，什么时间、什么地方、发生多大规模的起义和战争、这些起义和战争将会达到什么结局等等，这都是自发的现象，也是无法确定和预知的。

对于历史发展的不确定性的认识，有利于我们充分估计全球史的复杂性，避免历史研究中的简单化和决定论的倾向。轻易地总结出所谓的历史规律，或者急于把这些规律推而广之，都是十分幼稚可笑的。历史发展的规律性的东西，并不是像数学公式那样放之四海而皆准。历史是极其复杂多变的，任何先验论的和形而上学的固定观念都是无济于事的，对于每一个历史现象，每一个历史结论，都必须经过冷静的钻研思考和广泛的考察论证才能真正弄明白。正像恩格斯所说的那样：

> "即使只是在一个单独的历史事例上发展唯物主义的观点，也是一项要求多年冷静钻研的科学工作，因为很明显，在这里只说空话是无济于事的，只有靠大量的、批判地审查过的、充分地掌握了的历史资料，才能解决这样的任务。"①

---

① 《马克思恩格斯选集》第 2 卷，人民出版社 1995 年版，第 39 页。

第四章　全球史的外部环境

外部环境是相对于事物的整体性而言的。宇宙中的任何事物都有它的外部环境。外部环境的存在，意味着事物在时间、空间上的局限性和完整性。如果某一事物没有外部环境，那么该事物就不是一个整体，而是另一个事物的组成部分。实际上，没有外部环境的事物是不存在的，即使是事物的组成部分，从部分的相对独立性来看，它也可以把事物的其他组成部分，当做自己的外部环境。所以，外部环境的存在决定了事物的整体性的存在，外部环境与事物整体是不可分割的。全球史是世界整体的历史，它也有外部环境，全球史与外部环境也是不可分割的。

一、外部环境的概念

所谓外部环境，是指事物整体周围的、与事物相互关联但又不从属于该事物的其他事物的总和。这个概念表明，外部环境与事物整体之间是相互联系，也是相互区别的。因此，外部环境与事物整体之间又是相互影响、相互作用的，否则的话，外部环境就没有存在的意义了。由于事物之间的联系是普遍存在的，所以，外部环境与事物整体之间的联系也是必然存在的。但是，外部环境又不能等同于事物整体，它不是事物整体的组成部分，所以它不从属于事物整体。事实上，外部环境总是在数量、质量、规模上都大于事物整体，因此，事物整体往往是外部环境的一部分，它从属于外部环境，它的整体性和独立性都只是相对的。正是从这个相对的角度出发，整体与外部环境又是相互区别的。

外部环境并不因为它是在"外部"而失去其重要性，恰恰相反，外部环境正因为它是外部的存在，而对事物起着至关重要的作用。当我们仔细考察事物整体及其外部环境时就会发现，外部环境的性质、数量、结构，往往决定着事物整体的性质、数量和结构。比如，地球自然环境的性质决定了人类的性质，因而产生了人类，而月球自然环境的性质就不能产生人类这样的物种。地球所能承受的物种规模的总和，就是人类在数量上的极限，地球自然环境的结构也影响着人类在世界上的分布等等。不仅如此，事物与外部环境的相互关系还决定着事物的发展方向、速度和内涵。当这种相互关系处于僵化或严重不和谐时，事物就可能走向崩溃和灭亡，而外部环境还依然存在。

对于全球史来讲，它的外部环境就是人类社会之外的，与人类社会相互联系但又不从属于人类社会的客观自然界的其他事物的总和。也就是通常所说的自然环境或地理环境。不过这里所说的自然环境和地理环境，与以往狭义的理解有两点不同：一是它不局限于地球的自然因素和地理状况，而是一个大自然的观念，是宇观自然环境；二是它是一个动态的自然环境，是与全球史共同演进着的事物过程，而不是自然界的某一种静态的结构。在这个前提下，可以说，外部环境就是人类社会所经历的自然环境，它包括在人类历史的时间范围内的整个宇宙空间、太阳系以及地球生物圈、大气圈、水圈、土壤圈、人造自然物等。

由于人类是自然界的产物，人类社会实质是自然界的组成部分，所以，人类社会与自然环境之间的联系是极为密切的。不仅自然环境决定着人类社会的存在，而且自然规律还制约着全球史的进程。全球史每时每刻都离不开自然环境，人类社会必须从根本上服从自然规律才能生存和发展。当然，由于人类自身的特点，人类也能够对自然环境产生一定的影响。人类通过大量的生产活动和科学技术的推广应用，能够愈来愈多地改变着自然环境，改造着自然风貌。不过这些改变或改造，也必须符合自然界的发展规律，否则的话，人类将会为自己的这些活动付出代价，自然界最终是不可战胜的。

同时，全球史又是一个相对独立和完整的系统，它与外部环境之间是相互区别的，全球史与自然环境有着各不相同的特点和属性。自然环境作为外部环境它是不能从属于全球史的，像宇宙天体的进化、地质结构的演变、山川江海之沧桑、动物植物的变异等等，它们都遵循着各自的演变规律，有自己的一部发展史，与人类社会的发展是完全不同的，不能归入人类历史中。它们构成了全球史的外部环境。

应当强调的是，全球史与它的外部环境一样，都是一个不断运动变化的过程。它们是在运动状态下相互影响、相互作用的。因此，它们在不同时期的相互关系的性质、特点和状况，可以反映出它们在不同时期各自的性质、特点和状况。也就是说，人类社会与自然环境之间的历史上的关系如何，可以反映出人类社会历史的某些特征。比如，在人类只是通过采集和狩猎向自然界索取的原始时代，人们必须要不断地迁徙，忍受着饥饿和寒冷，反映出那个时代人类科学知识水平的低下和生活的艰辛与苦涩；而在大工业时代，人们能够利用地下矿藏和地表的许多物质，制作出更加丰富的物质产品，使人们的生活更加方便和充足，但同时也向自然界排放了大量的有害气体、烟尘、废水等，污染环境的程度也大大提高了；到二十世纪，人类开发宇宙空间，实现了成功登月的千年梦想，表明了人类认识外部环境的又一次大的飞跃。

外部环境对全球史的影响是多方面、全方位和极其深刻的，比如气候、地质结构、地壳运动、植被、矿藏数量和品位、水源、江河改道、自然灾害等，它们对人类社会的人口数量、经济发展、政治制度、科技进步、文化风格、价值观念甚至人的心理活动等，都会产生一定的影响。如果不弄清楚外部环境对人类社会的这些影响，就很难准确、全面地认识世界整体的状况及其演化。对于全球史的描述，也必须从它与外部环境的关系状况入手，才能真正揭示出全球史本身的进程。离开了对外部环境的研究，就无法实现对全球史的科学认识。

人类对于自然环境的态度经历了一个曲折的变化过程。在原始状态下以及古代社会中，由于科学技术的低下，人类改造自然、利用自然的能力十分有限，在许多自然界的力量面前人类显得无能为力。因此，人们崇拜自然、畏惧自然，听任自然力的摆布，许多自然物具有了神的权威，所以产生了图腾崇拜，总之，是自然战胜了人。进入近代以后，由于科学技术迅猛发展，人类取得了一系列巨大的成就，克服自然力束缚的能力大大提高，再加上资产阶级人文主义、人本主义思想的传播，更是助长了人类在自然界面前的骄傲情绪，"人定胜天"的观念开始流行，人类盲目乐观地以为可以征服自然、战胜自然，于是就逐渐忽略了自然环境对人类社会的影响、制约和作用。科学研究以人为中心的倾向十分明显，这种思想对科学研究的影响至今没有完全消除，例如在历史研究中对于环境史的研究长期得不到重视，对于人与自然的关系及其演变也缺乏深入的探讨等等。20世纪以来，尽管科学技术日新月异，人类开始遨游太空，但社会进步与工业发展所带来的一系列全球性问题，比如环境污染、人口爆炸、能源枯竭、气候异常、荒漠化加速等等，再一次向人类敲响了警钟！使人们深切地认识到：自然规律是不可抗拒的，违背自然规律的人类行为，最终会受到自然界的惩罚。只有建立一种人与自然的协调关系、和谐关系，才能保证人类社会的持续发展。

二、外部环境的意义

全球史的整体性特征，使外部环境问题凸显出来。正确认识外部环境的地位和作用，摆正人类与自然环境之间的关系，就成为我们理解和把握全球史的前提条件之一。人类所面临的自然环境是人类生存和发展的条件和基础，"任何历史记载都应该从这些自然基础以及它们在历史进程中由于人们的活动而发生的变更出发"。[①] 只有这样，才能得到对历史本质的认识，才能对全球史的宏观进程做出冷静、客观和科学的评价。

1. 世界整体存在的必备条件

任何事物都是存在于一定的环境之中的。外部环境提供了事物存在的起码的条件，比如：场所、空气、温度等等。没有外部环境，事物就不复存在。所以说，外部环境是事物存在的必备条件。比如在真空中的事物，真空就是事物的外部环境，离开了真空，事物就会发生一定的变化，成为另外一种事物，不再是原来的事物了。

世界整体从未独立存在过，而是必须存在于自然环境之中。人类所面临的自然环境为人类的生存提供了基本的条件，比如：陆地、阳光、空气、水、温度、矿物等等，没有这些条件，人类就无法生存，历史也就无从谈起。从根本上讲，人类以及世界整体都依赖于自然环境才能存在，而自然环境并不依赖于人类。不管人类改造自然的能力提高到何种程度，都是如此。

从人类的产生或历史的起源开始，它就是自然环境的产物，是自然环境使人类具备了生存的条件，才有了人类，以及人类的历史。人类产生之后，在人类漫长的发展道路上，自然环境也始终是人类存在的必要条件，人类也始终要依赖于自然环境。即使将来人类能够不再食用植物和肉类，而食用纯粹人工合成的、化学方法制造的食物，但制作这些食物的原料还是取自外部环境中；即使大气圈不能提供适当的空气，人们将来可以躲进封闭小屋中呼吸化学合成的空气，这种空气仍将是氧、氮、二氧化碳和其他自然气体的混合物；即使人类将来可以迁移到其他星球上去生活，也是因为那个星球具备了人类生存的某些条件。可见，外部环境作为世界整体

---

① 《马克思恩格斯列宁斯大林论历史科学》，人民出版社 1980 年版，第 2 页。

存在的基础和条件，是始终存在的。

承认自然环境是世界整体存在的必备条件，以及人类对自然环境的依赖，并不是说人类就没有对于自然环境的相对独立性。但是，人类的相对独立性不能理解为人类可以脱离自然环境，摆脱对外部环境的依存性。不论人类克服自然束缚力的能力有多么强大，人类总是要依赖自然环境。这是因为人类作为一个生物物种，是活的有机体，是一个特殊的开放系统。人类必须与自然界进行不断的物质与能量的交换才能保持其稳定性，才能保证其生物学的存在。而人类的一切社会活动或历史活动，作为人类的社会学的存在，毕竟是以生物学存在为基础的。

在人类长达几百万年的漫长发展过程中，绝大部分时间内，人类完全在自然力统治下生存，屈服于自然界的种种制约。只是在最近几千年中，随着文明时代的到来，人类才逐渐增强了克服自然的能力。特别是最近几百年来，由于近代科学技术和大工业的发展，人类独立生存的能力大大提高，使自然界由于人类的活动而发生了许多变化。尽管如此，也不能说人类对自然环境的依存性减弱了，只能说人类与自然环境之间的相互联系发生了某些变化。比如，人们建造的现代化设备的住宅，表面上看起来有着更明显的"脱离"自然界的独立性，比古人的洞穴、茅屋更少自然的特色。但是，人们为了建造这样的住宅，就要保证水、电、煤气的充足并更多地利用各种建筑材料、装饰材料，这就意味着人们更多地要利用自然界的物质，不断提高利用自然的能力、规模和程度。实际上，人类就更加依赖自然界了，社会的存在和发展也更加依赖自然资源了。所以，不管科学技术如何发展，人类的独立性如何提高，人类同自然环境的依存关系始终不会改变，改变的只是人类影响自然界的手段和方式而已。

其实，不仅人类的生存依赖于自然环境，而且人类的一切活动都依赖于自然环境才能够进行。因为，一方面，自然环境提供了人类活动所需的空间；另一方面，自然环境还提供了人类活动所需的原料和信息。比如，人类的生产活动，不论是古人的采集、狩猎，还是现代人研制电脑芯片或航天飞机，他们所用的原料都是从自然界中提取。人类毕竟没有创造物质本身，技术与工业的进步，不过是提高了人们从自然界中提取物质和加工物质的能力。再比如，人类的文化活动，离不开自然环境所提供的各种信息，许多文化成果都是借助于自然界的信息，受到自然环境的启发，对自然界各种信息进行加工的结果。较为典型的例子如象形文字、音乐美术、艺术创作以及自然科学等。所以，马克思说："没有自然界，没有感性的外部世界，工人什么也不能创造。"[①] 自然环境作为人类及世界整体存在的基本条件，无论怎样估计都不会过分。即使将来人类社会进入高度发达的阶段，也依然要由外部环境提供存在的基本条件。对于这一点，人们应当给予足够的重视。

2. 世界整体多样性的自然基础

人类是自然界中的一个极其富有多样性的物种，正是人类的多样性构成了全球史发展的基础。可以说，整个全球史不过是以人类多样性为起点的逐渐展开的过程。可以从几个层次上认识人类的多样性：

首先，构成人类的个体是无限多样的。自人类产生以来，历史上出现过的个体有数百亿之多，但是从来没有出现过两个完全一样的人。即使是多胞胎产下的婴儿，也有问世的先后，尽管可能相貌特征完全一样，但他们的心理活动、意识、后天所受的教育以及对环境的不同反应等等，都会造成他们之间的种种差异。

造成个体之间差异的因素有很多，但基本可以分成两大类，即生理的和社会的。生理方面的因素主要是遗传基因、DNA 密码变异、血液类型以及神经系统的结构等等。生理上的差异能造成个体之间在身高、体重、肤色、毛发、骨骼、性格、智商等方面的不同。社会方面的因素主要是生存环境、文化教育、家庭影响、食物构成、工作条件、大众传播等等。这些因素能够影响到个体的思想、观念、意识、信仰、技能、语言、行为、情绪、活动等等。每一个人都以他们自己所特有的方式参与历史，他们自

---

① 《马克思恩格斯全集》第 3 卷，人民出版社 2002 年版，第 269 页。

觉或不自觉地在历史上扮演着不同的角色，从事着不同的活动。因此，他们在历史上所产生的影响、留下的痕迹、发挥的作用等等，也都是各不相同的。正是这一切的汇合交叉和相互作用，最终构成了世界整体历史丰富多彩的宏伟画卷。

其次，由个体构成的群体也是多种多样的。人类是一种群体动物，个体是通过群体而参与历史活动的，个体在历史上都是微不足道的，而群体则能对历史产生相对显著的影响。每个群体也都有自己不同的特点，影响群体特征的因素有很多，比如血缘关系、地域划分、语言文字、宗教信仰、经济利益、政治立场、价值观念、文化程度、工作性质、生活习俗等等。不同的因素构成了不同的群体，比如种族、民族、家族、阶级、党派、教派、团体等等。

每一个群体都具有自己的群体特征。例如民族，一个民族是由那些具有共同语言、共同地域关系、共同文化素质等的人口所组成的，他们由共同的利益关系联结在一起。世界上能够明确划分的民族有 2000 多个，大的民族可拥有十多亿人口，如汉族，小的民族有的还不到 1000 人，如火地岛的奥纳人、阿拉卡卢夫人、雅马纳人等。[①] 再如阶级，人们由于不同的经济地位和政治利益，而构成了不同的阶级，这些阶级中有统治阶级，也有被统治阶级；有剥削阶级，也有被剥削阶级，还有一些处于中间层次的阶级，在不同的历史时期就会有不同的阶级存在，它们之间有着时而缓和、时而尖锐的矛盾、分歧和冲突。许多群体都曾经在历史上起过十分重要的作用或产生过较大的影响。群体本身在历史上是不断变化的，它们不断地产生、发展和消亡，也不断地分化、组合和同化。它们在历史上的地位、作用、影响也是依据不同的时代条件而呈现出其多样性的特征。

再次，人类所创造的文化现象的多样性和多元化。这里所说的"文化"是一个广义上的概念，它包括人类所创造的物质文化和精神文化的各种成

---

① ［苏］尼·切博克萨罗夫、伊·切博克萨罗娃：《民族·种族·文化》，赵俊智等译，东方出版社 1989 年版。

果。影响各种不同文化现象的因素主要有民族关系、语言文字、自然环境、宗教神话、科学技术、思想观念、社会制度等等。在这些因素的影响下，人类文化呈现出五彩缤纷、绚丽多彩的景象，产生了各种各样的文化类型。

文化类型的划分由于文化的多样性而变得十分困难，至今世界上没有一种公认的划分方法。大致地讲，按照民族划分，有汉族文化、藏族文化、日耳曼族文化等；按照语言文字划分，有英语文化、拉丁语文化、阿拉伯语文化、西班牙语文化等；按照自然环境划分，有大陆文化、海洋文化、草原文化等；按照宗教派别划分，有基督教文化、伊斯兰教文化、佛教文化、道教文化等；按照生产力水平划分，有采集狩猎文化、农业文化、工业文化、高科技文化等；按照社会制度划分，有封建文化、资本主义文化、社会主义文化等等。文化的类型是很多的，并且在每一种类型中还可细分出不同的文化模式，比如在汉族文化中还可分出黄河流域文化、闽南文化、南粤文化、江浙文化等，在佛教文化中也可分出大乘派文化、小乘派文化、敦煌文化、石窟文化等等。另外，还应当注意的是，不同文化模式之间的相互融合、相互吸收、相互影响，往往还能够形成一些新的文化现象或曰混合型文化，如市场文化、军事文化、企业文化、饮食文化等等。这些种类众多的文化，都在人类历史上产生过或大或小的作用，它们使世界整体更加富有活力，显出勃勃生机。

最后，人类社会所走过的具体道路和发展过程也是千差万别的，不同的民族和国家经历着不同历史过程。列宁曾经指出，"不同的民族走着同样的历史道路，但走的是各种各样的曲折的小径，文化较高的民族的走法显然不同于文化较低的民族。芬兰有芬兰的走法。德国有德国的走法"。①列宁还说道："在人类从今天的帝国主义走向明天的社会主义革命的道路上，同样会表现出这种多样性。一切民族都将走向社会主义，这是不可避免的，但是一切民族的走法却不会完全一样，……每个民族都会有自己的

---

① 《列宁全集》第36卷，人民出版社1985年版，第167页。

特点"。① 历史事实的确如此，比如同样是无产阶级革命，中国革命所走过的道路，与俄国革命、古巴革命、德国革命等所走过的道路，都是不尽相同的。

马克思在分析资本主义雇佣劳动的起源时，也曾指出其多种多样的途径。他说：

> "在现实的历史上，雇佣劳动是从奴隶制和农奴制的解体中产生的，或者像在东方和斯拉夫各民族中那样是从公有制的崩溃中产生的，而在其最恰当的、划时代的囊括了劳动的全部社会存在的形式中，雇佣劳动是从行会制度、等级制度、劳役和实物收入、作为农村副业的工业、仍为封建的小农业等等的衰亡中产生的。"②

马克思在分析土壤对资本主义生产的影响时指出：

> "不是土壤的绝对肥力，而是它的差异性和它的自然产品的多样性，形成社会分工的自然基础，并且通过人所处的自然环境的变化，促使他们自己的需要、能力、劳动资料和劳动方式趋于多样化。"③

即使在同样的经济基础上，也会出现不同的历史发展过程。总之，世界整体是以其极为丰富的多样性展现在我们面前的，而其外部环境也同样是个充满多样性的系统。暂且不论宇宙空间的复杂结构，单就人类居住的地球上的地理环境来讲，它的结构是极其复杂多样的，各个地区的土壤性质、气候特点、径流分布、植被种类、矿藏储量和品位等等，都是很不平衡的。因而，它们对世界整体的影响也必然是多种多样的。地理环境的多样性在一定程度上影响着世界整体的多样性。在这个意义上，可以说，地理环境是世界整体多样性的自然基础。

那么，地理环境是怎样成为世界整体多样性的自然基础呢？

首先，人类社会的发展归根结底是受生产力发展制约的。不同民族和

---

① 《列宁全集》第 28 卷，人民出版社 1990 年版，第 163 页。

② 《马克思恩格斯全集》第 30 卷，人民出版社 1995 年版，第 15 页。

③ 《马克思恩格斯选集》第 2 卷，人民出版社 1995 年版，第 219 页。

国家的历史，之所以呈现出一派形形色色、千姿百态的景象，最终是由各地社会生产力发展的不平衡决定的。而各地生产力水平的差异，除了社会因素之外，主要是受地理环境影响的结果。这是因为，不同的地理环境影响着生产力分布的不同。在人类社会发展的初期，由于生产力水平十分低下，人们的生活资料和生产资料的来源，在很大程度上直接依赖于地理环境。因而，社会生产力的分布就会受到自然条件的明显影响。在土地肥沃的地方，农业才能得到发展；在易于驯养的野生动物如马、牛、羊等较多的地方，才会产生畜牧业；没有足够的水域，渔业就不可能存在；在茫茫的草原上，不会产生造船业和航海技术等等。随着社会生产力的发展，到了现代，地理环境对生产力分布的影响，不是那么明显了，但并没有消失。例如，森林面积广大的加拿大，仍以木材工业为主要生产部门；拥有辽阔草原的澳大利亚着重发展畜牧业；煤炭区的工业综合体和石油天然气区的工业综合体不同，而石油天然气区的工业综合体又与在稀有金属和有色金属的富有地区建设的巨大水电站周围的工业综合体有显著区别。

其次，地理环境的特性，不仅对社会的经济生活，而且对社会的政治生活、文化生活等等都有一定的影响。不同的民族和国家在社会关系、社会形式、经济制度、政治制度甚至历史进程的方向等方面之所以表现为千差万别，除了生产力发展、历史传统、外部影响等因素的作用之外，也是与地理环境的不同密切相关的。

在马克思世界历史理论中，十分重视地理环境与社会发展的关系，以及不同的地理环境对多样性的人类历史所起的作用。比如，马克思恩格斯在研究东方国家历史时，曾多次指出东方地理环境的特性对东方土地所有制关系及国家政权形式的影响。恩格斯说："不存在土地私有制，的确是了解整个东方的一把钥匙。这是东方全部政治史和宗教史的基础。但是东方各民族为什么没有达到土地私有制，甚至没有达到封建的土地所有制呢？我认为，这主要是由于气候和土壤的性质。"[1] 马克思还曾写道，由于

---

① 《马克思恩格斯全集》第 28 卷，人民出版社 1973 年版，第 260 页。

气候和土壤条件，特别是从撒哈拉经过阿拉伯、波斯、印度和鞑靼区直到最高的亚洲高原的广大的沙漠地带，水利灌溉是农业的基础。水利工程的共同管理和共同用水，就迫切需要中央集权的政府来干预。①

在同一社会形态下，不同的国家由于自然条件和其他条件的不同，就会产生不同的社会形式。因为"相同的经济基础—按主要条件来说相同—可以由无数不同的经验的情况，自然条件、种族关系、各种从外部发生作用的历史影响等等，而在现象上显示出无穷无尽的变异和彩色差异，这些变异和差异只有通过对这些经验上已存在的情况行分析才可以理解。"② 比如，在氏族社会向阶级社会转化时，由于"部落的天然性质"，"气候、土壤的物理性质"，"土壤的开发方式"等条件的不同，便产生了四种不同的所有制形式，即亚细亚的、斯拉夫的、古代的、日耳曼的所有制形式，而在不同的所有制基础上，必然产生出不同的社会类型。③

不同的地理环境，多少还会影响到历史发展进程的殊异。例如，亚欧大陆和美洲大陆的自然条件不同，影响了两个大陆不同的社会发展进程。恩格斯直接为我们提供了这一例证。他指出：

> "东大陆，即所谓旧大陆，差不多有着一切适于驯养的动物和除一种以外一切适于种植的谷物；而西大陆，即美洲，在一切适于驯养的哺乳动物中，只有羊驼一种，并且只是在南部某些地方才有，而在一切可种植的谷物中，也只有一种，但是最好的一种，即玉蜀黍。由于自然条件的这种差异，两个半球上的居民，从此以后，便各自循着自己独特的道路发展，而表示各个阶段的界标在两个半球也就各不相同了。"④

再次，正如人类社会的多样性是体现在不断发展的过程中一样，构成地理环境的诸种因素也不是一成不变的，而是在不断地发展变化的。地理

---

① 《马克思恩格斯选集》第1卷，人民出版社1995年版，第762页。

② 《马克思恩格斯全集》第46卷，人民出版社2003年版，第894—895页。

③ 参见《马克思恩格斯全集》第30卷，人民出版社1995年版，第478页。

④ 《马克思恩格斯选集》第4卷，人民出版社1995年版，第20—21页。

环境不仅由于人类的活动发生变化，而且它本身也是按照一定的自然规律运动和发展变化着。地理环境对世界整体多样性的作用，也是在这种发展变化的过程中实现的。

地理环境自身的运动变化对人类社会也产生了多种多样的影响。比如，最后一次冰川的到来，使原始人群居住的地方成为海洋；冰川引起气候的变化，使森林面积不断缩小，迫使最早的人类逐渐适应远离森林的生活；大约在一、二万年前，撒哈拉沙漠面积不断扩大，那里的人们被迫迁到了草木丛生、野兽出没的尼罗河谷地，后来在那里创造了灿烂的文化。再比如，公元前492年，地中海阿陀斯海角的飓风，使入侵希腊的波斯海军全部葬身海底，不然希波战争也许会是另外一种结局；公元79年，意大利半岛维苏威火山爆发，使繁华的庞贝市和赫莱尼厄姆市变成废墟；黄河在历史上的多次改道和泛滥，影响着黄河流域的土壤性质、气候变化、人口分布、水陆运输、植被面积等等。总之，地理环境遵循着自然规律的运动变化，进一步增加了历史的多样性。

应当指出，地理环境以其客观存在的物质力量，必然对人类社会产生一定的影响。虽然这个影响不足以决定社会制度的性质和社会形态的更替，但却能够以其自身的多样性在很大程度上奠定世界整体多样性的基础。因此，各个民族和国家的历史发展的差异，多少是与它们所处的地理环境的特性有关的。这就是我们在考察某一国家的历史特点时，总要注意到这一国家所处的地理环境的原因。对于全球史的考察，也应当重视自然环境的种种影响。忽视这一点，就不是历史唯物主义的态度。

3. 世界整体进化的地域因素

人类的一切历史活动都是在一定的地域范围内进行，都依赖于外部环境所提供的空间和场所。因此，在一定地域中存在的诸种自然因素，就会作为外部条件或多或少地影响到该地域的社会发展。一个地区社会发展的情况，总会包含着这一地区自然因素的作用，了解这些地域因素，往往是了解该地区社会发展进程的一把钥匙。

例如，人类的生产方式和生活方式在很大程度上都依赖于外部环境的地质、地理、气候、资源等条件。原始人是从事狩猎还是从事捕鱼，就取决于他们生活的地区是森林还是水域；古人制作什么样的手工业产品，要看他们就近能够得到什么样的原料，比如木料、石料、皮革、金属矿石或骨料等，原料制约着产品的种类。历史上人们的居住方式，也与他们所在的地域条件有关：大草原上的游牧民族习惯于住帐篷，以方便随时迁移到水草丰茂的地方去放牧；平原地区从事农业的民族习惯于住固定的木屋或砖房；丘陵地带或山区的人们又习惯了住在冬暖夏凉的窑洞里。

黑格尔在这方面提出过值得注意的思想。他在《历史哲学》一书中，划分了三种不同的地域条件：（1）干燥的高地及广阔的草原和平原；（2）巨川大河流过的平原流域；（3）海岸地区。他认为，在第一种地域中的人们主要从事畜牧业；第二种地域条件中的人们主要从事农业；第三种地域中的人们主要从事工商业。这里，黑格尔试图说明地域条件与生产力分布之间的关系，有一定的科学价值。直到今天，将地理环境划分为不同地域并在此基础上研究生产力分布的规律，仍然是经济地理学的基本方法之一。

随着社会的不断进步，人们利用自然的能力也不断提高。有些地域因素过去人们不会利用的，现在能够利用了；有些地域因素过去是社会发展的不利条件的，现在可能变为有利条件了。例如，当人们还不会建造航海工具的时候，海洋把人们彼此隔绝开来，形成各种地域封闭型的文化；而当人们建造了航船、制作了罗盘、掌握了有关航海的各种技术手段之后，海洋却成了各族人民之间交往的便利条件。可见，随着社会的发展，会有越来越多的地域因素被人类所利用，参与人类的历史过程，这是因为人类认识自然、利用自然物质的能力提高了。

地域因素对人类社会的影响也是多种多样的。古代文明大多产生于大河流域，比如埃及古代文明在尼罗河流域、古代印度文明产生在恒河及印度河流域、古代巴比伦文明产生在两河流域、古代中国文明产生在黄河流域等，说明大河流域多样化的地理环境，有利于人类文明的创造性劳动。古代某些较为贫瘠的地区，由于大规模的商队从这里经过，就会为该地区带来一些繁荣。这是因为这些地区的地理位置重要，正处于交通要道的缘故。比如丝绸之路以及古代欧亚大陆上的一些商路就是如此。但也有一些地域条件较差、资源缺乏的地区，这些地区的民族有时会更具有对外扩张、掠夺的特点，通过侵略达到迁移或抢占的目的。历史上有些游牧部落以及日本等国在某些历史时期就显现出这些特点。

即使是人类的文化活动也都包含有明显的地域因素。通常人们所说的山文化、水文化、海洋文化、草原文化等等，都十分形象地说明了地域特征对人们的文化创造所留下的深刻印痕，这些印痕渗透在人们文化活动的各种形式和内容中，包括：图腾、舞蹈、音乐、绘画、服饰、饮食、诗歌、小说、散文、戏剧、礼仪等等。比如反映山区生活的文学作品会透露着一种粗犷、神秘、浑厚的气息；反映沿海地区的文学作品则会带有一种细腻、狡黠、流畅的特点；而反映草原特色的文学作品充满着宽广、豪爽和浪漫之情。文化活动虽然属于社会的上层建筑，有时会显得远离现实，但是，它却不能摆脱地域因素的影响，这就充分说明了地域因素与人类社会的密切关系。

近代工业兴起以后，由于人类的活动而改变了地域特征的最典型的现象是城市化的潮流。城市一般建立在人口密集、交通便利、经济繁荣的地区，大量城市的崛起使自然地域的面貌大为改观，城市成为一种新的地域结构。虽然城市是人类创造性活动的产物，但当城市构成一种地域因素时，它同样以自己的独特风格影响着社会的进化，它作为人造环境影响着世界整体的进化和发展。当代城市由于聚集了大量的人才、信息、物力和财力，已经成为社会发达程度的一种象征，也是人类发展前景的希望所在，这都深刻地揭示了地域因素在世界整体进化过程中的不可替代的作用。

4. 世界整体的制约因素

自然环境作为世界整体存在的基本条件，它对世界整体有一种制约、选择、控制的作用或力量，或者说，世界整体必须适应自然环境才能生存。这是世界整体与自然环境的一种基本的相互关系，并且这一关系不能弄颠倒，即不能说要自然环境来适应世界整体，这一点是必须认识清楚的。过去曾经流行一种观点，以为随着科学技术的发展，人类可以最终征服自然界。这是十分幼稚的。实际上，不管人类改变自然的能力如何提高，人类归根到底都是要顺应自然的，而不是相反。一方面，自然环境中的阳光、空气、水、陆地、植被、温度等这些基本因素，人类社会及人体本身都必须适应才能存在；另一方面，人类居住的地球所能给人类提供的自然资源、能源、矿藏都不是无限的，这种有限的生存条件对世界整体的发展也有一种制约作用。

一个典型的例子是人口的增长。由于地球在空间上的局限性，它所能承载的人类数量也是有限的，人口不能无限地增长下去，这是摆在人类面前的一个极其严峻的问题。最近一百多年来，世界人口增长的速度十分惊人。1850 年，世界上仅约 10 亿人口，1930 年达到 20 亿，1960 年达到 30亿，1976 年达到 40 亿，1987 年达到 50 亿，目前已达到 70 多亿。人口发展的总的趋势是以几何级数的形式加速增长。如果按照这种增长速度发展下去，那么，到 2150 年，地球上人口将达到 125 亿，700 年后，每平方米的地面上将有 1000 人。这就严重超出了地球的承载能力。实际上，科学家认为，世界耕地可供养的人口只能是 105 亿左右。而目前由于荒漠化等因素的影响，世界耕地以每年 3 亿亩的速度递减，人口则以每年 0.8 亿的速度递增。这种情形给人类数量的增长带来了不可抗拒的压力，自然环境对人类的强大制约作用充分显示出来。

另外，由于人类仅仅是自然界的一部分，自然界是一个更大的整体，人类作为部分，必然受到这个更大的整体的性质、运动的制约。也就是说，自然界普遍存在的一些规律和法则，对人类社会也同样有效。比如质量互变规律、对立统一规律、否定之否定规律、热力学第一定律、热力学第二定律等等。人类无法逃脱这些自然规律的根本制约，必须服从这些自然规律，遵循自然规律从事历史活动。否则的话，人类将会受到自然环境的制裁或惩罚。在人类历史上，由于人类自觉或不自觉地违背自然规律，而受到自然环境惩罚的例子很多，并且是自古以来就有的。

例如，原始人群在采集和狩猎过程中，常常由于过度索取，消灭了一个地区的许多物种，破坏了人们的食物来源，迫使人们不断迁徙；农业产生后，连年不断的"刀耕火种"，毁灭了大片森林，使生态平衡遭到破坏。

"美索不达米亚、希腊、小亚细亚以及其他各地的居民，为了得到耕地，毁灭了森林，但是他们做梦也想不到，这些地方今天竟因此而成为不毛之地，因为他们使这些地方失去了森林，也就失去了水分的积聚中心和贮藏库。阿尔卑斯山的意大利人，当他们在山南坡把在山北坡得到精心保护的那同一种枞树林砍光用尽时，没有预料到，这样一来，他们就把本地区的高山畜牧业的根基毁掉了；他们更没有预料到，他们这样做，竟使山泉在一年中的大部分时间内枯竭了，同时在雨季又使更加凶猛的洪水倾泻到平原上。在欧洲传播栽种马铃薯的人，并不知道他们随同这种含粉的块茎一起把瘰疬症也传播进来了。"①

现代大工业的发展，把大量的废弃物排向环境，引起了空气、水源、土壤、植被等的污染，自然界净化能力下降，自然资源再生产能力减弱，使人类居住的环境更加恶劣。例如，近年来世界气候变化异常，厄尔尼诺现象肆虐，就是与工业及汽车排放的二氧化碳的急剧增加有关。厄尔尼诺现象又导致森林火灾频频发生，火灾烟雾又进一步地污染了空气。

所以，"我们每走一步都要记住：我们统治自然界，决不像征服者统治异族人那样，决不是像站在自然界之外的人似的，——相反地，我们连同我们的肉、血和头脑都是属于自然界和存在于自然之中的；我们对自然界的全部统治力量，就在于我们比其他一切生物强，能够认识和正确运用自然规律"。② 自然规律是不以人们的意志为转移的，尽管人类的活动对自然界产生了强烈的影响，但这些影响对浩瀚的大自然来说仍是微不足道的，它们至今不过是主要涉及地表自然的少数环节。因为人类本身也是属

---

① 《马克思恩格斯选集》第4卷，人民出版社1995年版，第383页。
② 《马克思恩格斯选集》第4卷，人民出版社1995年版，第383—384页。

于自然界的，人类必须遵循自然规律才能生存和发展。人类可以改变自然环境的某些风貌，但不能改变人与自然相互关系的基本方向，也不能改变自然界发展运动的总进程。并且，人类改造自然的活动，也必须依据一定的自然规律，在自然规律的支配下进行。

以生产力为例。生产力诸要素中，首先是人即劳动者，而人的产生、人的自然属性、人种的形成、人口密度、人口的发展变化等，都是要受自然环境影响的；其次是劳动工具，制造工具必须从自然界中提取材料，自然环境往往会限制劳动工具的水平。比如在没有金属的地方，就不能首先越过石器时代。另外，工具的改进，也需要自然界提供加工对象。自然条件的差异，往往促进着劳动工具的改进。最后，劳动对象则有的是纯粹的自然物，有的是经过劳动加工的自然物。"正如劳动过程最初只是发生在人和未经人的协助就已存在的土地之间一样，现在在劳动过程中也仍然有这样的生产资料，它们是天然存在的，不是自然物质和人类劳动的结合"。①

以农业为例。尽管随着生产技术的进步，人们在农业生产中使用了多种机械、人工肥、人工灌溉以及先进的田间管理方法等，但直到今天，农业生产部门也必须根据自然条件的特性来安排农业生产。因为农业生产主要依赖的自然条件如阳光、土壤、空气、水等，并不是人的活动所能完全取代的。自然条件的变化对农业生产仍有重大影响。比如气候的变化会影响农业生产的时间和耕种期的长短，而生产时间和耕种期长短的变化则会影响到生产形式、劳动组织、自然资源的利用、牲畜的饲养方式甚至市场营销等等。

以核工业为例，虽是科学技术高度发展的结果，但它也是人类认识和利用自然界中铀等放射性元素和原子裂变规律的结果。因此，不管科学技术如何发达，人类最终还是受到自然规律的束缚。

---

① 《马克思恩格斯全集》第 44 卷，人民出版社 2001 年版，第 215 页。

三、外部环境与全球史的相互作用

外部环境的意义揭示了全球史与自然环境之间存在的相互作用、相互影响和相互关系。除了前面所讲到的外部环境的基本作用之外，外部环境对全球史的发展过程还有许多直接或间接的影响，全球史每时每刻都是在外部环境的影响下运动变化的。同时，人类的历史活动也对自然环境造成一定的影响，并在一起程度上改变了自然环境，这也是人类历史的本质所决定的。

1. 外部环境对全球史的影响

外部环境对全球史的影响是绝对的和不可抗拒的。这种影响在其表现形式上又是多种多样的，它有时是直接的，有时是间接的；有时是长期的，有时是短暂的；有对世界整体的全局性影响，也有对世界整体的局部的影响。但总的来讲，外部环境对全球史的影响是无时不在，无处不在的，我们对此必须有足够的重视。

人类历史的发展受社会生产力水平的根本制约，而自然环境却能够影响生产力发展的速度。有些地区土地肥沃、资源丰富、气候适宜、自然灾害较少，生产力发展的速度可能就快一些；而有些地区土地贫瘠、资源短缺、气候恶劣、自然灾害频繁，因此，生产力的发展就会遇到较多的困难和阻力。

一般地讲，在同一生产方式下，能够加速生产力发展的自然条件即有利的自然条件；而阻碍生产力发展的自然条件，就是不利的自然条件。自然条件的特性，在一定条件下，影响着劳动生产率，从而影响着生产力发展的速度。正如马克思所说：

"劳动的不同的自然条件使同一劳动量在不同的国家可以满足不同的需要量，因而在其他条件相似的情况下，使得必要劳动时间各不相同。"①

　　当然，我们不能用形而上学的观点来看待自然环境的优劣。十分恶劣的自然条件，使人们花费较多的劳动维持生活必需品的生产，而用于扩大生产的劳动时间较少，就会使生产发展迟缓。但"过于富饶的自然，使人离不开自然的手，就像小孩离不开引带一样"，②也同样会使生产的发展陷入停滞的境地。因为优越的自然条件，使人们过于依赖自然，助长了人们的惰性。人们花费较少的劳动就可以满足自己的生活需要，因此就没有向前发展的激励。大洋洲的玻里西尼亚人、塔萨代人，美洲的尤卡斯人长期处于原始状态，即是例证。所以，通常情况下，正是自然环境的复杂多样，才有利于生产的发展。普列汉诺夫曾经说过："地理环境的特性愈是复杂，则它对于生产力的发展愈是有利。"③黑格尔也曾在他的《历史哲学》一书中，用较大篇幅阐述了希腊多样化的地理环境与发达的社会状况之间的关系。④马克思则指出："资本的祖国不是草木繁茂的热带，而是温带"⑤由此可见，自然环境通过影响生产力的发展，最终可以影响人类社会发展的速度。

　　自然环境本身也是在不断变化的，这种变化有时是缓慢的、平稳的，有时则是突发的、剧烈的。缓慢的变化如地面升降、大陆漂移、温室效应、太阳黑子的周期性变化等；剧烈的变化如地震、水灾、泥石流、龙卷风、火山爆发等，它们都对历史的发展有着各种影响。例如1976年中国唐山大地震，几分钟内造成数十万人伤亡，一座城市变为废墟；上海市由于工业高度发展，地下水开采过量，造成每年几个厘米的地面下降。在历史上，从太古代到元古代、古生代到中生代、中生代到新生代之间，都曾发生过激烈的造山运动。每当造山运动来临，火山多发、地震频繁、冰期

---

①　《马克思恩格斯选集》第2卷，人民出版社1995年版，第220页。

②　《马克思恩格斯选集》第2卷，人民出版社1995年版，第219页。

③　《普列汉诺夫哲学著作选集》第3卷，三联书店1961年版，第165页。

④　参见黑格尔：《历史哲学》，三联书店1956年版，第358—381页。

⑤　《马克思恩格斯选集》第2卷，人民出版社1995年版，第219页。

来临、物种变异，它们对人类社会的发展也会带来一些较大的影响。例如公元 2 年，中国的人口曾达 5900 万，但到公元 464 年锐减至 400 万。其原因除战乱外，与这一时期气候寒冷有关。公元 7—10 世纪，气候温暖多雨，中国进入隋唐盛世，欧洲也处在中世纪的平稳状态。到 16—17 世纪，由于冰期的影响，最终也导致了社会动荡，中国进入明末社会动乱，欧洲出现大面积饥荒，北欧海上贸易被迫中断。[①] 如果忽略了自然环境的影响，对于这些历史变化的认识就难免陷于片面。

自然环境从整体上讲，它的变化十分缓慢，例如地质构造、气候等，可以在几百年甚至几千年中没有什么大变化，因此，它对人类社会的影响可以是稳定的、长期的。例如中华民族所处的相对封闭的地理环境，对中国历史的发展产生深刻而久远的影响。中国北方面对戈壁亚寒带原始森林，西北是沙漠、高原和雪山横亘，西南是高大险峻的青藏高原，南方面对当时几乎难以逾越的浩瀚的海洋。由于具有各种自然屏障的围护，从而造成中国历时久远自给自足的自然经济和宗法一体的专制社会。自然环境的特定机制，一方面涵养和保护了中国的古代文明，另一方面在相当长的时间里也制约了中华文明在更广阔的时空中的开放式展开。

历代学者都十分重视自然环境对人类历史的影响，把环境因素看做是理解历史的一把钥匙。古希腊医学家希波克拉底（约前 460—前 377 年）就曾论及外部环境与人的性格、病理的关系，他力图说明气候、地理位置对亚洲、南欧人的生理特征和政治倾向的影响。亚里士多德则从地理环境出发来解释希腊人的优点，他认为希腊人由于处在地理中心，所以兼有南方人的智慧和北方人的勇敢，而又未沾染南方人的朝秦暮楚和北方人的鲁纯。中国的《周易》提出要重视天文地理，认为循此治理天下，就能使天下得利，避免做事的过失。《易》曰："仰以观于天文，俯以察于地理，是

---

① 于希贤：《火山爆发、地震、严寒、风暴与历代王朝变迁》，载《当代思潮》1987 年总第 14 期；另见 [法] 雅克·勒戈夫等主编：《史学研究的新问题新方法新对象》，郝名玮译，"气候史"一文，社会科学文献出版社 1988 年版。

故知幽明之故。……与天地相似，故不违。知周乎万物，而道济天下，故不过"。①

近代西方形成了较为系统的地理环境学说。如法国的孟德斯鸠曾特别强调地理因素对人类社会的影响。他认为：第一，气候对各民族的性格、感情、想象力和智慧，以及道德、风俗、宗教和法律等方面有巨大影响。居住在热带南方的人，体格纤细、脆弱，对快乐的感受性极端敏锐，心神萎靡、没有自信心、怯懦、不肯动脑筋，但可以接受奴役。居住在寒带地区的北方人，体格魁伟，但不活泼，较为迟钝，对快乐的感受性很低，自信心强，刻苦耐劳，热爱自由。第二，土壤同居民的性格之间，尤其是同民族的政治制度之间有非常密切的依赖关系。土地不太肥沃的国家，常常导致"数人统治的政体"；土地肥沃的国家则常常导致"个人统治的政体"。居住在山地的人坚决主张平民政治，居住在平原的人则要求一些上层人物领导的政体，居住在近海的人则希望一种由上述两者混合的政体。第三，民族居住地域大小同国家的政治制度有极其密切的依赖关系，小国宜于共和政体，中等国家宜于由君主治理，大帝国宜于由专制君主治理。英国的巴克尔（1821—1862 年）甚至提出，气候、土壤、食物三种因素能够影响财富的积累与分配以及经济阶级和社会阶级的产生；工资和生活标准的降低，同环境的富饶有连带关系，如粮食充裕可供养稠密人口，结果导致劳动力剩余。此外，天然景物对人类有直接影响，风景过分壮丽（如印度北部）令人望而生畏，导致产生一种卑贱的气质，足以阻碍其文明的进步。反之，赏心悦目的景致如希腊半岛，适宜于产生进步的文化。

前人虽然对地理环境的认识显得绝对和极端，也未能正确地揭示出地理环境与人类社会的相互关系，但是，他们关于自然条件对人类社会的影响的深刻认识和独到见解，却是有其合理性的。

---

① 《易·系辞上》。

2. 全球史对外部环境的影响

人类社会作为自然界的一个组成部分，它的显著特点就在于人类的活动可以在愈来愈大的程度上改变着自然界。恩格斯曾经指出："人对自然界进行改造的反作用，意味着生产"。和动物相比，"只有人才办得到给自然界打上自己的印记，因为他们不仅迁移动植物，而且也改变了他们的居住地的面貌、气候，甚至还改变了动植物本身，以致他们活动的结果只能和地球的普遍灭亡一起消失"。[①] 著名的全球史学者麦克尼尔父子也认为："人类的共同行为扰乱了原有的生态关系，首先是钻木取火、围猎大型动物，然后是驯化动物、引种植物。逐渐地，人类学会了按照自己的目的，去改变更多的地球能源和物资的流向，很快地扩大了适合人类生存的环境，增加了人类的数量。……人类的行为已成为地球历史中影响生物进化、（个别星球的）生物化学流向和地质过程的重要因素。"[②]

整个人类历史不过是一部人与自然的关系史，是一部人类不断提高改变自然和改造自然的能力的历史。在社会发展过程中，人类砍伐森林、开垦荒地、改良土壤、开发矿藏、引种植物、驯化动物、改变动植物区系、挖掘运河水库、修建桥梁堤坝、营造防护林、修筑交通网线、建立大工业区域等，无不在自然界留下了人类的印痕，对自然环境产生了广泛而深远的影响。经过人类活动改变了的自然环境，仍在自然规律的支配下，作为新的自然因素对人类历史发生作用。如此循环往复，使自然环境与人类社会之间的关系日益密切。比如，土壤的"肥沃程度虽然是土地的客观属性，但在经济方面常常包含着一种对农业化学发展状态和农业力学发展状态的关系，并且要跟随这种发展状态而变化"。[③]

人类活动对自然环境所发生的影响主要有以下几个方面：

第一，采集自然物，直接用于人类的生产或生活。古人首先利用的自

---

① 《马克思恩格斯选集》第 4 卷，人民出版社 1995 年版，第 274 页。

② J.R. Mcneill & William H.Mcneill:"The Human Web", Printied 2003 by W·W·Norton & Company, New York, pp.7-8.

③ 马克思：《资本论》第 3 卷，人民出版社 1975 年版，第 85 页。

然物是石头，他们用石头制作成各种工具，用于挖掘植物根茎、抵御野兽侵袭等；古人也直接采集植物果实充饥；猎取野生动物作为食物等等。古人的采集和狩猎往往能改变某一地区的物种数量或种类。农业发明以后，人们为了扩大耕地、修建房屋也曾大量砍伐树木，影响自然植被，最终影响土壤性质和河流分布。

第二，改变自然界物种的性质、特征和数量。人类通过引种，将某些野生植物改变成农业作物，人们可以大面积播种；通过嫁接，能够生产出新的植物品种；通过驯养，能够将某些野生动物改变成可饲养的、温顺的牲畜，并让这些牧畜帮助人们生产或生活。

第三，开采和加工地下矿藏，影响地质结构和运动。古人已开始开采地下金属矿藏，如铜、锡、金、铅等，近代以后，人类所能开采的金属矿藏越来越多，将它们加工成各类工具或用品。随着生产的进步，人类还大量开采煤、地下水、石油等，造成地表下沉、地震等。

第四，改变地表自然风貌。人类疏通河道、开挖运河、修建水库堤坝、开山辟路、植树造林或砍伐森林、扩大耕地面积等，这些都使地球表面的自然状况发生了很大变化。当然，使地表风貌发生最大变化的是人口数量的剧增以及人类建筑物、星罗棋布的城镇和动植物的物种迅速减少。

第五，修建交通网线，改变地域间联系。大约5000年前，美索不达米亚和中国已发明了轮子，减少了运载工具同地面的摩擦力，以后逐渐在轮上加附车轴和滚珠，使用了轮胎，道路也由泥土路，逐渐改变为沙石路、柏油路以及水泥路面等，使运输能力不断提高，道路越修越密集，成为一种人造风景。1832年英国人发明了蒸汽火车，开始修建铁路。今天铁路网在各大洲已十分密集。1903年莱特兄弟制造成功第一架飞机，天空中开始出现人造机器"鸟"。1958年，苏联建成第一艘宇宙飞船，人类开始冲出地球，加入到茫茫太空的漫漫旅途。

第六，人类的各种文化创造，丰富了自然景观，增加了地表的信息含量。人类是善于文化创造的物种，自远古时起，人类就会创造雕刻、壁画、饰物、彩陶等，文字发明以后，人类利用符号语言，创造大量文学、艺术、音乐、科学、宗教等作品，给自然界留下了丰富的文化遗产。现代人类利用电话、电视、电脑等手段，大大加快了信息流通，并将人类的信息送到茫茫太空，寻求与地外文明的沟通。

第七，人类活动对地球周围的大气圈、水圈、生物圈的影响。例如大气成分的变化、臭氧层的减少、有害气体的增加、烟雾的增加、海平面的升高、江河改道、洪水泛滥、水质变化、生物物种灭绝、生态失衡等。

从根本上讲，人类利用和改变自然环境的活动是为社会的生产和生活服务的。但是，由于人类认识和利用自然的能力是从低级到高级逐步提高的，所以，当人们还没有充分认识和利用某些自然规律的时候，人类改变环境的活动也会对自然环境产生某些消极的影响，这就造成了对环境的破坏。此类问题，自古以来就是存在的，不过今天我们可以看得更清楚一些。例如：

第一，大气污染和水污染：由于工业迅速发展，以及汽车废气、矿物燃料的燃烧等，大气污染日益严重。大气中各种有害物质，损害人体健康，腐蚀建筑物，破坏生态系统，造成目前每年约 10 亿美元的损失。另外，全世界目前每年约将 4200 亿立方的污水排入江河湖海，对水环境造成严重污染，对人类的健康危害很大。美国学者认为，40%的临床死亡病例与环境污染有关。

第二，森林破坏和土地流失：全世界目前每年有 1100 多万公顷森林遭到破坏，30 年内被破坏的森林面积大致等于印度的面积。全世界约有一半以上的灌溉系统不同程度地存在问题，结果每年损失 1000 万公顷灌溉土地。20 世纪 70 年代末，美国大约三分之一的农田受侵蚀；加拿大农民每年要花 10 多亿美元治理土壤沙化。

第三，温室效应：矿物燃料的燃烧，释放大量的二氧化碳，引起全球气候变暖。如果地球表面平均温度上升 1.5℃ 至 4.5℃，在今后 45 年内会引起海平面上升 25—140 厘米，淹没地势低的沿海城市及河流三角洲，同时也会严重影响世界农业生产和贸易系统。

第四，自然灾害倍增：据联合国统计，20 世纪 70 年代死于自然灾害的人数是 60 年代的 6 倍，受其危害的人数是 60 年代的两倍。60 年代每年有 1850 万人受旱灾影响，520 万人受水灾危害，而 70 年代分别为 2440 万人和 1540 万人。1970 年以来，全球共发生 7000 余次较大自然灾害，造成 250 万人死亡，直接损失约 2 万亿美元。目前自然灾害发生的频率比 20 世纪 70 年代高 4 倍。单是 2008 年，全球就发生较大自然灾害 321 起，造成 23.6 万人死亡，受灾人口 2.11 亿人，直接经济损失 1810 亿美元。

第五，能源耗费巨大：1980 年全球能源消耗约为 10 兆兆瓦，到 2025 年将达 14 兆兆瓦。人类所利用的能源材料主要是煤炭、石油、木材等，对这些材料的过度索取和使用，难免造成地理环境的破坏。

其他如海洋河流污染、沙漠扩大、臭氧层耗竭、物种消失等一系列问题，都是自然环境遭到人类破坏的严重后果。

人类活动与历史发展必然会对自然环境造成各种各样的影响，这些影响的性质和程度，反映着人类社会的水平和状况。因此，透过人类对自然环境的影响过程，我们可以依稀辨别出人类历史演变的大致轨迹。正如恩格斯所说："人离开动物越远，他们对自然界的影响就越带有经过事先思考的、有计划的、以事先知道的一定目标为取向的行为的特征"。[①]

3. 人类社会与自然环境的和谐统一

人类社会与自然环境之间是既相互区别，又相互联系；既相互对立，又相互统一的。并且，区别与对立是相对的，联系与统一是绝对的。人类社会与自然环境在本质上是处在同一个整体中的，它们是紧密联系、不可分割的。这就决定了人类社会与自然环境具有某些共同的运动规律，它们之间是应该而且能够和谐一致、共同进化的。

古代学者就已经察觉到人与自然界之间的某种神秘的联系，提出了"天人合一"的思想。中国先秦时期的道家和儒家都有这方面的思想和观

---

① 《马克思恩格斯选集》第 4 卷，人民出版社 1995 年版，第 382 页。

点。比如道家提出的"人法地、地法天、天法道、道法自然"。[1] 说明天、地、人之间有着共同的规则，能够相互沟通。儒家思想发展到汉代，董仲舒明确提出了"天人相类"、"天人感应"、"人副天数"以及"天人相通"、"天人合一"等等，把自然界和人类社会看做是浑然一体的东西。古代希腊早期哲学中的米利都学派、毕达哥拉斯学派、赫拉克利特学派等，他们把人与自然划分为主体和客体，从主客体的对立统一中达到了"天人合一"的认识。甚至还有人主张"物活论"，进一步缩短了自然与人之间的距离，把客观世界中的物质都看成是具有生命力、有感情、有欲望的活的东西。古人的这些思想虽然缺乏科学的论证，但却是一种天才的猜测和深邃的洞察力。因为现代科学的发展，逐步证实并且揭示了天地人之间的密切联系。

现代科学把生命与其生存环境的综合体看做是一个生态系统，认为生态系统是一个天、地、生相互作用的复杂巨系统，是一个天、地、生之间密切联系的有机整体。

有人把生态系统划分为生产者、消费者、分解者和无机界四个子系统，各个子系统既发挥着相对独立的特定的功能，又有机地整合在一起，使得整个生态系统形成协同的整体运动。其中生产者主要指绿色植物，还包括单细胞的藻类和能把无机物转化为有机物的一些细菌。绿色植物通过光合作用，把太阳能转化成为化学能、把无机物转化成为有机物，成为生物的食物和能量的来源，因此成为了生态系统的生产者。消费者主要是指动物。它们不能直接利用外界的能量和无机物作为直接食物，而以消费生产者为生。消费者之间又有不同的等级，食草动物以植物为直接食物，称为一级消费者；以食草动物为食物的动物成为二级消费者；以二级消费者为食物的动物则成为三级消费者；例如人。分解者主要是指具有各种分解能力的各种微生物，包括一些低等原生动物。分解者把动植物的尸体分解成简单的无机物，使得营养成分得以在生物和非生物之间循环。无机界可

---

[1] 《老子》第二十五章。

以看做这三个子系统的环境，通过它们与环境的交换而发生作用。总之，地球上的种种生物，通过与环境的交换，依靠太阳提供的能源以及大气、水、土壤中的营养物质生存和发展，组成了一个处于不断演化发展中的生态系统。

生态系统的存在和发展首先是由于系统内部各个组成部分之间的和谐共处、良性循环，离开了这种和谐共处，就意味着系统将走向崩溃。人类是生态系统中的一个组成部分，人类的产生和发展，都是与生态系统和谐一致的结果，是适应生态环境的结果。当然这并不是说每一个人类的个体，或者说人类的每一项活动都是与自然环境相和谐的，而是说，人类以及人类活动在整体上、本质上是与自然环境相和谐的。如果人类与自然环境之间在本质上不能和谐共处的话，那就意味着人类不能再存在下去了。

古人关于"天人合一"的天才猜测和朦胧认识，在一定程度上被现代科学所证实。著名科学家钱学森指出："人同宇宙，主体和客体是相依而存在的，有不可分割的关系"。[①] 近代哲学家康德曾提出一个问题：人的认识何以可能？当代科学的回答是：人的认识之所以可能，是因为天人相通，生命的过程跟宇宙的过程相一致。比如天、地、生命的自然运动节律往往是一致和相关的。天体有天象周期；天体运行、昼夜交替、季节变化、星体脉动、胀缩交替乃至星体、星系的生灭转化等等，地圈有地象周期：地球旋转、大气圈的气象演变、气候的变化、冰期的出现、洋流循环、海平面的升降、火山地震、岩浆活动、沉积作用、成矿作用、地质旋回等等。生物圈中也有一些周期运动，如生物的诞生期、发展期、繁盛期、灭绝期等等。在天、地、生周期中存在着某种相互关系和相互制约。例如，不同时间的尺度、不同等级的天文周期往往制约着相应的地质旋回，而天象周期和地象周期的运动也影响着生物圈的周期的活动。自从生命在地球上诞生以来，动植物都经历过多次的兴盛和灭绝，这些兴盛和灭绝似乎是受地表环境、宇宙环境的制约和影响的。古植物的几次强烈的分

---

① 　参见《自然杂志》1981 年第 7 期。

异，就分别与大造山运动和大冰期相呼应，也可能与更大范围的宇宙因素有关。地球上在晚寒武世、晚泥盆世、晚二叠世、晚三叠世、晚白垩世曾出现过 5 次生物大灭绝，许多学者认为，这主要根源于宇宙环境、宇宙因素引起的突变。

人类作为生命的一种形式，也有许多生长节律，也称做"生物钟"现象。例如：人的生、老、病、死，心脏的跳动，呼吸的节奏、血压的波动、女性月经周期等等。这些生长节律，与天、地、生周期之间都有着某种联系。甚至人的情绪波动、食欲变化、性欲强弱等都和自然界的某些现象，比如气候、气温、月亮盈亏、季节变换等等之间有一定的关联性。这些关联性中，有些比较容易认识，比如气候炎热，人会情绪急躁；气候宜人时，人就感到心情舒畅；气压高低的变化，有时会引起人的血压升降；月亮的 28 天运动节律与妇女月经周期相吻合等等。但还有更多的关联性人们目前还不能认识和理解，不过，这些关联性是的确存在的。

指出人与自然的和谐本质，对于我们认识人类历史是有重要意义的。既然人与自然本质上是和谐一致的，那么，在更宏观的层次上，人类史和自然史之间也应该是和谐一致的。也就是说人类历史的进化与外部环境的进化之间有着一种关联性，比如在风调雨顺的年景里，社会经济稳定、发展，人口迅速增加；而在自然灾害频繁，甚至冰期到来时，社会经济会受到很大的破坏，人口也急剧减少。如果能够在同一个坐标系中画出两条曲线，一条反映世界整体历史的综合变化，另一条反映外部环境的综合变化，那么，这两条曲线的走向和起伏将可能是大致吻合的。因此，对于人与自然的关系的研究，将会直接揭示出人类历史的整体面貌，同时也告诉今天的人们：应当重视维护人与自然的和谐关系，努力营造一个有利于人类社会进化的外部环境。

4. 外部环境与全球史相互作用的特点

人类是自然界中的一个十分独特的组成部分，由于这一点，人类社会与自然环境之间的相互关系、相互作用、相互影响也必然具有某些特征。

正确认识这些特征是我们客观地、完整地理解全球史进程的前提条件。根据马克思的世界历史理论，世界整体历史与自然环境的相互作用有以下几个方面的特点：

第一，自然环境是优先于人类的。在人与自然的关系问题上，马克思认为有两种自然，他一方面提出"人化自然"的思想，认为由于有了人，才造成了人与自然的区别，才造成了人化自然与天然自然，强调了人的重要性；另一方面他又强调"在这种情况下外部自然界的优先地位仍然会保存着"。[①]并且，他对自然界优先地位的强调，并不是立足于传统唯物主义对自然界在时间上的优先性的理解，即先有自然界，然后才有人类，而是立足于人与自然的本质关系。他认为人是自然的产物，只有具备了特殊条件的自然，才能创造出认识的主体。用恩格斯的话说，思维的生物"凡在具备了条件（这些条件并非在任何地方和任何时候都必然是一样的）的地方是必然要发生的"。[②]人乃至最美丽的思维之花就其自然本性而言，都是依赖、从属于大自然的。马克思曾经说过，眼睛的对象不同于耳朵的对象，只有音乐才能激起人的音乐感，"对于没有音乐感的耳朵来说，最美的音乐毫无意义"。[③]强调了人对自然的重要性，紧接着马克思又指出了人的感觉是依赖于自然才产生出来的。他说：

"不仅五官感觉，而且连精神感觉、实践感觉（意志、爱等等），一句话，人的感觉、感觉的人性，都是由于它的对象的存在，由于人化的自然界，才产生出来的。"[④]

可见，归根结底，人是依赖于自然界的，自然界作为一个更大的整体，它的优先地位是绝对的，而人类作为自然界的一部分，他的独立性和重要性都是相对的。列宁曾指出："人因自己的工具而具有支配外部自然

[①]　《马克思恩格斯选集》第1卷，人民出版社1995年版，第77页。

[②]　《马克思恩格斯文集》第9卷，人民出版社2009年版，第473页。

[③]　《马克思恩格斯全集》第3卷，人民出版社2002年版，第305页。

[④]　《马克思恩格斯全集》第3卷，人民出版社2002年版，第305页。

界的力量，然而就自己的目的来说，他却服从自然界的"。[①]

第二，人与自然的关系是通过实践才发生的，实践在人与自然的关系中有着极其重要的地位。在《关于费尔巴哈的提纲》中，马克思第一次提出了"社会生活在本质上是实践的"这一科学命题。马克思认为，人类社会实践统一着人与自然，"环境的改变和人的活动或自我改变的一致，只能被看作是并合理地理解为革命的实践"。[②]换句话说，人与自然是通过人的感性的、物质的活动而彼此联系着的，通过实践活动，天然自然转化为与人发生关系的人化自然；同时通过实践活动，又改造和完成着人的本性。因此，应当认识到，自然不会自动地满足人的需要，人必须作用于自然，使自然规律与人的目的相符合，并为人类服务。离开了人类的实践活动，人与自然的关系就无法理解，人类社会与自然环境的相互作用也无法实现。

第三，自然环境对人类历史的影响必须通过社会生产方式才能实现。社会生产力发展的水平制约着自然环境作用的特性。因为自然环境中的各种自然因素，只有当它们成为劳动对象或劳动手段时，即只有当它们加入社会生产过程时，才能对人类社会发生作用。脱离了社会的生产方式，自然环境就不会对人类社会发生任何作用。并且，只要我们稍加考察就可以发现，某一自然物只有当生产力发展到一定程度时，才会成为劳动对象或劳动手段。比如，瀑布是自古以来就存在的，但在相当长的时间里，瀑布只是一种纯粹的自然物，对人类社会没有什么作用。只有在水车出现后，瀑布才加入了生产力的范围，开始在社会生产过程中起作用；石油在地下沉睡了千万年，曾与人类社会毫无关系，但在发动机、内燃机等现代机器出现以后，石油就在社会经济生活中占据了十分重要的地位。

可见，自然环境对人类历史的作用，是受生产力发展水平制约的，是

---

① 《列宁全集》第 55 卷，人民出版社 1990 年版，第 159 页。

② 《马克思恩格斯选集》第 1 卷，人民出版社 1995 年版，第 55 页。

随着生产力的不断变化而变化的。在生产力发展的过程中，某些过去发生作用的自然条件可能不再发生作用了，或者改变了作用的形式；某些没有发生过作用的自然资源则开始影响社会的生产和生活。原始社会中，人们主要是用石头制造工具；进入文明时代以后，金属则成为制造工具的主要材料；高山大海曾是人们交往的主要阻碍，但随着交通工具的发展，它们又被人们所利用；太阳能自古以来就在人们身边，可是直到二十世纪人们才学会利用它。因此，在生产力发展的不同阶段，自然环境的作用是不同的。正如马克思指出的那样：

> "外界自然条件在经济上可分为两大类：生活资料的自然富源，例如土壤的肥力，鱼产丰富的水域等等；劳动资料的自然富源，如奔腾的瀑布，可以航行的河流，森林、金属、煤炭等等。在文化初期，第一类自然富源具有决定性的意义；在较高的发展阶段，第二类自然富源具有决定性的意义。"①

第四，人类通过自身的活动能够非常多样化地利用和改变着自然环境，不断扩大加入社会生产和生活的自然力和自然物的范围。在此基础上，自然环境的作用日益复杂多样，因而人类历史多样性的内容也不断丰富。自然环境的多样性影响着生产力发展的差异，并通过生产力影响着历史的多样性；但多样性的人类历史并不是被动地、消极地去作用于自然环境。在社会发展过程中，随着人类认识和利用自然的能力不断提高，人类利用和改变自然环境的程度日益深刻，范围日益广泛。从原始人群用石块制造工具，采集植物的果实和根茎，到现代人利用原子能、太阳能和天然气，这是一个不断多样化的过程。普列汉诺夫对此有过精彩的论述。他说：

> "社会人和地理环境之间的相互关系，是出乎寻常地变化多端的。人的生产力在它的发展中每前进一步，这个关系就变化一次。因此，地理环境对社会人的影响在不同的生产力发展阶段中产生着不同的

---

① 《马克思恩格斯选集》第 2 卷，人民出版社 1995 年版，第 219 页。

结果。"①

第五，外部环境与全球史的相互作用是一个无穷无尽的运动过程。自然环境永远是世界整体存在的必备条件，人类永远不能摆脱地理环境的影响，而只能不断增加认识和利用自然条件的深度和广度。或者说，人类认识和利用自然条件的活动是一个不断从低级到高级的发展过程。在 17 世纪以前，人们对自然界的认识仅局限于肉眼所能观察到的范围。但是现在，人们运用射电望远镜，可以观测到距离我们 100 亿光年的遥远星系；运用高能粒子束，可以看得见 2×10^{-16} 厘米小范围内电子的运动。人类征服自然的能力是不断提高的，但是不能说，人类可以最终地、彻底地、绝对地支配自然界。正像自然界是无限发展的运动过程一样，人类认识和利用自然的过程是永远不会完结的。在任何时候都会存在着人类所没有认识的自然事物和自然规律。人类只能不断增加对自然的认识和利用。恩格斯指出："随着手的发展，随着劳动而开始的人对自然的统治，随着每一新的进步又扩大了人的眼界。他们在自然对象中不断地发现新的、以往所不知道的属性"。② 因此，社会生产力越是进步，科学技术越是发达，人类与自然环境的关系就越是广泛，越是深刻。同时，也越是复杂多样。从这个角度讲，社会愈是发展，人类愈是多样化地利用自然环境，自然环境也愈是多样化地影响历史进程。人类历史的多样性是始终存在的，自然环境作为历史多样性的自然基础也是始终存在的。

第六，人与自然的关系离不开人与人之间的社会关系，实践活动中人与人之间的关系和人与自然的关系是同时发生的。马克思指出：

> "生命的生产，无论是通过劳动而达到的自己生命的生产，或是通过生育而达到的他人生命的生产，就立即表现为双重关系：一方面是自然关系，另一方面是社会关系。"
> ……

---

① 《普列汉诺夫哲学著作选集》第 2 卷，三联书店 1961 年版，第 170 页。
② 《马克思恩格斯选集》第 4 卷，人民出版社 1995 年版，第 376 页。

　　"这里和任何其他地方一样，自然界和人的同一性也表现在：人们对自然的狭隘的关系制约着他们之间狭隘的关系，而他们之间的狭隘关系又制约着他们对自然界的狭隘关系。"①

　　因此，社会关系的性质又会影响着自然关系的性质。马克思曾指出，资本主义"发展了社会生产过程的技术和结合，只是由于它同时破坏了一切财富的源泉——土地和工人"。②资本由于对剩余价值的贪婪追求，必然会拼命压榨工人，也拼命压榨大自然，一方面造成人的异化，另一方面造成自然环境的异化。

　　第七，人与自然之间的真正和谐，只有在共产主义社会才能实现。马克思针对人为了满足自我需要而同自然对抗的事实提出：

　　　　"在这个领域内的自由只能是：社会化的人，联合起来的生产者，将合理地调节他们和自然之间的物质交换，把它置于他们的共同控制之下，而不让它作为一种盲目的力量来统治自己；靠消耗最小的力量，在最无愧于和最适合于他们的人类本性的条件下来进行这种物质变换。"③

　　恩格斯也曾在谈到协调人与自然关系时指出："要实行这种调节，仅仅有认识还是不够的。为此需要对我们的直到目前为止的生产方式，以及同这种生产方式一起对我们的现今的整个社会制度实行完全的变革"。④而能实现这一切的就是共产主义社会。因为，

　　　　"共产主义作为完成了的自然主义，等于人道主义，而作为完成了的人道主义，等于自然主义，它是人和自然界之间、人和人之间的矛盾的真正解决。"⑤

　　人与自然的美好和谐，正像共产主义的社会制度一样，是全人类憧憬

---

① 《马克思恩格斯选集》第 1 卷，人民出版社 1995 年版，第 80、82 页注。

② 《马克思恩格斯全集》第 44 卷，人民出版社 2001 年版，第 580 页。

③ 《马克思恩格斯全集》第 46 卷，人民出版社 2003 年版，第 928—929 页。

④ 《马克思恩格斯选集》第 4 卷，人民出版社 1995 年版，第 385 页。

⑤ 《马克思恩格斯文集》第 1 卷，人民出版社 2009 年版，第 185 页。

和向往的理想目标。

四、环境问题与人类的责任

一部全球史告诉我们：当人类历史从采集狩猎到农业文明，再到工业文明不断地由低级向高级进化时，自然环境所遭受的破坏却越来越严重，人与自然的矛盾越来越尖锐，人类生存所受到的威胁也越来越严峻。以至于今天，当人类进入信息时代的时候，自然环境的保护问题已成为摆在全人类面前的头等重要的大问题！

环境问题，作为一个人类共同意识到的现实问题，作为一种人类面临的生存危机，是从 20 世纪 60 年代开始引起世人的普遍关注的。这一问题似乎是突然降临的，由于第二次世界大战后的经济复兴和人口增长，西方工业化国家在 50 年代后环境质量明显退化，环境公害事件不断发生，终于引发了全世界范围内对环境与发展问题的重视和警觉。1972 年联合国《人类环境宣言》和罗马俱乐部报告《增长的极限》的发表，可以说是两个里程碑式的文件。

其实，环境问题是自古以来就存在的，历史上的环境污染和环境退化是经常发生的。早在六千年前的两河流域及北非的撒哈拉，就出现了耕地和草原的退化，[①] 今天这些地区已基本上是一片荒漠。环境污染在历史上也曾十分严重。1306 年，英国国会曾发布文告，禁止伦敦工匠和制造商在国会开会期间用煤，并为此处决过一个人。1661 年，英国出版了一本题为《驱逐烟气》的书，是世界上最早的关于大气污染的专著。[②] 应该说，

---

① 今日的撒哈拉大沙漠主要是过牧的结果，其前身为干旷草原。参见 Odum，EP.: *Man impact on the Global Environment*, The MIT Press, Mass 1970。

② 参见中国科学技术情报研究所编：《国外公害概况》，人民出版社 1975 年版。

环境问题是一个关系到世界整体的问题，而不是一个仅仅关系到局部的问题。人类所面临的自然环境的优或劣，关系到全球史的进程，它不是一个国家或一个民族的问题。环境污染、生态危机所损害的是人类整体的利益，而不是单纯哪一个国家或地区的利益。

例如，由于煤和石油的燃烧，使得二氧化碳在大气中的浓度不断增加。据测算，大气中二氧化碳含量 1860 年为 290ppm，1960 年为 314ppm，1980 年为 336ppm，增加的速度不断加快。理论推算表明，大气中二氧化碳含量每增加 24ppm，地球上平均气温增加 0.17℃，两极地区气温比平均值增加快些，高 3 倍左右，依此推算，到 2040 年，大气中二氧化碳增加 72%，两极气温升高 6℃，可使冰山融化 10%，使全世界海平面上升约 6 米。如果实际情况果真如此的话，"那么一方面将引起全球性的气候干旱，尘暴肆虐，植物群落的大量破坏，沙漠化的加剧；另一方面，南北极的冰川将全部融化，世界洋面回升数十公尺到上百公尺，那么世界上许多河口三角洲和海岸线上的大城市将沦为大海。"[①] 美国学者 Sing C.Chew 认为，"自然资源的过多的开发会带来生态的不平衡，资源耗尽就导致正常的社会相互作用进程的中断。资源耗尽也需要一个难以确定的时间来恢复，技术改进或开发新的地区、新的资源都不一定对此有所帮助。这时候，人们就会看到，经济萧条、政治崩溃、社会动荡以及战争、废墟、迁徙、减员、生态破坏、地壳变动、气候恶化等，几乎都同时出现了。"[②]

核污染对人类的威胁更大，除了核爆炸以外，即使是和平利用原子能的核电站及核试验废料，都是造成长期核辐射污染的源泉。放射性物质经过消化道或呼吸道进入人体，可使人的机体组织受到持续破坏，这是造成人体多种疾病和死亡的重要原因。1986 年 4 月 26 日，苏联切尔诺贝利核

---

① 华东师范大学自然辩证法自然科学史研究室编：《自然发展史》，华东师范大学出版社 1981 年版，第 213 页。

② Barry K.Gills and William R.Thompson: *Globalization and Global History*, published 2006 by Routledge, Oxon. p.13.

电站的核泄露事故，危害所及达到 1000 公里以外的欧洲。这个核电站位于乌克兰首都基辅西北部，共有 4 个反应堆。由于工作人员违反操作规程而使其中一个反应堆发生爆炸，引起大火，使堆芯存放的核物质辐射大量泄露。据事故发生后不久公布的材料，事故使 31 人死亡，203 人因核辐射致伤，并使以电站为中心的 30 公里范围的环境遭到严重污染。欧洲一些国家不同程度地受到迅速扩散的放射性漂移物的污染。事故发生后，当时的苏联政府不得不采取紧急措施，疏散了电站附近的 10 余万居民，并派特种部队灭火。经过两周的努力，才控制了火势，避免了另外 3 个反应堆发生连锁爆炸的危险。这次事故造成的直接经济损失超过 28 亿美元，其在经济上造成的间接损失（如事故后西欧国家禁止从苏联进口农产品等）和政治上、精神上所造成的损失是难以估量的。

又如能源危机问题。古代人们利用的能源主要是木材。随着社会经济的发展，木材的开采量迅速增加，它带来了一系列的环境问题。历史学家威廉·麦克尼尔描述道："到 14 世纪，西北欧的许多地区人口仿佛达到饱和。公元 9 世纪开始的边疆扩张导致庄园林立、耕地遍野，结果，至少在人口最稠密的地区，森林已经所剩无几。因为森林是燃料和建筑材料的重要来源，它的锐减给人类生活带来了严重的问题"。[1] 为了解决木材危机，人类开发了新的能源——煤炭。西北欧是在 13—16 世纪实现从以木材为主的能源到以煤为主的能源的过渡。到 1700 年，煤开始取代木材成为英国的能源基础。到十九世纪末叶以后，世界各国都用起煤来。地球上煤的储量虽然较多，但终究也会耗用一空的。据估算，世界上煤的储量至多也只能继续开采 300 年左右。20 世纪以后，人类所利用的主要能源是石油和天然气，而地球上石油的储量大约仅可开采一百年左右。煤与石油都属于不可再生能源，其储量都是十分有限的。但人类对能源的消耗却与日俱增。据估算，世界能量的消耗 1950 年为 27 亿吨标准煤燃料，1975 年为

---

[1] ［美］杰里米·里夫金等：《熵：一种新的世界观》，吕明等译，上海译文出版社 1987 年版，第 64—65 页。

90 亿吨标准煤燃料，2000 年达 210 亿吨标准煤燃料。在 50 年时间内，世界能源消耗将达到 1950 年的 100 倍。将来人类将如何获取足够的能源呢？这的确成为全世界所关注的重要问题。

环境问题是人类整体的问题，也是在全球史上始终存在的问题。但是，只是在最近几十年，各国政府和人民才共同认识到保护环境、治理环境对全人类是至关重要的：

1972 年 6 月 5 日，联合国在斯德哥尔摩召开了首次人类环境会议，通过了《人类环境宣言》，确定每年的 6 月 5 日为世界环境日。1973 年，联合国环境规划署成立。

1987 年，83 个国家在芬兰首都赫尔辛基签订了蒙特利尔公约，要求签约国在 2000 年以前停止含氯氟烃的生产。但由于臭氧层危机的加重，此期限在 1990 年签约国第二次会议上被提前到 1995 年。

1991 年 6 月，41 个亚非拉国家在北京通过了《北京宣言》，阐明了发展中国家对解决全球环境问题的立场。

1992 年 5 月，国际记者组织在巴西召开了有 40 个国家参加的"绿色新闻"会议，要求各国记者在提高和改善环境报道方面做出努力，呼吁建立独立的生态信息通讯网。

1993 年 6 月，在巴西的里约热内卢举行了有 183 个国家 102 位国家元首和政府首脑参加的联合国环境与发展大会。参加会议的各类人员达 4 万人。大会签署了 4 个重要文件，即《地球宪章》（又称《里约环境与发展宣言》）、《21 世纪议程》、《气候变化框架公约》和《保护生物多样性公约》等。显示了人类共同的决心和行动——"拯救地球的战斗将代替意识形态方面的战斗，成为世界新秩序的主旋律"。

1994 年 6 月 5 日世界环境日的主题是"一个地球，一个家庭"！要求每一个地球公民，都应逐步培养对地球的忠心和爱心；接受并发展一种视每一种动物都是地球大家庭中的平等成员并尽力保护它们；接受并发展珍惜每一分自然资源，爱护一草一木，自觉保护环境，维护生态平衡的新观念。

1997 年，在日本京都，149 个国家和地区的代表通过了《京都议定书》，规定从 2008 年到 2012 年，主要工业发达国家的温室气体排放量要在 1990 年的基础上平均减少 5.2%。

2009 年 6 月 5 日世界环境日的主题是"减少污染，行动起来"！

2010 年 6 月 5 日世界环境日的主题是"地球需要你，团结起来应对气候变化"！

在推动全世界重视环境问题的各项努力中，科学家们发挥了巨大的作用。其中最为著名、影响最为深远的是"罗马俱乐部"。

1968 年 4 月，在意大利首都罗马的林赛科学院，30 多位来自不同国家的科学家、经济学家、社会学家等专家学者举行了一次为期两天的座谈会，讨论了如何有效地控制人类社会在其环境的关联域中的复杂动态体系等问题。后来这个围绕着全球问题框架组织起来的学术团体被称为"罗马俱乐部"。1972 年，罗马俱乐部发表一份研究报告《增长的极限》，立即引起全世界的轰动。接着又陆续发表了《人类处在转折点上》（1974 年）、《重建国际秩序》（1976 年）、《超越浪费的时代》（1977 年）、《人类的目标》（1976 年）、《学无止境》（1979 年）、《能源：倒过来计算》（1980 年）、《第三世界：世界的四分之三》（1980 年）、《关于财富与福利的对话》（1981 年）、《通过未来的道路图》（1981 年）、《微电子学与社会》（1982 年）等报告，引起了全世界的高度重视，环境问题逐步受到国际社会的严重关注。

经过科学家们和社会各界的共同努力，现在人们已经认识到：我们只有一个地球，保护环境，爱护大自然是我们每一个人的责任和义务。从全球史的角度出发，我们对环境问题应当达到以下几点认识：

第一，外部环境是全球史的一个载体，没有这个载体，全球史就不能存在；没有一个良好的外部环境，全球史的发展就会非常曲折坎坷，就有可能造成历史的停滞或倒退，给人类文明带来重大损失，甚至灾难性的后果。历史上此类教训已经很多，我们必须记取。

第二，人类是自然界这个更大的整体的一个组成部分，保护自然界，就是保护人类自己，因为整体的利益也是部分的利益，并且是部分的根本利益。人类的根本利益在于自然界，尤其是地表自然环境的生态平衡和良性循环，这就要求人类必须与自然环境和谐一致，友好相处，任何损害自然环境的行为，都是损害人类自身的行为。

第三，人类的前途从根本上讲，取决于人与自然关系的演变。人与自然是一个对立统一的整体，但从根本上讲是统一的。因此，当人与自然的矛盾缓和，相安无事时，人类从整体上讲就安全、稳定、富足、幸福；当人与自然的矛盾激化时，人类就会面临动荡、威胁、艰苦、贫乏、无助，甚至灭顶之灾。所以，改善人与自然的关系，是人类在任何历史阶段都不能忽略的。

第四，迄今为止的历史进步，大都是以破坏环境和生态危机为代价的，这是由于人类以往的无知。人类再也不能在这样的道路上走下去了。今后，必须在保护环境和维持生态平衡的前提下，人类社会才有可能持续发展下去。除此之外，人类别无选择。

第五，每一个民族，每一个国家，作为世界整体的一个组成部分，都必须维护人类整体的利益，服从人类整体的利益。没有整体，就没有部分，损害整体利益，就如同损害自身利益。人类大家庭是乘坐着同一条船，航行在茫茫无际的宇宙海洋中，离开了这条船，谁也不能生存，因此，维护这条船的安全航行，就成了全人类生死与共的根本要求。

第六，每一个人类个体，作为世界整体的一个细胞，都包含有整体的全部信息和生命，都是为整体而生，为整体而死。因此，自觉维护整体利益就成了每一个人的崇高责任和绝对义务。而保护自然环境，维护生态平衡就是人类整体的最高利益，每一个人类成员都应当充分认识到这一点，并且高度自觉地落实到自己的一切行动中去。

总之，环境问题是一个根本问题，全球史的进化，必须确保自然环境的良性循环和正向演变。只有推动外部环境与全球史的共同进化，才是摆在人类面前的唯一现实可行的道路！

第五章　全球史的运行模式

全球史作为一个运动过程，是什么力量推动着全球史的运行？全球史是以什么样的方式运动的？全球史是往什么方向运动的？这些问题是全球史研究的基本问题，以往的全球史研究在回答这些问题时，不是模糊不清，就是避而不谈。今天，我们在现代科学理论的帮助下，进一步探讨这些问题，期望对全球史的研究有所裨益。

一、全球史的发展动力

全球史运动的动力系统，可以从三个层次上展开：第一层次，是来源于内部的种种力量，全球史作为一种自组织过程，它本身能够自主进化，我们把它称做自组织机制；第二层次，是来源于外部环境的种种力量，是全球史与它的外部环境的关系决定的，人类作为自然界的一部分，还应当服从自然界的自组织过程。我们称这一层次为环境机制；第三层次，是各种力量的关联性，即恩格斯所描述的"总的合力"。正是这一意义上的"总的合力"推动着全球史的发展，决定着世界整体的发展道路。我们称为合力机制。

1. 自组织机制

事物发展的原因在于事物内部的矛盾性，在于事物内部的各种相互作用。这是一种十分古老的认识。中国古代的阴阳五行学说、相生相克理论、古代希腊唯物主义哲学流派等，都在不同程度上达到了这一认识。但这种充满真知灼见的思想，长期以来，停留在思辨和抽象的层次上，让人觉得模糊、笼统，因而显得似是而非。自组织理论产生后，为这种古老的认识建立了一种科学基础，使它重新焕发出生命力。

自组织理论最初是系统科学中协同论的一个基本原理，它主要是揭示系统内部诸要素通过自行主动协同来达到宏观有序的客观规律。它认为，在一定的外部能量流或物质流输入的条件下，系统会通过大量子系统之间的协同作用，在自身涨落力的推动下，达到新的稳定，形成新的时空有序结构。系统演化的这种过程，称为自组织过程。所谓自组织，是指系统在没有外部指令的条件下，其内部子系统之间能够按照某种规则自动形成一定的结构或功能，它具有内在性和自生性。这是自组织系统的基本特点。整个自然界就是一个自组织系统，人类社会也是一个自组织系统。不是某种外来力量——比如上帝或神——推动了人类社会的发展，而是内部的自发运动、自组织能力，推动了社会的进步。

人类社会的产生，是自然界自组织运动过程的产物。猿群社会的形成是自发形成的，古猿中的一支，在环境变化的逼迫下，为了生存，被迫适应地面生活，改变获取食物的方式，学会借助天然工具来抵御猛兽的侵袭，提高获取食物的能力，从而也逐渐改变了群体的结合方式。在这种过程中，当古猿从本能地利用天然工具，逐步发展到偶然地、最终有意识地制造工具时，真正意义的劳动也就产生了，人类在劳动的标志下产生，人类社会也是在劳动的推动下形成。这样一个十分漫长的过程，完全是在自然界内部一点一点地自发演变中完成的，没有任何外来的干预。或者说，人类的产生，完全是自然界本身的能力和运动的结果。

人类社会产生后，它的发展、运动，也是一个自组织的过程。正如马克思所说：

　　"人们在自己生活的社会生产中发生一定的、必然的、不以他们的意志为转移的关系，即同他们的物质生产力的一定发展阶段相适合的生产关系。这些生产关系的总和构成社会的经济结构，即有法律的和政治的上层建筑竖立其上并有一定的社会意识形式与之相适应的现实基础。"①

　　人们在现实社会中从事的物质生产劳动，以及人们形成的各种生产关系和上层建筑，都是不以人的意志为转移的、自发形成并自我调节的。世界整体在宏观上完全是自组织发展的，它既不是某一个人的意志决定的，也不是人类社会之外的某一种力量导致的。世界整体运动是一种自发运动、自我调节、自主进化的自组织过程。

　　自组织过程有多种表现形式，包括自催化、自同构、自复制、自反馈、自调节、自维生、自反映、自参考等等。其中对事物的发展变化起重要作用的力量是自催化。自催化是自组织系统内部各种因素之间相互作用中自发产生的一种推动作用，这种作用可以导致系统产生新质、新的因素、新的变化甚至突变。通过自我催化系统能够避免僵死和崩溃，形成新的稳定结构，或者更能适应环境的条件。因此，自催化不是简单的相互作用，而是通过相互作用产生的一种能够影响系统变化方向和速度的能力，是自组织系统自我演进的一种决定性力量。人类社会作为一种自组织系统就具备这样一种能力，全球史演进的根本推动力就在于它内部的自催化力量。

　　自催化的表现形式是多种多样的：其一，某一因素的产生和发展，能够刺激或催生一种新的因素，这种新的因素往往不是人们事先预料到的，而是人类社会自我调节、自我平衡的结果。例如农业的发明，促使人们学会适应定居生活，改变了以往不断迁徙的生活方式。而定居生活推动了建筑业的发展，造就了无数的村落和城镇。原子弹的研制成功，是军事工业的巨大成就，它极大地提高了军事打击的能力，但原子弹经过几十年的发

────────────────

① 《马克思恩格斯选集》第 2 卷，人民出版社 1995 年版，第 32 页。

展，就到了谁也不敢使用原子弹的程度，原子弹从战争的力量转变为抑制战争的因素，这是人们所始料不及的。

其二，某一因素的产生刺激了另一个新的因素的产生，而新的因素又反过来催化原有因素的发展。例如，粮食产量的增加，推动了人口的增长，而人口的增长，提高了生产力，扩大了农业生产，又反过来进一步提高了粮食产量。科学的发展，能够提高人们的技术水平，而技术水平的提高，改善了科学研究的手段，又推动了科学的发展。

其三，某一因素在历史上消亡以后，它可以潜存在另一新的因素中，一旦环境条件适当时，潜存的力量就会刺激新的因素向已消亡的因素的方向发展。这种情况往往表现为历史遗产的作用。比如 13—14 世纪古典艺术的发展，激发了一场遍及欧洲的文艺复兴运动，使古典艺术的形式和思想内容都重新得到发扬光大，这就是历史遗产所起到的催化作用。中国古代经典《易经》中阴阳两爻（即——、——）排列成六十四卦的办法，启发了当代数学的二进位制（即 0、1），成为今天日趋普及的电脑技术的运算基础。

其四，多个因素之间是在实现相互催化的情况下，才能够共同进化。比如城市的发展，是在人口增长、交通条件、住宅建设、生产能力、能源、商品流通、垃圾处理以及排污能力等多种因素相互推动、相互影响，共同发展的条件下，实现整个城市的不断进步。其中任何一个因素的水平，都会影响到整体的发展，因此，每一个因素都是在其他所有因素影响下发生变化的，它们是相互促进的。一个国家、一个群体，甚至一个人也是一样，整体的进化，是整体内部各种因素之间相互催化的结果催化产生了新的因素、新的结构、新的适应性，改变了整体发展的方向和速度。

其五，当社会的各个部分之间矛盾激化，不能实现协同合作，社会走向僵化时，就会孕育一场无序、混沌和动荡，这种动荡作为催化剂，能够改善各个部分之间的关系，形成一种新的秩序，从而避免整体的僵化，推动整体的进步。历史上不断发生的农民起义，就是封建社会的推动力量和新社会的催生婆。农民起义不仅可以改善社会各阶级之间的关系，还可以推翻封建主阶级的统治，加速资本主义制度的到来。资本主义世界的经济危机，也是资本主义社会发展变化的一种催化剂，它调整和改善了市场结构、供求关系、劳资矛盾、资金流向等等，每次经济危机过后，整个社会都会有或多或少的变化，重新走上发展的道路，避免整体的停滞。

总之，全球史运动的基本动因在于人类社会所具有的自组织机制。虽然自组织的形式多种多样，并且各种形式之间存在着交叉重叠，状态极端错综复杂，但是，这种机制是世界整体本身所固有的，是世界整体的内在性和内生性的表现。正是自组织推动着人类社会这个巨大而又复杂的整体向前发展，这是人类社会各种因素的本质力量共同作用的结果，是任何一种别的力量所无法取代的。

2. 环境机制

任何事物都是处在一定的外部环境中的，都是和环境结成一定的相互关系的。事物的发展也是与环境的相互关系起作用的结果。全球史的外部环境就是自然环境，全球史与外部环境即自然环境之间存在着复杂的相互关系和相互作用，不仅如此，全球史的每一个组成部分也都同自然环境之间结成一定的相互关系，每一个人都不能离开自然环境，因此，全球史上的每一个人类个体都同时与自然环境之间存在着某些相互关系，这些相互关系错综复杂地交织在一起，形成了一张复杂的关系网络，网络上每一个节点的变化，都可能导致整个网络的变化，从而导致全球史的变化，这就形成了一种机制，即环境机制。

环境机制是人与自然的关系的总和构成的，它对全球史的发展起着决定性的作用，并且这个作用比起自组织机制来说，它是在更高层次、更大范围、更广阔背景下的作用。这一作用的表现形式也是多种多样的。比如：其一，自然环境最终决定着、制约着世界整体的性质和水平。人类是自然界的一个组成部分，并且是一个特殊的组成部分。在自然界这个整体中，人类的特殊性即人类的本质，不是人类自己决定的，而是在人类与自然界其他组成部分的相互关系中决定的，即是由自然界整体所决定的。不论人类如何发展，人类的本质都不能超出自然界整体对它的规定。至于人类社会发展的水平，由于人类必须从自然界获取物质、能量和信息才能生存和发展，而不是相反，所以自然界就对人类社会的发展存在一种制约关系。尤其对地球自然环境来说，它所能提供的物质、能量和信息都不是无限的，人类在这样一种有限的环境条件下是不能获得无限发展的。

其二，自然界整体的发展过程也是一种自组织过程，也存在着自催化机制，即人类作为自然界的一个要素，一种因素，也会同自然界的其他因素在相互作用中产生推动自然界，同时也推动人类社会的力量，这是自然界的自组织机制起作用的结果。自然界的进化，也包含了人类的进化，因为人类是自然界的组成部分。并且，自然界的自催化力量是比人类社会的自催化力量更加大的多的力量，是更加不可抗拒的力量，人类社会首先要服从自然界的自催化力量，然后才能进行人类社会内部的自催化。换句话说，是自然界的自催化决定着人类社会内部的自催化，是自然界的进化带动着人类社会的进化。通常所说的人类必须服从自然界的客观规律，就包含着人类必须服从自然界的自组织和进化。

其三，地球自然环境的多样性和承载能力，制约着世界整体发展的多样性和规模。地球自然环境所具备的多样性水平是世界整体多样性的自然基础，也是世界整体多样性的极限，也就是说在自然环境的条件之外，世界整体是无法存在的。虽然地球自然环境的物质、能量和信息是极其丰富和多样的，但都不是无限的，人类不可能超出自然基础之外去建立自己的多样性。比如当煤、石油这些地球上的不可再生能源消耗殆尽之后，世界整体的发展就无法再依赖这种能源。另外，地球自然环境的承载能力，也是人口发展的极限，这并不是单指地球在空间上能容纳多少人口，它还包括地球上的资源、能源能养活多少人口，如果人口的增长超出了地球自然环境的承载能力，那么，世界整体就面临着悲剧和全面衰退。因此，这是一种根本性的制约力量。人类若想维护这种制约的良性作用，避免全面的衰退，就必须谋求一种适度发展，建立世界整体与自然环境之间的和谐关系。

其四，自然环境作为世界整体存在的必备条件和自然基础，它本质上能够为世界整体的存在和发展提供支持。人与自然的和谐统一，就包含着人与自然的共同进化，其中人能够影响自然界的进化，自然界也能够影响人类的进化。在人类历史的漫长历程中，人类的每一步发展，都离不开自然环境所提供的条件，并且，每当人类发展需要某一种条件时，几乎自然环境总是能够提供这些条件，没有这些条件的支持，全球史的进步是不可思议的。不仅在人类的生活中，自然环境提供了一些基本条件，比如：阳光、水、空气、土壤等，而且世界整体的发展，也离不开自然环境提供的更加多样性的条件，比如近代工业的发展，就离不开自然环境中的各种矿藏资源作为原料；现代科学技术的许多成就，是依据各种自然现象、自然规律所提供的信息或条件等。

其五，人与自然不仅有和谐统一的一面，也有相互矛盾的一面。人类作为自然界中的一个独特的组成部分，它与自然界的其他组成部分必然是相互区别的，区别就是矛盾，矛盾就会造成不和谐，但这种不和谐有时也能成为社会发展的一种推动力。比如各种自然灾害的发生，像水灾、雷电、地震、火山喷发等等，这些自然现象对人类社会来说是一种危害和威胁，它们不利于人类的生存，能够给人类带来不同程度的灾难。但是，正是由于这些威胁的存在，逼迫或者推动人类提高克服自然的能力和适应自然的能力，提高生产力和科学技术水平，比如修建大型水利工程、改善建筑物结构并增加抗震能力、提高自然灾害的预测能力等等，这些又进一步推动了人类历史的进化。地球自然资源的有限性，实际上也迫使人们不断地去认识和开发新的资源，不断努力去利用那些更加难以加工、更加难以开采的自然物质。自然界的物质是极其丰富多样的，有些人类已经认识和利用，但还有更多的自然物人类还不完全认识和不会利用，自然资源的短缺状况，催促着人们不断去认识和利用那些以往未知的自然物，这就推动了科学技术的发展，最终也推动了人类历史的发展。实际上，世界整体历史的过程也是自然环境中的自然因素不断地、日益增多地加入人类社会生产力的过程，因为人类对自然物质的认识利用是一个逐渐增加、不断积累的过程。

其六，自然环境在进化的过程中，也会出现退化，有些退化是人类活动造成的，比如水土流失、荒漠化、土壤板结和盐碱化、酸雨、臭氧层减少等等。环境的退化给人类带来了一些不利影响与生存威胁，比如两河流域在历史上曾经达到六千万人口的规模，而今天的伊拉克的环境承载能力则不到二千万人口；黄河流域历史上曾经是草肥水美、山河秀丽，今天却沦落为黄土高坡、荒山秃岭。环境的退化虽然给人类造成了威胁，但也给人类敲响了警钟，提醒人们必须合理地开发利用自然资源，保持人与自然的和谐统一，才能保证人类社会的持续发展。环境问题与发展问题被作为一种密切相关的问题提到了人类面前，引起了全人类的重视，联合国召开的世界环境与发展大会，吸引了世界各国政府首脑参加，并且与会者达成了高度共识。可以说，环境问题和发展问题能够得到全人类的共同重视，环境与发展的协调一致能够成为全人类的行为准则，这本身就是全球史的一个飞跃性进步和一个新的历史时期开始的标志。

其七，把环境机制引入到全球史发展的动力机制之内，也许有人会担心这会不会导致"地理环境决定论"，会不会低估了人的主观能动性。这种担心是没有必要的。因为从本质上讲，人类是自然环境的产物，自然环境是人类生存和发展的基本条件，单就这一点，就足以证明自然环境对人类社会的根本性的决定作用，这种决定作用在本质上是不可抗拒和不可替代的。虽然人的主观能动性能够在某种程度上改变自然环境（这种改变是极其渺小的），也能够克服某些自然力，推动人类社会的进化。但是，我们不能忘记，就连人的主观能动性本身，也是自然环境造就的，而不是凭空产生的。归根结底，自然环境的力量是绝对的、决定性的，人类的力量是相对的、非决定性的，亦即是说，整体对部分的制约是绝对的、本质的，而部分对整体的制约则是相对的、表象的。人类今天能够对环境给予高度重视，就是几千年来文明史所获得的经验和教训的沉重结论。

3. 合力机制

全球史运动的自组织机制和环境机制，并不是各自孤立地发挥着作用，而是相互结合、相互交织在一起，形成一种合力在起作用。这种合力是推动全球史发展的最高层次的动力机制，也是真正现实的力量。

全球史运动的自组织机制和环境机制是相互依存的。自组织机制不能离开环境机制而存在。因为世界整体中每一个参与自组织的因素都存在于自然环境之中，都依赖于自然环境。而且自组织的每一种形式也都是发生在一定的环境中的。离开了环境，自组织机制就不能得到实现。反过来，环境机制也不能离开自组织机制而起作用，如果自组织机制不存在，环境机制就无法实现。比如，对一个封闭系统来说，系统不对环境开放，环境机制对于这样的封闭系统不能产生任何作用，因为环境不能与封闭系统的组成要素产生相互联系，环境机制就不能形成。

全球史运动的自组织机制和环境机制是相互支持的。自组织机制必须支持和适应、顺应环境机制，因为世界整体是自然环境的一个组成部分，而自然环境是一个更大的整体，作为部分的自组织是与整体的自组织一致的，如果不一致、相抵触的话，部分就会受到整体的制约，部分的自组织就不能产生效果。同时，全球史的自组织是通过环境起作用的，如果自组织不适应、不顺应环境的话，自组织就不能真正形成。环境机制对自组织机制的支持主要表现在环境为自组织机制提供各种基本条件上。全球史的进化，是自然环境进化的组成部分，环境机制对自组织机制的支持本质上是有利于自然环境的进化的。自组织机制与环境机制的相互支持，是由人类与自然环境的统一性所决定的。人与自然的和谐本质，决定了全球史的自组织机制与环境机制的相互和谐、相互一致，只有这样，才能实现人与自然的共同进化。

全球史运动的自组织机制和环境机制是相互转化的。自组织机制与环境机制不是截然对立或完全分离的，它们是相互渗透、相互融合的。自组织机制中含有环境机制的成分，它有时是以环境机制的形式产生作用的，因此就转化为环境机制。环境机制中也含有自组织机制的成分，它有时也参与了自组织机制，因此也可以转化为自组织机制。自组织机制与环境机制是相互联系的，自组织通过环境而起作用，环境也通过自组织起作用，这就决定了自组织和环境之间可以部分地相互转化。如果不能实现相互转化，那就证明自组织机制和环境机制之间没有关联性。全球史是一个开放的系统，它与外部环境之间是高度相关的，因此，自组织机制与环境机制的相互转化是不可避免的。

最后，全球史运动的自组织机制与环境机制还是相互牵制的。当环境机制的某些方面阻碍了自组织机制发挥作用，自组织机制就会改变环境中的某些因素，调整人与自然的关系，以使自组织能够顺利进行。当自组织机制的某些方面背离了环境的条件，破坏了环境的利益时，环境机制就会制约、限制或改变自组织机制，影响自组织的方向和速度，以确保自组织在环境进化所许可的范围内发挥作用，而不至于造成环境的全面退化。因此，自组织机制和环境机制都不是完全随机地、无条件地发挥作用，而是在相互牵制下有规律地、有条件地推动着全球史的进步。

由此看来，孤立的自组织机制或环境机制都是不存在的，存在的只是自组织机制和环境机制的关联性。真正能够推动全球史发展的，是自组织机制和环境机制中种种力量的总和，是许多力量的相互交织、相互纠缠，是一种合力。

恩格斯在谈到历史发展的力量时，曾经描述过合力的作用。他说：

　　"历史是这样创造的：最终的结果总是从许多单个的意志的相互冲突中产生出来的，而其中每一个意志，又是由于许多特殊的生活条件，才成为它所成为的那样。这样就有无数互相交错的力量，有无数个力的平行四边形，由此就产生出一个合力，即历史结果，而这个结果又可以看作一个作为整体的、不自觉地和不自主地起着作用的力量的产物。因为任何一个人的愿望都会受到任何另一个人的妨碍，而最后出现的结果就是谁都没有希望过的事物。所以到目前为止的历史总是像一种自然过程一样地进行，而且实质上也是服从于同一运动规律的。但是，各个人的意志——其中的每一个都希望得到他的体质和外部的、归根到底是经济的情况（或是他个人的，或是一般社会性的）使他向往的东西——虽然都达不到自己的愿望，而是融合为一个总的平均数，一个总的合力，然而从这一事实中决不应作出结论说，这些意志等于零。相反地，每个意志都对合力有所贡献，因而是包括在这个合力里面的。"①

总之，全球史的发展动力是一个动力系统，是无数力量编织成的错综复杂的网络，其中每一种力量，都在这个系统中发挥了作用，每一种力量的变化都会引起整个网络的变化，从而造成对世界整体运动发展的影响。忽略任何一种力量的作用，都可能导致错误的结论。这就是全球史运动的动力机制，这个机制是由三个层次组成的，即自组织机制、环境机制、合力机制。三个层次之间高度相关、连锁互动、融合渗透，最终结合成为一个动力系统，正是在这个系统的驱动下，全球史的发展过程不断演变运行。

二、全球史的渐变与突变

世界上的一切事物都是在不断变化的。事物的变化是绝对的，但是，变化的方式却是多种多样的。这就造成了人们对变化的不同认识。在科学史上，曾经出现过渐变论和突变论的激烈论战。19世纪时，英国地质学家赫顿和赖尔最先提出渐变论的主张。他们认为，地球在历史上发生的变化，并形成今天这样的状态，是地球上各种自然因素渐进的、缓慢的地质作用的结果。达尔文也是渐变论者，他认为自然界的演变是十分缓慢的，与自然界的这种演变相适应的物种变化也是一个缓慢的、渐变的过程。每一个物种都与它的远古祖先有着明显的差异，这说明了物种在发展过程中

---

① 《马克思恩格斯选集》第4卷，人民出版社1995年版，第697页。

普遍存在着变异，但相邻的两代物种又没有显著的区别，这说明了物种是通过遗传而逐渐变异的。突变论最初由法国科学家乔治·居维叶提出，他是达尔文进化论的主要论敌之一。居维叶认为，自然界的变化是十分剧烈的，地球曾多次发生巨大的灾变，使山脉升降、洪水泛滥。巨大的灾变一次又一次地灭绝了地球上古老的物种，随后大自然又创造出新的物种。各物种一经出现，就不会发生变化。居维叶的观点有失片面，曾受到过恩格斯的批评。到了20世纪70年代，法国数学家雷内·托姆出版了《结构稳定性和形态发生学》一书，系统地阐述了突变论。他从稳定性理论出发，运用拓扑学、奇点理论等数学工具，着重考察了某种过程从一种稳定态到另一种稳定态的跃迁，为人们认识突变过程的形成、发展提供了科学依据和方法。突变论已成为现代系统科学的重要组成部分之一。现代科学表明，事物的运动变化既有渐变的形式，也有突变的形式，而且往往是渐变与突变的统一构成了事物运动变化的基本进程。全球史的运动变化也是如此。

1. 全球史的渐变

渐变是事物的最基本、最主要、最常见的变化形式，也是全球史的最基本的变化形式。对于渐变的认识，可以从以下几点展开：

第一，渐变是一种逐渐的、缓慢的变化。这主要是从事物变化的时间和速度上来考察的。任何变化，都是发生在一定的时间范围内的，离开时间的变化是不存在的。当某种变化经历的时间相对比较长、速度比较慢时，这样的变化就是渐变。全球史上的许多变化都是十分缓慢的、漫长的变化。比如，人体本身的进化，自从智人出现后，几万年来，人体几乎没有发生什么变化，只有一些极其细微，不易察觉的进化，可见人体的进化，是一个非常漫长的过程。又如农业生产的变化也是一样。农业自发明以来，它的生产原理、生产方式都没有多大变化。虽然许多现代科技手段已投入到农业中，但人们至今仍基本上是"靠天吃饭"，农产品的主要品种几千年来都无改变，许多农业生产工具都已有上千年的历史，像犁、锄、铲、耙等至今仍在使用。再比如，国家自产生以来，几千年过去了，虽然历史上出现过奴隶制国家、封建国家、资本主义国家、社会主义国家等，社会制度有所不同，但国家的实质并未发生多少变化，国家始终是处理社会矛盾、阶级矛盾、人与人的矛盾的一种工具。正是这些缓慢变化的东西，构成了世界整体历史的基本内容，反映着人类社会的基本性质和水平，体现着人类社会的基本风貌。

第二，渐变是事物在稳定状态下的变化。这主要是从事物变化的空间形态上考察的。任何事物都具有稳定性的特征，离开了稳定性，事物的结构、性质、状态就无法形成，人们也无法认识它。但是，稳定只能是相对的，稳定状态下的事物也同样是处于变化之中的，这样的变化也是渐变，它往往是比较微小的变化。在全球史上，相对于战争而言，和平就是国家间的一种稳定状态。但在和平状态下，国际关系并非没有变化，两国之间虽未交恶，但双方的文化交流、贸易往来、官方互访、相互评价、民间来往等等，都是处在不断变化之中，如果没有这些变化，从和平走到战争就不可思议。因此，并不是在和平状态下就可以完全高枕无忧、忘乎所以的。全球史上有些国家的封建制度曾经存在数千年，形成一种非常稳定的结构，但在这种稳定结构内，封建的土地制度、统治政策、赋税形式、王朝更替等也都是在不断变化之中的。虽然封建制度的本质始终没有改变，但它的内涵却在不断地调整、不断地发生着微弱的变化。正是这些微弱的变化，揭示着全球史上那些巨大变化的深刻背景，推动着世界整体稳步前进、永不停息的步伐。

第三，渐变是事物的一种连续性变化。这主要是从事物变化的时空统一性上来考察的。事物在变化的过程中，新的变化建立在旧的变化基础上，并且按照旧的变化的方向、性质、水平或规模进行着不间断的、持续的变化，这种变化往往是渐变。全球史本质上是一个不间断的过程，许多方面都是连续发展的。比如民族文化的发展，每一代人都继承着前一代人的文化遗产，并在前人所创造的文化基础上继续进行新的创造，文化虽然在不断进步，但每一个民族文化中都包含有该民族的文化传统，这就形成了民族的文化史。生产工具的演变，也是一个连续性的变化。现代化的农业机械，是在古代农具的基础上发展的；现代的汽车、火车，是在古代的牛车、马车的原理上演进的；现代的电机、发动机是在古代的风车、水车的形式上改造的。生产工具一代又一代的进步和提高，都是不断吸取前一代生产工具的优点、技术和经验，不断加以改造的结果。正是人类社会的这些连续性变化，才推动着全球史不断地由低级向高级、由简单向复杂逐步演进。

第四，渐变既包含有事物的量变，也包含有事物的质变。渐变包含着事物的量变，这一点比较容易理解，以往人们认为渐变就是量变，但现代科学证明，在渐变过程中，也会发生事物的质变。在全球史的渐变过程中，也往往包含着一些质变的过程。13—14 世纪在地中海沿岸的一些城市中，首先产生了资本主义生产关系的萌芽，这是在封建社会内部产生的新质，在此后几百年的封建社会的缓慢变化中，这些新质也在成长壮大，而封建社会的旧质却在衰落萎缩。这表明在封建社会的渐变之中，包含有质变的内容，并不仅仅是量变。在全球史的不同阶段中，都有一个不断孕育新质、不断淘汰旧质的渐变过程。资本主义制度在确立之后，封建因素还以残余的形式存在着，资本主义的质还需要不断净化，逐渐将封建制度的旧质剔除掉，但同时，资本主义社会内部，又产生了新的社会制度的因素和力量。全球史就是在这新与旧的质的更替中不断前进的，而这些更替有许多是在渐变的状态下进行的。

2. 全球史的突变

突变也是事物变化的一种常见的形式，正是由于突变，才使自然界中的客观事物包括全球史充满了复杂性。对于突变的认识，也主要有以下几点：

第一，突变是一种相对短暂的、迅速的变化，这是从事物变化的时间和速度上来考察的。事物的某些变化，甚至是一些巨大的变化，有时却是在很短的时间里突如其来地、迅捷地发生的。全球史上经常发生此类突变，比如社会革命，可以在几年中，甚至几天之内使一个国家发生天翻地覆的变化。俄国十月革命中，从彼得格勒武装起义爆发，到推翻资产阶级临时政府，几乎只用了一天时间。而社会主义革命随后在俄国各地的胜利，也只用了几个月的时间，政权普遍转归到工兵代表苏维埃手中。就这样，一个帝国主义阵营中的大国顷刻间就土崩瓦解了，人类历史上第一个无产阶级专政的社会主义国家突然崛起，资本主义世界的一统天下从此宣告结束。如此巨大的历史变化，是在如此短暂的时间内完成的，这是许多人都想象不到的，甚至连俄共布尔什维克党中央的许多人都没有预料到。这样的突变历史上有许多，比如王朝更替、政变、战争、经济危机、农民起义、瘟疫流行等等，这些历史现象往往是时间短、变化快、影响大，令人眼花缭乱、目不暇接。所以，历史并不总像温顺驯服的小绵羊默默前进，它有时会像一头雄狮狂奔不已。

第二，突变是事物在失稳状态下的变化。这主要是从事物变化的空间形态上考察的。突变是事物从一种稳定状态向另一种稳定状态的跃迁，两种状态在更替之间，必须有一个失稳的过程。这时事物就呈现出一种动荡的、不稳定的状态。在人类历史上，相对和平而言，战争是一种失稳的状态。两个国家之间由和平状态，进入战争的状态，意味着两国关系的突变。随着战争的结束，两国之间重新回到和平状态，但一般来讲，较之战前，两国关系会发生许多变化，甚至可能是较大的变化，比如战胜国与战败国、割地赔款、合并蚕食、贸易中断、民族世仇等等。资本主义国家突然发生的经济危机，也往往伴随着社会的动荡，比如物价飞涨、通货膨胀、工人失业、社会矛盾激化等。全球史上的突变现象，一般都会带来社会的不稳定和动荡，由于突变有时也起到了加速历史进化的作用，所以，失稳也有一定的积极意义。

第三，突变是事物的一种不连续的、跳跃性的变化。这也是从事物变化的时空统一性上来考察的。突变是渐变的中断，在从渐变到突变的分界点上，往往会出现一些分叉，使事物的发展面临着一种选择性和不确定性。这时事物的变化就可能选择一种新的方向、性质和水平，与以往的变化并不连贯，是一种跳跃性的变化。在这种情况下，不同的选择，最后的结局可能是相去甚远的，尽管选择前的起点是一样的。即所谓"差之毫厘，失之千里"。在历史上，封建国家中的农民起义爆发，是一种突变，它打断了以往社会的缓慢进程，它可能造成多种结局，比如可能推翻封建王朝，建立农民政权；也可能摧毁封建制度，被资产阶级利用来建立新的生产方式；也可能导致封建王朝的改朝换代；也可能起义被镇压而遭到失败，农民的命运更为悲惨等等。当突变发生后，就可能不沿着原来的方向发展，出现多种可能性。战争的结局也是多种多样的，比如彻底打败对方、双方协和、双方临时停战、第三方介入、被迫投降、军队倒戈等等，面对不同的结局，一个国家战后的发展可能和战前完全不同，不是一种连续性的发展变化。比如纳粹德国发动第二次世界大战，中止了与波兰、法国、英国以及苏联、美国的以往的和平状态，国际格局突然发生重大变化。而纳粹德国的战败投降，又使它被迫放弃法西斯道路。第二次世界大战结束后，世界上出现了一系列社会主义国家，国际局势发生了飞跃的变化。全球史的这种跳跃性、选择性的变化，进一步丰富了全球史的多样性，也增加了全球史的曲折性和复杂性。

第四，突变既包含着事物的质变，也包含有事物的量变。突变包含着事物的质变，这是比较容易理解的，以往人们认为突变就是质变，但现代科学认为，突变不一定都导致事物的质变，有时突变也只是引起事物的量变而已。在人类历史上，许多突变现象并不能导致社会的质变，仍是量变的积累。比如封建社会中一次又一次的农民起义，虽然是一种突变，但农民起义的结局往往没有改变封建社会的性质，即使农民起义军夺得政权，这个政权的基本性质仍然是封建的，因此，农民起义只是封建社会的一种量变。资本主义社会周期性爆发的经济危机，虽然带来了社会的剧烈动荡和急剧变化，但经济危机的发生并未改变资本主义社会的性质，它也只是资本主义社会的一种量变。但是，历史上这些突变所造成的量变，比起渐变过程中的量变，是量变的急剧积累和膨胀，是推动历史运动的更具有震撼性的力量，它同那些突变带来的质变一样，令人难于忘怀，刻骨铭心。

3. 全球史渐变与突变的关系

渐变与突变虽然是事物变化的两种不同形式，但两者之间又是相互依存、相互渗透和相互转化的。现实中事物变化的过程，往往是渐变与突变相互交替、相互联结的过程。全球史的变化过程，也是这样的一个过程。

首先，渐变与突变是相互依存的。没有渐变，也就无所谓突变；没有突变，也就无所谓渐变。两者是相互联结，缺一不可的。人类历史的发展变化过程，就是渐变和突变相统一的过程。渐变反映了人类社会相对稳定的那些内容，体现了人类永恒的价值观念和价值体系。社会要发展就需要一个安定的环境，祥和的气氛，使人们能够集中精力去进行创造性的劳动。但是如果只有渐变的话，就会出现社会制度僵化，生产关系严重落后于生产力水平，社会发展停滞不前，人们对未来失去信心和希望。这时社会就需要一些突变。突变往往是一种革命性的力量，它以急风暴雨式的魄力，把社会推入动荡不安之中，在这种剧烈动荡的过程中，原有的社会关系受到冲击，一些东西被破坏或消灭，另一些东西被壮大或获得新生，由此使社会获得了一些新的生命力、新的希望，避免了社会的僵化。所以突变往往是推动社会进化的催化剂。但是，世界整体历史不能总是处在突变之中，否则的话，社会就陷入了无休止的动荡颠簸，正常的生活和生产无法进行，社会经济文化就会受到严重破坏甚至崩溃。因此，突变只能是短暂的，历史的绝大部分时间是在渐变中渡过的。渐变和突变都是全球史的运动变化方式，它们是缺一不可的。

其次，渐变和突变是相互渗透的。渐变之中包含有突变，突变之中包含有渐变。纯粹的渐变或纯粹的突变都是不存在的。突变虽然来得突然，变化剧烈，但突变绝不是无缘无故发生的，突变的原因和前兆就存在于渐变之中。全球史上有过无数的渐变或突变，当人们把这些渐变和突变联系起来，细加考察时就会发现：历史上那些看上去似乎是突如其来的事件，其实它们的初始条件、它们的萌发早在事件发生之前就存在了；而历史上那些历时长久的缓慢变化，都是从某一突变现象发生之时开始的。资产阶级革命的爆发和胜利，导致了封建制度的覆灭和资本主义制度的确立，这确实是一场巨大的社会突变，但在这突变到来之前，在封建社会的缓慢进程中，资本主义的萌芽和封建制度的衰败，已经过了几百年的缓慢变化，这些变化与资产阶级革命的性质和方向是一致的，它们实质上就是社会突变的"前置"因素。相反，在战争与和平的关系中，和平作为渐变过程，它的方向、性质、结构等等，早已在战争结束之时就确定了，两国之间战争结束之时，结束的方式、条件、内容等等，决定着战后双方维持一种什么样的和平。所以渐变的内容已在突变之时就决定了，渐变就在突变之中，和平起源于战争之时，它实质上是战争的"后置"因素。第二次世界大战后的冷战格局和国际关系新格局，实际上在第二次世界大战中就已经开始形成了。全球史上渐变过程与突变过程的相互渗透告诉我们：历史上的渐变过程中都孕育着突变的发生，而突变的过程中已经决定了此后的渐变过程的性质和方向。

最后，渐变和突变是相互转化的。在一定条件下，渐变可以转化为突变，突变也可以转化为渐变。渐变和突变之间并不存在一条不可逾越的鸿沟，在某一因素起作用时，两者之间会发生转换。在全球史上，渐变过程与突变过程的相互转化也是经常发生的。由于历史过程的极端复杂性和关联因素的多样性，有时某一历史因素的作用会突然改变历史的变化方式。比如，语言的发展变化本来是一个渐变的过程，是在一个民族的社会发展中逐渐成熟定形的，但是在语言发展过程中，如果遇到外来文化的强力渗透，土著语言也会发生剧烈变化，甚至被外来的语言所排斥或同化。渐变过程就转为突变过程。又如，两国之间关系骤然紧张，战争一触即发，形势出现突变，但由于某种外交努力或第三方协调，两国之间又化干戈为玉帛，重新进入和平状态。突变过程又转化为渐变过程。再如，15—16世纪海道大通，世界各大洲被紧密联结在一起，这是一场历史的突变。但这一突变是自古以来的海上航行、船舶制造、地球学说等许多渐变因素的积累的结果，不能把海道大通单纯地解释为商业扩张的推动。

总之，全球史的运动变化过程，既有渐变过程，也有突变过程。渐变过程反映了全球史的连续性，突变过程反映了全球史的跳跃性。而全球史的连续性和跳跃性又是相互联结、相互融合、相互转化的，这就是全球史运动方式的辩证统一过程。

三、全球史的稳定与振荡

稳定与振荡是事物运动过程中的两种不同状态。在传统思维中，人们习惯于认为稳定是有利于事物存在和发展的，而振荡是不利于事物存在和发展的，振荡只是起到了一种破坏的、消极的作用。这种看法实质上是机械论的思想观点，它显得过于简单和片面。现代科学思维从事物发展的复杂性出发，对稳定和振荡以及两者之间的关系有了更深刻的认识和更加辩证的理解，为我们进一步准确地认识客观事物提供了科学的方法论。

1. 全球史的稳定

一般地讲，事物的稳定状态往往有以下几个特征：第一，稳定是事物的质的规定性充分表现的状态。一事物区别于他事物的关键在于质的规定性，事物只有在稳定状态下才能形成其质的规定性。从这个意义上讲，事物只有在稳定状态下才能形成，才能被认识。

第二，事物在稳定状态下具有一定的抗干扰能力，即在遇到微小扰动时，事物能够保持原来的状态。尤其是处在开放状态下的事物，外部的微小扰动因素总是不可避免的，若事物能够在这些微小扰动下仍不偏不离原来的发展方向，即是稳定的。

第三，即使事物遇到扰动，偏离了原来的状态，但事物若能够自动地返回到原来的状态，重新恢复以往的发展方向，这样的事物仍然可充分表现其质的规定性，仍是稳定的。

第四，对于开放性的事物，当它与外部环境之间能够保持一定的平衡，能够顺利地同外部环境之间进行物质、能量和信息的交换，这样的事物也是稳定的。

　　事物的稳定状态虽然有这些共同的特征，但并不能从中得出一个简单的结论：即稳定的就是好的，就是有利的。因为在现实世界中，事物是极其复杂多样的，事物的稳定也各有不同。从本质上看，稳定有两大类型：一是在平衡状态下的稳定，例如一潭死水，十分平静和稳定，即使遇到风雨交加，产生一些波动，但风停雨住之后，仍能恢复原状，与外界相安无事。这种稳定实质上是僵化和死亡，谈不上有什么发展；二是不平衡状态下的稳定。例如一列运行中的火车，它能够在遇到弯道、坡道、岔道、风雨等各种情况下，保持稳定地前进，这就要求司机和火车的各个部分之间能够相互协调，灵活地适应外部环境，在不断变化中实现稳定。这种稳定才意味着事物的进化和发展。显然，只有第二种类型的稳定才是有利的。如果对稳定不加区分地一味肯定，就会导致一些错误的认识。

　　在全球史上，两种类型的稳定都出现过。第一种类型的稳定例如封建社会的长期稳定，有人曾称之为"超稳定"。封建社会在历史曾经存在了几千年，形成了十分严密和完善的内部结构，抗干扰能力也很强，虽然不断遭到大规模农民起义的冲击，但这些农民起义最终都能被镇压、瓦解、削弱。封建制度在农民起义之后总能恢复，始终占据统治地位。但由于封建社会的严密结构处于一种平衡状态，这种稳定实际上不利于封建社会的进化和发展，恰恰相反，它导致了封建社会长期的僵化和停滞不前。第二种类型的稳定如国际关系中的和平状态，这是历史上较为常见的稳定状态。由于各个国家都处于发展变化的过程中。所以和平是在不平衡的状态下实现的。在和平期间，不同国家之间虽然有矛盾，也常有一些摩擦，但双方能够灵活机动地、及时调整各自的方针政策，从而能够缓解矛盾、减少摩擦，在较长时间里持续保持一种和平友好的关系。这样的稳定才是有利于国家发展的稳定状态，也有利于实现持久的和平。

　　因此，我们所希望的稳定，不是停滞不前的稳定，而是不断发展的稳定，是动态的稳定。停滞不前的稳定等于是僵化和死亡，这样的稳定也是极不可靠的，而发展的稳定才是真正持久、可靠的稳定。发展有利于社会稳定，稳定也必须有利于社会发展。如果没有社会的发展，稳定也是很难保持的。据统计，从 1962—1965 年，世界上发生的政变共 104 起，除极少数例外，几乎全部发生在经济落后国家，特别是不发达的军人政权国家。从 1958—1973 年，贝宁发生 6 次政变，玻利维亚发生 6 次政变，苏丹也发生了 5 次政变。另外，从 1958—1965 年，在全世界 38 个人均国民收入不足 100 美元的国家中，发生社会冲突的国家占 87%；而在 27 个人均国民收入 750 美元以上的国家中，发生社会冲突的国家只占 37%。[①] 由此可见，发展与稳定是密切相关的，只有经济发展的稳定才是可靠的稳定，而经济落后的稳定是不能持久的。

从世界整体来讲，我们最需要的稳定就是世界和平。如何才能实现持久的世界和平？是把目前这种国际关系格局固定下来，不再变更呢？还是不断调整国际关系格局，适应不断变化的世界形势呢？显然，要想使国际格局固定不变是不可能的，即不能维护一种僵化的（平衡的）稳定。世界各国都在不断运动变化之中，国际关系格局必须不断调整才能不断适应新的世界形势。在国际关系上，拒绝调整，拒绝变化，对和平是十分危险的。只有及时调整、灵活反应、不断协调，才能形成一种适应形势变化的新的国际关系格局，才能保持国际关系的稳定，实现持久的和平。也就是说，应当追求的是动态的稳定，是不断发展变化中建立的稳定，在不断调整中实现的和平。这是实现世界持久和平的可靠途径。

2. 全球史的振荡

事物的振荡状态也有如下几个特征：第一，振荡是事物部分地丧失其质的规定性的状态，即事物的失稳状态。这时事物不能充分地表现它的质的规定性，而只能表现其中的一部分。如果过分的振荡，事物也可能丧失其全部的质的规定性，变成另外一种事物，形成新的质的规定性。

第二，振荡是事物处在十分活跃的状态下，这时即使是遇到一点微小

---

① 参见梁荣迅：《社会发展论》，山东人民出版社 1991 年版，第 79—80 页。

扰动，事物也会立刻改变现状，毫无抵抗干扰的能力。对于具有开放性的事物，来自外部的微小振动因素难以避免，事物在这种情况下不断地改变现状，即是振荡。

第三，由于振荡使事物丧失了部分质的规定性，所以振荡中的事物，在偏离了原来的状态之后，就不能自动返回到原来的状态，也不能恢复以往的发展方向，而是增加了新的质的规定性。

第四，对于具有开放性的事物，当它失去与外部环境之间的平衡状态，不能顺利地同外部环境进行物质、能量和信息的交流，这样的事物也是处在振荡状态的事物。

振荡由于能够导致事物丧失部分质的规定性，因此它对事物有一种破坏作用，但我们也不能从中得出一个简单的结论：即振荡就是不好的，或者不利的。因为对于不同的事物，振荡的作用也有不同。与稳定一样，振荡也可以分为两大类型：一是在平衡状态下的振荡，我们还以一潭死水为例，这时潭水已缺乏生命力和活力，与周围环境也没有物质、能量和信息的交流，潭水的各个部分互不协调、僵化不变，缺乏灵活反应能力，它实质上已经走向死亡，这时如果产生振荡，比如引入一股清泉，或者沟通某一江河，这样潭水原有的质虽被破坏，但它却被振荡激活，重新加入与外部环境的变换，进行新的生命循环，获得一定的生命力和活力，从此摆脱僵化，走上发展进化之路；二是在不平衡状态下的振荡，我们也仍以运行中的火车为例。火车在种种不平衡条件下，能够自我调节，灵活反应，适应外部环境的各种条件，实现正常运行，这时如果产生振荡，比如突然发生地震，使火车失去原有的协调，改变原有的状态，难以适应外部条件的变化，对弯道、坡道、岔道等不能做出正确反应，结果可能导致火车停止运行，甚至颠簸、出轨。这样的振荡就破坏了事物的性质，不利于事物的发展。显然，只有第二种类型的振荡才是不好的、不利的。

在全球史上，两种类型的振荡也都出现过。第一种类型的振荡如社会革命。社会革命相对于稳定来讲，是一种振荡，但社会革命能够冲垮旧的社会制度、僵化的生产关系，建立新的社会制度和富有生命力的生产方式，因此是有利于社会的进化和发展的。像资产阶级革命，能够摧毁旧的封建制度，改变僵化的（平衡）旧生产关系，建立新的资本主义制度，为社会的发展注入新的生命力和活力，振荡的结果推动了社会的发展，是有利的振荡，如果没有这样的振荡，社会就难以进化发展；第二种类型的振荡如人类历史上多次发生的战争。当两个国家之间能够在不平衡状态下，灵活调整相互关系，保持和平状态时，战争的爆发打乱了原有的国际关系格局，导致了社会的剧烈动荡，中断了交战双方正常的发展，这样的振荡就破坏了国际关系，不利于国家的社会发展。虽然战争有正义战争和非正义战争之分，但战争毕竟是"人类自相残杀的怪物"，战争对社会经济、文化的破坏都是显而易见的，如果能够用和平的手段解决国际争端，调解国际矛盾的话，就应当尽量避免动用武力。

因此，我们所反对的振荡，不是冲垮僵化的振荡，而是破坏发展的振荡，对于那些僵化的（平衡的）事物，它已经失去自我调节的能力，不能灵活地适应外部环境，也就难以谋求发展，这时发生的振荡，就成为一种积极的、革命的力量，就有利于事物的发展，对于这样的振荡，我们应当持欢迎的态度。例如当今世界许多国家所进行的社会改革，就应当鼓励和支持。改革也是一种振荡，它调整了原有的某些社会关系，改变了某些已经僵化的社会制度，为社会的发展注入了新的活力，能够推动社会某些方面的发展。如果没有改革，社会就会逐渐僵化，自我协调能力下降，最终就会陷入停滞。所以，我们不能不加选择地、盲目地反对一切振荡。在历史上，对社会起到催化作用、推动作用的往往是振荡的力量，振荡经常扮演着革命的角色，它意味着调整、改革、活力和促进。

对于全球史进程来讲，破坏性最大的振荡就是战争。战争使生灵遭到涂炭，田园荒芜，城镇毁灭，人类所创造文明成果惨遭洗劫。交战国人民被迫颠沛流离，背井离乡，社会发展的正常进程被迫中断，造成巨大的经济损失，甚至导致社会衰退。不仅如此，战争手段还在不断提高，武器的杀伤力、破坏力越来越大，战争所造成的损失也越来越大。20世纪所发生的两次世界大战，造成数亿人口伤亡，数万亿美元的经济损失，几十个国家燃起战火，无数的城镇变成废墟，成为人类历史上空前的浩劫。第二次世界大战后期研制成功的原子弹，已经登上兵器史的顶峰，目前各国储备的核弹头，已足够将地球上所有生命毁灭几十次，如果爆发一场核战争的话，那就意味着世界历史的终结，人类社会的覆灭。这是人类所不能承受的振荡。因此，自古以来，反对战争就是人类的一种崇高目标。中国春秋时期就有"向戍弭兵"、"墨翟非政"、"宋轻论和"、"佳兵不祥"等记载。孟子曾谴责战争发动者"争地以战，杀人盈野；争城以战，杀人盈城。此所谓率土地而食人肉，罪不容于死。"① 古代希腊的奥林匹克运动会就是反对战争的盛会，奥运会开幕时，由三名竞技者举着火炬，跑遍全希腊，传谕停止一切战争。直到今天，人类仍在为反对战争付出不懈的努力。2008年北京奥运会举行时，联合国秘书长潘基文就呼吁各国停止战争行为，发扬奥运会的和平精神。总之，破坏性的振荡，违背了人类的整体利益，是与世界整体历史的行程背道而驰的，因此我们在任何时候都应当反对这种振荡。

3. 全球史稳定与振荡的关系

稳定与振荡是事物存在的两种不同状态，但并不是截然对立、互不联系的状态，而是处在相互依存、相互渗透、相互转化的对立统一过程中。全球史的运动过程，也是稳定与振荡相互交替、相互联结的过程。

首先，稳定与振荡是相互依存的。稳定是相对于振荡而言的，没有振荡，也就无所谓稳定。振荡也是相对于稳定而言的，没有稳定，也无所谓振荡。全球史本质上是一个不平衡状态下的稳定过程，因此，人类的发展在自然界中是一个极为成功的范例。人类所从事的物质生产和生活活动，从根本上讲，是需要一个相对稳定的环境，没有这样一个环境，人类就难以发展。在全球史的绝大部分时间里，社会是比较稳定的，人类可以不受干扰地从事经济的、文化的、思想的创造性活动，因而取得了丰硕的文明

---

① 《孟子·离娄章句上》。

成果。但由于长期的稳定，能够造成社会某一方面的惰性和僵化，使社会内部的自我调节功能衰退，就会逐渐积累一些内部的矛盾和冲突，最终造成了社会的振荡。振荡能够调整某些关系和矛盾，冲击某些僵化的结构，因此能够使社会重新获得发展的生命力，重新走上进化的道路。但振荡毕竟会破坏现有的生活秩序，使社会的某一部分人付出代价，所以，总是有人反对振荡，有人赞成振荡。无论如何，振荡总是不可避免的。历史上的社会革命、战争、农民起义、政变、经济危机、工人罢工斗争等等，都是一种振荡，不过振荡的性质、层次、影响有所不同罢了。比如农民起义在本质上是封建社会的催化剂，它能够部分地调整社会关系，缓解社会矛盾，推动社会进化。但在不同层次中，它的影响又有所不同。如果对整个封建制度来说，农民起义并不能从根本上改变封建制度，只是一个扰动因素，封建社会总体上仍是稳定的。但如果对某一个封建王朝来讲，农民起义能够动摇它的统治，甚至推翻它的统治，改朝换代，这就是一种剧烈的振荡。

其次，稳定与振荡是相互渗透的。稳定之中包含有振荡，振荡之中也包含有稳定。由于稳定都是相对的，都是动态的、不平衡的稳定，所以稳定之中都包含有振荡的因素。人类社会总体上讲是稳定发展的，但这种稳定是在动态的、不平衡条件下的稳定，而动态就意味着失稳。人类社会是一个不断地从低级到高级的运动过程，人类的创造性活动也一天都没有停止过。由于发展和创造，人类社会就要不断地新陈代谢，不断地淘汰旧的东西、建立新的东西，这个过程本身就是不断质变的过程，因此它必然包含着丧失旧质的振荡过程，不过在总体稳定的状态下，振荡只是局部地、微弱地存在。但是，如果过于长时间的稳定，这种微弱的振荡就会逐渐积累成剧烈的振荡，因为长期的稳定，使社会的结构固定化，更多地失去灵活性，小的振荡不足以调整整个社会关系的结构，并且由于社会各个部分之间缺乏灵活协调，一个小的扰动因素都可能触发大的社会振荡。因此，长期稳定之中往往会孕育着大的振荡，反过来也一样，即大的振荡之中也会酝酿着长期的稳定。由于振荡调整了社会结构，增加了新的社会关系，这些新的社会结构和社会关系的发展就带来了新的稳定。振荡的幅度越大，社会结构和社会关系的变动就越大，它们所需要的稳定发展的时间就越长。比较典型的例子是，中国春秋战国以及秦朝长达几百年的分裂和战乱，加上秦末农民起义的大规模振荡，进入汉代以后，统治者被迫采取"与民休息"的政策，带来了汉代几百年的稳定发展。魏晋南北朝和隋末农民起义之后，唐朝实行"轻徭薄赋"也出现了上百年的稳定繁荣局面。第二次世界大战是全球史上最大规模的振荡，战后几十年来世界就进入了和平发展的时期，新的世界大战没有再爆发。

最后，稳定与振荡还是相互转化的。在一定条件下，稳定可以转化为振荡，振荡也可以转化为稳定。尤其对于具有开放性的事物来说，事物发展过程中的关联因素很多，每一个因素的变化，都可能影响事物的状态，事物总是面临许多选择性，而最终的选择带有很大的随机性。所以，看似稳定的条件可能会引发出振荡，看似振荡的条件也可能引发出稳定，这是客观事物发展的复杂性的一个表现。因此，不能绝对地讲，某一个因素一定会导致稳定，或某一个因素一定会导致振荡，两种可能性都是存在的，所以稳定和振荡是能够互相转化的。

全球史归根到底是由人组成的，人是世界整体历史的基本细胞，但人又是十分活跃的、充满生命力、创造力的，由人所构成的人类社会也是充满复杂性和多样性的，再加上人类与自然环境之间的密切关系，所以，影响人类社会发展的因素有很多，人类所面临的选择性、随机性也很大的。同样的条件下，即可能造成社会稳定，也可能造成社会振荡，稳定和振荡之间是可以相互转化的。在资本主义社会中，经济发展能够带来社会的稳定（繁荣），也能够带来生产过剩的危机，造成工人失业，物价飞涨、企业倒闭等，这就成为一种社会的振荡，所以，同样是经济增长，社会的稳定却可以转化为振荡。在社会主义社会中，自然灾害的发生，比如水灾的发生，能够带来社会振荡，也能够带来社会稳定。比如1998年中国长江、松花江、嫩江流域的特大洪灾发生后，全国人民在党中央、国务院统一领导和部署下，灾区抗洪斗争井井有条，社会各界密切配合，人民群众齐心协力，社会治安反而比洪灾之前还要好，这就形成了一种稳定。所以，同样是自然灾害，社会的振荡则可能转化为社会的稳定。历史在这里不过是再一次向我们展示了它的复杂性和多样性。

总之，在全球史运动中，既有稳定状态，也有振荡状态。稳定状态反映了人类社会的统一性，振荡状态反映了人类社会的多样性。而人类社会的统一性和多样性又是相互联结、相互融合、相互转化的，这就是全球史运动状态的辩证统一过程。

四、全球史的进化与退化

进化与退化反映着事物运动的不同方向。进化是事物的正向运动，退化是事物的负向运动。自然界中一切事物包括人类社会，究竟是不断进化呢，还是不断退化？这个问题在科学学史上充满了激烈的争论。19世纪中叶形成的达尔文的生物进化论和克劳修斯的热力学退化论，提出了两种截然不同的自然演化图景：达尔文指出，生物演化是由简单到复杂、由低级到高级的不断进化过程；而克劳修斯提出的热力学第二定律则认为，孤立系统中的热量自发地由高温物体流向低温物体，其中总是自发地发生着熵的增加，直到达到热平衡态时系统的熵就达到最大值。按照这一定律，宇宙中的能量将消耗一空，最终到处是永恒的死寂。也就是说，我们的宇宙正无可挽回地走向死亡。应当说，在自然界中，进化现象和熵现象都是客观存在的。那么，达尔文和克劳修斯，究竟谁是谁非呢？这个问题至今仍困扰着科学家们。对这一问题的更深层次的探讨，将会涉及宇宙学的一些根本问题，比如宇宙时间是可逆的，还是不可逆的？宇宙的演化是上升的还是下降的？宇宙大爆炸之后的膨胀过程是会永远持续下去呢？还是会有一个终点，把因膨胀而弥散出去的物质重新聚集起来呢？这些问题显然已远离本书的主题，我们在此暂不作讨论。下面我们只是从当代科学的一些基本认识出发，对全球史运动过程中的进化现象和退化现象及其相互关系作一些初步的探讨。

1. 全球史的进化

进化是事物的正向演化，是事物的上升过程。这一点自从达尔文提出进化论以来，就已经深入人心了。人们对于事物的不断进化是比较容易理解的，也是乐于接受的。什么是进化？什么是全球史的进化？这个问题可以从三个方面来认识。

第一，进化是事物不断地从低级到高级的发展过程。宇宙中的物质似乎都经历着一个从低级到高级的演化过程。人类社会实际上就是动物从低级形态向高级形态演变的产物。人类社会产生以后，依然经历着从低级向高级的发展变化。从早期猿人到现代智人是人体本身不断进化的过程。人类的生产工具、科学技术，甚至人类的思想认识都有一个不断提高的过程。这是因为历史上出现的任何东西，都只是具有暂时的意义，对于以往的旧的东西而言，它是新生的、进步的象征；而对于以后出现的新的事物来讲，它又是陈旧的、落后的，它迟早会被更高级、更先进的东西所取代。人类社会就是在这种低级事物不断被淘汰、高级事物不断涌现的交替过程中前进的。从原始社会、奴隶社会，到封建社会、资本主义社会，即是这一过程的几大阶段。马克思曾明确提出：

> "一切依次更替的历史状态都只是人类社会由低级到高级的无穷发展进程中的暂时阶段。每一个阶段都是必然的，因此，对它发生的那个时代和那些条件说来，都有它存在的理由；但是对它自己内部逐渐发展起来的新的、更高的条件来说，它就变成过时的和没有存在的理由了；它不得不让位于更高的阶段，而这个更高的阶段也要走向衰落和灭亡。正如资产阶级依靠大工业、竞争和世界市场在实践中推翻了一切稳固的、历来受人尊崇的制度一样，这种辩证哲学推翻了一切关于最终的绝对真理和与之相应的绝对的人类状态的观念。在它面前，不存在任何最终的东西、绝对的东西、神圣的东西；它指出所有

一切事物的暂时性；在它面前，除了生成和灭亡的不断过程、无止境地由低级上升到高级的不断过程，什么都不存在。"①

第二，进化是事物不断地从简单到复杂的过程。这就是说，伴随着事物的进化过程，事物的形态、结构、功能等将越来越复杂。人类社会的进化过程，也是一个越来越复杂的过程。首先是人脑在不断的进化过程中，其复杂性日益增强。人脑能够处理越来越多的、越来越复杂的信息，并且能够指导着人类从事日益复杂的创造性活动；其次是在人类社会的发展过程中，加入到人类社会过程中的新的因素越来越多，包括：人口的稳步增长、新的社会关系、对自然因素的不断加深的认识和利用、科学技术的进步、新的思想文化等等；最后是人类社会的结构、形态和功能的日益多样化，包括社会制度、政党、宗教团体、社会分工、经济实体、文化团体、国家联合体、国际关系格局等，这些都越来越多样化、复杂化，并且它们之间的关系也越来越错综复杂。从原始社会、奴隶社会、封建社会到资本主义社会，可以说，其中任何一种社会形态，都比前一种社会形态更复杂。比如奴隶社会与漫长的原始社会相比，奴隶社会所出现的新因素、新关系、新问题就有：阶级、国家、君主、军队、国际关系、外交、战争、和平、文字、法律、税收、金属工具、私有制、家庭、监狱等等。其中每一个因素又包含有非常复杂的形式和内容，而所有这些因素又在其动态变化之中相互间形成纵横交织的关系网，这就使奴隶社会比原始社会要复杂得多。

第三，进化是事物不断地从无序到有序的变化过程。无序是指的事物内部各要素之间以及事物与外部环境之间的无规则的联系或联系的无规则性，无序即是混沌和混乱。而有序则是指事物内部各要素之间以及事物与外部环境之间的有规则的联系，有序即是有条理和有规律。世界上一切事物，既没有绝对的无序，也没有绝对的有序，事物是无序与有序的对立统一。处在进化中的事物，往往是在从无序到有序的变化过程中，是不断趋

---

① 《马克思恩格斯选集》第4卷，人民出版社1995年版，第217页。

于有序的状态。人类社会的进化过程，也包括从无序到有序的过程。比如人类刚诞生时，人与人之间的关系非常混乱，杂婚混居，四处漂泊，以后逐渐进化，就有了定居生活、夫妻制度、家族种族、民族国家、地域国界、社会制度等等，这就建立了一定的秩序和规则。国家形成以后，最初各个国家之间较少联系，孤立闭塞，从世界整体的角度看也是一片杂乱无章、分散零乱的状态，以后随着民族交往的扩大、海道大通、交通通信工具的改善，直到今天电脑互联网络、各种媒体、联合国会议等等，把世界各国的人们以各种方式联系起来，也逐渐增加了世界整体的有规则的联系。所以世界历史从分散到整体的过程，也是一个从无序到有序的过程。

2. 全球史的退化

退化是事物的负向演化，是事物的下降过程或衰退过程。由于进化论已成为人们头脑中根深蒂固的观念，人们对于退化的理解会相对困难一些，接受退化的现实也需要更多的勇气。什么是退化？什么是全球史的退化？简单地讲，退化就是把进化的时间箭头颠倒过来，它也可以从三个方面来认识。

第一，退化是事物从高级到低级的演化过程。事物在演化过程中，不是以其不断出现的新质来取代旧质，也不是从较低阶段向较高阶段变化，而是相反：不断地向旧质靠拢，新质难以产生和发展，不断地下降到较低级的阶段，甚至走向死亡。这样的过程即退化过程。退化过程是十分常见和大量存在的。世界整体历史有没有退化现象？回答是肯定的。这一点也许与人们的传统思维有些格格不入，但是经典作家从来都没有否认过这一点。比如列宁就曾说过："设想世界历史会一帆风顺、按部就班地向前发展，不会有时出现大幅度的跃退，那是不辩证的，不科学的，在理论上是不正确的"。[①] 全球史上的倒退现象实际上也是大量存在的。比如，构成世界整体的部分不断地经历着从发展到衰老的过程，包括历史上的个

---

① 《列宁选集》第 2 卷，人民出版社 1995 年版，第 694 页。

体、群体、民族、国家等等，有无数个这样的部分在历史上曾经存在过、发展过，但后来都逐渐消亡了，都退出了世界整体历史，这无疑是一种退化现象；又如，经历了一次大的社会振荡之后，社会发展的水平就会下降。第一次世界大战后，欧洲许多国家的社会经济指标倒退到 1914 年以前；1929 年资本主义世界经济危机之后，许多资本主义国家的社会经济指标甚至下降到 19 世纪末的水平；今天也有一些国家出现经济负增长等等。至于世界整体的退化，主要表现在人与自然的矛盾日益激化，由于人类活动的影响，地球已变得越来越不利于人类居住，环境污染日趋严重，这些都是与全球史的进化背道而驰的。

　　第二，退化是事物从复杂到简单的过程。事物在演化过程中，它的结构、形态、功能等越来越单调、简化，它与外部环境之间的物质、能量和信息的交流越来越少，也就是它的复杂性程度和组织性程度逐渐减少，这也是退化的一种表现。人类社会在演变过程中，也有一种趋向简单化的趋势。比如由于社会振荡而出现的退化，常使局部地区丧失部分或全部原有的结构和功能。古代地中海著名城市庞贝，因火山爆发而变成一片废墟；第二次世界大战末期，美国在日本广岛、长崎两市投下两颗原子弹，使这两座城市化为一片火海。一般地讲，当遇到自然灾害、战争、社会革命等振荡因素时，或多或少都会给社会带来一定损失，使社会的结构趋于简化，功能被迫减少，人们所从事的创造性劳动被迫中断，这些都使社会的复杂性程度降低。又如，全球史上一些古老帝国，当它们逐步退出历史舞台的时候，它们作为世界整体组成部分的功能会逐渐减少，与外部环境的交流与联系也会逐渐萎缩。蒙古帝国在强盛时期，曾经统治整个亚欧大陆，影响了一系列国家的发展过程，但当蒙古帝国衰退时，蒙古人就逐步退回到蒙古草原，与外界的联系也逐步减少，对亚欧国家的影响也日益萎缩。另外像古代巴比伦文化、早期印度河流域文化、美洲玛雅文化和印加文化等，都曾经是丰富多彩、辉煌灿烂的文化，但后来就逐渐简化、退化，最终基本消失了。这些都说明全球史运动过程中的退化现象，包含有复杂性不断减少、不断趋于简化和单调的趋势。麦克尼尔父子就曾指出，人类历史上"也有地区性的和暂时的倒退。例如公元 900 年左右南半球的玛雅社会趋于简单化，放弃了城市和文明，去过一种简单的生活，没有金字塔和文字，没有贸易，可能也没有战争。地区性的和暂时的脱离复杂化的运动……这些趋于简单化的社会，都走向了灭绝。"①

第三，退化是事物从有序到无序的过程。事物在退化过程中，其有序化程度会日趋降低，逐渐陷入无序和混乱状态。人类社会在退化过程中也会出现秩序混乱、功能失调的无规则状态。中国在所谓"文化大革命"中，工厂停产、学校停课、武斗串联、揪走资派、机关瘫痪、商品短缺、派别林立、思想混乱……完全陷入一种无序状态。这场革命的结果，导致中国社会经济至少倒退 20 年。资本主义国家在经济危机期间，工人失业、罢工游行、企业倒闭、物价飞涨、商品过剩、治安混乱、犯罪率上升、股汇市狂跌等等，也是一种混乱和无序的状态。而经济危机是资本主义国家社会退化的一种表现。全球史上当振荡造成社会退化时，往往都伴随着一种无序状态。比如当自然灾害突然降临时，人们惊慌失措、四处逃散、社会救援系统失灵，交通管制失控；在战争过程中人们背井离乡、中断生产、炸毁公路桥梁、滥杀无辜、抢劫财富、破坏文物等等。可见，全球史的退化过程，也是一种从有序到无序的演变过程。

3. 全球史进化与退化的关系

进化与退化是事物演变过程中的两种截然相反的演化。但是，在自然界与人类社会中，并不存在绝对的、纯粹的进化，也不存在绝对的、纯粹的退化。实际上，在事物演变过程中，进化与退化是相互依存、相互渗透、相互转化的。全球史的演变过程，也是进化与退化相互交融、相互联系的过程。

首先，进化与退化是相互依存的。我们知道，任何事物都有一个产

---

① J.R.Mcneill & William H.Mcneill: *The Human Web*,Printied 2003 by W. W. Norton & Company, New York, pp.321-322.

生、发展和衰亡的过程，这个过程就是进化和退化的过程，事物的产生和发展，就是进化，事物的衰亡，就是退化。进化与退化同时存在于一个事物的演变过程中，既没有单独存在的进化，也没有单独存在的退化，它们是相互依存的。通常人们习惯于只重视事物进化和发展的一面，而忽视事物的退化和消亡的一面，而实际上，事物任何一点进化，都是伴随着更大范围的、更大量的退化和下降。全球史一方面是一个不断地由低级到高级、由简单到复杂的进化过程，同时这个进化过程则是以更多的退化过程为前提条件。从全球史的内部而言，整体的进化是以部分的不断的、大量的退化为代价。世界整体由个体、群体、民族和国家等部分组成，全球史进化到今天，已经有无数个部分走完了它们的退化过程，没有这些部分的退化，就没有整体的进化。从全球史的外部环境来讲，全球史的进化又以外部环境的大量退化为条件。全球史在进化过程中，必然要消耗外部环境中大量的物质和能量，比如人类每天都要消耗自然界中大量的植物、动物、矿物、水、能源等等。同时，人类每天还要向自然环境中排放大量的垃圾、有害及有毒物质、废水、废气等等，造成环境的不断积累的污染，这些都造成了外部环境的退化。外部环境的退化与全球史的退化往往是一致的，古代埃及文化、印度河文化、两河流域文化的衰落，与这些文化所在地区的荒漠化过程，就存在着惊人的一致性。因此，全球史的进化与退化是相伴相随的、同时并存的，这是不可否认的历史事实。

其次，进化与退化是相互渗透的。一个事物从它产生之时起，就走上了进化之路，同时也走上了退化之路。进化之中包含了退化的因素，而退化之中又带来了新的进化条件。一方面事物的新质不断形成和发展，这是进化的过程，另一方面，事物又必然走向崩溃和灭亡，这又是退化过程。全球史的进化与退化也是交织在一起的，人类每进化一步，都包含了退化的过程。马克思曾经形象地描绘过这一点，他说：

"在我们这个时代，每一种事物好像都包含有自己的反面。我们看到，机器具有减少人类劳动和使劳动更有成效的神奇力量，然而却引起了饥饿和过度的疲劳。财富的新源泉，由于某种奇怪的、不可思议的魔力而变成贫困的源泉。技术的胜利，似乎是以道德的败坏为代价换来的。随着人类愈益控制自然，个人却似乎愈益成为别人的奴隶或自身的卑劣行为的奴隶。甚至科学的纯洁光辉仿佛也只能在愚昧无知的黑暗背景上闪耀。我们的一切发现和进步，似乎结果是使物质力量成为有智慧生命，而人的生命则化为愚钝的物质力量。现代工业、科学为一方与现代贫困和衰额废为另一方的这种对抗，我们时代的生产力与社会关系之间的这种对抗，是显而易见的，不可避免的和无庸争辩的事实。"①

的确，全球史上进化现象与退化现象相互渗透在一起的情况，是十分常见的。比如，在原始社会末期，私有制的产生推动了经济的发展和社会的进步，它是文明产生的动力和催化剂，但私有制的产生，也带来了社会不平等、剥削压迫、暴力和专制。又如，科学技术的发展，提高了社会生产力，增强了人类生存和发展的能力，但同时，科学技术也促进了军火工业的发展，各种屠杀人类的手段也越来越先进，直到原子弹的研制成功，连科学家们也懊悔不已，他们的研究成果可以将全人类甚至地球上的所有生命都消灭干净。进化在不断改善人类生活的同时，也不断把人类推向退化。

最后，进化与退化是相互转化的。在一定条件下，进化可以转化为退化，退化也可以转化为进化。全球史上，进化的过程演变成了退化，退化的过程演变成了进化，这样的例子都是十分常见的。发展与环境的问题，就是这样一个问题，社会要进步，就必须要发展经济，这是进化。但在发展经济的过程中，必然要消耗能源和资源，必然要增加"三废"的排放，就会污染环境，而污染环境又不利于人类的进化，这又成了退化。因此，进化可以转化为退化。同样，退化也可以转化为进化。比如第二次世界大战涂炭生灵，摧毁工厂农田，破坏文物遗产，成为全球史上的一场浩劫，这是严重的退化。但这场战争消灭了法西斯主义，壮大了民主力量，推动

---

① 《马克思恩格斯选集》第 1 卷，人民出版社 1995 年版，第 775 页。

了战后科学技术的发展，加强了战后各国之间的沟通与合作，刺激了新的发展浪潮，这就又转化为进化。正像恩格斯所说的那样："没有哪一次巨大的历史灾难不是以历史的进步为补偿的。"[①] 这就是历史发展的辩证法。

总之，全球史的运动方向既有进化，又有退化。进化反映了全球史的目的性，退化反映了全球史的阶段性。而全球史的目的性与阶段性又是相互交融、相互联结、相互转化的，这就是全球史运动方向的辩证统一过程。

五、全球史的目的与意义

在近代学术史上，曾经出现过"历史目的论"思想。这种思想认为人类历史有某种预先确定的目标或目的，这种目的往往被认为是由神或上帝确定的。这一思想早已被学界所摒弃，主要是因为它导致了唯心主义的、神秘主义的和宿命论的观念。所以，现代历史理论都十分忌讳涉及历史的目的性问题，大多数历史著作都避而不谈历史发展的目的，主要是因为人们担心重蹈近代目的论的覆辙，再次陷入到神秘主义的泥潭之中。但是，回避不是解决问题的根本办法。历史的目的性是客观存在的，对于历史目的性的认识是具有重要的理论意义和现实意义的。否认目的性虽然可以避免陷入神秘主义泥潭，但却可能掉进不可知论的深渊。因此，运用现代科学理论作指导，重新认识历史的目的性问题，就成为摆在我们面前的一项迫切的任务。而现代科学的发展，尤其是系统科学的兴起，使我们有可能在历史目的性问题上取得一些新的认识。

---

① 《马克思恩格斯全集》第 39 卷，人民出版社 1974 年版，第 149 页。

1. 目的与历史目的

什么是目的？这是一个首先应该明确的问题。在语言学层面上，"目的"一词，通常有两种含义：一是指"人对某种对象的需要在观念上的反映"；二是指"人在行动之前在观念上为自己设计要达到的目标"。① 在这两种含义上提出的目的论思想，往往导致了唯心主义的结论，因此遭到了人们的普遍批评。在哲学层面上，"目的"指的是事物的一种本质和原则。这里只是从哲学的层面上讨论这一问题。

客观世界的万事万物为什么会产生？它们形成、发展的目的是什么？这些目的又是怎样确定的？这些问题自古以来就困扰着思想家们。古代的人们就已经认识到事物的产生是有原因的，事物的发展也是有目的的。但在回答这些原因和目的是什么的时候，多数人都最终陷入了唯心主义的、神学的解释。比如中国古代哲学把事物的目的看做是一种"天意"，是符合"天"即神的意志的行为。西方古代哲学则提出事物产生于理念和精神，事物的发展变化是由神或上帝预先规定了的。亚里士多德在这个问题上向唯物主义迈进了一步。他提出了所谓"四因说"。亚里士多德认为，事物的存在和变化的原因都应在现实事物的内部寻找，一共有四种原因决定着事物的产生和变化，即：质料因、形式因、动力因、目的因。质料因是指事物构成的原始质料，如铜像的铜，房屋的砖瓦等；形式因是指事物的形式结构，比如房屋的形状和结构；动力因是指一定的质料取得一定的形式结构的力量，比如建筑师就是房屋的动力因；目的因是事物的产生是为了什么目的，是事物所追求的东西，比如居住就是建房的目的因。亚里士多德认为，事物之所以有变化，就是由于它趋向一种目的，万物都向着一定的目的而努力，为一定的目的而生存。但在解释目的因的作用和地位时，亚里士多德又认为目的可以先于质料而存在，目的是主动的，质料是被动消极的，这就夸大了目的的作用，最终又滑向了唯心主义。

在近代，科学技术虽然有了巨大的进步，但由于机械论世界观的影

---

① 《辞海》（缩印本），上海辞书出版社1989年版，第1878页。

响，人们忽略了事物的普遍联系和相互关系，在解释事物的目的时，完全倒向了宗教神学和宿命论。近代目的论的代表人物是莱布尼茨和克里斯坦·沃尔夫，他们认为是上帝决定了事物的产生和发展，上帝在创造事物的时候，不仅预先规定了每一事物的发展历程和内容，而且在做出这种个别性的规定时，还同时考虑到了周围其他事物发展变化的历程和内容，使其发展变化相互和谐一致地进行。这样一来，事物的目的都是上帝规定的，哲学在这里走向了神学。恩格斯曾经批判过这种目的论。恩格斯说："根据这种理论，猫被创造出来是为了吃老鼠，老鼠被创造出来是为了给猫吃，而整个自然界被创造出来是为了证明造物主的智慧"。① 近代目的论的失误主要在于把事物的目的归结于神或上帝的创造，而不在于目的本身。

古代和近代的这些目的论思想，对历史理论产生了直接的影响，形成所谓"历史目的论"。这种思想认为，历史的发展是神或上帝事先安排好的，是按照神所确定的目的进行的，或者把历史看做是某种精神的发展和实现。从柏拉图到黑格尔都是这种唯心主义的认识。这种理论在史学界遭到了普遍的批评，因此人们普遍否认历史目的的存在。在否认历史目的的理论中，还有一种较为简单和朴素的看法，即认为只有人类的个体才是有目的的，或者至多是生命体才有目的，而其他非生命体的事物都是没有目的的。这种看法的理论前提是，目的是存在于人的大脑中的，是人的一种主观意识追求或对未来的设计，非生命体由于没有大脑，当然就没有目的。而对人类社会来说，由于社会没有自己的大脑，所以整个社会就是没有目的的，人类历史当然也是没有目的的。这是一种陈旧的、狭隘的认识。因为它只是从汉语的语言学层面上理解"目的"。这当然不能满足当代科学理论发展的需要。

现代科学的发展，已经产生了对目的的新的认识。按照现代科学的观点，自从宇宙产生以后，宇宙中的所有星体，万事万物都开始了有目的的

---

① 《马克思恩格斯选集》第 4 卷，人民出版社 1995 年版，第 265 页。

运动，事物因为有目的的运动，就会表现出某些规律性，科学才能够认识它们。这里的目的，就是指事物所坚持表现出来的一种确定的状态或趋向，不管是有大脑的事物，还是没有大脑的事物，都有这种状态或趋向。因此，——不管人们承认与否——目的是客观存在的，不是仅存在于人的头脑中，也不是神或上帝所安排的。

例如在系统科学中，事物的目的性已成为一个重要的科学概念。它包含有三层意思：

第一，只有开放的系统，才有目的性，封闭的系统由于没有发展变化就无所谓目的。贝塔朗菲指出：

"对开放系统行为的研究导致自然哲学上具有深远意义的结果：在生命事件中尤为明显的目标追求性的等终极形式，是从作为一个开放系统的有机体的特性中必然地合乎规律地得出的。"[1]

这里的等终极性既是目的。贝塔朗菲还曾提出过三种类型的目的，即异因同果型、反馈稳定型和适应行为型。

第二，事物的目的性是事物内部复杂的反馈机制起作用的结果。控制论的创立者维纳提出："一切有目的的行为都可以看作需要负反馈的行为"。[2] 按照控制论的观点，目的就是受到负反馈控制的行为。事物在发展过程中，其内部的反馈机制引导着事物的合目的运动，这种反馈机制的作用表现在：一方面当事物已处于所需要的状态时，就尽力保持事物的稳定；另一方面，当事物不是处于所需要状态时，就引导着事物从现有状态转变到一种新的稳定状态。这样一来，是事物内部的反馈机制决定了事物的发展目的，而不是神或上帝决定了一切。

第三，事物的目的是在事物与其外部环境的相互关系、相互作用中表现出来的。对于具有开放性的事物，它与其外部环境之间总是存在着物质、能量、信息的交换。因此，一方面，外部环境影响着事物的发展变

---

[1]　贝塔朗菲：《关于一般系统论》，载《自然科学哲学问题丛刊》1984 年第 4 期。

[2]　庞元正等编：《系统论、控制论、信息论经典文献选编》，求实出版社 1989 年版，第 284 页。

化；另一方面事物本身也需要识别环境并根据环境的实际情况做出反应和选择，从而影响着环境。然后，事物还要对受到影响后发生了改变的环境的输入做出新的反应，发挥自己的潜在能力重新再做出选择，于是，一种周而复始的开放与交换、反应与选择产生了，事物的潜在的发展能力逐渐展开，所谓目的性也就表现在其中了。

按照现代科学的思想，事物的目的指的是事物在与其外部环境的相互关系、相互作用中，借助于自身的反馈机制，可以排除各种干扰因素，坚持表现出来的某种确定状态或趋向，这种确定状态或趋向即是事物的目的，它不是由某种超自然的神秘力量确定的，而是事物自身根据它与外部环境的关系选择的能够充分显示其质的规定性的状态。根据这一思想，所谓目的，应当包含三个方面的规定：第一，目的是一种预先确定的状态，是可能性的选择，是趋向性的显示。第二，目的的产生是事物对外部环境的一种反应，是事物根据自身与外部环境的相互关系的特性而做出的一种选择，因此，目的也是一种具有现实性的东西。第三，目的的实现是事物与外部环境之间相互作用的结果，是目的的现实性展开的过程。

由此可知，事物的目的归根结底是事物与外部环境相互作用的结果，外部环境是一种客观存在，因此，目的是主客观的统一。以往人们在认识目的时，往往把目的只看做是一种主观的东西，是观念上的反映。这就造成了认识上的误区。只有把客观环境引入到目的的概念中，才能摆脱神学和唯心主义的纠缠。任何事物都有它的外部环境，不管是生命体还是非生命体，比如一个星球、一条河流、一块石头和一只猫等等。事物在与它的外部环境的相互关系中，对外部的各种信息都有一种反应和反馈机制，事物是在这种反馈机制的作用下选择它的发展道路，这就是事物的目的。一个人的目的虽然可以在他的头脑中形成一种映像，但这种映像也是对外界做出反应后的选择。人类社会作为一个整体也是如此。离开了外部环境这种客观存在，目的的产生和实现都是不可思议的。

从这一角度出发，我们认为，人类历史同客观世界的其他事物一样，也有它的目的。历史运动的目的指的是人类历史在与其外部环境的相互关系、相互作用中，借助于自身的反馈机制，排除各种干扰因素，坚持表现出来的某种确定状态或趋向。这种确定状态或趋向就是人类与自然环境的共同进化及和谐统一。这里就包含了两层意思：一是人类社会的不断进化。这是几百万年以来人类在地球环境中克服种种困难，顽强地表现出来的一种趋势，也是今后人类继续努力的方向和目标；二是人类与自然环境的和谐的相互关系。人类居住其中的自然环境也是在不断运动变化的，也有它的目的，对于人类来说，环境变化的最理想趋向是越来越有利于人类的进化，越来越有利于人类与自然环境的和谐统一。由于事物的目的都是对事物整体而言的，都是事物整体的目的。因此人类历史的目的就是世界整体的目的，就是全球史的目的，即世界整体与外部环境的共同进化。

由于人类社会与外部环境之间是相互影响的，人类社会进化的方向、性质和水平影响着自然环境的进化；自然环境进化的方向、性质和水平也影响着人类社会的进化。因此，人类社会的进化与自然环境的进化是不可分割的、相互统一的。从根本上讲，人类的产生是自然环境进化的结果，是自然界的合目的运动的结果，人类的发展也是自然界进化的一个组成部分。但同时人类又是自然界中的一个特殊的物种，人类能够越来越多地改变和影响自然界，当人类对自然界的改变有利于自然环境进化时，就同时也有利于人类的进化；当人类对自然界的改变不利于自然环境的进化时，归根到底也就不利于人类的进化。因此，人类历史的目的必然是人类与自然环境的共同进化。而共同进化，也就意味着和睦相处。以往人们在认识历史的目的或者人类的理想状态时，往往忽略了环境因素，只看到人类的完美的发展或人类的幸福美满，结果必然成为一种空想。比如老子的"小国寡民"和欧洲的"乌托邦"，实质上都是没有摆正人类与自然的相互关系，只是从人类的善良愿望出发来设计人类的目的，这只能是一种空想，无法得以实现。人类历史所能够实现的东西和已经实现的东西，都是人类与自然环境相互作用的结果，人类将来要达到的目标也是人类与自然环境相互作用的结果。在这一点上，马克思已经有过明确的论述。马克思在谈到人类理想社会——共产主义时曾说过：

"共产主义，作为完成了的自然主义，等于人道主义，而作为完成了的人道主义，等于自然主义，它是人和自然界之间、人和人之间的矛盾的真正解决。"①

可见，人类历史的崇高目的是人道主义和自然主义的完美实现，是人类社会与自然环境的完美统一。

应当指出，单纯人类的进化，或者单纯自然环境的进化，都不是人类历史的目的，也都不具备现实的可能性。如果我们只追求人类社会的日益完善和美满，只考虑人类文明的提高和进步，而不顾自然环境的污染和退化，这样的人类进化是得不到根本保证的，也是不可能实现的。我们很难想象人类社会的高度发达，会伴随着自然环境的严重退化，人类的幸福生活不可能建立在恶劣的环境之中。反过来，如果我们只追求自然环境的改善与进化，而不考虑人类社会的进步和完善，这样的环境进化也是难以实现的，因为人类社会发展水平的低下，就意味着人类保护自然、合理利用自然的能力的低下。我们同样难以想象在优美的自然环境中，人类社会却停滞不前或日趋退化。因此，只有人类社会与自然环境的共同进化才是人类历史的现实的和可能的目的。

国内学术界似乎反对一切形式的目的论，其思想基础是：目的是人类个体所独有的，只有人才有目的，自然界中的其他事物由于没有大脑、没有内在的需要，因此也就没有目的。例如《中国大百科全书·哲学》在解释"目的论"时就指出："目的论的根本点是把自然过程拟人化，把目的这个只为人的活动所固有的因素强加给自然界"②。在这种思想的支配下，人们既否认自然界的目的性，也否认人类历史目的。但这一点在今天恐怕很难再站住脚。因为：

第一，现代科学证明，自然界中的一切事物都具有目的性。国际学术界对此也已普遍认可。如果自然界中的一切事物都有目的，人类历史当然

---

① 《马克思恩格斯文集》第 1 卷，人民出版社 2009 年版，第 185 页。

② 《中国大百科全书·哲学》，中国大百科全书出版社 1987 年版，第 638 页。

也应有目的；如果我们继续否认自然界中的事物的目的性，就必须提出新的有力的反证，否则就只能说明我们已落后于科学的发展，脱离了时代的主流思维方式。

第二，现代科学证明，人类不过是自然界中的普通一员，人类与自然界中的其他事物具有本质上的统一性。任何把人类凌驾于自然界之上的，或者把人类独立于自然界之外的思想，都是没有科学根据的。归根到底，把目的看做是人类个体所独有的，认为人类历史没有目的，自然界的其他事物也没有目的的观点，是长期以来人类中心论思想影响的结果，是人类的一种自命不凡的偏见。事实上，不仅一个人，整个人类社会以及整个自然界都同样地有它的运行目的。

第三，如果认为只有人才有目的，目的仅仅是大脑的一种功能，是观念的一种反映，这样最终还是难免会陷入唯心主义、主观主义的泥潭。实际上，人的目的不过是人通过其大脑对外部环境的一种反应，一种选择。而自然界中的其他事物同样可以通过其某一部分的功能对外部环境做出反应和选择。只有这样，才能真正把"目的"放在客观的、唯物主义的基础之上。

因此，事物的目的并不是人们"强加"给自然界的，而是自然界的一种客观存在，人类历史的目的也同样是一种客观存在，问题只是在于我们如何认识它罢了。

2. 全球史的目的性与阶段性

事物发展的目的性与阶段性是相互联系、相互依存的统一过程。目的性寓于阶段性之中，阶段性则是趋向于目的性的一种梯度变化。如果没有阶段性，就意味着事物的发展不经过任何阶段直接达到最终目的，而对于永恒发展变化的事物来说，最终目的是不存在的，如果最终目的存在的话，那就是事物的消亡；如果没有目的性，那就等于事物的变化是无方向的、混乱的、随意的，这就谈不上发展，也无法划分出事物发展从一种稳定态转变到另一种稳定态的阶段性。因此，目的性与阶段性是相互依存的，离开了阶段性的目的性，或者离开了目的性的阶段性都是不存在的。

目的性是事物发展过程中坚持表现出来的一种趋向，但事物的目的不是一下子就实现的，也不是绝对不变的状态，更不是最终目的，而是不断上升的、演进的目的。因此，它就体现为事物的阶段性。即在事物发展的每一个阶段都能达到一定的目的，事物每进入到一个更高阶段，都有着更高的目的。目的性是随着事物的阶段性变化而变化的，所以不能把目的看做是一种固定不变的东西。同时，阶段性是趋向于目的性的，是根据目的性来划分事物发展阶段的，当事物从一种稳定态向另一种稳定态转变时，从低级向高级转变时，都是向往着一种目的的，没有目的的发展是不存在的，实际上我们在划分事物的不同阶段时，是以事物发展的目的为参照的，或者说是根据事物所达到的不同程度的目的来划分出事物的不同阶段的，如果事物没有目的，那就无法确定其阶段性。所以，事物的发展过程就是它的目的性和阶段性的统一过程。

从目的性与阶段性的关系中我们可以看到，所谓目的，并不是指最终目标，而是处于一定阶段上的目的，阶段性是目的性的条件，如果没有这个条件，那就等于是说无论如何目的都会随时实现，这就必然陷入神秘主义泥潭中。历史的目的性和阶段性同样也是相互联系、相互依存、相互统一的，不能把它们分割开来，孤立地认识，否则，目的性就会成为一种虚无缥缈的东西，而阶段性也会失去其存在的依据，成为无原则争论的对象。由此可知，历史的目的是具有现实性和历时性的，不能只把它看做是一种可能性或未来的东西。而且，目的性只能"在人类的无限的前进发展中一天天不断得到解决，这正像某些数学课题在无穷级数或连分数中得到解答一样"。[①]"在无限的前进过程中，在至少对我们来说实际上是无止境的人类世代更迭中才能得到解决"。[②]

全球史的目的是世界整体与自然环境的共同进化及和谐统一，这个目

---

① 《马克思恩格斯选集》第 3 卷，人民出版社 1995 年版，第 376 页。

② 《马克思恩格斯选集》第 3 卷，人民出版社 1995 年版，第 427 页。

的不是要等到未来的共产主义社会才一下子实现，而是在全球史发展的不同阶段里不同程度地实现着，不论是在远古的原始社会，还是在未来的共产主义社会，甚至共产主义之后的社会形态，这个目的都是存在着、实现着的。也就是说，这个目的永远不会被最后实现、彻底实现。否则的话，那将意味着全球史的终结。

因此，全球史的目的性是体现在它的阶段性之中的，在人类历史从低级阶段向高级阶段的发展中，全球史的目的也就在越来越大的程度上、越来越高的水平上实现着。从采集狩猎到农业畜牧，再到工业文明和后工业社会，人类社会的每一次阶段性跃进，都包含有人类的进化和自然环境的进化，目的性就在阶段性中展开。采集狩猎相对于农业畜牧来说，人类的物质生产和生活水平较低，对自然环境中的植被和物种的破坏也较大，因此，农业畜牧业的产生是人类社会的进化，也是自然环境的进化。农业文明相对于工业文明而言，工业社会的物质生活更丰富，人类的解放程度更高，改善自然环境的能力更强。虽然近一两百年以来，工业的发展给环境造成了严重的污染，但这一两百年在世界整体历史上毕竟是很短暂的，并且人类目前已经意识到了保护环境治理污染的重要性，这个问题一定会得到解决，它不会对人类整体的历史进程构成重大影响，也不会改变历史的基本目的和发展方向。未来的后工业社会中，计算机将扮演重要角色，它对环境的污染就会少的多。所以，世界整体与自然环境的共同进化，是体现在全球史的每一个发展阶段中的，是一个不断上升的过程，虽然在进化的过程中伴随有退化，但进化仍然是全球史的主流和基本方向。

总之，全球史的目的性与阶段性是相互关联的，我们在划分全球史阶段的时候，必须认真考察在每一种历史稳定态中，全球史的目的实现的程度和水平，由此判断全球史阶段的演进。只有这样才能真正科学地解决历史分期问题。离开了全球史的目的，实际上也就是失去了全球史分期的标准。而没有一个适当的标准，即使面对丰富的、同样的史料，史学家们也难以在分期问题上获得客观的、统一的认识。这就是对历史目的问题进行研究的重要性所在。

3. 全球史的目的性与整体性

事物的整体性指的是构成事物整体的各个组成部分之间的相互关系以及事物整体与外部环境之间的相互作用。在这些相互关系和相互作用中，事物整体具有了与其部分不同的新的性质和功能，形成了事物整体的质的规定性。事物的整体性是随着事物的发展而不断加强的。

事物的目的性是事物整体的目的性，是与事物的整体性相联系的，而不是与组成事物的部分相对应的。事物组成部分的行为，可能会体现整体的目的，也可能会违背整体的目的，但由各个部分之间的相互关系以及整体与外部环境的相互作用而形成的事物的整体，则是基本上或总体上符合事物的目的的，不然的话，事物就会走向消亡，整体性也无法存在。凡是处于发展状态或上升状态的事物，它的整体性是不断加强的。同时，它的目的性也是不断升华的，整体性的发展和目的性的发展也是处在一个统一的过程中。如果事物丧失了其整体性，也就必然失去目的性；反过来，如果事物丧失了目的性，其整体性也必然瓦解。

全球史的目的是世界整体与自然环境的共同进化及和谐统一，这是对世界整体历史而言的，是由世界整体历史的质的规定性所决定的，而不是从世界整体的组成部分中得出的结论。对于世界整体的组成部分来说，违背全球史目的的行为是经常发生的，比如某些个体、群体或国家，经常会产生一些诸如战争、污染环境、破坏生产力、复古倒退之类的行为，这些行为与全球史的目的是不相符合的，是不利于世界整体和自然环境的进化的。再比如，历史上的个体、群体甚至一些国家，他们的寿命都是有限的，经过一定的历史时期之后，他们就消亡了，结束了他们的进化过程。但是，对于世界整体历史来讲，由于部分之间的相互关系和整体与环境的相互作用，世界整体历史可以排除部分的种种退化行为的干扰，坚持进化的方向，坚持趋向于其目的。部分虽然在不断地消亡，但新的部分又在不断地产生，世界整体没有消亡，而是不断地向着它的目的运行。

世界整体所具有的与部分不同的性质和功能，也主要反映在世界整体历史的目的性上。因为对于世界整体的组成部分来说，它是不能完全保持人类进化和环境进化这一目的的，它不能承担整体的任务。部分为了整体的进化可能做出正向的努力，比如个体、群众、国家都会去发展生产力、保护环境、争取和平等等，但部分的努力往往只能解决它自身的问题，只能在一定的时间和空间范围内推动进化。因此，部分实际上只能实现部分的目的，而世界整体的目的，必须通过整体才能实现，这就是全球史的整体性与目的性的统一。

全球史在其发展过程中，整体性是不断加强的，这主要表现在世界整体的组成部分之间的联系愈来愈紧密，整体的功能不断得到强化。这个过程与全球史的目的的演变是一致的。全球史的目的是世界整体与自然环境的共同进化及和谐统一，这个目的在全球史的不同时期其具体内容也是不同的，总的来讲，随着全球史整体性不断地加强，全球史的目的也是不断升华的，因为全球史的部分与部分之间联系的日趋紧密，推动了人类的交流、协作和配合，增强了人类的整体功能，有利于人类更好地克服人与自然之间、人与人之间的种种矛盾，从而更好地推动人类与自然环境的进化。因此，全球史的整体性越是加强，全球史的目的就越是能够在更大的程度上实现，人类就越是能够向更高的目的迈进。

4. 全球史的目的性与规律性

规律性指的是事物发展过程中的本质联系和必然趋势，具有普遍性和重复性的特点。规律是事物本身所固有的、客观存在的、合乎逻辑的趋势，人们既不能创造规律，也不能消灭规律，只能认识规律、利用规律、服从规律。

事物发展过程中的目的性和规律性也是相互联系、相互依存的。所谓目的性，表现为事物发展的合规律性。目的性不能违背事物的发展规律，否则目的将不能实现，因此就不是客观的目的和现实的目的，所以目的性必然是合乎规律性的趋势。规律性揭示了事物的正向演变的趋势，合规律的趋势必然是有利于事物进化的趋势，因此也就是适应事物目的性要求的趋势。离开了目的性的规律性，或者离开了规律性的目的性，都是不存在的。如果没有规律性，事物的发展就完全是杂乱无章的，发展的趋势也是完全无序的、随机的。因此，也就表现不出事物的目的性；如果没有目的性，事物的发展就会失去方向，合乎规律与违背规律就没有什么区别，规律性也就没有任何意义了。

在全球史的发展过程中，目的性和规律性也是相互联系、相互依存的。一般地讲，符合全球史目的的发展，也是符合世界整体发展的规律的；而符合世界整体规律的发展，也都是符合全球史目的的。反过来也是一样，违背世界整体发展规律的东西，必然也背离了全球史的目的，而背离了全球史目的的东西，也往往是违背了世界整体发展的客观规律。通常人们所说的要尊重客观规律，按客观规律办事，同时也就适应了全球史发展的目的。比如，生产力的合乎规律的发展，生产力与生产关系的合乎规律的相互调整，就适应了全球史的目的。而人们从全球史的目的出发，去保护环境、改善环境，也是适应世界整体不断地从低级向高级发展的规律的。如果违背了客观规律，就不利于实现全球史的目的，比如滥砍森林，造成水土流失，引发自然灾害，就不是全球史的目的。

全球史的目的性和规律性虽然都是看不见、摸不着的东西，但它们却是一种客观存在，并非是一种纯粹主观性的东西。人类的行为只有坚持全球史的目的性，才能符合世界整体发展的规律性；只有符合世界整体发展的规律性，才能趋向于全球史的目的性。由于人类认识能力的局限性，不可能一下子认识和利用所有的客观规律，只能逐步地认识和利用越来越多的客观规律，因此也只能逐步地实现全球史的目的。当某些客观规律人类还不能认识或不会利用时，全球史的目的就只能在相对较低的水平上实现；随着人类认识能力的不断提高，符合客观规律的行为越来越多，全球史的目的就可以在越来越高的水平上实现。这就是全球史的目的性和规律性相一致的原则。

5. 全球史的意义

历史的意义与历史的目的是联系在一起的，以往人们普遍否认历史目的的存在，因此对历史意义的认识也是非常混乱的。还有一种观点是完全否认历史有目的、有意义的，比如卡尔·波普尔就认为历史没有目的、没有意义，所谓历史的目的和意义都是人赋予的。[①] 但是，大多数职业历史学家不会赞成历史没有意义，如果历史没有意义，那等于是说人类社会的存在和发展都没有价值，或者古往今来人类历史从低级到高级的进化也不是事实；如果历史没有意义，历史学家为什么还要去评价一个历史事实，是具有世界历史意义，还是不具有世界历史意义呢？看来，否定历史的意义不是解决问题的办法。不过，问题的关键还不在这里，而在于史学家们对什么是历史的意义没有一个一致的看法，对于评价一个历史事实是否具有历史意义的标准也就没有统一的认识。所以，对于同一个历史事实，有人认为它具备世界历史意义，有人则认为它不具备世界历史意义，于是就有了许多众说纷纭，莫衷一是的争论。要解决问题，我们不得不再从基本概念谈起。

什么是意义呢？意义是事物的合目的运动或合目的性。事物进行的合乎其目的的运动，就是有意义的，事物进行的不合乎其目的的运动，就是没有意义的，事物的目的的存在，决定了事物的意义的存在，而且事物的合目的性就是衡量事物的意义的标准。事物的合目的性之所以存在，是因为事物虽然有自己的目的，但并不等于说事物的所有运动变化都是与其目的相吻合的，只有当事物的运动与它的目的一致时，这样的运动才有意义，否则就没有意义，只有负面的影响。一般地讲，事物发展的主流是合目的的，否则就谈不上发展。

对全球史来说也是一样，当世界整体历史的运动变化合乎全球史目的时，这样的运动变化就是有意义的；当世界整体历史的运动变化不合乎全球史目的时，这样的运动变化就是没有意义的。由于全球史的目的是世界整体与自然环境的共同进化及和谐统一，那么，有利于世界整体与自然环境共同进化及和谐统一的历史运动就是有意义的，否则就是没有历史意义

---

① 　［美］波普尔：《开放社会及其敌人》，陆衡等译，中国社会科学出版社1999年版。

的。在认识全球史意义的概念时，应当注意几个问题：

第一，这里所说的历史指的是客观存在的人类演变过程，而不是历史著作中的历史。历史著作中的历史与客观存在的历史是绝对不同的。历史著作中的历史即历史学，历史学所能揭示的历史过程，受到历史学家主客观条件的限制，永远不可能等同于客观的、真实的历史，而只能接近真实的历史。真实的历史过程由于关联因素、不确定因素甚多，因此是十分复杂的，人们是不可能完全再现以往的历史的，也不可能完全认识历史演变的所有规律。但是有的人借此否认历史学的科学性，并否认历史理论对历史的目的和意义的认识，这对历史学是不公正的，完全是一种职业偏见。

第二，历史是人的活动，人是有思想、有意识的，这是人类特别值得骄傲的地方，但是，我们并不能因此而夸大人的主观能动性对历史目的的影响。人类的思想、意识虽然能够影响历史运动的方向和结果，但却不能决定历史的目的。任何一个人、一个群体甚至人类全体的一致的思想（如果它存在的话），都不能单独创造出历史的目的，也不能从根本上改变历史的目的。因为历史的目的的形成和变化还与外部环境有关，与人类社会和外部环境的相互作用有关。即使一个人头脑中的目的，也不是凭空产生的，也是和他的外部环境有关的，是以多种关联性为基础的，这些关联性制约了他，超越了他的力量，是不以他的意志为转移的客观力量，使他根据这些关联性做出选择和决定。世界整体也是一样，有更多的关联性决定了全球史的目的，关联性造成了超越人类的力量，制约着人类做出这种选择，而不是那种选择。但是，这依然是一种内在的、客观的力量，并不是某种来自历史之外的力量。

第三，对于世界整体的组成部分来讲，它可能符合全球史目的，也可能违背全球史目的。当世界整体组成部分的运动合乎全球史目的时，它就是具有全球史意义的运动，这时的部分就是处于上升和发展阶段的；当部分的运动不合乎全球史的目的时，它就不具备全球史意义，这时的部分就是处在下降和衰落阶段的。当然，部分的运动是具体的、复杂的、多样的，绝对的合目的运动，或绝对的不合目的运动都是罕见的，因此，只能从部分运动的基本方向和主流方面来判断。但对世界整体历史来讲,它的运动必须基本上合乎全球史的目的,否则的话,这时的世界整体历史就是没有全球史意义的,就是走向衰落和消亡的。

第四,宇宙间的万事万物都是按照一定的方向、规律运动着的,都有自己的目的和意义,地球和自然界也是一样。全球史运动作为自然界运动的一个组成部分,也可能合乎自然界的目的,也可能违背自然界的目的。一般地讲,当全球史运动合乎自然界的目的时,全球史就具有自然界的意义,就处于上升和发展阶段,就是有前途的;当全球史运动违背了自然界的目的时,全球史就不具备自然界的意义,就处于下降和衰落阶段,就是没有前途的。当然,全球史是极其复杂的、不平衡的运动过程,这个过程也可能部分地合乎自然界的目的,部分地违背自然界的目的,这也要看全球史运动的基本方向和主流是否合乎自然界的目的。不管怎样,自然界是一个更大的整体,它有自己的目的和意义,人类在自然界面前是十分渺小的,全球史无论如何都是在自然界的目的和意义的制约和束缚下的,不管世界整体发达到什么程度,人类都不能忘记这一点:人类的主观能动性只能帮助人类更好地遵循、服从自然界的目的,而不能使人类改变自然界的目的。

6. 衡量全球史意义的标准

历史学家的职责之一是对历史事实做出客观的评价,指出哪些历史事实是具有历史意义的。但是,判断一个历史事实是否具有历史意义,拿什么作标准呢?这个问题史学界迄今没有解决。对于什么是衡量历史意义的标准,史学家们并没有统一的认识,这就必然会造成在评价历史事实时形成的意见分歧,也必然会出现一些错误的评价。

在国内大多数历史著作中,当人们评价说某一个历史事实具有世界历史意义时,往往是从这个历史事实对世界的影响时间比较长,范围比较广,规模比较大的角度来衡量的。比如人们常说第二次世界大战是具有世界历史意义的事件,这主要是因为第二次世界大战涉及几十个国家,对战后几十年的历史仍有影响，带来了许多方面的变化等等。其实，这样来衡量一个历史事实是否具有历史意义，还只是从表象上来看问题，人们往往忽略了历史事实的本质是否具有历史意义，而这正是极为重要的一点。

衡量全球史意义的标准，首先是对历史事实的本质的判断，即看这个历史事实是否合乎全球史的目的，也就是说是否有利于世界整体和自然环境共同进化及和谐统一。如果这个历史事实是有利于世界整体和自然环境共同进化及和谐统一的，那么它就具有全球史意义；如果这个历史事实不利于世界整体和自然环境的共同进化及和谐统一，那么它就不具有全球史意义。这就是衡量全球史意义的标准。应当说，具有全球史意义的历史事实是普遍的、大量的存在的，它们是人类历史的基本内容和主体部分，包括人类普通个体日日不息的物质生产和生活。这也是从历史事实的本质上来衡量的。

当然，对于历史事实的表象上的判断也很重要，同样是具有全球史意义的历史事实，有些影响的时间长、范围广、规模大，有些影响的时间短、范围窄、规模小。历史研究的重点当然是那些影响较大的历史事实。但这绝不是说可以忽略历史事实的本质，只根据历史事实的表象来衡量其全球史意义。否则就不能正确地评价历史事实的全球史意义。比如原子弹的研制成功，是一个影响很大的历史事实，以至于今天全世界的核弹头足够摧毁整个人类。但这个历史事实是不具备历史意义的，它完全违背了历史的目的。原子弹的研制成功，虽然是科学技术进步的结果，但它却不能带来人类文明的进步，只能带来人类甚至地球上所有生命的毁灭，而不是推动世界整体与自然环境的共同进化及和谐统一。因此，不管它的影响有多大，它都没有全球史意义。

根据唯物史观的原理，检验历史事实是否合乎全球史目的，首先要看它是否有利于生产力水平的提高，毕竟生产力水平是人类社会进化的根本条件。列宁曾把生产力的发展看做是"社会进步的最高标准"。[①] 毛

①　《列宁全集》第 16 卷，人民出版社 1988 年版，第 209 页。

泽东也说过："中国一切政党的政策及其实践在中国人民中所表现的作用的好坏、大小，归根到底，看它对于中国人民的生产力的发展是否有帮助及其帮助之大小，看它是束缚生产力的，还是解放生产力的"。[①] 在生产力的推动下，世界整体不断从低级阶段向高级阶段进化，人们的生产和生活水平不断提高，这是全球史意义的基本要求，也是全球史目的的逐步实现。

大多数人并不否认社会进步的历史意义，但却常用道德标准来衡量社会进步，因为人们的道德准则不同，分歧由此产生。其实，人类的进化、社会的发展，这是历史的一种必然趋向，是客观的存在，是历史本身的目的，不管人们是否愿意，人类都是要不断进化，社会也是要不断进步的。因此，这并不是一种道德的标准，不是人们头脑中主观确定的标准，而是不以人的意志为转移的客观存在。资本主义取代封建制度，雇佣工人解除了以往的封建依附关系，成为自由的劳动力出卖者，这并不是因为资本家的善良或工厂主的宽容，而是在生产力发展的推动下，人与自然、人与人之间的种种关联性的作用下，历史本身所作的一种选择。人类将不断地走向进化，个性将走向自由和解放，这完全不是道德的力量所决定的，而是人类历史的必然趋势。

按照笔者对全球史意义的认识，以往的全球史著作至少有两个重大的缺漏：第一，在人与自然的关系上，只看到了人的进化，而忽略了自然环境的进化，在叙述人类社会从低级到高级的发展进步时，没有用足够的篇幅去描述人类居住环境的变化，人类对环境的污染情况以及人类在保护环境、治理环境方面的努力。古代埃及、两河流域、古代印度、黄河流域的灿烂文明，与今天这些地区的荒漠化、水土流失、黄土高坡形成了鲜明的对照。自然环境在几千年中的急剧恶化，在历史著作中却很少得到说明。历史上人类为改善环境所作的种种努力，史书中也只字不提。在笔者看来，像罗马俱乐部的《增长的极限》以及联合国召开的环境与发展大会，

[①] 《毛泽东选集》第 3 卷，人民出版社 1991 年版，第 1079 页。

都是具有重要历史意义的历史事实，因为它们提醒人类保护环境、珍惜自然资源、促进自然环境的进化，提高人类的生活质量，这是从根本上符合全球史目的的。

第二，在战争与和平问题上，以往的全球史著作过多地谈论战争，而几乎没有对和平进程给予任何重视。虽然战争有正义战争和非正义战争，但战争屠杀生灵，破坏生产力，破坏社会经济，也破坏自然环境，这是完全不符合全球史目的的，因此也不具备全球史意义。而和平能够带来稳定与发展，有利于人类生活质量的提高，有利于生产力的发展和科学技术的进步，缓和了人与人之间的矛盾，促进了人类之间的交流，因此，和平是符合全球史目的的，是具有全球史意义的。但是，许多全球史著作对历史上的战争大书特书，评价往往偏高，而对历史上人类的和平努力却惜墨如金，一带而过，没有什么评价。比如史书中对两次世界大战的叙述都占用了大量篇幅，而且把两次世界大战都看成是世界历史上划时代意义的历史事件，而对第一次世界大战后，特别是 20 世纪 30 年代的波澜壮阔的世界和平运动高潮以及第二次世界大战后，50—60 年代的世界和平运动高潮都几乎是只字未提。在笔者看来，自古以来人类为和平而作的种种努力，是合乎全球史目的的行为，是全球史意义的体现；而自古以来不断爆发的各种战争都是违背全球史目的的。虽然有时战争中的一方具有自卫、反侵略、伸张正义的性质，有时战争的结果也可能解放某些生产力，但这都不足以把战争本身看做是合乎全球史目的的，因此战争就不具有全球史意义。

认识衡量全球史意义的标准，将会形成一套新的历史价值观念体系，指导人们重新审视世界整体历史进程，重新鉴定一系列历史事实的地位和作用，建立起新的历史解释系统，这些对于历史学科的进一步发展，将是十分重要的。现代系统科学的兴起，使我们能够从科学的角度来重新认识全球史的目的与意义。遗憾的是，系统论的许多贡献，还未引起史学界的足够重视，全球史的目的与意义这样的问题还基本上徘徊在历史学家的视线之外。应当强调的是，我们现在再也不能无视全球史的目的与意义了，因为这很可能是世界历史研究取得突破性进展的切入口。巴勒克拉夫在谈到"世界史的前景"时，一方面指出世界史研究充满希望的前景，另一方面也反复强调世界史研究所面临的困难。其中最大的困难就是，"确立一个什么样的标准来衡量哪些事件具有'世界历史'的重要性，而哪些不具有这样的重要性。在这个问题上现在还没有形成一致的意见。……即衡量有无意义的标准又是什么呢?"① 可以肯定地讲，如果目的与意义的问题不解决，世界历史研究的前景绝不会有多少光明。实际上，在历史学家的心目中，目的和意义始终是一个问题，现在也许到了解决问题的时候了。并且，解决这一问题的意义绝不会局限在历史学的范围之内。巴勒克拉夫似乎已经预见到了这一点。他在几十年前就写下了这样一段意味深长的话：

> "现代意义上的世界历史决不只是综合已知的事实，或根据其相对重要性的次序来排列的各个大洲的历史或各种文化的历史。相反，它是探索超越政治和文化界限的相互联系和相互关系。这种世界历史与其说是关心时代的发展及历史的目标和意义，——非西方文化基本上不关心这些西方所关心的问题，还不如说是关心各个地方的人类所面临的不断出现的问题，以及对这些问题的不同反应。对于今天越来越多的历史学家来说，这才是世界历史的本质。"②

对于全球史的目的性的认识，有着十分重要的理论意义和现实意义。全球史为什么会产生? 为什么要发展? 全球史发展的基本方向是什么? 这些问题在现代历史理论中找不到明确的答案，这应当说是现代历史理论的重大缺憾。如果这些问题不解决，全球史从根本上讲，还是不可认识的。因为这些问题都是全球史的基本问题，如果我们连全球史为什么会产生? 为什么要发展都不知道，那么，我们对全球史过程的所有解释恐怕都是一

---

① [英] 杰弗里·巴勒克拉夫：《当代史学主要趋势》，杨豫译，上海译文出版社 1987 年版，第 250、258 页。

② [英] 杰弗里·巴勒克拉夫：《当代史学主要趋势》，杨豫译，上海译文出版社 1987 年版，第 250、258 页。

种主观的假定，都算不上是科学的论证。今天我们从全球史目的性出发，这些问题就可以得到答复，因为全球史的产生和发展，都是全球史的合目的运动的过程，全球史的目的是一种客观存在，而不是人们头脑中的设计蓝图，它是不以人们意志为转移的客观规律性。任何一个国家、一个总统都不能改变全球史的目的。不管全球史的各个部分是服从还是违背全球史的目的，全球史都会坚定不移地向着它的目的前进。

第六章　全球史的分期

在历史研究中，历史阶段性体现为历史分期问题，历史的分期应当揭示历史阶段性，指出每一种稳定状态的特点，描述出人类历史从一个阶段到另一个阶段的不同变化。全球史是世界整体的历史，作为一种历史过程，就有一个阶段性的问题。而全球史学科作为历史学的一个分支，与历史学的其他分支一样，也有一个分期问题。这两个问题本质上是同一个问题，在逻辑上是一致的。解决这个问题，是全球史学科的起码要求。

一、全球史的起点

全球史是从什么时候开始的？这是首先应当回答的问题。我们知道，自从有了人，也就有了人类历史。人类的产生与历史的起点是一致的。那么，人类的产生与全球史的起点是不是一致的呢？或者说人类的产生与世界整体的产生是不是一致的呢？笔者的回答是肯定的。即人类的产生与世界整体性的建立是同步的、统一的过程，或者说，全球史的起点与人类社会的形成是一致的。

1. 人类的起源与整体性的建立

人类的起源问题，始终是历史研究面临的一个基本问题。但是，这个问题至今并未得到很好的解决。

19 世纪中叶以前，在人类起源问题上占主导地位是宗教神学的解释。在许多民族的神话传说中，都有上帝或神创造了人的内容。如中国古代传说中的女娲"抟土造人"，西方基督教《圣经》中的上帝造人的故事等，都流传甚广。但神话毕竟是神话，它没有经过严密的论证，没有得到科学的支持，因此是不能令人信服的。

1859 年 10 月 24 日，发生了一件具有划时代意义事情。英国生物学家查里斯·达尔文发表了他的名著《通过自然选择的物种起源》。达尔文从进化论的角度，提出了人类起源于古猿的理论，从而使人类起源问题的研究踏上了科学的轨道。该书出版的当天，所印 1250 册书即告售罄。人们用惊奇和怀疑的眼光审视着该书的每一行字，围绕着该书而开展的各种辩论、争论从未停止。尽管如此，科学界正在一步步地接受进化论。

达尔文根据他在环球旅行中对动植物进行的大量的观察和实验，认为物种形成的主要原因在于自然选择。生物为适应自然环境而不断发生变异，适于生存的变异，通过遗传而逐代加强，反之则被淘汰。即所谓"物竞天择，适者生存"。根据这一理论，人类也是动物进化的结果，是动物中最接近人类的猿类经过几百万年的漫长的进化而形成的。马克思、恩格斯都十分欣赏达尔文的进化论，把它看作是 19 世纪科学的三大发现之一，恩格斯还专门写了《劳动在从猿到人转变过程中的作用》一文，提出了"劳动创造了人"这一著名观点。

在达尔文之后，关于人类起源的进化论的研究仍在不断地丰富和发展着，许多学科加入到了这一研究领域，包括遗传学、分子生物学、古生物学、考古学和人类学等。根据这些学科的研究成果，人类起源的过程可以大致描绘如下。

人类的起源是整个宇宙进化、变化过程中的产物。宇宙产生以后，就开始了它的进化过程，整个太空、所有星系以及太阳、地球等等天体都处在不断的变化之中，至今没有停止。大约在 30 亿至 40 亿年前，地球上出现了有利于生命产生的环境，从此开始了生物进化的过程。生物是从低级到高级逐步进化的，最初是原生的单细胞生物，然后到微生物和原始植物，如海藻。继而进化到无脊椎动物，如水母、蠕虫，再进化到脊椎动物。大约在 3 亿年前，脊椎动物开始适应陆上的生活，先是两栖类动物，接着是爬行动物，最后是哺乳动物。生物在进化过程中，物种不断增加，目前估计至少已有 200 万种之多。人类只是其中之一。

生物中新的物种的产生，似乎是自然界中一种偶然和随机的现象。但是可以肯定地说，有两点决定着生物的进化：一是受 DNA（脱氧核糖核酸）分子控制的遗传性状的影响，一是环境变化导致的自然选择的结果。每一物种，其 DNA 分子中排列在一起的化学物质都具有独特的次序，这些次序排列的变化，可以最终导致不同物种的产生。但这并不是说任何物种都可能产生，因为实际上，只有那些适应环境，获得生存和繁殖能力的物种才能够成为自然界的新成员。

哺乳动物在生物界中占据统治地位已有 6 千万年之久。人类属于哺乳动物中的灵长目，灵长目中的其他动物是树鼩、狐猴、眼镜猴、猴、猿。与人类最为接近的是猿，因此，科学家们认为，人类是由类人猿演变、进化而来的。从猿到人的转变过程是十分漫长和缓慢的，大约在 300 多万年前，人类终于脱离了古猿，走上了自己的进化道路。人类区别于猿类的最有说服力的标志是制作石器工具，其次是脑容量的迅速增加。早期人类的化石以及旧石器时代的遗迹，在世界各大洲均有所发现。

尽管科学家们可以描绘出人类起源的这一过程，但是由于证据不足和太多的假设与推测，人们认为人类起源问题仍然是一个巨大的谜，现代科学仍将它列为科学前沿的六大悬案之一。因此，关于人类起源问题的各种学说和完全不同的观点仍不断地被提出来，比如有人提出："人是太空人的试验品"[①] 等等。科学界虽然不能够接受某些新的观点，但是也未能

---

① 　参见李卫东：《人是太空人的试验品》，甘肃人民出版社 1994 年版。

给予有力的回击。看来，最终解决人类起源的问题还需要一个相当长的时期。

至于人类产生于什么时间、什么地点、通过了什么途径，这些问题还远远没有得到很好地解决。不过有一个问题是我们所感兴趣的，即人类是在地球上某一个地点产生，然后迁徙到世界各地的？还是在地球上若干个地区分别产生的？不少人倾向于认为，人类是在一个地方产生，比如非洲，然后扩散到地球上各大洲的，不过考古发现的成果，还不能提供充足的证据。近年来随着生物遗传学的发展，人们通过基因研究，有可能在这个问题上获得重大突破。

据报道，1998 年 11 月，在上海第二医科大学召开的中华民族基因组结构和功能研究项目论证会宣布，我国人类基因组研究已取得重大进展，这一研究历时四年多，涉及中国南北 28 个中国人群及 15 个包括五大洲在内的世界各族人群间的遗传关系，得出的结论是：当今亚洲的基因库主要源于非洲起源的现代人，推翻了长期以来东亚地区存在着从直立人到现代人类的连续进化过程的说法。该项目的研究论文在 1998 年 9 月 29 日出版的《美国科学院学报》发表后，在国际上引起了强烈的反响。①

另外一条消息说，美国科学家通过基因分析证明了美洲印第安人是亚洲人的后裔。据英国《星期日电讯报》1993 年 11 月 21 日报道，美国佐治亚州亚特兰大埃默里大学的道格拉斯·华莱士教授及其同事证明，现在活着的美洲印第安人的部分 DNA 与亚洲、波利尼西亚群岛和美拉尼群岛上的土著人的 DNA 是相同的。华莱士及其同事是通过研究线粒体 DNA 而得出上述结论的。这种线粒体 DNA 中含有 37 个基因，这些基因总是从母亲遗传给孩子，因此，在跟踪血缘方面是不会出错的。②

如果上面两条消息均属实的话，似乎可以得出这样一个结论：人类是产生于非洲，然后自西向东逐渐迁徙和漂泊，扩散到了欧洲、亚洲和美

----

① 参阅《海南日报》1998 年 11 月 26 日。

② 参阅《人民日报》1993 年 11 月 24 日。

洲。这是完全可能的。过去人们总是怀疑在远古时代，人类的交通条件和生产力水平极为低下，无法进行长途跋涉并远渡重洋。其实这种怀疑是没有必要的，试想一下自然界中无数的动物所具有的远距离迁徙能力，人类作为自然界中的高智能物种，在极为漫长的年代中，逐步跋涉到地球各地是完全可以做到的。

人类首先产生于地球上的某一个地区，然后再向地球各个角落扩散的这个过程，进一步支持了早期人类的整体性和统一性。因为世界各地的人类很可能拥有一个共同的祖先，来源于同一个家庭，后来随着人口的增长，大家庭中不断分立出一些小家庭，小家庭不断地背井离乡，到遥远的地方去寻找新的乐土，在这种不断迁徙的过程中，各个人群之间的相互关系和历史继承性都是必然存在的。这个过程清楚地证明了，人类从一开始就是一个整体，后来在整体展开的过程中，由于地球陆地的辽阔和交通手段的限制，散居各地的人们相互间的来往相对比较少，但是这种来往是肯定存在的。以后随着生产力和科学技术的不断提高，这种来往的节奏和传播的速度也逐渐加快了。

如果上面的分析能够成立的话，那就可以推导出这样的结论，即人类历史的开端就是全球史的开端。这是因为：第一，人类自产生之时起，人类的本质统一性和整体性就产生了。尽管原始人群居住分散，相距遥远，但他们作为人类，作为灵长类动物高度进化的一个分支，他们的本质属性是一样的。也就是说，地球上各个地方的原始人群，他们在本质上是存在着相互关系的。

第二，人类自产生之时起，人与人之间就存在着一定的相互关系，即世界整体部分与部分之间的相互关系。人类是社会性的动物。社会的本质是交往和联系。每一个人都是生活在与其他人的相互关系中，脱离了相互关系，脱离了社会交往，任何人都无法生存下去。也就是说，人与人之间的相互关系是必然存在的。至于人与人之间的相互关系是紧密，还是疏松，这是一个量的问题，不是一个质的问题。人类产生以后，随着社会的发展。人与人之间的关系、人群与人群之间的关系会日趋紧密，这是量的积累，不是质的改变。我们不能说，量积累到什么程度，人与人之间的相互关系才能建立，否则就造成逻辑上的混乱。因此，人类的产生，就是人与人之间相互关系的产生，即世界整体的部分与部分之间相互关系的形成。

第三，自人类产生之时起，人类与外部环境的相互关系也就产生了，或者说，世界整体与其外部环境的相互关系也就产生了。人类本身就是自然环境的产物，人类每时每刻都处在与自然环境的相互关系中，人类一开始就依赖自然界中的阳光、水、空气、土壤、植被等等。人类始终与自然环境之间存在着物质、能量、信息的交流，这种相互关系是从人类产生时就形成的。随着人类的进化，这种相互关系也发生了许多变化，人类认识和利用自然的深度和广度不断延伸，人类对自然界的影响越来越大，但是，人类从未摆脱过自然界的影响和制约，人类与自然环境的相互关系并未发生本质的改变。

由此看来，随着人类的产生，人与人之间以及人与自然之间的相互关系也就产生了，或者说，世界整体的部分与部分之间以及世界整体与其外部环境之间的相互关系也就产生了。因此，人类的产生之日，就是世界整体历史的开始之时，人类的发展过程，也就伴随着全球史的演变过程。

总之，随着人类的产生，人类的整体性也就建立了，此后人类的发展过程，也是人类整体性的加强过程。从这个意义上讲，在人类产生的同时，世界整体就宣告形成了，全球史从此拉开序幕。此后，人类历史的发展过程，就是世界历史整体性的加强过程，也是全球史的展开过程。在我们看来世界整体历史的过程已经十分漫长，但在自然演变史中，它的确是短暂的一瞬，今后的路程还会更加漫长。

2. 学术界的不同意见

近年来，伴随着世界整体化、一体化、全球化趋势的不断增强，史学界对世界历史的整体研究也越来越重视，有关全球史的论著不断涌现。在世界整体形成的时间或全球史的起点这个问题上，主要存在着三种不同意

见：一是 15、16 世纪；二是 17、18 世纪；三是 20 世纪。这三种意见的共
同特点是认为全球史是在人类历史发展到某一阶段时才形成的，而不是在
人类历史一开始就产生了全球史。这种看法的主要依据是在两个方面：

一个方面是根据马克思世界历史理论中的一些论述。比如马克思在
《〈政治经济学批判〉导言》中说过："世界史不是过去一直存在的；作为世
界史的历史是结果"。① 马克思、恩格斯在《德意志意识形态》中也指出：
"各个相互影响的活动范围在这个发展进程中越是扩大，各民族的原始封
闭状态由于日益完善的生产方式、交往以及因交往而自然形成的不同民族
之间的分工消灭得越是彻底，历史也就越是成为世界历史。"② 在同一著作
中，马克思、恩格斯还说过，大工业"首次开创了世界历史，因为它使每
个文明国家以及这些国家中的每一个人的需要的满足都依赖于整个世界，
因为它消灭了各国以往自然形成的闭关自守的状态"等等。③

另一方面是依据了在历史发展的不同阶段各个民族、各个国家之间相
互交往的程度。比如把 15、16 世纪作为世界历史的起点，主要是因为这
一时期的海道大通和环球航行的成功。美国历史学家斯塔夫里阿诺斯在他
的《全球通史》一书中就提出："为什么世界历史应从 1500 年开始？人类
及其祖先已在地球上生存了二百多万年。为什么要挑选这仅占人类全部
历史的百分之一的小片断历史，予以特别注意呢？回答是，1500 年以前，
人类基本上生活在彼此隔绝的地区中。各种族集团实际上以完全与世隔绝
的方式散居各地。直到 1500 年前后，各种族集团之间才第一次有了直接
的交往"。④ 又如把 17、18 世纪作为全球史的起点，主要是因为资本主义
生产方式这一时期在全世界的传播以及大工业的开始。把 20 世纪作为全
球史的起点，则是因为人们在 20 世纪所亲身感受到的或直观的人类交往

---

① 《马克思恩格斯选集》第 2 卷，人民出版社 1995 年版，第 28 页。

② 《马克思恩格斯选集》第 1 卷，人民出版社 1995 年版，第 88—89 页。

③ 《马克思恩格斯选集》第 1 卷，人民出版社 1995 年版，第 114 页。

④ ［美］斯塔夫里阿诺斯：《全球通史——1500 年以后的世界》，吴象婴等译，上海社会科学院
出版社 1992 年版，第 3 页。

的发展。例如德国历史哲学大师雅斯贝斯在他的《历史的起源与目标》一书中提出：

> "世界历史，即世界和人类的全球统一，今天它正在成为现实。它展现了真实的全人类的世界历史。它的预备阶段在地理大发现时代，并在本世纪真正开始。……整体的统一开始形成。由于空间的明确封闭，超越这统一的整体是不可能的。整体统一的前提是如今已实现了的世界交往的可能性。"①

必须承认，提出这些看法是有一定依据的，也是对历史科学的一种严肃的和负责任的态度。但是，经过进一步的研究与思考，笔者仍然不能同意这一看法，主要理由如下：

第一，世界各民族国家之间的交往程度，永远只具有相对的意义。由于社会生产力和生产关系是不断发展的，人们之间的交往程度也是不断提高的。每一个历史时期相对于它的前一个历史时期，交往的程度都有所提高。每一个时代的人们都感觉到自己所处的时代是交往最发达的时代，而后来新的时代的人们又会推翻前一个时代的看法。今天我们有充分的理由证明20世纪的世界是一个紧密联系的世界，但是200年以后的人们，也许会认为我们今天的交往还很不方便，处境还很孤立。社会的进步和交往的发展都是一个无止境的、连续性的过程，那么，究竟交往发展到什么样的程度才算构成了全球史呢？15世纪开辟了几条海上航线，18世纪有了大工业，20世纪有了现代交通和通讯手段，这里就缺乏一个统一的、客观的标准，因此无法确定究竟是哪一种意见正确。事实上，人类的交往从人类一产生就开始了，此后的历史过程，都是交往程度的不断提高过程，并无本质的变化。15世纪的海道大通与20世纪的火车飞机，在推动人类交往方面是同等重要的，都只是有相对的意义，它们是人类交往史上的不同发展阶段，但不能判定它们哪一个是世界性交往的开始。

---

① ［德］卡尔·雅斯贝斯：《历史的起源与目标》，魏楚雄等译，华夏出版社1989年版，第84—85、87页。

第二，能不能说 15 世纪以前就不存在世界性的交往呢？不能。由于今天我们的研究能力、认识水平、历史资料的局限性，我们对 15 世纪以前人类的交往所知甚少，如果因此下结论说 15 世纪以前人类就完全是孤立、闭塞的，就会显得过于草率。实际上，随着历史研究的不断深入，我们正在越来越多地了解 15 世纪以前各大洲之间人们的交往。美国佐治亚州亚特兰大埃默里大学的塞奥多尔·施舒尔博士的研究证明：

> "史前有两次从亚洲移往美洲的移民大潮。第一次发生在 2 万到 4 万年以前的冰河时期。当时人们从西伯利亚经过冰冻的白令海峡而到达美洲。第二次移民浪潮发生在 6000 年到 12000 年以前。一些海上移民者从中国的东北部南下越南，经过菲律宾到斐济群岛和夏威夷，然后再到北美。"[①]

施舒尔博士认为当时参加海上横渡的大约有 1000 到 2000 人。这样的规模超过了麦哲伦和哥伦布的船队。只不过当时缺乏文字记载，社会发展程度较低，这种航行对人类世界所造成的影响和刺激较为迟缓罢了。但是这一航行的意义绝不低于麦哲伦或哥伦布的航行。

美国著名历史学家弗雷德里克·梯加特在他的《罗马与中国》一书中，通过对大量史实进行缜密的对比研究，揭示了古代东西方之间令人惊讶的相互关系。他给我们描绘了这样一幅古代世界的历史动态画面：每当中国西域地方政局平和、牧歌悠扬、各部族向汉朝称臣纳贡、驼队马帮西去东来之时，西亚及欧洲境内大多宁静无事，罗马帝国与四邻蛮夷也相安无扰；一旦天山南北发生动荡，东西交通遮断，帕西亚的骚乱便随之即起，罗马帝国的战争和蛮族入侵也不断爆发。他在书中十分肯定地指出：

> "在公元前 58 年到公元 107 年的欧洲蛮族起义，没有一次不是接在罗马帝国东线或中国西域地区战争爆发之后，还可看出，在罗马帝国东方发生战争之后，多瑙河下游和莱茵河流域也都随之发生了入

[①]　参见叶险明：《马克思的世界历史理论与现时代》，清华大学出版社 1996 年版，第 227—228 页。

侵。而发生在天山战争之后的起义只对多瑙河上游地区发生影响。而在近东和远东没有战事的时候，欧洲也从未发生过任何起义。同样，罗马东线或天山的战争也无一不在欧洲引起暴乱。"①

马克思也说过：

"世界贸易中心在古代是推罗、迦太基和亚历山大里亚，在中世纪是热那亚和威尼斯，在现在以前曾经是伦敦和利物浦，而现在则是纽约和圣弗朗西斯科、圣胡安——德尼加拉瓜和莱昂、查格雷斯和巴拿马。世界交通枢纽在中世纪是意大利，近代是英国，而目前则是北美半岛南半部。……加利福尼亚的黄金和美国的不断努力，将使太平洋两岸很快就会同现在从波士顿到新奥尔良的海岸地区那样，人口也那样稠密、贸易也那样方便、工业也那样发达。那时，太平洋就会像大西洋在现代，地中海在古代和中世纪一样，起着伟大的世界水路交通线的作用。"②

此外，在全球化研究的各种理论中，也有学者认为全球化过程是自古以来就存在的。比如美国学者大卫·威尔克森就认为："世界体系和世界经济的全球化过程至少已经有5000年的时间了"。③ 考古学资料证明，"在叙利亚北部可确定时代的具有一万五千年历史的地区发现了源自至少1500公里以外的印度洋的贝壳。同一时期，底格里斯河上游发现了大量黑曜岩，其最有可能的来源是约600公里以外的安纳托利亚东部。城市化的美索不达米亚培养了一些青铜器时代早期技术精湛的冶金工匠。然而，美索不达米亚南部没有任何铜矿资源，人们只能够从高加索山脉南边的伊朗高原的部分地区获得。早在公元前3000年，其他产自伊朗的货品就已在美索不达米亚地区找到了销路，其中包括雪花石膏、玛瑙、珍珠母、亚

---

① ［美］弗雷德里克·J.梯加特：《罗马与中国——历史事件的关系研究》，丘进译，人民交通出版社1994年版，第240页。

② 《马克思恩格斯全集》第10卷，人民出版社1998年版，第276页。

③ Barry K. Gills and William R.Thompson: *Globalization and Global History*, published 2006 by Routledge, Oxon. p.72.

氯酸盐矿物质、大理石、黑曜石以及绿宝石。"①可见，人类群体、世界各大洲之间的联系和交往是自古以来存在的，在人类交往史上不同阶段的交往都是具有重要意义的，都是人类整体性不断加强过程中的阶段性成果，如果单独夸大或抬高某一阶段交往的世界意义，就缺乏足够的根据。

第三，把全球史的起点放在15世纪之后，总是难免有割裂历史之感。全球史是一个不可分割的整体，这个整体内部各个部分之间的相互关系即有表象的，也有本质的。我们不能仅仅看到一些表象的联系，比如贸易往来、外交往来、战争与殖民等等，还应当看到人类群体之间的本质联系。表象的联系我们可能由于资料的局限无法看清，但本质的联系则可以穿过历史的迷雾建立起来。而本质的联系却绝不是从15世纪以后才开始的，它是从人类产生之时就具备的。如果硬是要把15世纪以前的历史排除在全球史之外，这样的全球史肯定是不完整的。因为历史的根本特点在于它的连续性和继承性，离开了15世纪以前的历史，就无法真正说明15世纪以后的历史。实际上，就连那些主张全球史形成于15世纪以后的历史学家，他们写出来的世界历史也仍然是从人类的起源落笔的。如斯塔夫里阿诺斯的《全球通史》，吴于廑、齐世荣主编的《世界史》、本特利的《新全球史》等都是如此。

人们在研究历史时往往会发现：许多历史问题必须放在历史的全过程中才能被理解，才能做出完整的解释，如果只在历史发展的某一阶段中去解释历史问题，特别是去解释世界整体历史的问题，这是难以做到的。或者说，历史问题的某些本质必须放在历史的全过程中才能认识清楚。比如对当代中国对外关系的认识，既不能脱离近代中国受欺辱、受侵略的历史，也不能脱离古代中国汉唐盛世、丝绸之路的历史。现在有些人往往忽略了古代中国历史对西方的深刻影响，所以不能真正认识欧美一些国家对华政策的实质。许多西方人认识中国是从丝绸、陶瓷、指南针等开始的，

---

① ［美］菲利普·柯丁：《世界历史上的跨文化贸易》，鲍晨译，山东画报出版社2009年版，第63页。

他们并没有因为近代中国的落后挨打而忽视了中国深厚的历史文化积淀，相反倒是今天的中国人自己缺乏自信、忘记了古代的辉煌。所以，当有些外国学者提出 21 世纪是中国和东方的世纪时，有些中国人倒感到吃惊并且不敢相信。这就是我们忽略了历史的全过程而造成的后果。

因此，对于全球史的认识也是一样，也必须从人类历史的全部过程中去认识全球史，而不能从仅占人类历史万分之一的近现代历史中去认识全球史。但这样做会不会把全球史混同于整个人类历史呢？不会的。因为全球史仅仅是人类历史的一部分内容。全球史并不是要研究所有人类的历史，而是研究世界整体的组成部分之间的相互关系以及世界整体与其外部环境之间的相互关系的历史。但在时间序列上，这些相互关系是与人类历史的时间过程同步的、一致的、不可割裂的。

第四，对于马克思的世界历史理论应当有一个完整的、准确的认识，而不能仅从个别词句上得出一些字面上的、机械的理解。马克思在谈到"世界历史"、"世界历史性"、"历史向世界历史的转变"时，本质上是强调了各民族间交往的扩大、活动范围的扩大。他们的基本思想是，随着生产力的发展，民族间的交往不断扩大，历史就在愈来愈大的程度上成为世界整体的历史。这一思想实质上表达了世界历史的整体性是随着历史的发展而不断加强的，并不是说在古代就不存在世界历史。当然，由于马克思所生活的那个时代的具体条件的限制，在他们看来，资本主义生产方式是带有某种"世界性"的。资本主义时代的交往也带有"世界性"的意义，因此，资本主义时代的历史更具有世界历史性。这也是与以往一切时代相比较而言的。但是，如果我们根据马克思的某些词句就得出结论说，世界整体历史是在人类历史发展到某一阶段才产生的，这就会造成一些理论上的矛盾与混乱。比如，这样就会把整个人类历史分割成两段，第一段是历史，第二段是世界历史，这就无疑把历史割裂开来。而马克思提出的历史转变为世界历史这一思想，表明历史过程与世界历史过程是合而为一的，愈往古代，世界历史（整体性）的程度越小；愈往现代，世界历史（整体性）的程度就愈大。因此，世界历史过程是存在于整个人类历史过程的。

再比如，马克思在谈到古代历史时，也曾经用过"世界史"或"世界历史"这些概念。例如马克思曾提到古典史诗具有"在世界史上划时代的"意义。[①] 他还曾说过古希腊喜剧是"世界历史形式的最后一个阶段"等等。[②]如果我们坚持认为在 15 世纪以前或大工业产生以前不存在世界历史的话，这就会造成理论上的矛盾。

　　基于上述考虑，我们认为，把全球史的起点或世界整体历史形成的时间放在人类历史过程中的任何一个阶段，都是不妥当的，容易造成理论上的矛盾和逻辑上的混乱，并且也经不起历史发展的检验。只有把全球史的起点与人类的产生结合起来，把全球史融于整个人类历史过程之中，才能真正说明全球史。所谓全球史，主要是指世界整体的发展过程，它并不需要说明人类各个组成部分的历史，而整体的历史，又是寓于部分的历史之中的，因此，整体的起点和部分的起点必须是一致的，或者说，整体与部分是必须同时存在的。实际上，世界整体的发展过程，必须放在人类历史的全过程中才能看清楚，因为在这个全过程的各个阶段都能够看到世界整体的运行轨迹。

二、全球史的阶段性

　　事物发展的阶段性问题，在历史研究中体现为历史分期问题。众所周知，无论是中国历史的分期，还是世界历史的分期，学术界都曾展开过大规模的讨论和争论，至今未能形成统一的意见。究其原因，笔者认为主要是在于划分历史阶段的标准不尽一致，各持己见。因此，面对同样的历史资料，大家对历史分期的意见却很不一致。由此看来，对于历史阶段性概

---

① 《马克思恩格斯选集》第 2 卷，人民出版社 1995 年版，第 28 页。

② 《马克思恩格斯选集》第 1 卷，人民出版社 1995 年版，第 5 页。

念的理解，对于历史分期标准的认识，就成为一个根本性的问题，如果能够在这个问题上形成共识，那么，学术界在历史分期上的分歧，就有望达成一致。

1. 阶段性的概念

任何事物在其发展过程中，都会呈现出一定的阶段性特征。阶段性反映了事物在发展过程中的不同状态。事物在发展过程中是不断变化的，但这种变化不是绝对的，绝对变化中的事物是无法认识的。因此，事物在完成了某些变化之后，就会呈现出一种相对稳定的状态，事物只有在这种相对稳定的状态时，才能够充分展现其质的规定性。由于事物仍须发展，所以在经过一段时间的稳定之后，就会陷入一种振荡，发生较多变化，然后再进入新的稳定状态。任何事物在它产生之后，直到它的消亡，都会经历许多变化，并能够不断地从一种稳定状态转变到另一种稳定状态，这就体现出一种阶段性特征。所以，阶段性就是指的事物的不同稳定状态的交替产生过程。事物如果没有阶段性，那就意味着事物是没有发展变化的，或者事物一产生就消亡，这样的事物在自然界中是十分罕见的。

全球史是具有阶段性的发展过程。在全球史的发展变化过程中，它的稳定状态是不断呈现的，又不断地从稳定到失稳，再到建立新的稳定性，这就呈现出了阶段性的特征。历史不可能总是处在振荡之中，也不可能总是处在稳定状态，否则的话，就会丧失其质的规定性，或者说，就会消亡。因此，全球史的振荡与稳定都是必然要发生的。不断地变化，又不断地实现相对稳定，这就是全球史的演变过程，这样的过程也是必然表现出阶段性的过程。

事物发展的阶段性并不否定事物发展的连续性，恰恰相反，阶段性证实了连续性，连续性也必然表现出阶段性。事物在发展过程中从一种稳定状态向另一种稳定状态的不断变化，表明事物的发展过程没有完结，两种稳定状态之间存在着必然的联系，即过程的连续性。同时，在事物的连续发展变化中，又必然使事物不断地失去稳定性，不断地呈现从稳定到振荡，再到稳定的过程，因此，连续变化就必然包含有从一个阶段到另一个阶段的变化，连续性就等于是阶段性。

全球史也是一个连续性的过程，但在全球史漫长的发展变化过程中，它的稳定状态是不断呈现的，又不断地从稳定到失稳，再到建立新的稳定性，这就呈现出了阶段性的特征。全球史不可能总是处在振荡之中，否则的话，就会丧失其质的规定性，或者说，就会消亡。因此，全球史的振荡与变化也是必然要发生的。不断地变化，又不断地实现相对稳定，这就是全球史的演变过程，这样的过程也是必然表现出阶段性的过程。

总之，全球史过程是从一种稳定状态到另一种稳定状态不断更替的过程，由于最终的稳定状态是不存在的，所以，每一种稳定状态都只能存在于一定的历史时间内，这就是全球史的阶段性。全球史的分期应当揭示这种阶段性，指出每一种稳定状态的特征，描述出全球史从一个阶段到另一个阶段的不同变化。

2. 分期的界标

在学术史上，如何划分人类历史的发展阶段，并没有一个统一的认识。比如维科将历史分为三个阶段，即神的时代、英雄时代、人的时代。黑格尔则把历史划分为四个阶段，即幼年时代、青年时代、壮年时代、老年时代。雅斯贝斯提出历史分为四个阶段，即史前时代、古代文明、轴心期、科技时代等。为什么面对同一个历史过程，人们的认识会有这么多的分歧呢？这主要是因为人们划分历史阶段的标准不同。所以，在划分全球史阶段之前，我们有必要首先明确一下划分全球史阶段的标准。

笔者认为，世界整体从一种稳定状态转变到另一种稳定状态，并不是由某一种因素决定的，而是由世界整体内部和外部的各种相互关系所规定的。因此，在划分世界整体发展的阶段时，必须坚持从世界整体内部和外部的各种相互关系的变化出发，来确定全球史阶段划分的标准。这个标准可以分解为以下几个方面。

第一，必须以世界整体的变化为标准，而不能以部分或局部的变化为标准。当我们确定世界整体是否从一种稳定状态进入另一种稳定状态时，只能以世界整体产生了新质为标准，而不能以世界的个别组成部分产生了新质为标准。因为个别部分的变化，还没有使世界整体进入一种新的稳定状态，世界整体上还处在旧的稳定状态中或处于振荡之中，这时就不能确定世界整体进入了新的发展阶段。例如，公元前4000年代在北非首先产生了阶级、国家、文字，从而摆脱了愚昧状态，进入了文明社会，但是不能说整个世界历史从这时起就进入了文明时代。因为在这以后一千多年时间里，世界大部分地区仍处于愚昧状态，单是北非的历史变化，不能等同于世界整体的变化。到公元前3000年代，在两河流域、印度河流域、黄河流域以及美洲部分地区都出现了阶级分化和国家，才可以说世界整体进入了文明时代。又如，1640年英国资产阶级革命的爆发，不能证明世界整体已经进入到了一个资产阶级革命时代，因为当时仅有欧洲一两个国家发生了资产阶级革命，而美国、法国等国的资产阶级革命都在一百多年后才发生，俄国、德国、日本等国就更晚了。同样的道理，1917年的俄国十月革命，也不能看作是整个世界无产阶级革命或社会主义时代的到来，只有在第二次世界大战之后，出现了一系列无产阶级政权，形成了社会主义阵营，才能说明社会主义已经成为一种世界潮流或新时代的特征。总之，仅用一两个国家内部发生的革命或其他政治事件，作为世界整体历史的阶段性界标，都是十分牵强的。只有从世界全局出发，考察世界整体范围内的状态变化，才能划分出全球史的不同阶段。

第二，应当重视世界整体与外部环境的相互关系的重大变化。世界整体与其外部环境的相互关系能够反映出世界整体的性质和水平，因此，世界整体与外部环境的相互关系的重大变化，就能够证明世界整体的重大变化。世界整体的外部环境就是人类所依赖的自然环境，人类与自然环境的相互关系能够反映出世界整体的结构、性能、水平和状态，因此，人类与自然环境的相互关系发生重大变化时，往往也就是世界整体进入了新的发展阶段的开始。例如：从采集植物果实根茎到农业种植就是一次巨大的飞跃，采集仅仅是从自然界的索取，而且往往对植物有一定的破坏作用，因此原始人类在一个地区的过度采集之后，会造成某些植物的灭绝，结果迫使人类不断迁徙。农业则是通过人工栽培种植，年复一年地重复收获，改变了植物的自然野生状态，使人类的食物更有保证。因此，农业的产生，标志着人类进入了一个新的阶段。另外，生产工具代表着人类改变自然、利用自然的能力，它能够反映人类社会的发展水平，人类在生产工具上的重大突破，往往能够推动着人类社会上升到更高的发展阶段，提高人类克服自然力束缚的能力，改变了人类与自然环境的相互关系。例如从石器工具到金属工具就是人类社会的一大进步，从以水力、风力为动力到以蒸汽、电力为动力也是人类生产能力的一次质的飞跃。生产工具的这些巨大变化，实际上也是人类历史的重大变化。又如航天工业的发展，载人宇宙飞行的成功，也是人与自然的关系的一个新的里程碑，它反映着人类冲出了地球，活动范围大大扩大了。虽然宇宙飞行只是少数几个国家能够做到的，但它确实是人类历史上的重大成就，它标志着全球史开放性的升级放大，揭开了一个新时代的序幕。

第三，应当重视世界整体的组成部分之间的联结方式和联结度的变化。将世界各个部分及各个人类群体联结成一个整体，必然要通过一定的渠道、媒介，我们称它为联结方式。不同的联结方式，将会直接影响到联结的紧密程度，即联结度。一般地讲，联结方式的发展与联结度的提高是一种正比例关系，联结方式越是先进和发达，联结度也就越高。联结方式越是落后，联结度也就越低。联结度是考察事物整体性的一个重要的序参量，对客观世界绝大多数事物来讲，联结度越高，事物的整体性也就越强；联结度越低，事物的整体性也就越弱。人类世界亦是如此。世界整体内部各个组成部分之间的联结方式和联结度，是随着世界整体的发展进化而不断改变和增强的，因此，联结方式与联结度的变化，能够反映出世界整体性的强弱，从而揭示出世界整体发展过程中的阶段性。全球史的发展过程，也是世界整体组成部分之间联结方式不断丰富，联结度不断加强的过程。比如古代世界由于交通工具、通讯条件的限制，居住在世界各地的人群之间交往较为困难，联系比较少，联结度较低，世界历史的整体性也较弱。15 世纪海道大通之后，各大洲之间的联系一下子密切起来，相互之间的交往进一步扩大，世界历史的整体性也明显得到加强。因此，15世纪就具有了划时代的意义。世界各地的联结方式影响着联结的程度。麦克尼尔曾经描述道，"直到 1800 年，人员、货物、信息环绕地球一周仍需一年以上。借助季风，往返中国到爪哇，或者往返印度到莫桑比克，都需要一年时间。横越大西洋，需要一个月；横越太平洋，需要三到六个月；骑骆驼穿越撒哈拉沙漠，需要一个月或更多时间；步行穿越欧亚大陆，需要一年。"① 又如 20 世纪末叶，电脑互联网络的推广应用，将地球各处的人们更加紧密地联结在一起，使人们能够在瞬间获得世界任何一个角落的信息，人类第一次真正感觉到地球的狭小，就像一个村子，人们之间的联系十分方便、十分快捷，这是人类联结方式的一次飞跃，是人类整体联结度的又一次大提高。可以预见，互联网络的推广将把 21 世纪的人类引向一个网络化、数字化生存的新的历史阶段。

第四，应当重视世界整体演变过程中的突变过程。世界整体的演变是渐变与突变的统一过程，但渐变过程不易表现出世界整体发展的阶段性，而突变过程由于能够引起世界整体的质变或急剧的量变，使世界整体的状态发生较大的变化。并且突变过程，往往是世界整体失去稳定性，向新的稳定状态过渡的过程。因此，突变能够反映出世界整体发展过程中的跳跃性和阶段性。全球史的发展过程，既有渐变过程，也有突变过程。全球史的突变过程虽然为时短暂，但往往能给世界整体带来全局性的变化，推动全球史进入到一个新的发展阶段。比如 19 世纪末和 20 世纪初的短短的几十年中，整个世界发生了一系列重大的变化，比如：垄断资本形成、帝国主义军事同盟的形成、第一次世界大战、俄国十月社会主义革命以及科学技术方面的一系列重大突破和成就等等，令人眼花缭乱、目不暇接，就连生活在当时的人们，都深深感受到世界历史进入到了一个新的阶段，人类

---

① J.R..Mcneill & William H.Mcneill: *The Human Web*, Printied 2003 by W・W・Norton & Company, New York, p.212.

的生活方式发生了根本性的变革，而这一切又都是在很短时间里突然降临的，这就是全球史的突变过程所带来的阶段性变化。这些突变过程虽然是在全球史的长期渐变中逐步酝酿成熟的，但是，单是渐变却是难以划分出全球史的阶段性的，只有突变能够作为新时代到来的一种标志或象征。

第五，全球史是人类大家庭的历史，而人类与自然界其他物种最大的区别还在于人类的思想、文化和意识，包括哲学、科学、宗教、文学、艺术等等，全球史的发展过程的一个最为重要的内容，就是人类思想文化的不断创造所取得的一系列成就。实际上，人类的一切活动都不过是人的思想活动的外化，因此有人说，一切历史都是思想史或意识史。从这个角度出发，人类在思想文化上的重大成就，由于它们支配着人类的一切行为，所以也应当成为我们划分历史阶段的重要界标。比较典型的例子是在公元前500年左右，似乎是人类思想文化的重大奠基时期，这一时期在世界主要地区产生了一系列思想文化巨人，他们的思想文化成果甚至直到今天还是思想界的经典，还在很大程度上支配着人类的活动。这个时期的思想文化巨人有：中国的老子、孔子、孟子、庄子、墨子、孙子等诸子百家；印度佛陀时代的所有哲学流派；希腊的荷马、赫拉克利特、亚里士多德、柏拉图等；伊朗的祆教和巴勒斯坦的先知等。国内对这一时期在世界历史上的划时代意义似乎不够重视，而国外则有人把这一时期看作是整个世界历史的"轴心"，认为它"奠定了普遍的历史"。[①] 因此这一时期预示着全球史新阶段的到来。另外一个例子是15、16世纪的欧洲文艺复兴，它虽然发生在欧洲，但它的影响传播到了整个世界，揭开了资本主义时代的序幕。

3. 社会形态分期法的缺陷

应当指出，全球史的分期问题，学术界并未展开专门的讨论，多数参照世界历史的分期方法。但是，国内流行的世界历史分期，基本上是按照

---

① [德] 雅斯贝斯：《历史的起源与目标》，魏楚雄等译，华夏出版社1989年版。

苏联《世界通史》的分期方法，即按照五种社会经济形态的更替顺序，将世界历史划分为上古、中古、近代、现代几个阶段，它们分别叙述原始社会、奴隶社会、封建社会、资本主义社会和社会主义社会等几种社会形态的历史。这样的分期方法明显存在着一些问题，笔者在此提出一些商榷性意见。

第一，马克思、恩格斯关于社会经济形态的理论，是在研究各国历史发展的基础上，归纳出来的人类社会发展的一般过程、一般规律，它无疑是对历史研究具有指导意义的理论。但是，必须认识到，这种理论是从世界历史的具体发展过程中抽象出来的带有普遍性的东西，而历史发展的运动过程则是具体的、多样的，是带有特殊性的内容。抽象的理论可以排除某些特殊性的干扰，而具体的历史过程则只能以特殊性的面貌出现。因此，普遍性只能寓于特殊性之中，五种社会形态的更替只能寓于世界历史的具体过程之中，而不能让世界历史的具体过程体现在抽象的理论之中。硬用五种社会经济形态的理论去裁剪世界历史的阶段性，在实践上是难以行通的，也是不符合马克思主义的唯物史观方法论的。众所周知，世界上很多国家的历史并没有依次经过五种社会经济形态的发展，比如，中国没有经过资本主义社会，美国没有经过奴隶社会和封建社会，日耳曼人和斯拉夫人基本上没有经过奴隶社会，澳大利亚则是从原始状态直接跨入了资本主义时代等等。用五种社会经济形态的更替来划分世界历史的阶段，就无法符合这些国家的具体历史过程。

苏联社会科学院主编的《世界通史》一方面"采用了那些特别明显地表现出由一个社会经济形态转变到另一个社会经济形态的突出事件"作为世界历史分期的界标，另一方面又不得不承认"住在地球上的各族人民，远不是在同时经过了基本的社会发展阶段，而且也并不是所有各族人民都经过所有阶段"。[①] 既然如此，为什么一定要用社会经济形态的更替规律来划分世界历史呢？实际上，国内一些曾经流行的世界历史教科书虽然沿

---

① 参见苏联科学院主编：《世界通史》第 1 卷，"总编辑部的话"，三联书店 1961 年版。

用了这一分期方法，但在具体叙述各国历史时，又突破了这种分期的限制。比如北京大学历史系编写的《简明世界史》教材，在"中古史"一编中，对朝鲜、日本的历史都是从公元前5—3世纪开始叙述的，对美洲和非洲的历史是从公元前3000年代到2000年代开始叙述的，对这些国家和地区的叙述包括了奴隶社会的历史。另外，对蒙古国家是从12世纪开始叙述，土耳其国家是从11世纪开始叙述，斯拉夫人社会则是从6世纪开始叙述，对这些国家的叙述则包括了原始社会和国家形成的历史。① 这样一来，"中古史"并不仅仅是封建时代的历史，它有时包括了奴隶社会，有时又包括了原始社会，这就失去了世界历史分期的意义。按照这种分期来编写世界历史，总不乏有"漏洞百出"、"捉襟见肘"之感。显然，用五种社会经济形态更替作为划分世界历史具体过程的界标是不合适的。

近些年，国内学术界虽有不少人认识到了这一点，不再坚持用社会形态作为世界历史分期的标准，但是用什么作为分期的新标准呢？这个问题并未真正解决。因此，尽管世界史的分期有所调整，但世界史的内容安排并无多大变化。比如，20世纪90年代陆续出版的吴于廑、齐世荣主编的六卷本《世界史》，在吴先生整体史观的影响下，各卷分工时不再按照社会形态的变化，把公元前后、1500年、19世纪末20世纪初作为世界史各阶段的界标，但许多章节在编写时仍然拘泥于社会形态的更替，正像古代史的分卷主编在前言中所说的那样，古代史"上、下两卷的分界，则大致为公元1世纪开始直到5、6世纪方始结束的横贯亚欧大陆东西的民族大迁徙运动。这一迁徙导致亚欧大陆南部文明地区政治格局的巨大变化，有些地方则伴以社会形态的更迭——奴隶社会的终结和封建社会的开始，所以选择它作为上、下两册的分野。"② 可以说，这套《世界史》并未很好地贯彻吴先生的整体史观，这是比较令人遗憾的。其原因一方面是由于集体著作，各位作者认识不一；另一方面也是由于学术界对整体史观尚缺乏深

① 北京大学历史系编:《简明世界史》，人民出版社1974年版。

② 吴于廑、齐世荣主编:《世界史》"古代史编"上卷，高等教育出版社1994年版，第1页。

入的研究。

第二，人类历史证明，自从奴隶社会产生以后，世界上就从未存在过一个统一的社会经济形态，在每一个历史阶段中，世界上都存在着两种或两种以上的社会经济形态。因此，如果硬按五种社会经济形态更替来划分世界历史阶段，必然会违背某国家和地区的历史事实。比如把英国资产阶级革命作为世界近代史的开端，并且把世界近代史确定为资本主义制度产生、发展和衰落的历史，而当时几乎整个大洋洲还处于原始状态，非洲的大部分和美洲的大部分还处于原始社会或奴隶社会，亚洲大部分地区封建制度还很强大，只有欧洲个别国家产生了资本主义制度。这样的划分，就与世界上绝大多数国家的历史不相符合。如果说资本主义是当时世界上最先进的生产方式，就要以此来划分世界历史阶段的话，那么，中国的封建制度是世界历史上产生最早的，如果采取"春秋封建说"在公元前5世纪就产生了，如果采取"西周封建说"在公元前11世纪就产生了，是当时世界上最先进的生产方式。那么，是否可以把世界中古史的开端提前到公元前5世纪或公元前11世纪，而把古代罗马甚至古代希腊的奴隶制度都写进中古史呢？或者把美洲、非洲、澳大利亚的原始社会或奴隶社会都写入世界中古史呢？这样显然是不妥当的。实际上，把社会经济形态的更替作为国别史的分期标准也许是可行的，而整个世界既然不存在一个统一的社会经济形态，就无法用社会经济形态的更替来划分世界历史的阶段。

第三，按照五种社会经济形态更替来划分世界历史阶段，不利于排除"欧洲中心论"的影响，也很难对欧洲以外的历史给予恰当的安排和评价。因为目前流行的这种分期方法，导致世界历史的阶段性界标大部分都产生在欧洲。比如：古代西罗马帝国的崩溃标志着上古史的结束和中古史的开始；英国资产阶级革命标志着世界近代史的开端，法国巴黎公社标志着世界近代史下段的开始，俄国十月社会主义革命标志着世界现代史的开端等等。这些界标都发生在欧洲，对于欧洲历史的阶段性也许较为合适（实际上连欧洲国家对这些界标的看法也很不一致），但是，对于非洲、美洲、亚洲、大洋洲的历史过程，这些界标就很不合适。如果坚持这种分期方法，亚、非、美洲的历史只好围绕着欧洲的界标展开，明显处于陪衬的地位，欧洲的历史自然就占据了突出的地位。破除"欧洲中心论"就成为一句空话。

　　按照社会经济形态更替来划分世界历史阶段，还会使世界历史的编纂遇到一些难以解决的问题和矛盾。比如，这样写出来的世界历史与社会发展史重叠之处甚多。社会发展史按照社会经济形态的更替来阐述人类社会发展的一般过程无可非议，而世界历史按照社会经济形态发展进行叙述，就在基本框架上与社会发展史相重复，没有体现出世界历史学科自身的特点。再如，世界历史上许多国家的历史很难归入这五种社会形态，特别是近现代史上的一些殖民地或半殖民地国家，比如中国近代社会，既有封建性质，又有资本主义生产关系的萌发，并且是半殖民地国家，这应属于何种社会形态呢？印度、土耳其等许多第三世界的国家在民族资产阶级领导下获得了民族独立，结束了殖民统治，但并未建立完善的资本主义制度，封建制度的残余还很强大，它们应当属于何种社会经济形态呢？还有一些中南美洲及中部非洲的国家，它们获得了名义上的独立，实际上仍依赖于原宗主国，国内资本主义经济发展得很不充分，封建制甚至奴隶制残余都存在，但又提出一些社会主义的口号，也有左翼进步民主党上台执政，也有军人独裁统治，这些国家应属于什么社会形态呢？对于这些问题，理论界尚无一致的结论，显然存在着较大的困难。可以说，当今世界上有相当一部分国家是很难归于五种社会形态中的，现实中的社会形态更加复杂、更加多样，不能简单地把它们划入资本主义社会或社会主义社会，许多国家的社会发展带有多重性质，受到国际社会的多方面影响，对它们的社会形态需要加以专门的研究。

　　总之，笔者认为，全球史的分期不应拘泥于五种社会形态更替的顺序，应当坚持从世界整体的角度出发，重视世界整体内部各个组成部分之间的相互关系以及世界整体与外部环境的相互关系的演变，揭示世界整体历史的整体性、不平衡性、开放性、创造性和复杂性特征，反映出世界整体历史发展的阶段性。

三、全球史各个阶段的主要特征

根据上述认识，可以将整个全球史进程划分为六个阶段，每个阶段的主要特征如下。

1. 原始时代

这一时代的时间范围从人类产生到大约 1 万年前，共约 300 多万年。

大约 300 多万年前，非洲古猿中的一只学会了用石块制成粗笨的工具，并能够直立行走，人类终于产生了。从那时起，人类依靠采集和狩猎，过着颠沛流离的原始群居生活。在这一时代，人类体质不断进化，到大约 5 万年前，人类的生物进化已与现代人基本相同。同时，人类的社会进化也取得了许多成果，比如氏族制度、家庭制度、社会分工以及制造石器工具、用火、制陶等等，所有这些都初步奠定了人类社会发展的重要基础。

早期人类相互间享有更多的平等和民主，但由于科学技术的低下，人们抵御自然灾害、疾病、猛兽的能力有限，人类的平均寿命只有一、二十岁，常年与饥饿作斗争，总是不停地迁徙，足迹踏遍了地球各大洲，生活仍旧饥寒交迫、艰辛困苦。这一时期世界人口增长缓慢，最多时大约 400 万人。[①] 不过那时人类还处在十分愚昧的状态中，人类对自然界中的高山、大河、日月、星空等都充满了崇拜和敬畏。

原始人主要依靠石器工具，从事采集和狩猎，对自然环境的影响也很有限。自然界依靠自身的净化能力，就能保持一种自发的生态平衡关系。自然形成的各种生物在一定区域内可以保持动态的平衡。这种平衡能够保证该生物圈内各种物质和能量的稳定循环，人类本身也作为一个环节参与

---

① ［英］庞廷：《绿色世界史》，王毅等译，上海人民出版社 2002 年版，第 42 页。

到这个循环之中。这也是自然界造成的无机界与有机界对立统一的一种格局：生物的存在和发展，适应于既定的无机自然条件，同时生物又反过来影响并且在某种情况下还造成无机物质循环的条件。

但由于当时人类盲目过度的采集和狩猎，往往在局部地区造成了生物物种的改变，从而破坏了自己的食源，迫使人们不得不进行迁徙，这是人类早期所遇到的生态危机。不过这种生态危机并不是十分严重，没有超出自然界自我调节的限度，当人们迁徙以后，自然界依靠自身的净化、再生能力，可以逐渐恢复到原来的动态平衡或发展起新的动态平衡，整体上仍然基本保持一种自发的动态平衡，人们可以重新迁移到这一地区。总的来讲，这一时期人类和自然环境处在十分和谐的状态中，有的学者认为，采集和狩猎是人类历史上"人与自然关系的最佳的生活方式"[1]。

早期人类的迁徙活动，有利于人群之间的相互联系。麦克尼尔父子曾用"网络"（Web）一词来描述历史上人与人之间的联系。他们认为，古代散布在世界各地，但至今人类仍是单一物种，说明古代人群之间经常交换基因。另外，弓箭在远古的时候就传播到世界各地，说明有些技术可以在人群之间广泛传播。这两个事例证明，在当时存在着一个非常松散、非常辽阔、非常古老的交流与互动网络，即最初的全球网络。这个网络一直存在着，但随着社会的发展而日趋紧密。[2]

也许这一阶段的时间过于漫长，长达几百万年之久，占整个人类历史99%以上。做出这样的划分，并不是因为在这几百万年中人类的发展没有阶段性的变化，而是因为我们对这一时期的人类历史所知甚少。从今天人们所掌握的材料来看，在这一时期中人类社会的发展十分缓慢。只是到了大约一万年前，重大的变化产生了，这就是农业的发明。

---

[1]　[德] 约阿希姆·拉德卡：《自然与权力：世界环境史》，王国豫等译，河北大学出版社 2004 年版，第 54 页。

[2]　J.R.Mcneill & William H.Mcneill: *The Human Web*, Printied 2003 by W·W·Norton & Company, New York. p.4.

2. 农耕时代

这一时代的时间范围从 1 万年前到公元前 3000 年代，共约 5000 年。

大约在一万多年前，最后一次冰河期结束了，地球上到处郁郁葱葱、鸟语花香、河流徜徉、植被繁茂。在这样有利的环境中，人类发明了农业。这是全球史上的一次划时代的变革，它彻底改变了人类社会的面貌，奠定了人类文明的物质基础。

虽然最初的农业十分简单粗放，人类的生产力水平还处在新石器时代，但农业与以往的采集有很大的不同，人类不再单纯依赖植物纯粹天然的果实和野生的收获，开始人工栽培、引种、管理植物。农业给人类带来的变化是深刻的，比如食物来源更加有保证、可以供养的人口更多、修建房屋定居生活、不必四处流浪等等，此外，农业生产和建筑房屋还推动了人们科学技术知识的增长，特别是天文地理、数学几何等，是人类最早掌握的科学知识。

从采集到农业是人类与自然关系的一次大变化，也是人类社会的一次巨大飞跃，因此农业的发明，被称作是"农业革命"，是人类历史的一座丰碑。实际上，从那时起，直到近代工业产生前，整个人类历史都是建立在农业文明基础上的，整个人与自然的关系也是围绕着农业文明而发展变化的。农业产生后，狩猎也逐渐演变为畜牧业。这样，就形成了以农业为主的农耕部族和以畜牧为主的游牧部族，农耕部族和游牧部族之间的相互关系、相互矛盾，几乎影响了此后整个世界历史，在人类社会发展史上和人类文化交流史上都留下了深刻的印痕。不过，"总体来看，农民与牧民之间也许更多的是友好的交流而不是像历史资料上所说的那样首先是冲突。因为经济的和生态的条件更多地促使他们彼此和谐共处而不是互相争斗"。①

由于农业生产需要耕地、水源，人们开始大规模砍伐森林，刀耕火

---

① [德] 约阿希姆·拉德卡：《自然与权力：世界环境史》，王国豫等译，河北大学出版社 2004 年版，第 83 页。

种，开凿运河、修建灌溉工程；由于农业生产的需要，人们逐渐改变了不断迁徙的生活，修建了大量房屋住宅，形成了无数的村落；由于农业生产的稳定收获，人们生活水平得到提高，刺激了人口增长。人口的增长又刺激了农业生产规模的扩大，人们的足迹开始从大河流域深入内陆，从平原踏进山区，从温暖地带走进寒冷的极地；由于农业生产促进了人际交流、社会组织、生产管理的需要，推动了文明的产生和社会上层建筑的发展，形成了尼罗河流域、印度河流域、两河流域、黄河流域等一系列人类文明发祥地。所有这一切都对自然界产生了重大影响，使整个自然风貌大为改观。

农业产生之后，人类社会的发展速度明显加快，人口开始迅速增长，到公元前 5000 年曾经达到 500 万人。石器工具日益精细，氏族部落不断分化，家庭婚姻日趋固定，生产水平逐渐提高，产品开始有了剩余，私有制慢慢出现，人类社会的生产力和生产关系都在酝酿着新的更为深刻的变化。

3. 古典时代

这一时代的时间范围从公元前 3000 年代到公元前 500 年左右，共约 2500 年。

公元前 3000 年代左右，人类学会了制造和使用金属工具，因此生产力的水平大大提高，社会发展的速度也开始加快。这一时期在中国、印度、爱琴海沿岸、北非、南美洲都出现了金属制品，先是铜器和青铜器，后来是铁器。与此同时，私有制的发展造成了人类社会的阶级分化，从而产生了古老的文明国家，包括古代埃及、阿卡德王国、夏王朝、赫梯帝国、爱琴海沿岸城市国家、印度河流域的城市国家等等。

金属工具的制造和国家的产生使人类社会进入了一个新的更高的阶段，其根本性的变化在于：人类从无阶级社会进入到了阶级社会，从公有制社会进入到了私有制社会，从野蛮愚昧进入到了文明开化。这虽然造成了人类内部的不平等，出现了人剥削人、人压迫人的现象。但也促进了人类整体的进化，这一进化是十分明显的，比如手工业和商业的产生，社会分工的扩大，一夫一妻制形成，文字的产生，社会制度的细化，科学技术的进一步发展等等。人们往往把这看作是"文明时代"的开始。

这一时期内，世界许多民族都形成了自己的文字。最早是两河流域，随后是尼罗河流域、黄河流域、印度河流域以及中美洲、南部非洲等地区。最初的文字大多是象形文字，后来腓尼基人发明了能够表音的字母文字，影响了许多民族的文字演变。文字的产生极大地推动了人类思想、意识和文化的进步，在生产和交往的发展过程中，人类也逐渐认识了自然界和人类社会本身，人们不断地探索着世界的本源与规律、自然现象的原因和结果、人类社会的正义和幸福等等许多带有根本性的问题，思想文化的不断地积累，反过来推动着人类社会的发展和进步。

早期文明多由农业发达地区所创造，处于边缘地区的游牧部族在文化上相对落后。这就造成游牧部族与农业部族之间的差异和矛盾。这种矛盾经常表现为游牧部族向农业地区的迁徙或对农业地区的入侵。例如闪米特人对两河流域的冲击、印欧人对南欧的入侵、雅利安人向印度的迁徙以及戎狄等"蛮族"对商周的入侵等。在公元前11世纪前后，亚欧大陆的农业文明中心地区由于外族入侵，普遍陷入衰落。但因为农业文明的先进性，往往落后的游牧部族进入后，在文化上被农业文明所同化。最终农业文明仍能够存在和发展下去。

这一时期世界人口增长加快，最多时大约1亿人。①

4. 帝国时代

这一时代的时间范围从公元前500年到公元15世纪，共约2000年。

公元前500年前后，一场世界规模的、深刻的思想文化创造终于发生了，这主要包括的历史内容有：中国春秋战国时期的诸子百家、古代希腊古典文化的繁荣、印度的佛陀时代和佛教的产生、耆那教和祆教的创立、

---

① ［英］庞廷：《绿色世界史》，王毅等译，上海人民出版社2002年版，第42页。

巴勒斯坦先知们的学说、米利都哲学流派等等。这一时期人类在思想文化领域里取得的灿烂成果，为此后人类社会的进步奠定了坚实的思想基础，并且这些成果所达到的高度，在很多方面至今人类还无法超越，还依然是人们学习的典范，比如老子、孔子、孙子、墨子的学说，希腊的古典哲学和戏剧，佛教的经典等等。对于这一时期人类的文化创造，怎样估价也不会过分，它们标志着人类认识自然界和人类社会的一次飞跃，推动着世界整体进入到真正的文明时代。有人把这一时期称作是人类历史的"轴心时期"。

文化的传播推动了人类群体之间的交流和交往，这一阶段的主要特征是世界整体各个组成部分之间的联系不断加强，表现为大规模的民族迁徙、民族融合、商业贸易范围的扩大、国际交流的增多以及基督教、伊斯兰教的传播等等。在这个过程中，版图辽阔的大帝国起了重要的作用，比如汉帝国、罗马帝国、拜占庭帝国、唐帝国、阿拉伯帝国、蒙古帝国、奥斯曼帝国、玛雅帝国、印度帝国、印加帝国等等。在这些辽阔帝国内部人类群体也紧密联系在一起，而在这些帝国之间，国际交往和跨文化互动日益增加，相互联系越来越多，并且交往逐渐成为一种不可阻挡的潮流。美国学者大卫·诺斯鲁普认为："即使在远古时期，长距离的贸易网络能够令人吃惊地把世界上遥远的地方联系在一起。一个明显的例子，是古代帝国的兴起，在武力、法律、语言、宗教、贸易的束缚下，至少在表面上把分散的民众联合了起来。在帝国的疆域内外，儒教、印度教、佛教、犹太教、基督教、伊斯兰教广泛地传播着。"[1]

公元3—6世纪，欧亚大陆古老的帝国受到游牧部族的猛烈冲击，日尔曼人、匈奴人的进攻，使欧亚地区文明古国普遍遭到破坏，甚至四分五裂。整个欧洲因此陷入衰落长达千年之久，印度从此陷入分裂和混乱，只有中国在6世纪末重新实现了统一，恢复了帝国的繁荣和强盛。

---

[1] David Northrup: *Globalization and the Great Convergence:Rethinking World History in the Long Term*.journal of world history,Sep.2005.

美洲、非洲、澳洲的历史发展与欧亚大陆历来是不平衡的。美洲居民在数万年前即从欧亚大陆迁入，但发展十分缓慢，直到 15 世纪，大部分地区仍处在原始状态，只有局部地区在 10 世纪以后出现过奴隶制国家，16 世纪成为欧洲人的殖民地。非洲是人类社会的发祥地，北部非洲与欧亚大陆的历史关系密切，撒哈拉沙漠以南的非洲在公元前后就出现过国家，但对外联系较少，进步迟缓，许多地方还处在原始社会，16 世纪以后逐步沦为欧洲人的殖民地。澳洲是一个相对孤立的地理单元，18 世纪以前还处在采集和狩猎阶段，此后也成为欧洲人的殖民地。

人类交往活动也加速了疾病的传播，对已经建立的政治、社会、经济和文化秩序造成深刻的影响。早在公元前 4 世纪，雅典就爆发过一场瘟疫，宣告了"雅典世纪"的结束。罗马帝国时期流行的传染病天花，夺去了数百万罗马公民的生命。14 世纪欧洲黑死病不仅使欧洲损失了大约三分之一的人口，也对大部分欧亚地区的贸易、工业、金融和社会造成破坏。疾病甚至威胁到国家和帝国的生存，如欧亚大陆的瘟疫就破坏了古代丝绸之路的交往和贸易，加速了罗马和汉帝国的灭亡。天花和其他外来疾病毁灭了美洲和太平洋岛屿上的土著居民，使欧洲人轻易地建立了版图辽阔的殖民地。[1]

持续数千年的农业开发带来的对自然环境的改变，有时超出了自然界自身的再生能力，生态平衡无法恢复，使人类开始面临十分严峻的生态危机，给人类文明的发展带来了一些严重的后果。由于滥砍滥伐森林，结果导致水土流失，造成了大片的荒漠。尼罗河流域、两河流域已完全沙漠化；巴比伦文明完全覆灭；印度河流域土地干涸、常年缺水，几乎成为荒漠；中美洲的玛雅文明则在不到 100 年时间里完全崩溃，几乎到了人烟绝迹的地步；中国的黄河流域已变成荒山秃岭，清澈见底的河流变成了浊浪滚滚的泥沙之河，河床逐年淤高，水灾连年不断，曾经孕育中华文明的母亲河，开始肆虐泛滥，给中华民族带来了数不清的灾难和悲伤！古代各地

---

[1] 参见张剑光等：《人类抗疫全记录》，华东师范大学出版社 2003 年版。

的农业文明，几乎无一幸免都不同程度地受到了自然界的惩罚。但总体上讲，帝国时代人类社会和自然环境的变化还都比较缓慢，生态系统仍能基本上保持一种动态平衡，人与自然关系并未走向崩溃，世界整体以十分缓慢的步调向前演进。

公元 200 年时，世界人口达到 2 亿。这一时期的世界人口总体上仍在增长，但由于饥荒和瘟疫，人口数量时增时减，大约 1300 年左右，世界人口曾达到过 4 亿人。①

5. 工业时代

这一时代的时间范围从 15 世纪到 19 世纪末 20 世纪初，共约 500 年。

15 世纪前后，由于航海史上的一系列重大成就，包括郑和下西洋、达伽马环绕非洲、哥伦布到达美洲以及麦哲伦环球航行的成功等等，海上航道大通，各大洲之间的直接联系被建立起来，世界的整体性明显加强，地球各处的人们相互间的交往更频繁，联系更加紧密，人类进步的步伐也更加接近了。

这个阶段可以说是资本主义原始积累和对外扩张的时代。从 13、14 世纪地中海沿岸城市首先产生资本主义萌芽之后，伴随着海道大通、贸易扩大和世界交往的发展，资本主义迅速地膨胀和传播开来，到 19 世纪末 20 世纪初，整个世界已成为资本主义的一统天下，全世界已经被划分为殖民地和宗主国、被压迫民族和压迫民族、资产阶级和无产阶级。欧洲资本主义国家逐渐走到世界的前列，亚洲、非洲、拉丁美洲绝大多数国家和民族先后沦为欧洲国家的殖民地或半殖民地，欧洲文化也扩散到世界各地。同时，资本主义的世界市场和世界经济政治体系已经形成，世界的整体性进一步加强。

资本主义的到来是人类历史上的一次大变革，它打破了以往的闭关自守、孤立闭塞，增加了人类社会的开放性，使世界各国真正在相互联系、

---

① ［英］庞廷：《绿色世界史》，王毅等译，上海人民出版社 2002 年版，第 42、102 页。

相互影响下共同发展和变化。资本主义的生产方式也给人类带来许多变化，但最根本的变化是社会生产力的迅速发展，科学技术水平的大幅度提高，大工业和商业贸易兴旺发达。与此同时，资本主义社会的基本矛盾不断扩大，资产阶级和无产阶级的斗争日益激烈，资本主义国家之间由于争夺市场和资源，矛盾也日趋激化。

这一时期，欧洲的自然科学和社会科学取得了长足的进步。从文艺复兴、宗教改革，到启蒙运动、工业革命、科技革命，对整个人类社会的发展都产生了深远的影响。哥白尼、伽利略、开普勒、牛顿等人的学说，推动了数学、物理学、生物学、化学、医学的深刻变革。卢梭、孟德斯鸠、伏尔泰以及后来的康德、黑格尔等人的理论，极大地改变了人们对人类社会的政治、宗教、理想、信仰、未来的种种看法。特别是马克思、恩格斯的理论，深刻批判了资本主义制度的弊端，揭示了社会主义取代资本主义的历史必然性，影响了 19 世纪中叶以后全世界的社会主义运动。

工业革命和大工业的产生，推动世界整体实现了一次新的飞跃，人类社会的发展速度大大地加快了，人与自然的关系也在发生着急剧的变化。由于工业的发展，人们千方百计地从自然界中搜寻一切可以成为工业原料的东西，包括地表的林木、淡水、土壤、砂石，以及地下各种金属矿藏、煤、石油等等，几乎一切都变成了工业加工的对象。17 世纪以前，人类社会所依赖的能源主要是人力、畜力、水力、风力和木材。近代工业产生后，煤炭成为主要的能源材料。1800 年，世界煤炭生产约 1500 万吨，1860 年猛增到 1.32 亿吨，到 19 世纪末已超过 7 亿吨。[①]

由于工业的发展，人类对于科学技术知识的需求日益增加，人际交流显得更为重要，推动了交通、通讯事业的迅速发展，铁路、公路、海运、空运以及电话、电视、电脑迅速普及，如同一张张大网，把不同地域的人们联结在一起，自然屏障不再成为人们之间的阻隔。

由于工业的发展，大大提高了社会生产力，农业走上了集约化、机械

---

① ［英］庞廷:《绿色世界史》，王毅等译，上海人民出版社 2002 年版，第 310 页。

化、现代化道路，农业生产规模迅速扩大，人类总人口也呈几何指数急剧增加。随着工业水平的不断提高，工业产品的品种不断更新，机械、化工、电力、医药、塑料、建材、交通、通讯、冶金、印刷等等各行各业的产品数不胜数。机器替代了人力的不足，提高了人类同自然环境之间进行物质、能量和信息的交换能力。

由于工业的发展，推动了人类社会城市化的进程，城市占据了大量的土地，积聚了众多的人口，修建了密集的建筑物和各种交通网线。工业文明的发展，在短短几百年时间里，使地球的自然环境变得面目全非了。

这一时期的世界人口增长明显加快，1700 年为 6 亿，1800 年就达到 9 亿，1825 年世界人口首次达到 10 亿。而几乎在同一时期，每 4 年就有一种动物灭绝。[①] 地球生物多样性遭到了明显的破坏，人与自然的矛盾不断加剧，人类生存的环境日益恶化，各种环境污染、环境退化问题进一步困扰人类。

6. 信息时代

这一时代的时间范围从 20 世纪初叶到现在，共约 100 年。

进入 20 世纪以后，工业文明的发展给自然环境造成了重大的影响，人类利用和改造自然的能力大大提高了，但人类并没有自觉地去维护生态平衡，造成了生态危机日益严重，人与自然的矛盾日益积累，人类正生活在一个越来越恶劣的自然环境中。今天人们所能看到的自然环境中到处充满了钢筋水泥（城市）、机器（工业产品）、交通网线以及 70 多亿人口。城市化进程不断加快，1920 年，城市居民只占世界人口的 14%，1980 年达到 40%，到 2000 年已达到 50% 以上。1900 年以前，世界上还没有一座拥有 500 万人口的城市，到 1950 年时，世界上拥有 500 万人口以上的城市发展到 6 座，1980 年达到 26 座，2000 年达到 60 座以上。1925 年世界人口为 20 亿，1960 年达到 30 亿，1975 年 40 亿，1990 年之前达到 50 亿，

---

① ［英］庞廷：《绿色世界史》，王毅等译，上海人民出版社 2002 年版，第 103、218 页。

2000 年世界人口达到 60 亿。

20 世纪，石油成为人类社会所依赖的主要能源。1890 年世界石油消费大约 1000 万吨，到 1920 年达到 9500 万吨，1940 年达到 2.94 亿吨，到 70 年代，每年约 25 亿吨。① 而 2000 年世界石油消费达到 34.6 亿吨。煤炭和石油都是不可再生的矿物燃料，目前人类社会 90% 以上的能源材料是煤炭和石油。

工业文明给生态系统所造成的破坏，无论从深度还是广度上说，都远远超过农业文明给生态系统造成的破坏。例如工业文明所造成的大气污染、资源短缺、能源枯竭、核污染、人口爆炸、水源污染、臭氧层破坏、酸雨、温室效应等等，已经使生态系统难以维持平衡，人与自然的关系正在走向崩溃，人类正面临着空前严峻的生存威胁，而人类历史的步伐却越来越快。20 世纪 70 年代，每年约有 1000 种动物灭绝，另有大约 25000 种植物、700 种动物濒临灭绝。在热带森林里，每天都有大约 50 种动物和植物在消失。②

资本主义发展模式显示出强大的适应力，但随着生产力的迅速发展，资本主义生产方式所固有的矛盾日益激化并产生了严重的社会危机。1914—1918 年第一次世界大战，欧洲资本主义国家遭到严重削弱，俄国脱离资本主义体系，走上了社会主义发展道路。1929 年爆发了席卷整个资本主义世界的深刻的经济大危机。1939—1945 年第二次世界大战，德、意、日三国走上了反传统资本主义的法西斯主义道路，战后出现一系列社会主义国家，使世界资本主义体系遭受了一次沉重打击，有利于殖民地、半殖民地的国家和民族逐步走上独立和解放的道路，推动了自由资本主义向垄断资本主义、国家垄断资本主义方向演变，开启了社会主义制度建立和发展的新阶段。

整个 20 世纪是世界整体化、一体化、全球化趋势不断增强的历史，

---

① ［英］庞廷：《绿色世界史》，王毅等译，上海人民出版社 2002 年版，第 314 页。
② ［英］庞廷：《绿色世界史》，王毅等译，上海人民出版社 2002 年版，第 218 页。

知识爆炸、信息传播是这个时代的主要标志。以微电子技术与现代通讯技术相结合的现代信息技术，使世界各地的人们之间的联系变得异常快捷。1993 年，跨越大西洋的光纤电缆传输容量是每秒 50 亿位元，而 2000 年已达到每秒 1100 亿位元。人类世界已经真正联结成为一个密不可分的有机整体，国际经济政治体系日趋紧密，人类在相互联结中走上了一条共同发展的道路。20 世纪人类的成就是令人瞩目的，社会发展的速度也是不断加快的，科学技术的进步也是十分显著的。爱因斯坦提出的相对论，帮助人们进一步认识了宇宙的演变规律，推动了航天技术的发展，使人类开始冲出地球、遨游太空，去更广阔的环境中寻求新的机遇。电子计算机和互联网络的发展，把人类紧紧联结在一起。

这个时代才刚刚开始，但这是人类迈出的新的一步，也是十分关键的一步。因为在这一时代，人类开始普遍重视对环境的保护。由于科学技术特别是信息技术的高度发达，人类可以通过高技术手段，利用各种信息资源、清洁能源、可再生资源来进行生产和消费。人类开始避免掠夺性地利用环境资源，不再盲目追求高速度发展，而是开始规划人类社会的可持续发展。许多国家开始投入大量的人力、物力、财力，用于治理环境污染、维护生态平衡、保护生物多样性。人类正在努力缓和人与自然的种种矛盾，正在学会更好地适应自然界。如果这一时代发展顺利的话，人类一定能够迎来一个更加美好、幸福的新时代。

但是，在人类社会大踏步前进的同时，世界整体内部和外部的矛盾也不断尖锐和激化。内部矛盾的突出表现是两次世界规模的战争，造成了人类空前的悲剧和劫难，战争中发展起来的核武器，已经成为否定人类整体的一种异己力量；外部矛盾的突出表现是环境的严重污染和环境对人口承载能力的极限的接近，自然界已经向人类敲响了警钟！保护环境、治理环境、维护生态平衡成为摆在人类面前的首要问题。可以预见，21 世纪将是全球史的一个新的阶段，在这个阶段中，如何解决全球史的诸多内部矛盾和外部矛盾？人类的前途与命运如何，世界整体将向何处去？必将成为全人类所广泛关注的根本问题。

四、全球史的未来

　　全球史将向何处去？这是许多人心中挥之不去的问题。以往的历史理论基本上回避这个问题，但是，回避不等于解决，问题依然存在。当然，要想科学地回答这个问题并非易事，因为这个题目带有明显的对全球史的未来进行预测的意味，那么，我们能够预测历史的未来吗？

　　在历史上曾经出现过两种截然对立的观点。一种观点认为历史的未来已经确定不移，因此是可以预测的。例如莱布尼茨的"前定和谐"说，认为上帝已经规定了一切事物未来的发展历程和内容，他写道："每个人的个人概念完全地包含着以后他将要发生的一切事情"。[1] 因此未来是完全可以预测的。许多宗教神学也都主张未来是可以预知的，神灵可以解释一切；另一种观点则认为历史的未来是不可能预测的。例如波普尔认为："我们不可能预测历史的未来进程"。他的逻辑推理是：人类历史的进程受人类知识增长的强烈影响，由于我们不可能通过理性的和科学的方法来预测我们的科学知识的增长，因此，我们不能预知人类历史的未来进程。[2] 这两种观点都产生过十分普遍的影响。

　　显然，这两种观点都是过于片面的。如果说历史的未来已经完全确定，完全可以预知，这就陷入了天命论，历史学就成了神学的附庸。人类再作任何努力都是多余的，一切都由必然性决定了。马克思曾批评过这种观点，马克思说道："如果'偶然性'不起任何作用的话，那末世界历史就会带有非常神秘的性质"。[3] 反过来，如果说历史的未来完全不可预测的话，这又必然陷入不可知论，历史学也就失去了科学性。人类不管怎样

---

[1] 《莱布尼茨哲学著作》，伦敦 1956 年版，第 54 页。

[2] [英] 波普尔：《历史决定论的贫困》，杜汝楫等译，华夏出版社 1987 年版。

[3] 《马克思恩格斯列宁斯大林论历史科学》，人民出版社 1980 年版，第 287 页。

努力，前途都是一片茫然，这恐怕会导致普遍的悲观情绪，而且也缺乏说服力。

笔者认为，历史的未来是可以预测的，不过我们并不能预测未来的全部过程，而只能指出发展的基本方向和大致图景，并且对历史的预测并不是靠上帝和神学的帮助，而是依据了历史本身的客观存在，并且未来就存在于历史的过程之中。过去、现在和未来的人类社会都已经包含了历史的目的，我们根据对过去和现在的历史目的的研究，就可以知道历史未来的目的，这是完全可能的事情。但是，如果说历史未来的一切细节都能预知，那就忽略了历史发展的不确定性，毕竟历史过程的关联因素众多，历史本身以及人类的外部环境都有许多不确定的发展和变化，必然性在起作用的同时，偶然性也在起着作用，而且是必然地起着作用。因此，历史的发展面临着许多可能性，我们至多也只能预测历史前景的大致轮廓。

从全球史的目的性出发，可以明确的是，全球史将继续沿着合目的性的方向运动，未来将是全球史目的的升华和意义的展开。这就是说世界整体与自然环境将沿着共同进化的道路继续发展下去，进化就意味着多样性的增加和复杂性的扩大，在统一性展开的过程中，多样性必然更加丰富，关联性还要递增，在这个基础上全球史的整体性将会不断加强。整体性的加强包含了世界整体的组成部分的充分发展，部分与部分之间的联系日趋紧密，整体的质的规定性的充分体现，以及整体与外部环境之间进一步的和谐统一，这都给人类提供了一个充满希望的广阔前景。

但是，这并不是说未来就是一帆风顺的，进化的道路上毕竟布满了退化的歧途，进化与退化同样都是客观存在的现实性，人类必须加倍努力地发挥主观能动作用，才能争取在进化的道路上多迈一步。

也许有的人会提出，马克思所描绘的共产主义社会不就是全球史的目的吗？这里面存在着概念上的差异。共产主义社会是未来的人类理想的社会形态，这是因为共产主义社会是符合全球史目的的一种发展前途，但共产主义本身并不完全等于全球史的目的。全球史的目的应当存在于整个历史过程之中，而不是只存在于未来。比如，相对于古代世界来讲，近代世界、现代世界就是古代世界的目的的体现，但我们不能说古代世界的目的就是资本主义社会或社会主义社会，因为近现代史上都存在着多种社会形态，这些社会形态中都包含着古代世界的目的，我们无法断定那一种社会形态是或不是古代世界的目的，更何况这些社会形态中都具有两重性，它们包含了进化和退化，我们不能把这些退化现象也归入全球史的目的之中。因此，全球史的目的不是哪一种社会形态，而是世界整体历史发展的方向性，是世界整体历史坚定不移的、在每一种社会形态中都显现出来的趋向，这个趋向就是世界整体与自然环境的共同进化。从这个角度讲，全球史的目的是具有现实性和历时性的，不能只把它看作是一种未来的东西。

因此，未来就在现实中。如果认识不到这一点，仅仅把全球史的目的看作是未来的一种结果，这样，目的就成为人们头脑中的一种理想，是一种完全主观的东西。由于不同的人有不同的理想，未来之后还有未来，全球史的目的就无法确定，这就陷入一种不可知论。例如雅斯贝斯在他的名著《历史的起源与目标》中，认为历史是处在起源和目标之间的，历史的目标是无法认识的。他写道：

> "历史位于起源和目标之间，统一的思想在历史中活动着。人类沿着伟大的历史大道前进，但永不因意识到历史的最终目标而终止历史。更确切地说，人类的统一是历史的目的地，即获得圆满的统一将是历史的终结。……这个统一不可能成为现实的统一，它既不可能变成完善的人类，也不可能变成公正的世界组织或最终的、相互渗透和开放的理解与一致。……因此，要把这个最深刻的统一提高到无形的宗教、精神的王国以及与灵魂相和谐的显现上帝的秘密王国。然而，历史上仍有运动，它永远在开端与结束之间，从未达到将来也仍然无法达到它所真正表示的东西。"①

---

① ［德］雅斯贝斯：《历史的起源与目标》，魏楚雄等译，华夏出版社 1989 年版，第 304—305 页。

最终，雅斯贝斯在他的书中也没能正面回答历史的起源和目标是什么这个问题，他认为这个问题超出了人类的"认识范围"，因此他也只好求助于上帝。

现在，我们又一次听到了尼采的喊声："上帝死了！"我们还等待什么？彼岸的幻想已经破灭，超自然的力量已不复存在。人类必须恢复自我的尊严、自我的能力、自我的责任、自我的选择。全球史在前进，全球史的目的就在我们身边。人类在过去、现在和未来，每一天都在实现着全球史的目的，每一天都在这个目的的引导下前进：人类要进化，自然环境也要进化。无论过去、现在、还是未来，人类的行为都必须对全球史的目的负责，随着世界整体历史的不断发展，世界整体和自然环境就会向着更高的阶段进化，全球史就能够在越来越大的程度上实现自己的目的。

也许有人会问：全球史有终结吗？应当说，人类是自然界的一部分，自然界中的万事万物都有产生、发展和衰亡的过程，科学家们还没有发现只生不灭的物种。不过，人类是自然界高度进化的产物，人类具有更强的适应性和创造性，有能力沿着符合自然界目的的方向持续前进。即使全球史有一个终点，它也距离我们相当遥远。并且，宇宙是处在永恒的发展之中的，全球史的终结将是自然界合目的运动的结果，将会为自然界的更高级的进化创造条件，那时，全球史将会以一种新的质的规定性再现出来，从这个角度讲，全球史之火将永不熄灭。正如有些学者所说的那样，"人类是有着共同命运的一种顽强的存在，我们并未到达历史的终点，世界历史才刚刚开始"。[①]

在传统思维中，尤其是在西方文化中，对于目的和意义的讨论往往带有某种极端的意味，即历史的目的和意义，就是指的历史演进的终极目的和终极意义，这就必然把人们引向先验主义和虚无主义。对这一问题的讨论自然而然也就成了宗教神学和唯心主义的专利。例如基督教的末世论和

---

① Michael Geyer and Charles Bright, *World History In A Global Age*, American Historical Review 100 (4), 1995.

近代的目的论等等，即使是进化论的观点．也只能把历史的终极目的和终极意义归结于人类的意志和理性的筹划，于是，唯物主义的史学家们只好在此望而却步。

另外一种解释是循环论和轮回说。中国古代哲人似乎并不去讨论人类的终极目的和意义，而是用一种循环论的解释来安慰众生。例如儒家提出的所谓"剧乱、升平、太平"的三世说，就是一种循环发展．孔子据此主张复古以求解脱。道家思想强调自然本色，老子主张回复到尧舜以前的未开化时代。古希腊人也从不探究历史的终极意义，他们更注重自然界的现存秩序和美妙形态，从自然现象的周期和节律出发，他们认为任何事物的运动都是向同一种东西的永恒复归，即发展最终将回到它的起点。太阳下面没有新的东西。显然。这些讨论都偏离了科学的宗旨。不过这也是完全可以理解的，古代和近代科学发展的局限性，使人类解决这些问题明显地力不从心。只有在现代科学的指导下，我们才有可能逐步地解决这些问题。

写到这里，笔者想起美国科学家埃里克·詹奇的一段话，权且引来作为对这个问题的一种总结吧。詹奇在他的杰作《自组织的宇宙观》中写道：

　　"因为我们把多元论提升到我们的创造原理中，所以我们意味深长地把整个人类历史提升为一个整体展开的总进化的动力学之中。因为我们把我们自己当作各种整体看待，所以我们成为了一个宇宙整体的某个整合方面。因为我们生活得心满意足，所以我们克服了无边的冷寂和孤零。无论我们是否将很快建立起与外星智慧的接触，我们都永不孤独。"①

---

① ［美］埃里克·詹奇:《自组织的宇宙观》，曾国屏等译，中国社会科学出版社 1992 年版，第 86 页。

第七章　全球史研究的基本原则

全球史学科与历史学其他分支学科一样，都必须坚持唯物史观的基本理论原则，才能够完成研究任务。关于唯物史观的基本理论原则，本章无须多叙。这里主要阐述在马克思世界历史理论指导下，全球史研究应当坚持的三个基本原则，即历史主义原则、历史辩证法原则、逻辑的与历史的相一致原则。在具体研究过程中，历史主义原则侧重于历史发展的过程，历史辩证法原则侧重于历史研究的思维形式，逻辑的与历史的相一致原则是历史研究的思维形式与历史发展过程的统一。三者之间是相互区别、相互联系的辩证统一的关系。实际上，这三个原则无论对于全球史研究，还是对于历史学其他分支学科的研究，都是同样重要的。因此，本章在叙述中尽量兼顾到整个历史学研究的领域。

一、历史主义原则

"历史主义"一词，在历史学和历史学以外的地方都被广泛地使用过，它的概念是非常模糊和笼统的，曾经有过许多不同的含义和释义，也有过许多不同的理解和误解。即使在历史学领域内也是如此：有的人把它当作一种历史观；有的人把它当作一种方法论；有的人把它当作一种思潮；有的人把它当作一种编史工作等等，不胜枚举。国内学术界上个世纪60年代曾经围绕历史主义问题展开过热烈的讨论，但并未达成任何一致：有的人认为历史主义是资产阶级的东西，马克思主义没有历史主义；有的人认为马克思主义的历史主义就是历史唯物主义；也有的人认为历史主义就是历史辩证法等等。笔者认为，历史主义与历史唯物主义和历史辩证法虽然有密切的联系，但是，它们仍然不是相互重叠的概念，从根本上讲，历史主义指的是一种对待历史的态度或者研究历史的原则。

1. 历史主义的产生及其演变

自古以来，如何看待自身的历史就是人类面临的一个不可回避的问题，因此也是历史学所必须回答的问题。希罗多德为撰写《历史》，亲自走访众多名胜古迹，实地调查收集各种史料，并努力鉴别事实真伪。对一些不可靠的传说，他曾在书中多次坦言："人们虽然如此说，但我是不相信这个说法的"[①]修昔底德提出，历史学要寻求"人事成败之迹，城邦兴废之由"。司马迁则立志"究天人之际，通古今之变，成一家之言"。[②]这些都反映出古人对历史的态度和对历史研究的要求。有人把古人的这些思想概括为古典历史主义。古典历史主义承认历史是不断发展和变化的，追求历史事实的真实性和因果关系，奠定了历史主义原则的基础。

"历史主义"一词的正式使用，是近代以后的事情。根据美国史学史专家伊格尔斯的考证，最早在1797年，德国语言学家弗里德里希·施莱格尔就在他的有关语言学的笔记中提到过"历史主义"（Historismus）。他认为这是一种"特别强调历史的哲学"。此后，许多德国学者如诺瓦里斯、费尔巴赫、布拉尼斯、费希特、普朗托等都提到过历史主义。当时，"历史主义表示一种历史研究的态度，承认在具体时空条件下的个别性……历

---

① ［古希腊］希罗多德：《历史》，王敦书等译，商务印书馆1985年版，第266—267页。
② 《汉书·司马迁传》。

史主义既不同于追求事实的经验主义，又不同于无视事实，旨在建立系统的黑格尔式的历史哲学"。19 世纪中叶以后，"历史主义"在非德语国家出现。英语国家最初用"Historism"来指德国出现的历史主义思想，1940 年以后，则用"Historicism"取而代之。这主要是受到克罗齐相对主义思想的影响。波普尔曾经把"Historicism"等同于历史决定论，但并未得到普遍的接受。①

德国的历史主义从一开始就不局限于历史学的领域内，而是渗透到了哲学、文学、法学、经济学以及社会政治思潮中去。不过，在历史学之外，历史主义往往不能得到正确的理解和运用，经常受到一些贬损和批评。② 尽管如此，整个 19 世纪直到 20 世纪初，德国的学术界和思想界都是在历史主义的旗帜下度过的。伊格尔斯就指出，在 19 世纪的德国，"历史主义不仅被视为一种理念，而且也是思想上和学术上的运动，支配着 19 世纪德国历史、社会和人文学的研究"。③19 世纪德国产生的一系列思想巨人如兰克、黑格尔、马克思等人以及稍晚的狄尔泰、斯宾格勒，无一不受到历史主义的影响，而这些人的理论建树则影响了整个人类。因此，有人认为历史主义的产生是"西方世界最伟大的精神革命"。④ 并把它和中世纪的宗教改革以及哥白尼的天文学革命相提并论。

近代历史主义的理论渊源可以追溯到维科（1668—1744 年）和赫尔德（1744—1803 年）。维科是西方最早提出系统历史理论的人，被认为是历史主义的创始人。他的《新科学》一书仿照培根的《新工具》，试图找到一种类似自然科学解释自然界那样能够解释人类历史的东西。维科认为，人类史和自然史不同。人类创造历史，但并不创造自然。研究人类历

---

① 参见伊格尔斯：《历史主义的由来及其含义》，载《史学理论研究》1988 年第 1 期以及他为《观念史大辞典》写的词条"历史主义"，见张京媛主编：《新历史主义与文学批评》，北京大学出版社 1993 年版，第 282—297 页。

② 参阅伊格尔斯前引书。

③ 参阅伊格尔斯前引书。

④ 迈内克：《历史主义的产生》第 1 卷，慕尼黑 1936 年版，第 1 页。

史就要探讨人类的意志和行动即人性。他把人类历史的发展过程理解为一个从低级向高级发展的进化过程，认为每个民族的历史发展都要经过三个阶段：神祇时代、英雄时代、人的时代。"各族人民的本性最初是粗鲁的，以后就从严峻、宽和、文雅顺序一直变下去，最后变为淫逸……每个民族在时间上都要经历过这种理想的永恒历史，从兴起、发展、成熟以至衰败和灭亡"。[①] 在这里，维科把人类历史过程看作是一种自然历史过程。1879 年，维尔纳尔就指出："维科的有关人性除历史以外不知其他现实的论点体现了历史主义观念的核心：历史为人类创造，因此反映了人类的意图，即意义。由于自然不为人类所创造，所以自然不反映能为人们所理解的意义。"[②] 1827 年，维科的《新科学》译成法文出版后，立即在欧洲产生了巨大的影响。马克思称赞维科的思想中"有不少天才的闪光"。

赫尔德为历史主义理论做出了突出贡献，他的《人类历史哲学思想》一书，提出了许多卓越的见解，对后世的历史理论产生了巨大的影响。伊格尔斯认为，赫尔德的历史哲学，"呈现了历史主义的第一种深奥说法，并且唾弃启蒙时代之视人类文明发展为单一线型"。[③] 赫尔德认为，历史最本质的特征是不同民族在不同发展时期显示出的个别特征，而不是人性普遍特征的显现。历史学家的任务，就是从纷纭复杂的历史事实中探寻它们之间的联系和规律。他说："在所有伟大历史事件中，我们发现了这样一个基本规律，这就是：在我们这个世界上，无论什么地方发生了什么事情，总是基于该地方的环境和需要，基于该时代的条件和原因，该民族的先天的和后天的性格"。[④] 赫尔德认为，人类历史是不断地、有规律地从低级向高级发展的过程，尽管人类历史表面上像一片杂乱纷纭的废墟，但"只有一个发展的链条从这些废墟中造成一个整体，诚然，在这个整体里

---

① [意] 维科：《新科学》，朱光潜译，商务印书馆 1989 年版，第 127—128 页。

② 维尔纳尔：《作为哲学和学术研究者的维科》，维也纳 1879 年版，转引自伊格尔斯前引书。

③ 伊格尔斯前引书。

④ 何兆武主编：《历史理论与史学理论》，商务印书馆 1999 年版，第 179 页。

个人的形象在消失，但人类的精神却永远活着，永远进步着"。① 赫尔德试图解释人类历史进步的原因，他认为社会发展的主要动因是社会内在的有机的力量。这些力量是按照内在规律发展的，是被人类历史的本质所决定的。赫尔德的这些思想到处闪烁着理论的光辉，使历史主义走上了成熟的道路。

19世纪是历史主义的辉煌时期。在这一时期，历史主义不仅取得了重大的理论建树，而且使历史主义思想深深地植根于西方社会的价值观念中。伊格尔斯指出："在德国，19世纪末以前历史主义的观点一直深植于各种社会和文化科学之上。德国以外的地区，当学术研究逐渐职业化，并且集中到大学时，历史主义的理论和方法也被学者所采用"。以至于"在19和20世纪，承认所有的人类思想和价值都有其历史局限并不断发展变化的历史主义在西方世界已经成为主导一切的态度。……这一态度已成为现代世界的不可或缺的条件"。②

对这一时期的历史主义思想做出重大贡献的历史学家是兰克（1795—1886年）。兰克在他的《拉丁和日耳曼民族史》前言里，写下了一句被后人称道的名言："历史学被认为有判断过去、为未来指导现在的职能，对这样的重任，本书不敢企望。它只想说明：什么确确实实地发生了"。③ 这句话反映了兰克史学的宗旨，即"如实直书"。兰克重视史料的运用，主张描述历史事件的真实过程，要求历史学家不要从自己的价值观出发去评价历史。因此被后人称为客观主义史学的鼻祖。有人认为兰克只是强调研究具体事实，比如国家、民族和个人的特殊性，而忽略人类历史的统一性，这大概是对兰克的误解。其实，兰克多次提到："历史学家还必须注意事物的普遍性。……历史学不具有哲学那样的统一性，但它确实有自己的内在联系。……在精确之上求整体理解，永远是一个理想的目标，因为

---

① ［苏］阿·符·古留加：《赫尔德》，侯鸿勋译，上海人民出版社1985年版，第64页。

② 伊格尔斯前引书。

③ 何兆武主编：《历史理论与史学理论》，商务印书馆1999年版，第223页。

这要求对人类整体史有一个极其透彻的了解"。① 兰克的史学思想十分丰富，不少西方学者把他奉为历史主义的标本。

在历史学之外，19 世纪还有许多著名的理论家、思想家参与了历史主义的讨论，并且提出过深刻的见解，丰富了历史主义的理论，也产生了深远的影响。他们包括黑格尔、马克思、孔德、狄尔泰、卡莱尔以及稍晚的弗洛伊德、怀特海、迈纳克、李凯尔特、韦伯、罗素等，对于他们的理论，此处不必一一列述。只要看到这些不朽的名字，我们就可以想象：历史主义的影响有多么大。

进入 20 世纪以后，西方历史主义陷入了一种困境，被称为"历史主义的危机"。这一现象是与欧洲的历史进程相关联的。第一次世界大战、德国战败、欧洲衰退……引起了人们对西方的社会文化和价值观念的普遍怀疑和绝望，历史主义也未能幸免。有人甚至对历史主义提出了严厉的批评。巴勒克拉夫就曾写道：

"历史主义学派坚持历史学所研究的是人类全部活动的独特性，从而葬送了历史学家用科学的方法研究有关人性的问题，或人类的历史意识或方向上做出真正贡献的可能性。……人们在回顾两次世界大战之间的那段历程时，都不会否认历史主义由于排除人类面临的重大理论问题作为历史研究的正当对象而给历史学的学术水平带来的严重危害。崇拜特殊性而造成了历史学的单一性，崇尚'为研究过去'而研究过去，割断了历史学与生活的联系，否认从过去的经验中进行概括的可能性并且强调事件的独特性，不仅割断了历史学与科学的联系，也割断了历史学与哲学的联系。"②

在历史主义的危机面前，人们开始进行理论反思。有人对 19 世纪的历史主义提出了质疑，"人们不再相信有客观的历史知识，以及历史过程的意义"。以克罗齐为代表的相对主义史学向兰克的客观主义史学提出了

---

① 何兆武主编：《历史理论与史学理论》，商务印书馆 1999 年版，第 226—229 页。

② ［英］巴勒克拉夫：《当代史学主要趋势》，杨豫译，上海译文出版社 1987 年版，第 21 页。

挑战，否认有脱离主体意识的客体历史。他认为所有的"历史都是当代史"，因为它们都反映当代人的利益和观点。① 而斯宾格勒的一本《西方的没落》，则震惊了整个西方社会。他的文化形态史观几乎宣告了旧的乐观的历史主义的终结。稍后的汤因比的《历史研究》，把这种历史观发挥得淋漓尽致。更为极端的是波普尔，他把历史主义等同于历史决定论，他的《历史主义的贫困》一书，试图摧毁历史主义的全部原则，否认客观历史知识的可能性和历史规律的存在，因此也否认历史学是科学。但波普尔的思想显然失之于片面。

第二次世界大战以后，西方历史主义的影响日渐衰落，而马克思主义的历史主义影响日益增长。特别是马克思的世界历史理论，在全球化的进程中，得到了越来越多人的重视。巴勒克拉夫指出："今天仍保留着生命力和内在潜力的唯一的历史哲学，当然是马克思主义。我们已经看到，马克思主义不仅是共产主义国家中强大的思想力量，在整个亚洲也是十分强大的思想力量。马克思主义对非共产主义国家的影响也同样大。当代著名历史学家，甚至包括对马克思的分析有不同见解的历史学家，无一例外地交口称誉马克思主义历史哲学对他们产生的巨大影响，启发了他们的创造力。"② 西方国家直到 20 世纪最后十年，才重新关注历史主义，出现了许多有关历史主义的著作，这些著作大多是对旧的德国的历史主义的研究与评价，并未提出新的思想。而在美国则产生了所谓"新历史主义"，不过，这主要是指文学评论中的一种与后结构主义相关联的重视历史分析的思潮，与历史学的关系并不密切。

2. 历史主义的基本原则

给历史主义下一个定义是十分困难的，这主要是因为谈论历史主义的著作非常多，涉及的内容极为庞杂，特别是有些人并不在严格意义上使用

---

① 伊格尔斯前引书

② ［英］巴勒克拉夫：《当代史学主要趋势》，杨豫译，上海译文出版社 1987 年版，第 261 页。

"历史主义"一词，而是随便地用它来指称某种思潮。因此引起了人们的许多误解，也使历史主义成为一个非常宽泛、模糊、混乱的概念。相比之下，马克思主义的历史主义较为严格和准确。因此，笔者主要根据马克思主义的一些论述，将历史主义的基本原则归纳为以下五个方面：

第一，历史主义重视历史，强调历史知识的客观性。所谓历史主义，顾名思义，就是一种崇尚历史的思想。任何事物都有自己的历史，没有历史的事物是不存在的，人类也是一样。自从人类产生以来，几百万年来人类的发展过程，就是一部人类历史。它包括了人类的全部活动和思想，以及人类所有的是非功过。因此，从远古时代人们"口耳相传"、"结绳记事"，到孔子作《春秋》、希罗多德写《历史》，再到今天历史知识的普及、历史科学的发展，都说明人们对历史的重视，这是历史主义存在的现实基础。

马克思主义历来重视历史。恩格斯曾经指出："我们根本没有想到要怀疑或轻视历史的启示；历史就是我们的一切，我们比其他任何一个先前的哲学学派，甚至比黑格尔，都更重视历史"①这里，恩格斯用"历史就是我们的一切"这句话，来强调马克思主义者是多么重视历史。显然，没有历史，就没有一切。在谈到历史学时，马克思、恩格斯有一句名言："我们仅仅知道一门唯一的科学，即历史科学。"②这句话表明，马克思、恩格斯用历史科学来涵盖一切科学，给历史科学以最高的地位。毛泽东同志也曾说过：

> "学习我们的历史遗产，用马克思主义的方法给以批判的总结，是我们学习的另一任务。我们这个民族有数千年的历史，有它的特点，有它的许多珍贵品。对于这些，我们还是小学生。今天的中国是历史的中国的一个发展；我们是马克思主义的历史主义者，我们不应当割断历史，从孔夫子到孙中山，我们应当给以总结，承继这一份珍

① 《马克思恩格斯全集》第3卷，人民出版社2002年版，第520页。
② 《马克思恩格斯选集》第1卷，人民出版社1995年版，第66页注。

贵的遗产。这对于指导当前的伟大的运动，是有重要的帮助的。"①

毛泽东同志的这段话，就是站在马克思主义的历史主义的立场上，指出了历史的重要性。

历史知识是对人类历史的记载和说明，重视历史就意味着重视历史知识的客观性，尊重历史事实的真实性。这是自古以来一切历史主义学说的首要原则，也是马克思主义历史主义的一个起码的要求。马克思主义经典作家多次强调，"在自然界和历史的每一科学领域中，都必须从既有的事实出发"。②"必须充分地占有材料，分析它的各种发展形式，探寻这些形式的内在联系"。③"从事实的全部总合、从事实的联系去掌握事实，那么，事实不仅是胜于雄辩的东西，而且是证据确凿的东西"。④

其实，不仅马克思主义的历史主义，几乎所有的历史主义思想都很重视历史，重视历史知识的真实性。施莱格尔指出，历史主义是"一种特别强调历史的哲学"，这是非常准确的。兰克重视史料，也是为了准确地描述历史。他认为："对事实进行精确的陈述，虽然可能会枯燥及不具备逻辑必然性，但它无疑是最高原则。"⑤

第二，历史主义重视过程，强调事物的过程性。过程就是历史，每个事物都有自己的过程，也就是说每个事物都有自己的历史。因此，对于每一种事物，都应当把它当作一种过程来看待。看不到事物的过程性，往往就会犯唯心主义和形而上学的错误。恩格斯在批判旧唯物主义的局限性时曾指出："它不能把世界理解为一种过程，理解为一种处在不断的历史发展中的物质。"⑥

马克思主义在分析历史事物时，总是强调要把历史事物当作一种过

---

①　《毛泽东选集》第 2 卷，人民出版社 1991 年版，第 533 页。

②　《马克思恩格斯选集》第 4 卷，人民出版社 1995 年版，第 288 页。

③　《马克思恩格斯选集》第 2 卷，人民出版社 1995 年版，第 111 页。

④　《马克思恩格斯列宁斯大林论历史科学》，人民出版社 1980 年版，第 309 页。

⑤　何兆武主编：《历史理论与史学理论》，商务印书馆 1999 年版，第 224 页。

⑥　《马克思恩格斯选集》第 4 卷，人民出版社 1995 年版，第 228 页。

程来研究。比如马克思在分析资本主义时说到："向总体的发展过程就在于：使社会的一切要素从属于自己，或者把自己还缺乏的器官从社会中创造出来。有机体制在历史上就是这样生成为总体的。生成为这种总体是它的过程即它的发展的一个要素"。① 在这里，"总体"、"要素"都是一种过程。恩格斯曾高度概括过关于发展过程的观点，称它是"一个伟大的基本思想"。恩格斯说：

"一个伟大的基本思想，即认为世界不是既成事物的集合体，而是过程的集合体，其中各个似乎稳定的事物以及它们在我们头脑中的思想映象即概念，都处在生成和灭亡的不断变化中，在这种变化中，尽管有种种表面的偶然性，尽管有种种暂时的倒退，前进的发展终究会实现。——这个伟大的基本思想，特别是从黑格尔以来，已经成了一般人的意识，以致它在这种一般形式中未必会遭到反对了。"②

列宁也曾说过：

"考察每个问题都要看某种现象在历史上怎样产生，在发展中经过了哪些主要阶段，并根据它的这种发展去考察这一事物现在是怎样的。……要正确地分析它，要有把握地切实地解决它，就必须对它的整个发展过程作历史的考察。"③

从马克思主义经典作家的论述可以看出，任何事物都有一个发展过程，即它的历史。历史主义重视历史，就必然重视过程。忽略了事物的发展过程，就等于说事物是固定不变的或者事物一产生就灭亡，而这样的事物在自然界是不存在的。因此，历史主义对历史研究的基本要求之一，就是要把历史事物当作一种过程或"过程的集合体"来进行研究。

汤普森在谈到近代科学思想时说到："近代思想和科学用的都是历史方法。无论研究的是什么，考虑的都不只是它现在被认为的那样的东西，

---

① 《马克思恩格斯全集》第30卷，人民出版社1995年版，第237页。
② 《马克思恩格斯选集》第4卷，人民出版社1995年版，第244页。
③ 《列宁选集》第4卷，人民出版社1996年版，第26—27页。

而且要考虑它之所以变成现在这个样子的过程……运用历史方法，是我们的近代思想和过去所有时代的思想区别开来的主要特点；这种方法和进化这个概念联系密切，进化作为一个一般的词，指的是一个过程，不只是事物现在的情况，还有它们是怎样形成现在这个样子的。而且，事物也确实是在形成过程之中"。① 汤普森在这里所说的"历史方法"，指的就是近代历史主义。显然，历史主义是普遍地重视过程的。

第三，历史主义重视变化，强调事物都是不断发展变化的。过程就意味着变化，每一个事物经历着一种过程，也就是说这个事物经历着变化。自然界是这样，人类社会也是这样。一切事物都是在不断变化的，静止不变的东西是不存在的。马克思主义的历史主义坚持辩证唯物主义的原则，同样认为宇宙间的万事万物都是处在不断的运动、变化之中的。恩格斯说：

> "当我们深思熟虑地考察自然界或人类历史或我们自己的精神活动的时候，首先呈现在我们眼前的，是一幅由种种联系和相互作用无穷无尽地交织起来的画面，其中没有任何东西是不动的和不变的，而是一切都在运动、变化、生成和消逝。"②

在另一个地方，恩格斯还说过：

> "每一个人，只要注意研究历史，学会正确对待人类命运中永不停息的变革，知道在人类的命运中除了不固定本身之外没有任何固定的东西，除了变化本身外万物皆变幻无常。"③

关于这一点，在下一节"历史辩证法原则"里还将论及，此处不再多叙。这里需要明确的是，即使是非马克思主义的历史主义，也同样是重视变化的。在许多西方学者看来，所谓历史，就是不断变化的过程，而历史主义就是一种认为什么东西都会改变的思想。伊格尔斯就曾指出，历史主

---

① ［美］汤普森：《历史著作史》下卷，第四分册，孙秉莹等译，商务印书馆1998年版，第629—630页。

② 《马克思恩格斯选集》第3卷，人民出版社1995年版，第733页。

③ 《马克思恩格斯全集》第12卷，人民出版社1998年版，第40页。

义认为"所有的人类思想和价值都有其历史局限并不断发展变化"。恩斯特·特罗尔契也认为,历史主义的"基本观点是人类所有的理念和理想都会改变"。① 至于维科、赫尔德、黑格尔、兰克等人的思想,无一例外地把人类历史看作是一个不断发展变化的过程。显然,承认历史的变化,是历史主义思想的一个基本特征。

第四,历史主义重视个性,强调具体问题具体分析。历史上的一切事物都是具体的、独特的,比如一个国家、一个民族、一个人物等,它们都有自己特定的历史条件、发展道路和存在方式。因此,历史研究的对象都是客观的实在,而不是抽象的东西。这就要求历史研究要重视历史事物的独特性,对历史上的具体事物进行具体的分析。马克思主义的历史主义坚持在分析任何社会历史问题时,都要把问题提到一定的历史范围之内,从具体的历史条件出发考察问题,一切以时间、地点和条件为转移。列宁明确指出:"在分析任何一个社会问题时,马克思主义理论的绝对要求,就是要把问题提到一定的历史范围之内;此外,如果谈到某一国家(例如,谈到这个国家的民族纲领),那就要估计到在同一历史时代这个国家不同于其他各国的具体特点"。② 列宁还把具体问题具体分析称作是"马克思主义的精髓、马克思主义的活的灵魂"。③

马克思在这方面为我们树立了很好的榜样,他在分析资本主义社会的精神生产和物质生产的相互关系时说到:

> "要研究精神生产和物质生产之间的联系,首先必须把这种物质生产本身不是当作一般范畴来考察,而是从**一定的历史的**形式来考察。例如,与资本主义生产方式相适应的精神生产,就和与中世纪生产方式相适应的精神生产不同。如果物质生产本身不从它的**特殊的历史**的形式来看,那就不可能理解与它相适应的精神生产的特征以及这

---

① 伊格尔斯前引书。

② 《列宁选集》第 2 卷,人民出版社 1996 年版,第 375 页。

③ 《列宁选集》第 4 卷,人民出版社 1996 年版,第 213 页。

两种生产的相互作用。这样就不能超出庸俗的见解。"①

西方学者大多也认为，历史主义强调的是事物的独特性和个性。施莱格尔就认为，历史主义承认"可估量的独特性"和"古代文化的独一无二的性质"。卡尔·普朗特在 1852 年就说过，"真正的历史主义系指：将每一个个体放在它本身'具体的时空里'来辨认"。②巴勒克拉夫曾指出："历史主义造成这样的结果：一切事物都要根据时间、地点、背景和环境的相对关系来进行叙述、判断和评价"。③

第五，历史主义重视联系，强调历史事物的因果关系。任何事物都不是孤立地存在、发展的，而是在与其他事物的相互关系中存在的。一个历史运动之所以这样发展，而不是那样发展，都是取决于这些相互关系的，只有找到这些相互关系，才能真正揭示历史事物发展的原因和结果，而这正是历史学的根本任务。因此，历史主义特别重视那些基本的历史联系，特别侧重于阐述历史运动中的因果关系。恩格斯在批评 18 世纪启蒙思想家时曾说：

> "这种非历史的观点也表现在历史领域中。在这里，反对中世纪残余的斗争限制了人们的视野。中世纪被看作是千年普遍野蛮状态造成的历史的简单中断；中世纪的巨大进步——欧洲文化领域的扩大，在那里一个挨着一个形成的富有生命力的大民族，以及 14 和 15 世纪的巨大的技术进步，这一切都没有被人看到。这样一来，对伟大历史联系的合理看法就不可能产生，而历史至多不过是一部供哲学家使用的例证和插图的汇集罢了。"④

此处，恩格斯特别强调了"伟大历史联系的合理看法"，可见，这是马克思主义的历史主义的基本思想。同样，恩格斯在评价黑格尔的历史观时，高度赞扬了黑格尔关于历史联系的思想。恩格斯说：

---

① 《马克思恩格斯全集》第 33 卷，人民出版社 2004 年版，第 346 页。

② 伊格尔斯前引书。

③ [英] 巴勒克拉夫：《当代史学主要趋势》，杨豫译，上海译文出版社 1987 年版，第 22 页。

④ 《马克思恩格斯选集》第 4 卷，人民出版社 1995 年版，第 229 页。

"黑格尔的思维方式不同于所有其他哲学家的地方，就是他的思维方式有巨大的历史感作基础。形式尽管是那么抽象和唯心，他的思想发展却总是与世界历史的发展平行着，而后者按他的本意只是前者的验证。真正的关系因此颠倒了，头脚倒置了，可是实在的内容却到处渗透到哲学中……他是第一个想证明历史中有一种发展、有一种内在联系的人，尽管他的历史哲学中的许多东西现在在我们看来十分古怪，如果把他的前辈，甚至把那些在他以后敢于对历史作总的思考的人同他相比，他的基本观点的宏伟，就是在今天也还值得钦佩。在《现象学》、《美学》、《哲学史》中，到处贯穿着这种宏伟的历史观，到处是历史地、在同历史的一定的（虽然是抽象地歪曲了的）联系中来处理材料的。"①

黑格尔作为一个辩证法大师，尽管他的唯心主义立场有时把"头脚倒置"了，但他关于从事物的内在联系中去把握事物的本质的思想，仍然是他的历史观中最有价值的地方。

列宁在谈到国家问题时也指出，"对于用科学眼光分析这个问题来说是最重要的，就是不要忘记基本的历史联系，考察每个问题都要看某种现象在历史上怎样产生，在发展中经历了哪些主要阶段，并根据它的这种发展去考察这一事物现在是怎样的。"②列宁这句话曾被人们反复地引用，由此可知"历史联系"在历史主义思想中的突出地位。

19世纪时，关于事物的内在联系的思想是非常普遍的，许多资产阶级学者也都认识到了这一点。兰克就曾经说过：

"我们必须承认，历史学不具有哲学系统那样的统一性，但它确实有自己的内在联系。我们看到一系列事件、一个跟着一个、一个又以另一个为条件。……没有仅为它物存在的事物，也没有完全被包含于它物实体中的事物。一种紧密的、绵延的联系无处不在，其中没有

---

① 《马克思恩格斯选集》第2卷，人民出版社1995年版，第42页。
② 《列宁选集》第4卷，人民出版社1996年版，第26页。

完全独立于它物的东西。自由与必然性的存在是相互依赖的。必然性隐含在一切已形成且不能回归其本来面目的事物中，它是所有一切新的、正在显现的活动的基础。过去发生的事物，与现在正在产生的事物联结在一起。但这种联系并不具有任意性，它只能以一种特定的而不是其他的方式存在。"①

兰克的这些思想与马克思主义关于事物的联系性、必然性与偶然性的相互关系的思想是基本一致的。

历史主义的体系十分庞杂，派别林立，相关的理论、思想、学说、概念更是五花八门、举不胜举。以上只是参照马克思主义的历史主义，将历史主义的最基本的原则作了一个概括。这些基本原则至今仍然可以在各种历史主义学说中找到，从这一点来说，历史主义的本质并未改变。尽管在表面上出现了某种"历史主义的危机"，但从根本上讲，历史主义从来没有离开过我们，正如人类永远离不开自己的历史一样，历史学也永远离不开历史主义。因为人类必须有一种对待历史的态度，而历史学则必须有一种研究历史的原则。

3. 历史主义评价

由于历史主义概念自身的复杂性和多样性，对历史主义的评价显然不能简单地一概而论，而是应当依据历史主义的演变过程，对不同形式的历史主义给以不同的评价。

人类从一开始就有着对待自身历史的态度，这种态度反映在史学家那里体现为研究历史的原则。世界各国的历史学大多都从记录时事开始，记那些事、如何记？这里就有一个态度问题。中国古代史学历来把"信"字作为修史的准则，司马迁写《史记》，"网罗天下放失旧闻，考之行事，稽其成败兴坏之理"。②后人"皆称迁有良史之才，服其善序事理，辩而不华，

---

① 何兆武主编：《历史理论与史学理论》，商务印书馆 1999 年版，第 227—228 页。

② 司马迁：《史记·报任安书》。

质而不俚，其文直，其事核，不虚美，不隐恶，故谓之实录"。① 唐刘知几提出，记载史事应该"善恶必书"，不能"饰非文过"、"曲笔诬书"。收集史料要"徵求异说，采摭群言"，"明其真伪"等等。西方史学始于古代希腊的"纪事"，也非常重视史料的收集、考证，并且注意记载事件的"原因"。修昔底德有一段话集中表达了他的治史原则。他说：

> "在叙事方面，我决不是先入为主，一拿到什么材料就写，我甚至不敢相信我自己的观察就一定可靠。我所记载的，一部分是根据我亲身的经历，一部分是根据其他目击其事的人向我提供的材料。这些材料的确凿性，总是尽可能用最严格、最仔细的考证方法检验过的。然而即使费尽了心力，真情实况也还是不容易获得的：不同的目击者，对于同一个事件会有许多不同的说法，因为他们或者偏袒这一边，或者偏袒那一边，而记忆也不一定完全可靠。我这部没有奇闻轶事的史著，恐难引人入胜。但是如果学者们想得到关于过去的正确的知识，借以预见未来（因为在人类历史的进程中，未来虽然不一定就是过去的重演，但同过去总是很相似的），从而判明这部书是有用的，那么，我就心满意足了。我的著作不是为了迎合人们一时的兴趣，而是要作为千秋万世的宝笈。"②

古代史学家对待历史的态度和他们的治史原则，为近代历史主义的提出奠定了良好的基础，也树立了历史学的优良学术传统。

近代历史主义的影响极为广泛，已经远远超出了历史学的范畴，但其在历史学领域之内和历史学领域之外的影响却有很大不同。就历史学领域而言，历史主义具有公认的巨大贡献。首先，由于历史主义"客观性"原则的确定，使近代历史学走上了与自然科学一样的科学化道路，有的学者认为，"在历史主义以前，并没有严格意义上的历史科学。历史主义剔除了历史学中的价值判断因素，使其不再扮演说教者角色，因而为历史的科

---

① 《汉书·司马迁传》。

② ［古希腊］修昔底德：《伯罗奔尼撒战争史》，纽约 1934 年版，第 14—15 页。

学化奠定了基础，使得历史学能重现过去"。① 其次，历史主义原则为历史学建立了基本的理论体系。许多人认为历史主义为近代历史学确定了一种"范式"。姆拉克认为，"历史主义是迄今为止理解历史的最高表现形式"，② 这是对历史主义的一种比较普遍的赞誉。而且这一理论体系对历史学的影响十分深远。巴勒克拉夫说，"甚至在第二次世界大战结束后的头十年中，历史主义原理基本上未遇到挑战"。③ 最后，在历史主义精神的鼓舞下，近代历史学取得了巨大的成就：造就了一大批功勋卓著的历史学家，产生了数量浩大的历史著作，提高了历史学的地位，扩大了历史学的社会影响。以至于有人把 19 世纪称作"历史学的世纪"。

　　但在历史学领域以外的地方，历史主义的影响基本上是消极的。尤其在近代历史主义的故乡——德国，历史主义遭到了许多来自非历史专业的指责。比如，在哲学上，有人"带有批评的意味，将它与'经验主义'和'实证主义'相提并论，用以表示历史相对论及凡不假思索而接受眼前所见的世界"；在文学上，人们认为历史主义过于强调德国文化的"独一无二性"，而忽略了西方文化的共性；在法学上，I.H. 费希特（哲学家费希特之子）"批评法学上的历史学派太专注于罗马法和日尔曼法"；在经济学上，有人说"历史学派的谬误在于将经济理论与经济史混为一谈"；在政治学上，"18世纪时，历史主义的立论被用以保护地方性的制度，以及对抗近代中央集权化官僚国家的侵犯。19 世纪，历史主义则被用来抵制西欧的议会政治模式以及把民主政治延伸到德国。第一次世界大战期间，特罗尔契和一些学者都认为，历史主义是德国和西欧对自由的看法有所不同的根源"。④ 显然，政治上的历史主义变成了保守主义。历史主义的这些遭遇，一方面与历史主义的客观主义立场有关，另一方面也与其他学科未能恰当地运用历史主义原则有关。尽管如此，历史主义遭受到的普遍批评，同样也证明

---

①　伊格尔斯前引书。

②　伊格尔斯前引书。

③　[英] 巴勒克拉夫：《当代史学主要趋势》，杨豫译，上海译文出版社 1987 年版，第 24 页。

④　伊格尔斯前引书。

了历史主义的普遍影响。

进入 20 世纪以后，历史主义发生了明显的分化：西方历史主义走向衰落，而马克思主义的历史主义却走向成功。西方历史主义衰落的原因除了前面提到的社会历史背景之外，还有历史主义理论本身存在的问题。巴勒克拉夫将此归纳为五个方面：

"第一，历史主义由于否认系统研究方法可以应用于历史学，并且特别强调直觉的作用，这样就为主观主义和相对主义打开了大门——尽管在理论上也许未必如此。第二，历史主义用特殊性和个别性鼓励了片面的观点，而不去进行概括或试图发现存在于过去之中的共同因素。第三，历史主义意味着陷入更加烦琐的细节——若非如此，历史学家怎么能够抓住各种个别的形态和状态呢？第四，历史主义把历史学引向"为研究过去"而研究过去，或导致如近来历史主义的倡导者所表达的——那种观点：历史学家的唯一目的是"认识和理解人类过去的经历"。最后，历史主义赞同历史学的要素是叙述事件并把事件联系起来，结果必然纠缠于因果关系，或陷入马克布洛赫所说的那种'起源偶像'崇拜。"[1]

巴勒克拉夫的这些话，代表了许多西方学者对历史主义的看法，其实，这种看法并未找到问题的关键。西方历史主义在理论上的根本缺陷，不在于它重视特殊性和因果关系，而在于德国的唯心主义传统和宗教神学的影响。19 世纪德国著名的历史理论家德罗伊森曾说："我的身心都感受到上帝的绝对权威。我相信一个人掉一根头发都为上帝所操纵"。"一旦站在人民、国家和宗教的立场上看待过去，我就能超越我自己"。[2] 这种观念在近代德国的学术界是很普遍的。由于唯心主义的影响，西方历史主义未能认识到个性与共性、原因与结果、主体与客体之间的辩证统一关系，也没有真正揭示人类历史发展的客观规律。这是人们对西方历史主义普遍

---

[1] [英] 巴勒克拉夫：《当代史学主要趋势》，杨豫译，上海译文出版社 1987 年版，第 20 页。

[2] 伊格尔斯前引书。

感到不满的根本原因。

　　与西方历史主义的命运恰恰相反，马克思主义的历史主义在 19 世纪末以后影响越来越大。先是在俄国以及后来的中国等一系列社会主义国家，马克思主义占据了主导地位；随后在北美、西欧以及许多第三世界国家，马克思主义的影响也占据优势地位。为了表示这一评价的公正性，我们特地引用一位西方学者的论述作为例证：巴勒克拉夫是国际著名的历史学家，英国历史学会主席。他本人并不是一位马克思主义者，但他在那本享誉世界的著作《当代史学主要趋势》中，这样写道：

　　　　"在历史研究的发展过程中，马克思主义的重要性首先在于，当历史主义（就其唯心主义和相对主义的词义上说）困于本身的内部问题而丧失早期的生命力时，马克思主义为取代历史主义而提供了有说服力的体系。……马克思主义的影响之所以日益增长，原因就在于人们认为马克思主义提供了合理地排列人类历史复杂事件的使人满意的唯一基础。……马克思主义的整个影响在 19 世纪末已经明朗。19 世纪 90 年代，德国俾斯麦的反社会主义者法被废除后的十年是欧洲社会主义史上的第一个重要发展时期。随着各国社会主义政党的建立，马克思主义原理得到广泛传播。……1929 年的大萧条结束了无视或蔑视地排斥马克思主义的时期。1930 年以后，马克思主义的影响广泛扩展，即使那些否定马克思主义历史解释的历史学家们（他们在苏联以外仍占大多数），也不得不用马克思主义的观点来重新考虑自己的观点。……形成这个状态的另一个新因素，是马克思主义史学在 1945 年以后的迅速发展。在波兰、东德、匈牙利、南斯拉夫、保加利亚、罗马尼亚和捷克斯洛伐克等东欧和南欧国家中，旧的民族主义历史学和'贵族历史主义'，在战后的头十年中已为马克思主义的历史解释所取代，历史学的研究重点转移到农民运动、工业资本主义的发展以及工人阶级的形成方面。马克思主义的影响在世界其他地区也有显著的加强。在英国年轻一代史学家中已经形成蓬勃向上而且很有影响的马克思主义史学派，其中包括一些著名的历史学家，如艾里克·霍布斯鲍姆、克里斯托夫·希尔、约翰·萨维尔和爱德华·汤普森。英国、法国、意大利、南斯拉夫以及其他国家的马克思主义者的积极参与为历史学新观念的形成做出了贡献，这是毫不奇怪的。……到 1955 年，即使在马克思主义的反对者中，也很少有历史学家会怀疑聪明睿智的马克思主义历史研究方法的积极作用及其挑战。"①

巴勒克拉夫的这一大段论述，对马克思主义的历史主义在 19 世纪末叶以后影响不断扩大的过程描述得十分准确，评价也客观、公正。对此这里已无须赘述。笔者想要补充的是，马克思主义的历史主义能够走向成功的根本原因，在于它的辩证唯物主义立场。这一立场，使马克思主义的历史主义成为彻底的历史主义，它能够找到人类历史进程的真正原因，能够辩证地看待历史发展中统一性与多样性、主观与客观、必然性与偶然性的相互关系，能够揭示人类历史发展的客观规律，能够正确地评价历史事物，从而使历史学能够在科学的光明大道上不断向前迈进。

二、历史辩证法原则

历史辩证法是辩证法在历史研究领域的运用，历史辩证法原则是历史研究中极为重要的方法论原则之一。与历史主义原则不同的是，历史辩证法原则更加强调历史研究中的辩证思维形式。

1. 辩证法与历史研究

"辩证法"一词源于古代希腊语 legein——说话（动词）。它的原意为谈话的艺术，主要指在辩论中揭露对方议论中的矛盾，通过逻辑推理进行论证和反驳，最终找到真理的方法。有时它和"逻辑学"的意思相似。随

---

① ［英］巴勒克拉夫：《当代史学主要趋势》，杨豫译，上海译文出版社 1987 年版，第 26—42 页。

着时代的变化和社会的进步，辩证法逐渐演变成为一种研究世界发展的普遍规律的基本思维方法。哲学界一般认为，辩证法有三种基本形式：即古代的朴素的辩证法、德国古典哲学中的唯心主义辩证法、马克思主义的唯物主义辩证法。

公元前 6—5 世纪，希腊的学者们中辩论之风盛行。在辩论的过程中，他们接触到了思维自身的矛盾运动和自然界的各种矛盾现象。爱利亚学派的芝诺提出存在是"不动的"，他作了"飞矢不动"的论证，客观上揭示了运动本身所包含的间断性与不间断性的矛盾。亚里士多德称芝诺是"辩证法的创立者"。赫拉克利特明确提出了对立统一的思想。他说："统一物是由两个对立面组成的，所以在把它分为两半时，这两个对立面就显露出来了"。他列举了日与夜、生与死、上与下、老与少、饥与饱、疾病与健康、冷与热、善与恶、战争与和平等现象，说明对立物分为两个对立面是普遍现象。他还提出了"一切皆流，无物常住"的发展变化的思想，他提出过一个著名的命题，即"人不能两次踏入同一条河流"。赫拉克利特的朴素辩证法思想，在哲学史上产生了深远的影响，列宁称他为"辩证法的奠基人之一"。此外，古代希腊的苏格拉底、柏拉图、亚里士多德等人都是杰出的辩证法家。

比古代希腊早约五百年，在中国古代哲学中，已产生了辩证法思想。公元前 11 世纪，中国人就提出了阴阳学说，用阴阳二气的相互对立和交互作用来解释天地万物的产生、变化。在《易经》中的阴阳两爻、八卦等学说，都是从正反两方面的矛盾对立来说明事物的变化和发展的。《老子》、《孙子兵法》等著作具有更为丰富的辩证法思想，在这些著作中，除了阴阳之外，阐述了有和无、损和益、智和愚、美和丑、贵和贱、强和弱、难和易、攻和守、进和退、福和祸、君和臣等一系列对立关系，并且说明了对立面之间的相互依存、相互转化。中国古代的这些辩证智慧，已成为举世闻名、传诵千古的箴言。

近代自然科学的一系列重大发现以及社会历史本身的辩证进程，把辩证法推向了一个新的阶段。在德国古典唯心主义哲学中，辩证法思想取得了突出的成就。康德第一次明确指出了人的理性思维发生矛盾的必然性，他所提出的关于理性思维的"二律背反"，对于揭示和探讨思维的辩证结构及其矛盾运动有着重要意义。黑格尔是辩证法思想的集大成者，他第一个全面地论述了辩证法的一般运动形式，阐释了对立统一规律、质量互变规律、否定之否定规律以及本质与现象、原因与结果、必然与偶然、可能与现实、同一与差别、必然与自由等辩证法范畴，建立了庞大的辩证法体系。但由于他的唯心主义立场，他把"绝对观念"当作一切事物的源泉，无论自然界、人类社会还是思维现象都是由"绝对观念"派生出来的，这就使他的辩证法是不彻底的，特别是在社会历史领域里，他的辩证法思想并未使他找到历史发展的真正规律。

19世纪40年代，马克思、恩格斯批判地继承了人类思想史上的优秀成果，吸收了黑格尔辩证法的"合理内核"，创立了唯物主义辩证法。唯物辩证法是"关于自然、人类社会和思维的运动和发展的普遍规律的科学"，[①] 它有三大基本规律，即对立统一规律、质量互变规律、否定之否定规律。同时，它还有许多范畴，例如本质与现象、内容与形式、原因与结果、必然性与偶然性、统一性与多样性、可能性与现实性等等。这些规律和范畴虽然在形式上与黑格尔的辩证法体系有某些相似，但由于唯物辩证法是从自然界和人类历史中抽象出来的，它能够反映客观事物的本质联系，能够揭示客观事物发展的普遍规律，这是唯物辩证法与唯心辩证法的根本区别。因此，唯物辩证法的产生，是人类认识史上的一次伟大变革。

辩证法在历史上虽然有着多种不同的形式，但它的思想实质是关于矛盾运动的学说，是关于对立面的相互关系的学说。列宁曾指出："可以把辩证法简要地规定为关于对立面的统一的学说。这样就会抓住辩证法的核心。"[②] 毛泽东同志也指出："事物的矛盾法则，即对立统一的法则，是唯

---

① 《马克思恩格斯选集》第3卷，人民出版社1995年版，第484页。
② 《列宁全集》第55卷，人民出版社1990年版，第192页。

物辩证法的最根本的法则。"① 因此，对立统一规律是辩证法的根本规律，是辩证法的实质和核心。对立统一规律揭示了在自然界、人类社会和思维领域中，任何事物都包含着内在的矛盾性，矛盾双方或对立面之间既相互排斥，又相互依存；既相互对立，又相互转化；既相互斗争，又相互统一。排斥、对立、斗争是绝对的、无条件的，依存、转化、同一是相对的、有条件的。正是"有条件的相对的同一性和无条件的绝对的斗争性相结合构成了一切事物的矛盾运动"。② 可以说，在分析任何事物时，只有抓住了事物内部的矛盾性，才能找到事物的本质联系，才能揭示事物的发展规律。正如毛泽东同志所说：

> "唯物辩证法的宇宙观主张从事物的内部、从一事物对他事物的关系去研究事物的发展，即把事物的发展看做是事物内部的必然的自己的运动，而每一事物的运动都和它的周围其他事物互相联系着和互相影响着。事物发展的根本原因，不是在事物的外部而是在事物的内部，在于事物内部的矛盾性。"③

辩证法学说对于历史研究有着特别重要的意义。首先，人类历史的发展过程本质上是一个辩证的发展过程，因此必须要辩证地看待它。列宁曾经指出：历史是一个"极其复杂，充满矛盾而又是有规律的统一过程"。④ 在人类历史的长河中，矛盾以及矛盾双方的相互作用存在于历史发展的每一个阶段，也存在于历史发展的每一个领域。从总体上讲，人与人、人与自然、生产力与生产关系、经济基础与上层建筑之间的矛盾运动贯穿于整个人类历史的过程之中，它们之间的相互依存、相互对立、相互转化构成了历史的辩证运动；从历史的每一个剖面来看，它们都是充满着稳定与震荡、渐变与突变、进化与退化的对立统一过程。离开了辩证法，就无法认识历史本身，甚至也不可能真正坚持唯物史观的立场。恩格斯说过："唯

---

① 《毛泽东选集》第 1 卷，人民出版社 1991 年版，第 299 页。

② 《毛泽东选集》第 1 卷，人民出版社 1991 年版，第 333 页。

③ 《毛泽东选集》第 1 卷，人民出版社 1991 年版，第 301 页。

④ 《列宁选集》第 2 卷，人民出版社 1996 年版，第 425 页。

物主义历史观及其在现代的无产阶级和资产阶级之间的阶级斗争上的特别应用，只有借助于辩证法才有可能。"①

其次，人类历史的发展过程是一个有规律可循的过程，而辩证法是关于自然界、人类社会和思维运动的普遍规律的科学，因此只有坚持辩证法的原则，才有可能在历史研究中找到历史发展的真正规律。历史唯物主义是关于历史发展的一般规律，但历史发展除了一般规律之外，还有许多特殊规律和个别规律，找到这些规律，是历史学作为一门科学的根本任务。西方有些学者否认历史发展的规律性，他们把历史看成是一系列杂乱事件的堆积，到处都充满了偶然性。其实，他们并不真正懂得辩证法，所以看不到历史规律的存在。"辩证法在考察事物及其在观念上的反映时，本质上是从它们的联系、它们的联结、它们的运动、它们的产生和消逝方面去考察的"。② 辩证法从事物的本质联系出发，拨开历史现象中的重重迷雾，把人类社会的发展过程看做是一个必然性和偶然性的统一过程，从而揭示了历史发展的规律性。

最后，历史研究是一项十分复杂的认识活动，而辩证法不仅是关于自然界和人类社会的普遍规律的科学，也是关于思维运动的一般规律的科学，因此只有在辩证法的帮助下，历史研究的思维方式才能正确地展开，客观的历史认识才有可能产生。历史研究的复杂性是由历史本体的复杂性所决定的，当我们面对任何一个历史问题时，我们都会感到问题的复杂性：有许许多多的因素在起作用、有各种可能性和偶然性存在、有许多相互矛盾的材料等等，再加上我们作为历史研究的主体既不能亲身体验以往的历史过程，又不能在实验室里重现历史过程，这就更增加了历史研究的复杂和困难。为了完成历史研究的任务，我们必须借助于一切科学的认识工具和逻辑方法，而辩证法同时也是认识论和逻辑学。列宁指出："辩证法，按照马克思的理解，同样也根据黑格尔的看法，其本身包括现在称之

---

① 《马克思恩格斯选集》第 3 卷，人民出版社 1995 年版，第 691—692 页。

② 《马克思恩格斯选集》第 3 卷，人民出版社 1995 年版，第 361 页。

为认识论的内容，这种认识论同样应当历史地观察自己的对象，研究并概括认识的起源和发展，从不知到知的转化"。① 在哲学史上，黑格尔第一次以唯心主义的形式阐述了辩证法、认识论和逻辑学的一致的思想，而马克思主义则在唯物主义基础上阐述了三者的一致，辩证法就是这种一致的科学形态。正如列宁所说的那样，"马克思和恩格斯称之为辩证方法（它与形而上学方法相反）的，不是别的，正是社会学中的科学方法"，② 离开了这种方法，就无法开展历史科学的研究工作。

正如将辩证法运用于自然科学产生了自然辩证法，将辩证法运用于思维科学产生了思维辩证法（即辩证逻辑）一样，将辩证法运用于历史科学就产生了历史辩证法。

2. 历史辩证法的基本原则

马克思主义的唯物辩证法是彻底的和科学的。从唯物辩证法出发，历史辩证法的基本原则主要有以下五个方面：

第一，历史辩证法认为，人类社会的历史是充满矛盾的运动过程，历史发展的对立统一规律是历史辩证法的根本规律。在人类社会的整个发展过程中，矛盾是无处不在、无时不有的。人与人、人与自然、生产力与生产关系、经济基础与上层建筑、先进与落后、革命与保守、战争与和平、群体与个体等等之间的矛盾运动，贯穿于人类历史的全部过程之中。正是人类社会的这些矛盾运动，推动着人类历史的不断发展和变化。

在历史发展的每一个阶段、每一个领域，都会存在许多不同的矛盾。这些矛盾中，有些是主要矛盾，有些是次要矛盾；有些是对抗性矛盾，有些是非对抗性矛盾；有些是普遍矛盾，有些是特殊矛盾。一般地讲，在分析历史事物时，首先要抓住主要矛盾，往往是事物的主要矛盾决定着事物发展的方向。在分析具体矛盾的时候，首先要抓住矛盾的主要方面，往往

---

① 《列宁选集》第 2 卷，人民出版社 1995 年版，第 422 页。
② 《列宁选集》第 1 卷，人民出版社 1995 年版，第 32 页。

是矛盾的主要方面决定着矛盾的运动变化。在资本主义社会中，资产阶级与无产阶级的矛盾是主要矛盾，而其他矛盾比如资产阶级与无产阶级的矛盾、资产阶级与农民阶级的矛盾、无产阶级与农民阶级的矛盾等等都是次要矛盾。在资产阶级革命中，资产阶级与封建主阶级的矛盾是主要矛盾，而资产阶级是矛盾的主要方面，正是资产阶级的作用决定着革命的进程和方向。

任何矛盾的双方既是相互对立的，又是相互统一的。矛盾双方的对立是绝对的、无条件的，但对立的形式则有所不同，这是由于矛盾的性质不同、所处的条件不同决定的。矛盾双方的统一是相对的、有条件的，它包括了矛盾双方的相互依存、相互转化。矛盾双方的相互依存指的是对立面的双方互为存在的条件，其中一方只有在与另一方的关联中才能获得自身的规定性。因此，每一方如果失去了对方，它也就不能够作为该矛盾的对立一方而存在。矛盾双方的相互转化指的是矛盾中的一方在一定条件下可以转化为自己的对立面。这一思想最为深刻地表现了矛盾双方的内在统一性。而且，这一点应当看作是辩证法的核心。列宁说过："辩证法是一种学说，它研究对立面怎样才能够同一，是怎样（怎样成为）同一的——在什么条件下它们是相互转化而同一的——为什么人的头脑不应该把这些对立面看作僵死的、凝固的东西，而应该看作活生生的、有条件的、活动的、彼此转化的东西。"①

第二，历史辩证法认为，人类历史的发展变化过程是量变与质变的统一过程，它表现为历史发展的连续性与阶段性的统一。量变是指历史事物在数量上的变化，它是历史事物的微小的、逐渐的、缓慢的变化，是历史事物在保持自身的稳定性的范围内的变化。因此表现为历史的连续性。质变是指历史事物在性质上的变化，它是历史事物的显著的、迅速的、剧烈的变化，是历史事物从一种质态向另一种质态的转变。因此表现为历史的阶段性。

---

① 《列宁全集》第 55 卷，人民出版社 1990 年版，第 90 页。

历史发展的连续性和阶段性是不可分割的，这是因为事物的量变与质变是相互依存、相互转化的。量变过程中准备着质变，质变过程中产生新的量变。一般地讲，事物的变化首先是从量变开始的。当事物在数量上增加或减少到一定的界限时，量变就转化为质变，旧质事物就变成新质事物。而新质事物又在自身的基础上开始了新的量变。因此，历史发展的连续性当中孕育着阶段性，而新的历史阶段的到来，又开始了新的连续性。在封建社会长期、缓慢的变化中，产生了资本主义生产方式的萌芽，当这种萌芽成长壮大到一定程度，社会就会通过资产阶级革命进入到新的资本主义社会，而资本主义社会则又开始了新的长期、缓慢的变化。

任何事物由量变转化为质变，再由质变转化为量变的过程，都是事物从低级到高级、从简单到复杂的发展过程。历史发展的连续性和阶段性的循环往复的过程，构成了人类历史从低级到高级、从简单到复杂的发展过程。当然，在人类历史的实际进程中，情况是极为复杂的。量变过程中会产生部分质变，质变过程中也会出现持续量变。比如，资本主义的生产方式会在封建社会中部分地产生，而封建社会的因素也会在资本主义制度下以残余的形式出现并继续演变。

第三，历史辩证法认为，人类历史的发展过程是一个不断地经历否定之否定的过程，它表现为历史的螺旋式上升运动。任何事物的内部都有肯定和否定两个方面，肯定是指事物保持其存在的方面，否定是指促使事物发展和转化的方面。当肯定的方面占据主导地位的时候，事物就能够保持其原有的性质和存在；当否定的方面占据主导地位的时候，事物就会转化为自己的对立面。因此，否定就是一事物向他事物的转化，就是旧质向新质的飞跃。

人类历史的发展过程与其他事物的发展过程一样，是通过由肯定到否定，再由否定到新的肯定即否定之否定的过程的不断反复来实现的。奴隶社会取代原始社会，是对原始社会的否定，但对封建社会就是新的肯定，即否定之否定；封建社会取代奴隶社会，是对奴隶社会的否定，但对资本主义社会就是新的肯定，即否定之否定。由此实现了历史的发展。马克思指出：

> "一切发展，不管其内容如何，都可以看作一系列不同的发展阶段，它们以一个否定另一个的方式彼此联系着。比方说，人民在自己的发展中从君主专制过渡到君主立宪，就是否定自己从前的政治存在。任何领域的发展不可能不否定自己从前的存在形式。"①

> "一切依次更替的历史状态都只是人类社会由低级到高级的无穷发展进程中的暂时阶段。每一个阶段都是必然的，因此，对它发生的那个时代和那些条件说来，都有它存在的理由；但是对它自己内部逐渐发展起来的新的、更高的条件来说，它就变成过时的和没有存在的理由了；它不得不让位于更高的阶段，而这个更高的阶段也要走向衰落和灭亡。"②

否定之否定规律表明，历史的发展并不是一帆风顺的、直线上升的运动，而是一种曲折的、螺旋上升的运动。这种螺旋式的运动是事物发展的前进性与回复性的统一。事物的发展经过肯定、否定和新的肯定的曲折过程，仿佛是向出发点的复归，但实质上是在高级阶段上重复某些低级阶段的特性、特点，是通过曲折的形式来实现的前进运动。列宁指出："发展似乎是在重复以往的阶段，但它是以另一种方式重复，是在更高的基础上重复（'否定之否定'），发展是按所谓螺旋式，而不是按直线式进行的。"③在人类历史的总进程中，从原始社会的公有制到阶级社会的私有制，再到社会主义社会的公有制，从无阶级社会到阶级社会，再到未来的无阶级社会等都是一种螺旋上升的运动过程。当然，在具体的历史进程中，由于各种复杂情况和偶然事件的影响，这个螺旋式上升的过程也会出现暂时的倒退、逆转、偏差等现象，这说明了人类历史的复杂性和曲折性。但是，人类历史发展的总趋势仍然是从低级到高级、从简单到复杂的螺旋式上升运

---

① 《马克思恩格斯全集》第4卷，人民出版社1958年版，第329页。
② 《马克思恩格斯选集》第4卷，人民出版社1995年版，第216页。
③ 《列宁选集》第2卷，人民出版社1995年版，第423页。

动。我们既要看到历史运动的曲折性，也要看到历史发展的前进性；既要反对历史运动的"直线论"，也要反对历史发展的"循环论"。这是历史辩证法的基本态度。

第四，历史辩证法认为，人类历史的发展过程是必然性和偶然性的统一过程。任何事物都具有必然性和偶然性的双重属性。必然性是事物的本质联系和必然趋势，即规律性。偶然性是事物的非本质的联系和可能趋势，即或然性。必然性在事物发展过程中居支配地位，决定事物发展的方向；偶然性在事物发展过程中居附属地位，只能对事物发展起加速或延缓的影响作用。既没有纯粹的必然性，也没有纯粹的偶然性，任何事物都是必然性和偶然性的统一过程。

人类历史的过程看上去似乎是一团杂乱的偶然事件的堆积，但在这些无数的偶然事件的背后，却是必然性在起着支配作用，即历史发展的客观规律性。历史的必然性是隐藏在偶然性之中的，它需要通过偶然性来为自己开辟道路。正如恩格斯所说："在表面上是偶然性在起作用的地方，这种偶然性始终是受内部的隐蔽着的规律支配的，而问题只是在于发现这些规律"。[①] 看不到历史的必然性，或者否认历史的规律性，就会导致不可知论。但是，偶然性并不是不起任何作用，"如果'偶然性'不起任何作用的话，那么世界历史就会带有非常神秘的性质。这些偶然性本身自然纳入总的发展过程中，并且为其他偶然性所补偿。但是，发展的加速和延缓在很大程度上是取决于这些'偶然性'的"。[②] 否认历史偶然性，就会陷入神秘主义和宿命论的泥潭。

历史必然性和历史偶然性虽然是相互区别的，但它们也是相互联系、相互渗透，有时甚至是相互转化的。必然性要通过大量的偶然性表现出来，偶然性是必然性的表现形式和补充。没有离开必然性的偶然性，也没有离开偶然性的必然性。在一定条件下，必然性和偶然性还可以相互转

---

① 《马克思恩格斯选集》第 4 卷，人民出版社 1995 年版，第 247 页。

② 《马克思恩格斯列宁斯大林论历史科学》，人民出版社 1980 年版，第 287 页。

化。比如，在一种历史过程中是必然性的东西，在另一种过程中可能会变成偶然性的东西。反之亦然。在原始社会，产品的交换是偶然发生的事情，但在资本主义社会，产品交换就是必然性的东西。在民族战争中，民族矛盾是必然存在的，但在农民战争中，民族矛盾就成为偶然性的东西。

第五，历史辩证法认为，人类历史的发展过程是统一性和多样性的统一过程。统一性指的是在人类历史进程中，各个民族、各个国家、各个地区的历史运动所表现出来的共性和普遍性，它是由人类社会内部的矛盾普遍性所决定的。多样性指的是在人类历史进程中，各个民族、各个国家、各个地区的历史运动所表现出来的个性和特殊性，它是由人类社会内部的矛盾特殊性所决定的。统一性与多样性既相互区别又相互依存，既相互对立又相互联系。统一性寓于多样性之中，多样性也包含着统一性。任何历史运动都是统一性与多样性的统一。

人类历史的统一性是人类社会的共同本质的体现。比如，人类历史首先是人的发展史，是人类的生产活动和社会关系的发展史。人类社会的发展是一个不断地从低级阶段到高级阶段依次更替的自然历史过程，这个过程以及人类社会的一切发展变化，其根本原因在于人们的物质生活的生产方式的生产和再生产，在于社会的经济关系。世界上各个不同的民族和国家，即使它们之间远隔千山万水，只要它们具有本质上相同的生产关系，就会具有本质上相同的上层建筑，这是由于经济基础决定上层建筑的共同规律所起作用的结果。随着全球史整体性的不断加强，历史的统一性也将不断加强。

人类历史的多样性反映了客观历史进程的丰富多彩、生动具体。人类历史的长河，正如一幅五光十色、绚丽多彩的画卷。它的内容是非常丰富具体，极其复杂多样的。不同的民族和国家由于它们所处的具体条件和环境的不同，因此它们的历史发展的各个方面，诸如经济发展、社会性质、政治制度、意识形态、文化习俗等等，都是千差万别、各不相同的。历史的多样性是极为丰富的，即使在全球史整体化趋势不断加强的情况下，历史的多样性不仅没有减少，而是日益显示出多姿多彩的景象。列宁在20

世纪初叶写道：

> "在人类从今天的帝国主义走向明天的社会主义革命的道路上，同样表现出这种多样性。一切民族都将走向社会主义，这是不可避免的，但是一切民族的走法却不完全一样，在民主的这种或那种形式上，在无产阶级专政的这种或那种形态上，在社会生活各方面的社会主义改造的速度上，每个民族都会有自己的特点。"①

历史辩证法的基本原则还可以举出一些，比如关于历史发展的原因和结果、内容和形式、本质和现象、可能和现实等等，它们都是辩证法原则在历史研究领域的具体运用。从根本上讲，它们都是对立统一规律的表现和展开。因此，这里就不再一一论述了。

3. 历史辩证法的运用

在历史研究中，正确地运用历史辩证法原则并不是一件容易的事情。看待任何一个历史问题时，如果看不到历史运动的矛盾性，看不到历史事物的联系、发展、变化，就会陷入形而上学；如果看不到历史运动的特殊性，看不到历史事物所处的时间、地点、条件，就会滑向诡辩论。因此，如何正确地运用历史辩证法原则去认识历史和研究历史，是我们面临的一项长期的学习任务。在这方面，马克思主义经典作家给我们树立了很好的榜样，让我们从他们的著作中举出几个例子，较为完整地引用他们的论述，来说明应当怎样科学地、灵活地运用辩证法的观点去分析历史问题，研究历史事物。

例一：马克思在分析19世纪资本主义社会时写道：

> "这里有一件可以作为我们19世纪特征的伟大事实，一件任何政党都不敢否认的事实。一方面产生了以往人类历史上任何一个时代都不能想象的工业和科学的力量。而另一方面却显露出衰颓的征兆，这种衰颓远远超过罗马帝国末期那一切载诸史册的可怕情景。

---

① 《列宁全集》第28卷，人民出版社1990年版，第163页。

在我们这个时代，每一种事物好像都包含有自己的反面。我们看到，机器具有减少人类劳动和使劳动更有成效的神奇力量，然而却引起饥饿和过度的疲劳。财富的新源泉，由于某种奇怪的、不可思议的魔力而变成贫困的源泉。技术的胜利，似乎是以道德的败坏为代价换来的。随着人类愈益控制自然，个人却似乎愈益成为别人的奴隶或自身的卑劣行为的奴隶。甚至科学的纯洁光辉仿佛也只能在愚昧无知的黑暗背景上闪耀。我们的一切发现和进步，似乎结果是使物质力量成为有智慧生命，而人的生命则化为愚钝的物质力量。现代工业和科学为一方与现代贫困和衰颓为另一方的这种对抗，我们时代的生产力与社会关系之间的这种对抗，是显而易见的，不可避免的和无庸争辩的事实。有些党派可能为此痛哭流涕；另一些党派可能为了要摆脱现代冲突而希望抛开现代技术；还有一些党派可能以为工业上如此巨大的进步要以政治上同样巨大的倒退来补充。可是我们不会认错那个经常在这一切矛盾中出现的狡狯的精灵。我们知道，要使社会的新生力量很好地发挥作用，就只能由新生的人来掌握它们，而这些新生的人就是工人。工人也同机器本身一样，是现代的产物。在那些使资产阶级、贵族和可怜的倒退预言家惊慌失措的现象当中，我们认出了我们的勇敢的朋友、好人儿罗宾，这个会迅速刨土的老田鼠、光荣的工兵——革命。英国工人是现代工业的头一个产儿。他们在支援这种工业所引起的社会革命方面肯定是不会落在最后的，这种革命意味着他们的本阶级在全世界的解放，这种革命同资本的统治和雇佣奴役制具有同样的普遍性质。"①

从这一段话中，我们可以看到：当资产阶级在为他们的成就洋洋得意的时候，当无产阶级在为他们的处境满腔愤怒的时候，马克思则指出了资本主义社会的两面性、社会现实中矛盾的普遍性以及资本主义进步和反动的统一性；当资产阶级面对这些矛盾惊慌失措的时候，当许多人试图回避

---

① 《马克思恩格斯选集》第 1 卷，人民出版社 1995 年版，第 774—775 页。

这些矛盾的时候，马克思则指出了解决矛盾的唯一途径——革命。通过革命实现社会的新的飞跃，进入到更高的发展阶段。显然，看不到历史事物内部的矛盾性，就会导致片面性的结论。回避矛盾的普遍性是没有出路的，只有通过矛盾双方的斗争和统一，才能实现事物从量变到质变的发展过程。

例二：恩格斯是这样评价奴隶制度的：

"只有奴隶制才使农业和工业之间的更大规模的分工成为可能，从而使古代世界的繁荣，使希腊文化成为可能。没有奴隶制，就没有希腊国家，就没有希腊的艺术和科学；没有奴隶制，就没有罗马帝国。没有希腊文化和罗马帝国所奠定的基础，也就没有现代的欧洲。我们永远不应该忘记，我们的全部经济、政治和智力的发展，是以奴隶制既成为必要、同样又得到公认这种状况为前提的。在这个意义上，我们有理由说：没有古代的奴隶制，就没有现代的社会主义。

讲一些泛泛的空话来痛骂奴隶制和其他类似的现象，对这些可耻的现象发泄高尚的义愤，这是最容易不过的事情。可惜，这样做仅仅说出了一件人所共知的事情，这就是：这种古代的制度已经不再适合我们目前的情况和由这种情况所决定的我们的感情。但是，这种制度是怎样产生的，它为什么存在，它在历史上起了什么作用，关于这些问题，我们并没有因此而得到任何的说明。如果我们深入地研究一下这些问题，我们就不得不说——尽管听起来是多么矛盾和离奇，——在当时的情况下，采用奴隶制是一个巨大的进步。人类是从野兽开始的，因此，为了摆脱野蛮状态，他们必须使用野蛮的、几乎是野兽般的手段，这毕竟是事实。古代的公社，在它继续存在的地方，在数千年中曾经是最野蛮的国家形式即东方专制制度的基础。只是在公社瓦解的地方，各民族才靠自身的力量继续向前迈进，他们最初的经济进步就在于借助奴隶劳动来提高和进一步发展生产。有一点是清楚的：当人的劳动的生产率还非常低，除了必要生活资料只能提供很少的剩余的时候，生产力的提高、交往的扩大、国家和法的发展、艺术和科学的创立，都只有通过更大的分工才有可能，这种分工的基础是，从事单纯体力劳动的群众同管理劳动、经营商业和掌管国事以及后来从事艺术和科学的少数特权分子之间的大分工。这种分工的最简单的完全自发的形式，正是奴隶制。在古代世界、特别是希腊世界的历史前提下，进步到以阶级对立为基础的社会，是只能通过奴隶制的形式来完成的。甚至对奴隶来说，这也是一种进步，成为大批奴隶来源的战俘以前都被杀掉，在更早的时候甚至被吃掉，现在至少能保全生命了。"①

恩格斯对奴隶制度的评价，为我们树立了一个运用历史辩证法的典范。奴隶制度由于它的野蛮和愚昧，早已是臭名远扬了，简单地批判奴隶制度已没有更多的意义。必须看到，在人类历史上，进步和落后都是相对的，进步中包含有落后，落后中包含有进步。奴隶社会作为对原始社会的否定，它是一种进步；作为对封建社会的肯定，它是一种落后。否认奴隶制度曾经是进步的，就不是历史辩证法的态度，当然也不是历史主义的态度。历史主义要求把问题提到一定的历史范围内，在原始社会进入阶级社会时，采用奴隶制度是一种进步，但不能因为奴隶制度曾经是进步的就在资本主义社会采用奴隶制度，那样就是荒唐之极的。由此看来，历史辩证法与历史主义是高度一致、互为补充的。符合历史主义原则的，也应该符合历史辩证法原则。反过来，符合历史辩证法原则的，也应该符合历史主义原则。

例三：列宁在谈到战争问题时曾指出：

"民族战争可能转化为帝国主义战争，反之亦然。例如，法国大革命的几次战争起初是民族战争，而且确实是这样的战争。这些战争是革命的。保卫伟大的革命，反对反革命君主国联盟。但是，当拿破仑建立了法兰西帝国，奴役欧洲许多早已形成的、大的、有生命力的民族国家的时候，法国民族战争便成了帝国主义战争，而这种帝国主

---

① 《马克思恩格斯选集》第3卷，人民出版社1995年版，第524—525页。

义战争又反过来引起了反对拿破仑帝国主义的民族解放战争。

只有诡辩家才会以一种战争可能转化为另一种战争为理由，抹杀帝国主义战争和民族战争之间的差别。辩证法曾不止一次地被用作通向诡辩法的桥梁，在希腊哲学史上就有过这种情况。但是，我们始终是辩证论者，我们同诡辩论作斗争的办法，不是根本否认任何转化的可能性，而是在某一事物的环境和发展中对它进行具体分析。①

战争异常地加速了垄断资本主义向国家垄断资本主义的转变，从而使人类异常迅速地接近了社会主义，历史的辩证法就是如此。"②

列宁非常出色地运用辩证法的原则为我们分析了历史现象中对立面的相互转化。不仅战争，历史上的所有现象，在一定条件下都可以转化为它的对立面。这一点，充分表明了人类历史的复杂性和它的辩证性质。看不到对立双方的相互转化，就会导致机械论的、形而上学的观点。但是，也必须看到，这种转化是有条件的，是在具体的历史条件下才能实现的。如果承认无条件的转化，那就不是辩证法的态度，而是诡辩论的骗术。

例四：毛泽东同志对中国革命中的国共两党曾做过这样的分析：

"国民党方面，在第一次统一战线时期，因为它实行了孙中山的联俄、联共、援助工农的三大政策，所以它是革命的、有朝气的，它是各阶级的民主革命的联盟。一九二七年以后，国民党变到了与此相反的方面，成了地主和大资产阶级的反动集团。一九三六年十二月西安事变后又开始向停止内战、联合共产党共同反对日本帝国主义这个方面转变。这就是国民党在三个阶段上的特点。形成这些特点，当然有种种的原因。中国共产党方面，在第一次统一战线时期，它是幼年的党，它英勇地领导了一九二四年至一九二七年的革命；但在对于革命的性质、任务和方法的认识方面，却表现了它的幼年性，因此在这次革命的后期所发生的陈独秀主义能够起作用，使这次革命遭受了失

---

① 《列宁选集》第 2 卷，人民出版社 1995 年版，第 693 页。

② 《列宁选集》第 3 卷，人民出版社 1995 年版，第 266 页。

败。一九二七年以后，它又英勇地领导了土地革命战争，创立了革命的军队和革命的根据地，但是它也犯过冒险主义的错误，使军队和根据地都受了很大的损失。一九三五年以后，它又纠正了冒险主义的错误，领导了新的抗日的统一战线，这个伟大的斗争现在正在发展。在这个阶段上，共产党是一个经过了两次革命的考验、有了丰富的经验的党。这些就是中国共产党在三个阶段上的特点。形成这些特点也有种种的原因。不研究这些特点，就不能了解两党在各个发展阶段上的特殊的相互关系；统一战线的建立，统一战线的破裂，再一个统一战线的建立。而要研究两党的种种特点，更根本的就必须研究这两党的阶级基础以及因此在各个时期所形成的它们和其他方面的矛盾的对立。例如，国民党在它第一次联合共产党的时期，一方面有和国外帝国主义的矛盾，因而它反对帝国主义；另一方面有和国内人民大众的矛盾，它在口头上虽然允许给予劳动人民以许多的利益，或者简直什么也不给。在它进行反共战争的时期，则和帝国主义、封建主义合作反对人民大众，一笔勾销了人民大众原来在革命中所争得的一切利益，激化了它和人民大众的矛盾。现在抗日时期，国民党和日本帝国主义有矛盾，它一面要联合共产党，同时它对共产党和国内人民并不放松其斗争和压迫。共产党则无论在哪一时期，均和人民大众站在一道，反对帝国主义和封建主义；但在现在的抗日时期，由于国民党表示抗日，它对国民党和国内封建势力，也就采取了缓和的政策。由于这些情况，所以或者造成了两党的联合，或者造成了两党的斗争，而且即使在两党联合的时期也有又联合又斗争的复杂的情况。如果我们不去研究这些矛盾方面的特点，我们就不但不能了解这两个党各自和其他方面的关系，也不能了解两党之间的相互关系。"[①]

在中国革命期间，国共两党从联合到分裂，又从分裂到联合的反复变化的复杂过程，在许多人看来难以理解，但毛泽东同志从矛盾的特殊性、

---

① 《毛泽东选集》第 1 卷，人民出版社 1991 年版，第 315—317 页。

矛盾的各个方面的特殊性以及矛盾的时空特殊性入手，非常透彻地分析了在革命时期国共两党的特点、相互关系及其演变过程。使我们看到，在革命发展的不同阶段，两党之间矛盾的转化和矛盾的特殊性，而这些特殊性又是由矛盾双方的本质以及当时的特殊历史条件决定的。分析任何历史事物，都应该抓住事物的主要矛盾、矛盾的主要方面、矛盾双方的转化、矛盾演变的阶段性等等，这样一来，即使是十分复杂的历史事物，也会变得逐渐清晰了。

以上几个例子表明，在运用历史辩证法原则的时候，应该特别注意几点：其一，对历史事物的分析，既要看到矛盾的普遍性，也要看到矛盾的特殊性；既要看到历史发展的总趋势，也要看到历史事物的独特性。其二，历史辩证法原则与历史主义原则既是相互区别的，也是相互联系的，运用历史辩证法原则不能脱离历史主义态度。其三，运用历史辩证法原则，要防止出现诡辩论的倾向，要坚持具体问题具体分析的原则。其四，只有坚持彻底的辩证法原则，才能真正避免滑入形而上学的泥潭。马克思主义经典作家在这方面给我们提供了许多很好的范例，值得我们认真地学习和研究。

三、逻辑的与历史的相一致原则

逻辑的与历史的相一致原则对各门科学来说，都是总的原则和总的方法，不过对于历史科学它显得更为突出、更为独特。历史科学的研究对象本身就是人类历史的发展过程，历史科学的概念、范畴、推理、判断等逻辑形式必须与人类历史进程相一致，这是毋庸置疑的。但是，如何一致？怎样一致？这并不是一个完全解决了的问题。国内史学界以往较为重视历史主义和历史辩证法原则，对逻辑的与历史的相一致原则较少提及，结果导致历史学走了不少弯路。20世纪70年代出现的"影射史学"和80年代出现的"史学危机",都给历史学留下了深刻的教训。因此,如何坚持逻辑的与历史的相一致原则,仍是摆在我们面前的一项迫切任务。

1. 逻辑的与历史的相一致的含义

自古代希腊以来,在哲学家们那里,逻辑的东西与历史的东西或者逻辑的方法与历史的方法,都是相互对立的,是两种不同的东西或方法。但是,黑格尔突破了这一思想,他首先提出逻辑的东西与历史的东西是一致的。黑格尔在发展辩证法的同时,提出逻辑范畴的发展与哲学体系的发展是一致的。他说:"历史上的那些哲学系统的次序,与理念里的那些概念规定的逻辑推演的次序是相同的。"① 当他在谈到哲学史时,总要把某个哲学家的观点同他的逻辑学中的某个概念对应起来;而当他谈到逻辑学时,却又总要把他的逻辑学中的某个概念同某个哲学家的观点对应起来。黑格尔关于逻辑范畴的次序与哲学史的次序相符合的思想是十分深刻的,但他颠倒了逻辑的东西与历史的东西的关系,把它们的一致看作是与他的逻辑学的一致。在他看来,"哲学在历史中的发展应当符合逻辑哲学的发展"。② 这样一来,逻辑的东西就成为第一性的,历史的东西则成了第二性的,逻辑的东西决定历史的东西。这是他的唯心主义立场的必然结果。

马克思和恩格斯从唯物主义立场出发,批判地改造了黑格尔的逻辑与历史一致的思想。马克思主义认为,历史的东西是第一性的,逻辑的东西是第二性的,历史的东西是逻辑的东西的客观基础,逻辑的东西则是历史的东西派生出来的,是对历史的东西的概括和反映。因此,是历史的东西决定逻辑的东西,而不是相反;是逻辑的东西必须与历史的东西相一致,而不是相反。恩格斯指出:"历史从哪里开始,思想进程也应当从哪里开始,而思想进程的进一步发展不过是历史过程在抽象的、理论上前后一

---

① [德] 黑格尔:《哲学史讲演录》第 1 卷,贺麟等译,商务印书馆 1981 年版,第 34 页。
② 《列宁全集》第 55 卷,人民出版社 1990 年版,第 224 页。

贯的形式上的反映。"①列宁也指出："现实的历史是意识所追随的基础、根据、存在"。②正是马克思主义的辩证唯物主义科学地解决了逻辑的东西与历史的东西相一致的问题。

那么，究竟什么是历史的东西？什么是逻辑的东西？马克思主义认为，历史的东西指的是客观现实的发展过程，它既包括自然界和人类历史的发展过程，也包括人类认识的发展过程，如哲学史、科学史、语言史等等。历史的东西是生动具体的、丰富多样的，历史的发展是曲折迂回的、按时间顺序展开的、不可逆转的。而逻辑的东西则不同，它是指人的思维对客观现实的发展过程的概括和反映，是历史的东西在逻辑思维中的再现，比如各门科学的理论体系等。逻辑的东西是由一系列概念、范畴、判断、推理等构成的，它是抽象性的、概括性的，它撇开了历史中的个别性和偶然性，反映历史发展的一般性和规律性。因此，它排除了历史偶然性的干扰，没有曲折和迂回，也不受时间顺序的限制。

逻辑的与历史的相一致的客观基础，在于客观现实的发展过程具有内在的规律性。历史的发展虽然充满了偶然性和特殊性，但它仍然有着内在的必然性和普遍性，这种必然性支配着历史发展的过程。逻辑的东西是在理论形态上反映现实的和认识的发展规律，揭示历史发展的总方向和总趋势。因此，历史发展具有规律性，也就意味着历史发展过程是合乎逻辑的。同样，在人们的思维领域中，人的认识发展的规律性，意味着认识过程的合逻辑性。所以，历史的逻辑与历史过程相一致，思维的逻辑与思想史相一致。

逻辑的与历史的相一致的思想，还意味着逻辑的东西包含有历史的东西，历史的东西也包含有逻辑的东西。逻辑的东西是从历史的东西中抽象出来的，它是历史过程的本质的反映和概括，当然包含有历史的东西；历史的东西本身是一个合逻辑的过程，它有某种必然性和规律性的东西，当

---

① 《马克思恩格斯选集》第2卷，人民出版社1995年版，第43页。
② 《列宁全集》第55卷，人民出版社1990年版，第224页。

然就包含有逻辑的东西。所以，从根本上讲，逻辑的东西与历史的东西是一致的。不过，这里所说的逻辑的东西，是从"纯粹"的理论形态上而言的，并不是说现实中所有的概念、范畴、推理、判断都是自动地与历史的东西一致的，这里有一个人的认识的能动性问题。当人的认识的能动性充分发挥的时候，人们的逻辑体系是对现实进程的正确的概括和反映，这时逻辑的东西就是与历史的东西一致的。当人的认识的能动性没有充分发挥的时候，人们的逻辑体系就不能正确地概括和反映现实，这时逻辑的东西就不是与历史的东西一致的。

所以，逻辑的与历史的相一致不仅是一种原则，还是一种方法，即历史的方法与逻辑的方法。历史方法是按照对象的自然进程的先后顺序，通过具体事件和人物，如实叙述和描写历史进程并揭示其规律，属于描述性的方法。历史的方法以立足现代、追溯过去为前提，抓住基本的历史联系，生动而深刻地刻画和描述历史人物、历史事件。逻辑方法是用概念、范畴、推理、判断等形式来概括对象的发展规律、本质和发展趋势，属于解释性的方法。逻辑的方法需要用典型事例说明事物的本质，逐步形成严密的逻辑结构，揭示事物内在的矛盾性。逻辑的方法和历史的方法也是一致的。这是因为任何研究对象的历史联系和结构联系是紧密地结合在一起的。每一个客观事物都有它的产生、发展和消亡的历史过程，又有它复杂的内在矛盾。在研究过程中，要把握对象的现实的本质，就要把它作为一个历史过程来研究；而要把握对象的历史的本质和规律，就要研究对象在每个发展阶段上的内在矛盾和结构联系。这就决定了研究客观事物的历史时，不仅要用历史的方法，也要用逻辑的方法；研究客观事物的现实本质时，不仅要用逻辑的方法，也要用历史的方法。

2. 逻辑的与历史的相一致的基本原则

逻辑的与历史的相一致的思想内涵十分丰富而深刻，它对于社会科学和自然科学都是适用的。这里仅从历史科学的角度，阐述一下逻辑的与历史的相一致的基本原则。

第一，逻辑的推演与客观历史进程相一致。人类历史过程是一个从低级到高级、从简单到复杂的上升运动，同这个过程相一致，历史学的逻辑推演也应该是从低级到高级、从简单到复杂的上升运动。不仅世界整体历史的研究要符合这个原则，而且研究每一个历史事物、每一个历史问题，都应该符合这个原则。

比如研究资本主义社会的历史，就要在资本主义的历史发展的基础上，展开逻辑分析，使理论的推理、概念的排列、范畴的展开都与资本主义的历史进程保持深刻的一致。马克思的《资本论》为我们树立了一个典范。《资本论》以商品作为出发点，按照商品—货币—资本—资本积累—剩余价值……这样一个顺序展开，最后以阶级作为结尾。这样的逻辑推演是与资本主义社会的历史进程相一致的。因为，资本主义是从商品开始的，商品是一个最简单、最普通、最基本的范畴，它包含着资本主义社会的一切矛盾的胚芽。货币是从商品交换的需要中产生出来和发展起来的，货币经过一段发展过程后才转化为资本，资本经过积累用于扩大生产，产生了剩余价值。《资本论》以阶级范畴作为结束，也是符合资本主义发展史的。在资本主义社会中，"单纯劳动力的所有者、资本的所有者和土地的所有者——他们各自的收入源泉是工资、利润和地租——也就是说，雇佣工人、资本家和土地所有者，形成建立在资本主义生产方式基础上的现代社会的三大阶级"。[①] 因此，资本主义社会的阶级划分，是资本主义商品经济充分发展的结果，是资本主义生产方式的内部矛盾充分发展的结果。

从《资本论》的总体结构来看，由第一卷的资本的生产过程到第二卷的资本的流通过程再到第三卷的资本主义生产总过程的逻辑安排，也是符合资本主义社会历史进程的。资本主义生产过程是生产和流通的统一过程，在这个统一过程中，生产是第一位的，流通是第二位的。每一个资本的产生都是先生产，后流通，而不是相反。《资本论》第一、二、三卷的总体结构是符合资本主义生产和流通的历史顺序的。

---

① 《马克思恩格斯全集》第46卷，人民出版社2003年版，第1001页。

再比如，研究国家问题，也应该根据国家的历史形成和发展进程，从逻辑上揭示国家的本质。已往一些资产阶级学者脱离国家的历史性，把国家说成是超阶级的、永恒的现象，使国家问题成为社会科学中最为混乱的问题之一。列宁运用逻辑的与历史的相一致原则，终于澄清了这样一个理论问题。列宁在《论国家》中，从对国家的历史考察入手，深入地研究了国家在历史上怎样产生、怎样发展，在发展中经过哪些主要阶段，通过国家的发展过程分析国家的现状和未来发展趋势。在此基础上，列宁指出，国家是在社会划分为阶级的基础上产生的，它是维护一个阶级对另一个阶级的统治的机器。无产阶级只有推翻资本家的国家，建立新的社会主义国家，实现共产主义，国家才能消亡。列宁在这里揭示的国家的本质，其实就是从逻辑上再现了国家的历史联系。

第二，思维的逻辑与思想史的进程相一致，每一门科学的理论体系与该门科学的历史发展相一致。人类的思维认识的规律与思想史、哲学史的发展进程是一致的，科学的概念、范畴与科学的历史进程是一致的。历史学的理论体系与历史学的发展史在本质上也是一致的，它们同样都是从抽象到具体、从简单到复杂的上升过程。

按照思维运动的一般规律，人的认识在低级阶段所形成的概念、范畴，一般都是比较简单的、抽象的，随着实践的深入发展，认识能力的不断提高，人们才能进一步形成比较深刻、具体的概念、范畴，才能从认识的低级阶段上升到较高一级阶段。逻辑思维的过程与人的认识发展的过程是一样的，也要从简单的范畴、概念上升到深刻的范畴、概念。马克思说：

"简单范畴是这样一些关系的表现。在这些关系中，较不发展的具体可以已经实现，而那些通过较具体的范畴在精神上表现出来的较多方面的联系或关系还没有产生，而比较发展的具体则把这个范畴当作一种从属关系保存下来。在资本存在之前，银行存在之前，雇佣劳动等等存在之前，货币能够存在，而且在历史上存在过。因此，从这一方面看来，可以说，比较简单的范畴可以表现一个比较不发展的整体的处于支配地位的关系或者一个比较发展的整体的从属关系，这些关系在整体向着以一个比较具体的范畴表现出来的方面发展之前，在历史上已经存在。在这个限度内，从最简单上升到复杂这个抽象思维的进程符合现实的历史过程。"①

恩格斯也曾经说过：

"在思维的历史中，一个概念或概念关系（肯定和否定，原因和结果，实体和偶体）的发展同它们在个别辩证论者头脑中的发展的关系，正像一个有机体在古生物学中的发展同它在胚胎学中的发展的关系一样（或者不如说在历史中和在个别胚胎中）。这种情形是黑格尔在论述概念时首先揭示出来的。在历史的发展中，偶然性发挥着作用，而在辩证的思维中就像在胚胎的发展中一样，这种偶然性融合在必然性中。"②

由此可见，在逻辑中概念的展开过程与在历史中人们对这个概念的认识过程是一致的。

比如，对于"世界历史"这个概念，在古代世界，人们就力图从整体上去认识它。人们把"世界历史"等同于人类历史，看到了人类历史的某些统一性，得到了一个关于世界整体的混沌的认识。15世纪以后，随着一系列民族国家的建立和近代自然科学的发展，人们开始仔细观察世界整体的组成部分即一个个民族、国家，把"世界历史"看作是各个民族和国家的集合体，世界整体等于是它的各个组成部分的简单相加。19世纪以后，资本主义世界市场形成，全球化进程日益明显，人们又开始关注各个民族、各个国家之间的相互联系，马克思提出了"历史向世界历史的转变"，这里的"世界历史"指的是由于民族交往、联系的扩大而形成的世界整体的历史。这个概念就是一个比较清晰的了。可见，人们对"世界历史"的认识，大致是沿着从整体到部分，再到新的整体；从抽象到具体，

---

① 《马克思恩格斯选集》第2卷，人民出版社1995年版，第20页。
② 《马克思恩格斯选集》第4卷，人民出版社1995年版，第331页。

再到新的抽象这样一条路线演进的。在历史学的理论中，对"世界历史"这一概念的阐释，也是按照从整体到部分，再到新的整体；从统一性到多样性，再到新的统一性这样的顺序展开的。[①]

再比如，历史学的发展过程（史学史）经历了从简单到复杂的变化。古代史学从"口耳相传"、"结绳记事"开始，以后有了编年史、基督教史学，进入近代出现了理性史学、历史哲学，最后发展到马克思主义史学。这样一个不断上升的过程，反映在历史理论中也是一样的。我们以唯物史观的概念、范畴为例，从生产力到生产关系，再从经济基础到上层建筑，这样一个逻辑推演的过程，也是一个从简单到复杂不断上升的过程。

第三，逻辑的方法与历史的方法相一致。逻辑的方法包含有历史的方法，历史的方法也包含有逻辑的方法。既没有纯粹的逻辑方法，也没有纯粹的历史方法。逻辑的方法与历史的方法相互渗透、相互补充。逻辑的方法要以历史发展为基础，历史的方法要以逻辑联系为依据。任何一门科学都离不开历史的方法和逻辑的方法：离开了历史的方法，逻辑的方法就变成一种空洞的、死板的教条；离开了逻辑的方法，历史的方法就会迷失方向，在浩如烟海的史料中找不到基本的历史线索，无法揭示历史发展的本质和规律性。

历史学研究由于研究对象本身是历史过程，研究者自觉或不自觉地就会只重视运用历史的方法，而忽略逻辑的方法。古代史学大多局限于按照时空顺序记载历史事件和历史人物，局限于对个别史实和个别联系的描述，不能提供历史发展的清晰的线索和规律性。这是由于古人并不真正懂得逻辑的与历史的相一致的道理。19世纪以来，虽然人们提出了逻辑的与历史的相一致的思想，但并未受到史学界的足够重视。直到今天，仍然有许多人在历史研究中未能充分运用逻辑的方法，很多历史研究成果基本上是史料堆积，盲目地罗列一些历史细节和偶然事件，这都是缺乏逻辑方法的结果。历史学不能满足于提供史料，它必须引导人们拨开历史偶然性

---

① 参阅《中国大百科全书》，"世界历史"词条。

的重重迷雾，从错综复杂的历史现象中理出一些基本线索，找到历史表象背后的历史必然性和规律性，揭示历史发展的内在联系和内在矛盾。这就必须依靠逻辑的方法。国内史学界曾经热烈地讨论过"史"与"论"的关系问题，这个问题在一定程度上就是逻辑的方法与历史的方法的关系问题。显然，轻"史"或轻"论"都是错误的，我们必须坚持史论结合，必须坚持逻辑的方法与历史的方法的统一。

马克思主义经典作家在研究每一个历史问题时，都是坚持逻辑的方法和历史的方法相一致原则的。我们以马克思的《路易·波拿巴的雾月十八日》为例来做些说明。在这部书中，马克思一方面按照历史顺序阐明了1848 年法国革命时期法国社会各个阶级、政党、代表人物的活动，描述了许多重要的历史事件和历史人物；另一方面，马克思梳理了从 1848 年 2月 24 日到 1851 年 12 月法国革命的基本线索，将这段历史分为三个时期：二月革命；共和国建立时期，或制宪国民议会时期；宪制共和国时期，或立法国民议会时期。揭示了这一历史过程中，法国革命沿着下降路线发展的特点。全书的最后一章，马克思还从理论上总结了这次法国革命的历史经验，丰富和发展了科学社会主义原理。恩格斯高度评价说这部著作"是一部天才的著作"，认为马克思的这部著作具有理论和实际相结合的突出特点。因为，首先马克思深知法国历史，其次马克思用科学的唯物史观来研究这一历史时期所发生的社会现象。恩格斯指出："正是马克思最先发现了重大的历史运动规律……这个规律在这里也是马克思用以理解法兰西第二共和国历史的钥匙"。①

恩格斯在《卡尔·马克思〈政治经济学批判〉》一文中，详细地论述了逻辑的方法与历史的方法的相互关系。他说：

"对经济学的批判，即使按照已经得到的方法，也可以采用两种方式：按照历史或者按照逻辑。既然在历史上也像在它的文献的反映上一样，大体说来，发展也是从最简单的关系进到比较复杂的关系，

---

① 《马克思恩格斯选集》第 1 卷，人民出版社 1995 年版，第 582—583 页。

那么，政治经济学文献的历史发展就提供了批判所能遵循的自然线索，而且，大体说来，经济范畴出现的顺序同它们在逻辑发展中的顺序也是一样的。这种形式看来有好处，就是比较明确，因为这正是跟随着现实的发展，但是实际上这种形式至多只是比较通俗而已。历史常常是跳跃式地和曲折地前进的，如果必须处处跟随着它，那就势必不仅会注意许多无关紧要的材料，而且也会常常打断思想进程；并且，写经济学史又不能撇开资产阶级社会的历史，这就会使工作漫无止境，因为一切准备工作都还没有做。因此，逻辑的方式是唯一适用的方式。但是，实际上这种方式无非是历史的方式，不过摆脱了历史的形式以及起扰乱作用的偶然性而已。"①

恩格斯在这里十分明确地指出，由于逻辑的东西与历史的东西是一致的，当然逻辑的方法与历史的方法也是一致的，不过在研究工作中，由于历史材料的繁杂和偶然性的干扰，常常会"打断思想进程"，这时就需要用逻辑的研究方式。逻辑的方法可以撇开历史偶然性的干扰，直接揭示出历史的必然性。

第四、逻辑起点与历史起点相一致。逻辑的东西与历史的东西相一致，决定了逻辑的起点与历史的起点也是一致的。在历史研究中，历史的起点往往是比较清楚的，但是许多著作的逻辑起点却显得十分模糊和混乱，这是由于人们并不明确逻辑起点与历史起点的相互关系。

恩格斯在前面那篇文章中继续谈到：

"历史从哪里开始，思想进程也应当从哪里开始，而思想进程的进一步发展不过是历史过程在抽象的、理论上前后一贯的形式上的反映；这种反映是经过修正的，然而是按照现实的历史过程本身的规律修正的，这时，每一个要素可以在它完全成熟而具有典型性的发展点上加以考察。"②

---

① 《马克思恩格斯选集》第 2 卷，人民出版社 1995 年版，第 43 页。
② 《马克思恩格斯选集》第 2 卷，人民出版社 1995 年版，第 43 页。

显然，历史开始的地方正是逻辑思维开始的地方。人类历史是从人类的产生开始的，历史学的逻辑起点也应当是人类的起源。资本主义经济是从资本主义生产方式的产生开始的，因此，资本主义经济史也应当从这种生产方式的萌芽开始。逻辑起点如果与历史起点不一致的话，其结果就是研究工作中逻辑进程的混乱，研究结论当然也就十分值得怀疑了。

为什么要从"完全成熟而具有典范形式的发展点上"来考察研究对象呢？因为在研究对象的最成熟阶段上，它的本质方面才会得到充分的发展，它的内在矛盾、内在联系才能看得更加清楚，包括过去处于萌芽状态或表现的模糊不清的东西，从而使我们能够更好地排除偶然性的干扰，有利于我们准确地抓住对象的本质。在此基础上，也就有可能作出关于对象本质的一些最初规定，而这些最初规定又是对象历史发展过程的出发因素，因此，逻辑的起点恰好反映了对象的历史起点。比如，资本主义社会是一种比较发达的社会形态和社会组织，对于资本主义社会的研究可以使我们更加清楚地认识资本主义以前的社会形态的发展。马克思说：

"资产阶级社会是最发达的和最多样性的历史的生产组织。因此，那些表现它的各种关系的范畴以及对于它的结构的理解，同时也能使我们透视一切已经覆灭的社会形式的结构和生产关系。资产阶级社会借这些社会形式的残片和因素建立起来，其中一部分是还未克服的遗物，继续在这里存留着，一部分原来只是征兆的东西，发展到具有充分意义，等等。人体解剖对于猴体解剖是一把钥匙。反过来说，低等动物身上表露的高等动物的征兆，只有在高等动物本身已被认识之后才能理解。因此，资产阶级经济为古代经济等等提供了钥匙。"[①]

因此可知，对于研究对象的最成熟的发展点上的认识，有利于抓住研究对象的最初的、最简单的范畴，从而确定对象的逻辑起点，揭示对象的历史进程和历史联系。

第五，逻辑的与历史的是有差别的一致。逻辑的东西与历史的东西虽

---

① 《马克思恩格斯选集》第2卷，人民出版社1995年版，第23页。

然是一致的，但它们并不是同一个东西，而是包含着差别的一致，是有差别的统一。从本质上讲，逻辑的与历史的是一致的，但是，逻辑的东西毕竟是主观的东西，而历史的东西则是客观存在的东西，逻辑是对历史的反映，它与被反映者具有一致性，但它毕竟不是历史。历史理论、历史学著作与历史进程本质上（应当）是一致的，但它们并不能等同于历史本身。史学界许多人因为历史著述与历史进程不能等同而深感困惑，并因此怀疑历史学的客观性及科学性，这是没有道理的。任何科学都是一样的，逻辑的东西与历史的东西（包括现实的东西）都不能等同，都只能实现在本质上的一致，而在形式上，它们永远都是不同的。

那么，逻辑的与历史的为什么会有差别呢？因为逻辑的东西反映历史的东西，并不是简单的重复、机械的照相，而是一种能动的、概括的反映。正像恩格斯所说的那样，"这种反映是经过修正的，然而是按照现实的历史过程本身的规律修正的。"① 历史的发展并不是笔直的、线性的，而是曲折的、迂回的；历史的本质并不是以"纯粹"的形式表现出来的，而是隐藏在大量的偶然性背后的、模糊不清的东西。逻辑的东西如果试图把历史的一切细节都包罗无遗，那就会坠入史料的汪洋大海之中，看不清事物的本质，也概括不出历史发展的规律性。因此，逻辑的东西要真正反映历史的东西，就必须对历史事实进行"修正"，抓住历史的主流和本质，撇开杂乱的、表面的东西，把握历史的基本方向和基本线索，揭示历史的必然性和规律性。当然，这种"修正"并不是任意的、空洞的，而是科学的、客观的，"是按照现实的历史过程本身的规律修正的"。历史学之所以是科学，就在于它能够再现历史发展的规律性，对历史进程中那些偶然性的、非本质的细节加以扬弃，透过错综复杂的历史现象把握历史的内在联系和必然性。

逻辑的与历史的差别表现在方法论上，就是逻辑方法与历史方法的差别。逻辑方法是对历史过程的研究和分析，历史方法是对历史的叙述和描

---

① 《马克思恩格斯选集》第 2 卷，人民出版社 1995 年版，第 43 页。

述。马克思说：

> "在形式上，叙述方法必须与研究方法不同。研究必须充分地占有材料，分析它的各种发展形式，探寻这些形式的内在联系。只有这项工作完成以后，现实的运动才能适当地叙述出来。这点一旦做到，材料的生命一旦在观念上反映出来，呈现在我们面前的就好像是一个先验的结构了。"①

逻辑方法旨在揭示历史过程的内在联系，而历史方法主要是为了描述历史过程本身，不过这种描述应当符合历史的规律性。历史研究既要运用逻辑方法，也要运用历史方法，运用逻辑方法需要建立准确的概念、范畴、判断、推理，去再现历史的本质联系。运用历史方法需要使用生动、形象、活泼、具体的语言，去再现历史的鲜活画面。

3. 逻辑的与历史的相一致的理论意义

逻辑的与历史的相一致原则是一切科学研究的最基本的原则，最重要的方法，是对人类认识规律性的总结。它既可以帮助我们认识以往的历史进程，又可以指导我们探索新的客观规律。所以，掌握和运用逻辑的与历史的相一致的原则，对于历史学的研究和发展有着重要的理论意义。

首先，逻辑的与历史的相一致的原则是我们探索历史规律，实现历史研究的真理性认识的科学途径。历史研究是人类认识活动中的一项十分复杂的认识活动，因为历史现象极其复杂多样、扑朔迷离，要想从中整理出规律性的东西是非常困难的，这就要求我们一定要运用科学的理论原则和方法，正确处理主观与客观、主体与客体、必然与偶然、思维与存在、内容与形式等的相互关系，才能获得真理性的认识。逻辑的与历史的相一致的原则，实质上就是主观与客观相一致、主体与客体相一致、思维与存在相一致的问题。真理是客观事物的本质及其发展规律的正确反映，它不仅再现客观对象的本质规定和内在联系，而且把握客观对象的历史发展过

---

① 《马克思恩格斯全集》第44卷，人民出版社2001年版，第21—22页。

程。坚持逻辑的与历史的相一致的原则，既要对历史事物给以逻辑的说明，又要对历史事物的发展过程作出历史的叙述，形成一种立体的理论体系，从而深刻并全面地再现历史事物的本质和现象。即使在对历史事件和历史人物作生动的描写和细致的刻画时，也要达到历史事物本质的深刻性和形象的生动性的完美统一。只有这样，才有可能全面地、准确地认识研究对象，完成历史研究的任务。

其次，逻辑的与历史的相一致的原则是我们建立历史学理论体系的基本方法。历史学的概念、范畴、判断、推理等理论形态，必须坚持按照与人类历史客观进程以及人类历史认识的发展过程相一致的原则，来建立自己的理论体系和学科结构。人类历史的发展过程是一个不断地从低级到高级、从简单到复杂的运动过程，这就决定了历史学的范畴也应当按照由简单到复杂、由低级到高级的历史顺序展开。人类历史认识的发展过程是从抽象到具体，再从具体到更高到抽象的过程，史学理论的范畴也应当沿着同样的路线展开。从目前的情况来看，历史学的理论体系和学科结构十分庞大，但其概念、范畴之间的逻辑关系并不是十分清晰，这一方面是由于历史过程本身极为复杂多样，另一方面也反映出历史学还存在着不够成熟的地方。今后历史学的学科建设也应当在逻辑的与历史的相一致的原则指导下，进一步完善历史学的概念、范畴体系，建立一个科学、合理的学科框架。

最后，逻辑的与历史的相一致的原则是我们避免错误的认识路线的根本保证。辩证唯物主义认识论主张主观和客观、理论和实践、知和行的具体的历史的统一，认为一切理论的真理性标准，在于它们同发展着的实践是否相一致，坚决反对脱离现实的历史发展和社会实践来空谈理论。因为一切错误的认识路线都是割裂了主观与客观、理论与实践、逻辑与历史的联系。应当指出，如果把逻辑的东西与历史的东西割裂开来，只作纯粹的空洞的逻辑推演，就会导致抽象的教条主义错误；或者只作历史现象的罗列和堆积，就会导致盲目的经验主义错误。这两种情况在历史研究领域中，都是经常出现的。比如 20 世纪 70 年代的"影射史学"，把中国几千年的阶级斗争史归纳为"儒法斗争史"，把经典作家的一些话当作标签贴在自己的文章里，断章取义、生搬硬套，这些都是犯了教条主义的错误，脱离了具体的历史过程，逻辑的论断就毫无说服力。也有许多人不注意提高自己的马克思主义理论修养，缺乏必要的逻辑推演能力，埋头于故纸堆中，用史料堆积代替逻辑证明，用历史上的琐碎细节代替历史的主流进程，其结果必然是在史料的汪洋大海中迷失方向，无法实现历史学的社会功能，最终导致了 20 世纪 80 年代的"史学危机"。实践证明，只有坚持逻辑的与历史的相一致的原则，才能避免错误的认识路线，真正揭示历史进程的内在本质和规律性，更好地发挥历史学的社会功能和作用，推动历史学在科学的大道上继续前进。

第八章　全球史研究的基本方法
——整体方法

　　全球史研究与以往的世界史研究的根本区别在于研究方法的不同。相对而言，以往的世界史研究重点在于主要民族和主要国家的历史，而全球史研究重点在于全球，在于人类整体。历史学家永远不可能穷尽民族和国家的史实，但面对相同的史实、不同的研究方法，则可以得出不同的研究结论。美国史学家柯娇燕也认为，"全球史所要求的方法，完全不同于讲授民族国家或地区叙述性历史的常规方法。全球史学家正是以其方法而不是史实，区别于那些研究地区史或国别史的学者。"①

　　全球史是世界整体的历史，整体方法无疑是全球史研究的基本方法。整体方法在历史上也被称作整体观、整体论、整体主义等等。应当指出，从整体上认识和把握客观事物，是任何科学研究所追求的终极目标。自古以来，人们从不满足于对客观世界某种事物的一个部分或一个侧面的了解，总是试图对研究对象形成一种总的认识、综合的描述。整体方法作为科学研究中的一种思维方式和方法论，是实现这一目标的重要途径和手段，在整个科学发展史上一直占据着十分显赫的地位。究竟什么是整体？什么是部分？整体和部分又是什么关系？这些问题在不同的历史时代，人们有着不同的认识。正确地解决这些问题，对于全球史研究有着至关重要

---

① ［美］柯娇燕：《什么是全球史》，刘文明译，北京大学出版社 2009 年版，第 2 页。

的作用。

一、古代和近代的整体观念

在史学史上，对人类历史的整体认识和描述，似乎是一个永恒的、极富魅力的课题。人类历史在整体上究竟是什么样的？这个整体是由哪些部分组成的？这些部分又是怎样相互联系到一起的？人类历史之船到底要漂向何方？这些问题关系到人类对自身的理解和认识，也关系到人类之前途和命运，它们就像一块块巨大的磁铁，深深地吸引着无数的理论家们。对这些问题的探讨和思考，又往往是扣人心弦或催人振奋的，一代又一代的学者，为此付出了巨大的心血和劳苦。

1. 古代朴素的整体观

在古代世界，整体观是伴随着哲学的产生而产生的。由于哲学是以整个世界为研究对象的，对于世界的一系列整体上的看法，就形成了最初的整体观思想。但受到当时科学知识水平的限制，人们缺乏观察和实验手段，对世界的许多看法带有猜测和思辨的性质。古希腊哲学米利都学派的重要代表人物泰勒斯曾提出："水是万物的始基"，把世界看成是由水运动变化而形成的整体。赫拉克利特则认为世界是由"火"构成的。他说："世界是包括一切的整体，它不是由任何神或任何人所创造的，它过去、现在和将来都是按规律燃烧着，按规律熄灭着的永恒的火"。原子论的创始人德谟克利特提出，是一种极其微小的、不可分割的原子构成了万事万物，原子是世界的本原。柏拉图则从精神的角度提出，是"理念"构造了万物，世界是由不同等级的理念组成的整体。柏拉图曾认为世界是由各个部分按等级秩序排列的整体。中国古代哲学家老子认为"道"是世界的本体和本原，他提出："道生一，一生二，二生三，三生万物"①。道是老子对世界整体的最高概括。

古代整体观思想最有影响的代表人物是亚里士多德..亚里士多德曾提出过整体对于部分是第一性的、整体逻辑上在先、部分不能离开整体而独立存在以及整体大于部分之和等著名观点。他在《物理学》中写道：

> "对我们说来明白易知的，起初是一些未经分析的整体事物。而原素和本原，是在从这些整体事物里把它们分析出来以后才为人们所认识的。因此，我们应从具体的整体事物进到它的构成要素，因为为感觉所易知的是整体事物。这里把整体事物之所以说成是一个整体，是因为它内部有多样性，有它的许多构成部分。"②

在这里他强调了认识事物的程序是从整体事物再到构成这一整体的部分，因为整体是由部分组成的，人们总是先感觉到整体，才能从整体中分析出部分。在整体与部分的关系方面，亚里士多德把整体看作是有机体，他以手不能脱离身体而独立存在来说明部分对整体的依存。而整体虽由若干部分组成，"其总和并非只是一种堆集，而其整体又有不同于部分"③。亚里士多德的这些思想，闪耀着智慧的光芒，对后世的整体观产生了深远的影响。

古代整体观虽然显得朴素和简略，但它却有着重要的意义。在科学知识十分缺乏，人们面对着辽阔而又未知的领域的情况下，要认识整个世界无疑有着巨大的困难。古代哲人们以他们非凡的洞察力和思辨力，给人们提供了客观世界的完整图景，鼓舞着人们从整体上和宏观上看问题，尽力去追求人类知识的统一和完满，从而避免了人们认识上的片面和狭隘。当然，古代整体观的这种思辨性质，使它在解决具体问题时显得无能为力，也无法解释一些具体事物的因果关系。随着科学的进步和社会的发展，人们便不满足于这种整体认识，开始追求新的认识途径。

---

① 《老子》第四十二章。
② [古希腊] 亚里士多德：《物理学》，张竹明译，商务印书馆 1982 年版，第 15 页。
③ 北京大学哲学系编译：《古希腊罗马哲学》，三联书店 1957 年版，第 37 页。

2. 近代机械论的整体观

近代科学兴起后，人们注重可以经验的事实，通过大量的实验，对客观世界进行了更加深入、更加细致的研究，在天文学、物理学、数学等领域取得了一系列重大成果，产生了一批科学巨人，如哥白尼、伽利略、培根、笛卡儿、牛顿等。近代科学研究主要是通过分析还原的方法进行的。这种方法有几个特征：一是把整体尽可能分解成最小的部分，通过研究部分而了解整体。例如把化学过程分解为不可再分的原子，把生命有机体分解为细胞，把物理过程分解为各种力等等。二是把复杂事物和复杂关系简化还原为简单的事物和简单的关系。比如在斜面上研究落体运动，就暂不考虑摩擦力的干扰；研究热传导，就把它与光、声、电、引力等作用隔离开来；研究有机体同周围环境的复杂关系时，每次只考虑一种刺激引起的反应，对其他环境因素的影响都暂时忽略不计算。三是科学的分类越来越细，一门学科只是孤立地研究某一种客观现象，一个学者只是在非常狭小的知识领域中钻研，学科之间的隔阂越来越深，形成了专门化的倾向。

近代许多著名的哲学家都认为分析还原方法是科学研究的根本方法。培根说："只要人们还受到在复杂的状态中观察现象的习惯的束缚，就不能认识自然，只要不能分析宇宙，也就是说只要不能把宇宙割裂开来进行最精密的解剖，就不能达到认识自然的目的。"① 笛卡儿在他那本著名的《方法谈》中，曾提出过科学研究的四条原则，其中核心的一条是："把我所考察的每一个难题，都尽可能地分成细小的部分，直到可以而且适于加以圆满解决的程度为止。"② 这就是在近代西方科学研究中占有突出地位的分析还原方法。

的确，分析还原方法通过对客观事物的分门别类的专业化的精细研究，为近代科学的迅猛发展作出了重要贡献，推动了工业革命的进程，至

---

① ［日］坂田昌一：《坂田昌一物理学方法论论文集》，《自然辩证法研究通讯》编辑部编译，商务印书馆1966年版，第21页。

② 北京大学哲学系编译：《16—18世纪西欧各国哲学》，商务印书馆1975年版，第110页。

今仍然是科学研究的基本方法之一。当代一位美国学者曾经说过："全球化是一个由政治、经济、文化等许多因素综合、协调而成的整体，我们把它分成若干部分是因为我们难以迅速完整地把握它，也有学科方面的原因。"[①]可见，分析还原方法的影响是多么深远。但是，在近代，分析还原方法却导致了机械论的整体观。

机械论的整体观认为，万事万物都是可以用数学方法测定和计算的具有广延、形状、重量的物体，世界就是万事万物的总和，所以整体都是部分相加的结果。整个世界犹如一台大型机器，它可以被拆开成一系列零件，也可以被组合成完整的机器。牛顿力学对这种整体观产生了重大影响，牛顿认为："整个物体的运动是其各部分运动的总和"。[②]牛顿把物质等同于物体，在不考虑客观世界的质的多样性之后，对万事万物都可以用数量关系进行加与减或组合与分解，整体也就成为部分之和。而整体的运动形式都可以归结为机械运动或力的运动，是物体从一个地方到达另一个地方，其中存在着线性的因果关系。因此，整体的复杂运动就被还原成部分的简单运动之和。

机械论整体观在 19 世纪遇到了强大的挑战，受到了许多严厉的批评，其中最突出的是黑格尔。黑格尔在他的《大逻辑》和《小逻辑》著作中，对机械论整体观进行了深刻的分析和批判。黑格尔从对立统一的辩证观点出发，不仅从量的方面，更重要的是从质的方面来考察整体与部分。按照机械论整体观的看法，整体与部分之间只存在数量关系，因此，整体与部分就只有一种加和关系。而黑格尔认为整体与部分的关系类似于有机体与其部分的关系。整体有质的规定性和多样性，部分之间的有机联系构成整体，部分不能离开整体而独立存在，整体是部分的有机综合体。整体与部分是不可分割的。因此，也是不能用加或减的关系来衡量整体与部分的。

---

①　Bruce Mazlish: *The New Global History*, published 2006 by Routledge, New York. p.12.

②　[英] 塞耶:《牛顿自然哲学著作选》，上海外国自然科学哲学菱编译组译，上海人民出版社 1974 年版，第 12 页。

他举例说，譬如一只手，如果从身体上割下来，它的外形和名称仍然是手，但它的实质已经不是手了，也不是身体（整体）的组成部分了，而整体（身体）也就不是整体了。

黑格尔还认为，整体的运动也不仅仅是位置的移动，而是一种不断发展、进化的过程，是不断从低级阶段向高级阶段运动发展的过程。不论自然界还是人类世界都是如此。整体运动的动力在于整体的内在矛盾，整体运动的形式是多样的，除了机械运动，还有物理的、化学的、思维的、社会的运动等形式。

恩格斯给予黑格尔整体观思想以很高的评价。他说："黑格尔第一次——这是他的伟大功绩——把整个自然的、历史的和精神的世界描写为一个过程，即把它描写为处在不断的运动、变化、转变和发展中，并企图揭示这种运动和发展的内在联系"。① 从有机整体的普遍联系的思想出发，恩格斯提出：

> "我们所接触到的整个自然界构成一个体系，即各种物体相联系的总体，而我们在这里所理解的物体，是指所有物质的存在，……这些物体处于某种联系之中，这就包含了这样的意思：它们是相互作用着的，而这种相互作用就是运动。"②

这就说明部分不是孤立存在的，部分是在相互之间的有机联系中构成了整体，而整体是运动着的过程。

机械论的整体观在 17、18 世纪时曾十分流行。到了 19 世纪，随着自然科学的进步，尤其是能量守恒与转化定律、细胞学说和达尔文进化论的影响，有机整体的思想、关于事物的进化发展的思想开始渗透到科学研究的每一个领域。恩格斯曾指出："一个伟大的基本思想，即认为世界不是既成事物的集合体，而是过程的集合体，其中各个似乎稳定的事物同它们在我们头脑中的思想映象即概念，都处在生成和灭亡的不断变化中，……

---

① 《马克思恩格斯选集》第 3 卷，人民出版社 1995 年版，第 362 页。
② 《马克思恩格斯选集》第 4 卷，人民出版社 1995 年版，第 347 页。

这个伟大的基本思想，特别是从黑格尔以来，已经成了一般人的意识，以致它在这种一般形式中未必会遭到反对了。"①

总的来讲，在 20 世纪以前，整体观思想基本上是哲学的组成部分，其他各门学科在对其研究对象的整体认识上是模糊的、混沌的和不精确的，而在对部分的、细节的研究方面，有着长足的进步。从 19 世纪后半叶开始，这种状况有所改变，整体研究的趋势得到了加强。恩格斯已经察觉到了这一点，他说："事实上，直到上一世纪末，自然科学主要是搜集材料的科学，关于既成事物的科学，但是在本世纪，自然科学本质上是整理材料的科学，是关于过程，关于这些事物的发生和发展以及关于联系——把这些自然过程结合为一个大的整体——的科学"。②

3. 马克思主义的整体观

19 世纪世界历史的客观进程，为人类认识史上实现新的飞跃提供了广阔的时代背景。马克思在深入研究整个人类发展史的基础上，全面总结了近代以来欧洲思想家们的各种理论成果，终于在 19 世纪中叶创立了辩证唯物主义和历史唯物主义。马克思的哲学观念无疑是一种整体观念，他的一系列哲学论述，都是对自然界、人类社会的整体认识的结果。

在对世界历史的整体研究方面，马克思主义是把世界历史看作是一个有机的整体、活的整体，完全不同于无机界的整体。他们从唯物辩证法的角度出发，突破了近代欧洲机械论的整体观和形而上学的种种偏见。因此，列宁认为，马克思和恩格斯的学说"推翻了那种把社会看作可按长官意志（或者说按社会意志和政府意志，反正都一样）随便改变的……机械的个人结合体的观点"。③列宁在研究黑格尔历史哲学思想时，曾明确指出："世界历史是个整体，而各个民族是它的'器官'。"④这一论断高度概

---

① 《马克思恩格斯选集》第 4 卷，人民出版社 1995 年版，第 244 页。
② 《马克思恩格斯选集》第 4 卷，人民出版社 1995 年版，第 245 页。
③ 《列宁全集》第 1 卷，人民出版社 1984 年版，第 111 页。
④ 《列宁全集》第 55 卷，人民出版社 1990 年版，第 273 页。

括了世界历史作为有机整体的总的特征。

对于有机体的整体而言，它的最显著的特征就是组成整体的各个部分、各个要素之间的相互联系、相互作用的普遍存在。马克思曾经明确指出："不同要素之间存在着相互作用，每一个有机整体都是这样"。① 马克思在这里十分肯定地指出"每一个有机整体"都具有这个特点，说明了整体中部分之间的相互联系、相互作用是何等重要。恩格斯也曾指出：

"当我们深思熟虑地考察自然界或人类历史或我们自己的精神活动的时候，首先呈现在我们眼前的，是一幅由种种联系和相互作用无穷无尽地交织起来的画面。"②

可见，部分之间的联系是普遍存在的，并且部分因此而构成了有机整体，这是认识整体的关键。忽略了这一点，就不能完成对整体的正确认识，因为"我们抓不住整体的联系，就会纠缠在一个接一个的矛盾之中"。③ 马克思恩格斯在研究世界历史时，总是十分强调民族间的"交往"和"国际的交往"、"普遍交往"，就是从整体内部的各种相互联系出发来认识整体，这是非常值得我们注意的科学的方法。

重视整体内部的相互联系的方法，也是与辩证法的原则一致的。"因为辩证法在考察事物及其在观念上的反映时，本质上是从它们的联系、它们的联结、它们的运动、它们的产生和消逝方面去考察的。"④ 这就和形而上学的那种"撇开宏大的总的联系去进行考察"⑤ 的方法截然不同。辩证法的这一原则，是我们研究客观事物和人类社会的极为有力的理论武器，因此，恩格斯指出：

"要精确地描绘宇宙、宇宙的发展和人类的发展，以及这种发展在人们头脑中的反映，就只有用辩证的方法，只有不断地注视生

<hr />

① 《马克思恩格斯选集》第 2 卷，人民出版社 1995 年版，第 17 页。

② 《马克思恩格斯选集》第 3 卷，人民出版社 1995 年版，第 733 页。

③ 《马克思恩格斯全集》第 20 卷，人民出版社 1971 年版，第 506 页。

④ 《马克思恩格斯选集》第 3 卷，人民出版社 1995 年版，第 736 页。

⑤ 《马克思恩格斯选集》第 3 卷，人民出版社 1995 年版，第 734 页。

成和消逝之间、前进的变化和后退的变化之间的普遍相互作用才能做到。"①

辩证法不仅重视整体的联系，还要求把整体看作是运动着的整体，是发展着的过程，而不是某种僵死不变的东西。列宁曾写道："马克思和恩格斯称之为辩证方法（它与形而上学方法相反）的，不是别的，正是社会学中的科学方法，这个方法把社会看作处在不断发展中的活的机体（而不是机械地结合起来因而可以把各种社会要素随便配搭起来的一种什么东西）……"② 列宁在谈到马克思《资本论》的研究方法时，也多次强调说："辩证方法要我们把社会看作活动着和发展着的活的机体"。③ 可见，马克思、恩格斯从唯物辩证法出发，必然是把世界历史看作是一个充满联系而又不断发展变化的整体，这一点也是辩证唯物主义和旧唯物主义的区别所在。恩格斯在批判旧唯物主义的局限性时曾指出："它不能把世界理解为一种过程，理解为一种处在不断的历史发展中的物质。"④

马克思、恩格斯坚持用发展的观点、运动的观点来解释世界历史中的每一个问题，在他们的著作中给我们留下了许多光辉的范例。例如，马克思在分析资本主义时代的历史过程时曾指出：

"向总体的发展过程就在于：使社会的一切要素从属于自己，或者把自己还缺乏的器官从社会中创造出来。有机体制在历史上就是这样生成为总体的。生成为这种总体是它的过程即它的发展的一个要素。"⑤

在这里，构成"总体"的"要素"和"总体"本身都处在不断的发展变化之中，都是一种过程。恩格斯曾高度概括过关于发展的观点，称它是"一个伟大的基本思想"，并提醒我们在实际研究工作中要坚持这一思想。

---

① 《马克思恩格斯选集》第 3 卷，人民出版社 1995 年版，第 736 页。

② 《列宁全集》第 1 卷，人民出版社 1984 年版，第 135 页。

③ 《列宁全集》第 1 卷，人民出版社 1984 年版，第 159 页。

④ 《马克思恩格斯选集》第 4 卷，人民出版社 1995 年版，第 228 页。

⑤ 《马克思恩格斯全集》第 30 卷，人民出版社 1995 年版，第 237 页。

恩格斯说：

> "一个伟大的基本思想，即认为世界不是既成事物的集合体，而是过程的集合体，其中各个似乎稳定的事物同它们在我们头脑中的思想映像即概念，都处在生成和灭亡的不断变化中，在这种变化中，尽管有种种表面的偶然性，尽管有种种暂时的倒退，前进的发展终究会实现。——这个伟大的基本思想，特别是从黑格尔以来，已经成了一般人的意识，以致它在这种一般形式中未必会遭到反对了。但是，口头上承认这个思想是一回事，实际上把这个思想分别运用于每一个研究领域，又是一回事。如果人们在研究工作中始终从这个观点出发，那么关于最终解决和永恒真理的要求就永远不会提出了；人们就始终会意识到他们所获得的一切知识必然具有的局限性，意识到他们在获得知识时所处的环境对这些知识的制约性。"①

在这一段话中，恩格斯一方面阐明了关于"过程集合体"的思想，即发展的观点，已经日益深入人心，是众所公认的了；另一方面又告诫我们，在实际研究工作中坚持运用这一思想，并不是一件很容易、很简单的事情，经常还会有人提出一些与这一思想相背离的认识。在世界历史的整体研究中，这也是一个应当引起我们特别注意的地方。

至于整体与部分之间的关系，欧洲的哲学家们从古希腊时开始，就有许多精辟的见解，特别是黑格尔已在这方面建立了"巨大功绩"。马克思、恩格斯没有过多地去直接论述这个问题，而是在研究具体的社会历史问题时，善于正确地处理和把握整体与部分之间的辩证关系。比如马克思在《资本论》中谈到劳动协作时，他写道："单个劳动者的力量的机械总和，与许多人手同时共同完成同一不可分割的操作，……所发挥的社会力量有本质的差别。"② 这说明有机联系着的整体，是不同于部分的简单相加的。整体往往能够发挥出不同于部分，并且高于或大于部分的新的功能。

---

① 《马克思恩格斯选集》第 4 卷，人民出版社 1995 年版，第 244 页。

② 《马克思恩格斯全集》第 44 卷，人民出版社 2001 年版，第 378 页。

恩格斯曾证明：不同质的部分，就构成不同质的整体，因此，不能仅用量的关系来考察整体：他举了拿破仑讲的一个例子：骑术不精但有纪律，善于配合和协同作战的法国骑兵，在与骑术精良、善于单个格斗但没有纪律又不善于互相配合和协同作战的马木留克兵作战时，"2 个马木留克兵绝对能打赢 3 个法国兵；100 个法国兵与 100 个马木留克兵势均力敌；300 个法国兵大都能战胜 300 个马木留克兵，而 1000 个法国兵则总能打败 1500 个马木留克兵。"[①]

19 世纪中叶以后，马克思主义经典作家包括恩格斯、列宁、斯大林、毛泽东等人，根据世界历史的一些新进程、新材料，对马克思的整体思想不断地进行补充和发展，使其成为内容十分丰富的理论体系。比如，毛泽东同志曾多次从全局和局部的关系的角度，来论述整体与部分的辩证关系。他说：

> "全局性的东西，不能脱离局部而独立，全局是由它的一切局部构成的。……局部性的东西是隶属于全局性的东西的。"[②]

可见，全局包含着局部，局部是全局的组成部分。全局不能脱离局部，局部也不能脱离全局。没有各个局部，就没有全局；没有全局也就没有局部。两者是对立统一的关系。毛泽东同时还认为，全局与局部相比，全局处于主要的决定的地位，全局高于局部，全局统帅局部。要正确处理全局和局部的关系，必须首先照顾全局，以局部服从全局。因此，

> "必须懂得以局部需要服从全局需要这一个道理。如果某项意见在局部的情形看来是可行的，而在全局的情形看来是不可行的，就应以局部服从全局。反之也是一样，在局部的情形看来是不可行的，而在全局的情形看来是可行的，也应以局部服从全局。这就是照顾全局的观点。"[③]

---

① 《马克思恩格斯选集》第 3 卷，人民出版社 1995 年版，第 471 页。

② 《毛泽东选集》第 1 卷，人民出版社 1991 年版，第 175 页。

③ 《毛泽东选集》第 2 卷，人民出版社 1991 年版，第 525 页。

毛泽东在中国革命的具体实践中，为我们树立了正确认识和处理整体与部分的辩证关系的光辉范例，值得我们深入地学习和研究。

马克思主义关于整体与部分的理论，直接为我们今天的全球史研究提供了科学的方法论原则。虽然在他们的著作中，经常用"总体"、"有机体"、"社会系统"等概念来表示整体；用"要素"、"方面"、"局部"等概念来表示部分，概念虽有不同，但思想实质是一样的。我们应当善于从实质上来把握马克思主义的这些思想和理论，并运用它们来指导我们对全球史的整体研究。需要说明的是，对全球史的整体认识，本质上是沿着一条从抽象到具体，再到抽象，或者说从综合到分析，再到综合的路线前进的，这一认识方法是符合科学认识的逻辑的，也是符合现实的历史发展过程的。不认识到这一点，对全球史的整体研究就无法展开，就会陷入到一系列琐碎的历史细节之中。但要完成对全球史的整体认识，就必须严格坚持辩证唯物主义的方法和原则，以避免使我们的理论建立在流沙之上。

二、现代整体思想的升华

1. 现代整体思想的萌发

进入 20 世纪以后，整体研究越来越受到人们的重视。这一方面是因为现代世界的整体化进程，迫使人们不得不从整体的角度、综合的角度来考察问题；另一方面也是由于科学自身的进步，具体知识的积累，使人们已经能够把自然界和整个世界当作一个完整的对象进行较为精确的研究。于是，整体观的思想和方法论，就成为现代各门科学，不仅自然科学，而且社会科学所普遍采用的理论原则和研究方法了。

例如，在生物学方面，人们不再满足于依靠分析还原方法所认识的生命体的细胞和成分，而是希望了解生物的整体性、目的性、组织性以及各种奇异现象。以往通过分析还原的方法，虽然可以认识生物的许多细小成分，却无法达到对整体和整个组织的认识。20世纪20年代德国生物学家杜里舒就曾指出："当我漫步于造船码头时，我对于正在发生的事情仍然是蒙昧无知的。我能看到每个部件是如何制造出来的，但不知道他们如何将它们装配成一个'整体'"。[①] 杜里舒通过他那著名的胚胎实验，使人们相信，只有把生命看作是一个整体，才能够真正认识它。正是在现代生物学的影响下，才产生了贝特朗菲的系统论思想。

在物理学方面，20世纪可以说是物理学的一场革命。牛顿的经典力学被从那至高无上科学宝座上请了下来，让位给爱因斯坦的相对论以及量子力学、热力学的一系列重大研究成果。量子力学认为，宇宙并不是物体的简单集合，而是统一体中各部分之间相互关系的复杂网络。海森伯提出：

"世界表现为事件的复杂的交织物，其中不同的连接或者相互交替，或者相互复盖，或者组合在一起，从而决定了整体的结构。"[②]

在微观世界的研究中，人们也日益重视整体方法。比如19世纪时，人们认为原子是宇宙最简单的无结构的实体，现代物理学则认为原子是一个极其复杂的系统。在量子力学中，人们再也不能将现象精确地分解为局部事件了。因为按照测不准原理，一个微观粒子的位置和动量是不能同时测准的，既然微观粒子的初始条件没有精确值，局部事件就不能精确划分开来，人们只能从整体上研究它。在热力学理论中，人们开始从平衡态的研究转向非平衡态和远离平衡态的研究，从而能够认识物质运动的更加复杂的因果关系以及非线性的运动过程。

在心理学方面，20世纪初产生的格式塔心理学更为重视整体的研究，认为心理的整体并不是基本单元的总和，而是"组织的过程，部分在整体中获得新特性的形成过程"。[③] 正如墨菲和柯瓦齐在《近代心理学史导引》

---

① 王雨田：《控制论、信息论、系统科学与哲学》，中国人民大学出版社1988年版，第426页。

② 灌耕编译：《现代物理学与东方神秘主义》，四川人民出版社1984年版，第111页。

③ [美] K.考夫卡：《格式塔心理学原理》，黎炜译，浙江教育出版社1997年版，第15页。

中所说的那样：

> "心理学的每一个角落都已受到构造、或体系、或相互依存等概
> 念的侵袭；今天每一个理论体系或者拒绝原子论，或者承认它的不完
> 善，或者至少也要为它辩解。如此巨大的浪潮是不能以任何一种反向
> 运动所'阻挡'的；它必将产生它的影响，因为一般说来，这个趋向
> 很明显是同物理学中场和整体发展的总趋向吻合的，并同生物学中包
> 括各器官间、各整个个体间和物种间相互依存的进化形式现实化发展
> 的总趋向吻合的，心理学中的这一运动充满现代精神。"①

可见，心理学的整体研究，同物理学、生物学的整体研究一样，是科
学发展的一种潮流。

在社会科学中也是同样的，整体研究和整体思想已渗透到许多学科。
比如，在社会学方面，帕森斯认为，社会系统是由各要素协调一致的行
动、相互关联的功能组成的统一整体。从整体上看，社会系统像一个自我
调节维持其均衡的有机体。在文化学方面，本尼迪克特认为每种文化都有
一个基本结构，人们可以用文化的"整体化原理"来描述它。在未来学方
面，阿·托夫勒把人类社会作为一个整体考察，他认为："第二次浪潮文
化强调孤立地研究事物，第三次浪潮文化则注重研究事物的结构、关系和
整体。"② 在历史学方面，也出现了斯宾格勒和汤因比的文化形态史观，以
及法国年鉴派史学的"总体史观"等等。

2. 系统科学的整体思想

最能代表和反映现代科学思维中整体化特征的是系统论思想，特别是
20 世纪 20、30 年代贝塔朗菲提出的一般系统论。在贝塔朗菲看来，系统
是到处存在的，各门科学的知识领域中都牵涉到系统的问题，一个星系、

---

① ［美］G．墨菲、J．柯瓦齐：《近代心理学史导引》，林方等译，商务印书馆 1980 年版，第
368 页。
② ［美］阿·托夫勒：《第三次浪潮》，朱志焱等译，三联书店 1984 年版，第 397 页。

一条狗、一个原子等，都可以看作是一个系统，而所谓系统，就是整体或统一体。系统首先是一个整体，整体性原理是系统论中最为重要、处于第一位的原理。在20世纪60、70年代，系统论思想进一步丰富和发展，又出现了许多相关的理论，包括：协同论、耗散结构论、突变论、自组织理论、混沌学、分形学、超循环理论等，这些理论无一不是以整体事物作为自己研究对象的，它们共同结合在一起，成了一个现代科学的庞大科学体系——系统科学。

在系统科学的一系列理论中，到处都渗透着整体思想与方法。例如自组织理论，最初是系统科学中协同论的一个基本原理，它主要是揭示系统内部诸要素通过自行主动协同来达到宏观有序的客观规律。它认为，在一定的外部能量流或物质流输入的条件下，系统会通过大量子系统之间的协同作用，在自身涨落力的推动下，达到新的稳定，形成新的时间、空间或时空有序结构。系统演化的这种过程，称为自组织。所谓自组织，是指系统在没有外部指令的条件下，其内部子系统之间能够按照某种规则自动形成一定的结构或功能，它具有内在性和自生性。这是自组织系统的基本特点。

自组织理论提出后，立即引起科学界的极大兴趣和普遍的赞赏。人们发现整个宇宙以及宇宙中的许多系统，都是符合自组织理论所描述的演化规律的。于是，自组织作为一种新的理论范式很快流行起来。20世纪80年代初，美国科学家埃里克·詹奇出版了《自组织的宇宙观》一书，使整个学术界为之振奋。该书在自组织理论的基础上，首次提出了一种从宇宙演化、生物进化到社会文化进化和精神发展的广义综合进化论，即自组织进化论。詹奇认为：

> "自组织范式的兴起使我们能够详细描绘一幅新景观，这幅新景观以进化的微观和宏观系统所有层次上的种种自然动力学的关联性为基础。"[1]

---

[1] ［美］埃里克·詹奇:《自组织的宇宙观》，曾国屏等译，中国社会科学出版社1992年版，第1页。

这样一来，自组织就成为一切进化着的系统的存在方式，人类社会和世界历史也包括在内。

自组织系统有四种基本形态。其一是自同构。自同构是指具有某种相同或近似结构、功能的系统，会在同一外界条件下，构成一定的结构与功能的层次，在空间中形成某种近似的结构类型与功能类型。人类社会作为一种巨大的系统，完全具有自同构的功能。因为人类是一种群体性的和社会性的物种，人类群体不管在什么地方，都能够自发形成类似结构的社会组织。例如古代历史上出现的那些强大帝国，像汉帝国、罗马帝国、贵霜帝国、波斯帝国等等，它们在社会制度、官僚机构、国家机器、社会管理等许多方面都存在着相似性，尽管它们所处的历史时代、地理环境不尽相同，民族文化差异也很大，并且他们之间相互学习、模仿的机会也不多，可是它们的社会结构却很近似。即使把人类中的某一个群体迁移到另外一个星球上去，他们也同样能够建成与地球人类相似的社会结构，而且是他们的自主行为的结果。

其二是自复制。自复制是指系统在一定外界条件下，随着时间的推移，会在与其他类型的系统及自身内部的相互作用中，不断产生出具有与其相类似的结构与功能的新系统。系统的这种自复制功能，是一种十分奇异的现象。许多系统都具有这种功能，比如植物的一根枝条或一片叶子被折断后，它还会长出几乎一模一样的枝条或叶子。人体伤口的自我愈合，新生长出的机体与以往的机体功能可以毫无区别，这些现象过去很长时间里，并没有从哲学的高度得到一个令人满意的解释。自组织理论使这些十分古老的问题得到了现代科学的阐释。人类社会系统也是一个具有自复制功能的系统，人口的繁衍本身就是一种人类自我复制的过程。人类的许多文明成果能够长期延续下来，也是不断复制的结果。比如农业生产组织，年复一年的重复进行，甚至可以在几千年中没有多大变化。一些古老的文化传统，经过一代又一代人的重复使用，能够保存几千年，甚至更长时间。如果离开了自复制，人类历史将会出现更多的断层和断裂。

其三是自催化。自催化是指系统演化中普遍具有的自我催化的能力，是影响系统演化方向及其速度的重要因素。系统在演化过程中经常会出现一些催化剂，以防止系统的停滞或僵化。这种催化作用往往是自发地产生于系统的内部，它能够改变系统演化的方向或速度。比如在封建社会中不断发生的农民起义，对于封建社会的缓慢发展是一种推动，并且它也加快了封建制度的瓦解和资本主义生产方式的产生。这些农民起义就起到了一种催化剂的作用，并且这种催化剂是封建社会本身的内在矛盾运动造成的，是封建社会自身的一种现象，不是外力作用的结果。在资本主义社会中，周期性出现的经济危机，也是自催化的结果，是资本主义制度本身不可克服的一种机制，经济危机对资本主义社会的发展变化不断地产生着或大或小的影响。由于自催化，系统在演化过程中才避免了僵死和崩溃。

其四是自反馈。自反馈是指系统在演化过程中，可以不断将自身内部的某些信息以及系统与外部环境相互作用所产生的信息加以再吸收，以调节系统内部各区域的关系，以及根据环境的变化调整自身同外界的关系，导致系统内部诸要素之间关系的不断自我调整。人类社会运动也是一个不断地输出信息、输入信息、反馈信息的过程。反馈是系统自身所具有的一种功能，也是一种十分重要而又十分普遍的功能。有反馈，系统才能够不断地调整自身的演化，避免系统陷入混沌和无序状态，引导系统不断地走上正向的进化道路。在人类社会发展的历史上，反馈起着十分重要的作用，可以说，人类的每一次进步，都离不开反馈。从原始人"逐水草而居"，到现代核武器、核战争的控制，都是反馈信息作用的结果。所谓"逐水草而居"，反映出早期人类不断迁徙的过程，都是与外部环境之间的信息反馈相关联的；而核武器的产生使人们意识到核战争给人类带来的共同的灾难性后果，从而促使人们主动地限制、裁减、销毁核武器。人类行为的结果又反过来调节着、影响着人类的行为，这就是人类社会的自反馈功能，这一功能给人类带来了更多的成功和进步，减少了许多盲目性和危险性，是人类历史演化的关键所在。

除了以上四种基本形态之外，自组织系统还具有自维生、自调节、自反映、自参考等形态，这里就不一一赘述了。总之，自组织理论是如此重要，使人类社会和自然界中的种种系统和事物整体，在漫长岁月中的运动变化得到了一种更加客观的解释。不仅如此，它还改变着人们的世界观和许多科学认识，使生物体和非生物体之间的差距大大地缩小了。因为在自组织理论看来，无论生命还是非生命都是一个自组织的变化过程。

这一理论也许印证了美国宇航员史维加特在太空中对地球的感受。史维加特回到地球后，在谈到太空感受时曾说："我以一种无法描述的方式体验了地球，并体会了地球整体是活的。"当有人问他从太空中看地球像什么时，身为科学家的史维加特，沉思了好久，只说了一句话："那像是看见一个即将出生的婴儿。"①

系统科学的诞生，是 20 世纪人类科学发展史上最辉煌的成就，它作为一种新时代的理论模式、科学方法论甚至新的世界观，正在日益深入人心，正在稳步渗透到各个科学领域中去。也只有系统科学能够带领人们走向 21 世纪的科学前沿。在系统科学的强大影响和冲击下，整体研究、整体观思想、整体性原则已经毫无疑问地成为现代科学思维的基本方式和首要特征。

3. 现代整体思想与旧整体观的区别

现代科学思维中的整体思想与以往的古代朴素整体观和近代机械论整体观及有机论整体观相比，尽管都是从考察整体出发，通过整体与部分的相互关系，认识整体的运动、变化，但是，它们之间却存在着许多区别：

第一，以往旧的整体观基本上属于哲学思想领域，整体与部分是一对哲学范畴，而现代整体思想却被运用在各个科学研究领域，因为现在的人们认为每一个学科的研究对象都有整体存在的方式和变化的规律，都必须从整体的角度考察，才能得到真正科学的认识。

第二，以往旧的整体观是建立在科学技术相对落后的基础上，人们

---

① ［美］彼得·圣吉：《第五项修炼》，郭进隆译，上海三联书店 1994 年版，第 429 页。

对客观事物缺乏具体的分析和细致的研究，整体认识主要是依赖于哲人的猜测、思辨、洞察和天才的判断。而现代整体思想是建立在三次科技革命的基础上的，人们对客观事物已经有了深入和精确的研究，整体认识可以通过大量的分析资料，甚至是可以经验的事实来获得，比如"黑箱"理论等。

第三，以往旧的整体观对整体的认识过于简单，而现代整体思想认为整体事物是极其复杂的。比如，过去人们认为整体大于部分之和或者整体等于部分之和，而现在人们认为整体也可能小于部分之和；过去人们只知道整体是由部分组成的，现在人们认识到整体是一个多层次的有机结构，它具有与部分不同的质的规定性；过去人们认为涨落将破坏整体的稳定性，现在人们认为涨落可以使整体通过失稳而获得新的稳定性，即"通过涨落达到有序"等。

第四，以往旧的整体观认为整体的运动变化是处在一条因果链中，一个原因造成一种结果，整体事物是沿着时间之矢作线性运动，而现在人们认为整体事物的变化，是由多种因素、多种相互作用造成的，可以是异因同果，也可以是同因异果。整体的运动方向同时具有可逆性和不可逆性，是一种非线性运动等。

第五，以往旧的整体观是把整体当作一种处于平衡状态的事物加以考察的，而现在人们认为，在现实世界中，任何整体都是处在非平衡甚至远离平衡的状态中，绝对平衡状态的整体是不存在的。整体事物在运动变化过程中，受其内部各要素之间相互关系的影响，可能走向近平衡状态和有序状态，也可能走向崩溃和无序状态。但归根结底，非平衡态是事物走向有序的根源等。

第六，以往旧的整体观认为整体的演化是一种被组织的过程，比如把整体说成是受到某种神秘力量的推动，或者说像一台机器那样，整体是人们把一堆零件进行组装的结果，总之是外力的作用造就了整体。而现代科学认为，整体，尤其是复杂的整体，是在没有外部命令的情况下，由其内部诸要素按照一定规则自动形成的结构和功能，是一种自组织的过程。按照这种理论，整体事物在其演化过程中具有自同构、自复制、自催化、自反馈等形态。因此，整体可以自我调节、自我协调、自发运动以及自维生、自参考等等。

第七，以往旧的整体观只是从整体本身或整体内部的组成部分出发来考察整体，而现代整体观则着重从整体与其外部环境的相互作用来考察整体。外部环境对整体具有十分重要的意义，它是整体存在和演变的条件和场所，它能够在很大程度上决定着整体的结构、性质、状态和变化。离开了外部环境，整体就无法存在，整体与外部环境的相互作用不同，就会有不同的整体存在方式。以往旧的整体观忽略了外部环境的作用，而现代整体观则恰恰相反，十分重视外部环境的作用。

显然，现代整体思想比以往旧的整体思想更加完善、更加科学、更加严密。可以看出，从古代朴素整体观，到近代机械论的整体观、有机论整体观，再到现代系统论的整体观，是整体思想本身在人类思想史上的几个发展阶段，每一个阶段都是与当时一定的社会历史水平及科学技术水平相联系的。现代整体思想是与全球化时代的整体发展相适应的，也是与当今科学技术的迅猛发展相一致的。只有在现代整体思想的原则下，人们才能够对当今社会形成一个全面的、综合的认识，也只有通过整体研究，人们才能够获得对各门科学所研究的客观事物的科学的和现实的理解。因此，整体思想和整体研究就成为现代科学思维中的时代精神和基本模式，正在各个科学领域中发挥着日益重要的作用。

三、整体方法的现实意义

现代科学技术发展中的许多成果都是与整体研究分不开的。人们今天越来越认识到，现代整体方法对于各门学科，包括历史学科，都有着极为重要的理论价值和方法论意义。

1. 整体观念的历史地位

在人类的认识史上，对于整体的追求是十分执着的，认识整体、把握整体可以说是人类的一种永恒的理想和目标，人类也从来没有满足于对部分的认识，或在部分面前止步不前。要发展，要进步，就必须不断扩大人们的视野，不断认识更大的整体。所以，认识就成为一种永无止境的事业，整体也就成了认识的永恒目标。但是，整体认识的这种客观的、合乎逻辑的过程，却导致了人类思想史上对"整体"的种种偏见。

首先，"整体"如果作为一个普通名词，表示全体、全部、总体，它的涵义是简单而明确的。但是，当"整体"进入到了哲学领域中时，问题就立刻变得复杂起来：究竟什么是整体？什么是部分？整体与部分是什么关系？整体能够被认识吗？整体是相对的还是绝对的？整体有没有外部因素？整体为什么会发生变化？是谁操纵着整体？等等问题，都是很难一下子说清楚的，而且对于整体的解释往往会包括一些猜测、推理、思辨、模糊、不确定的东西，尤其对于一些巨大的、遥远的整体，人们无法形成经验的认识和体验。因此，不少思想家就把整体主义、整体论、整体观等都指责为神秘主义、虚无主义，加上以往旧的整体思想本身十分脆弱，较易受到攻击，所以，整体论者在哲学史上的地位都是很不妙的。另外一种情况是，把整体简单地看作是由部分组成的，所有的部分加在一起就等于整体，认识了所有的部分就等于认识了整体。因此，整体就是部分之和，认识部分就是认识整体，部分就是整体。这主要是近代机械论思想影响的结果，这种思想对于认识一些较为简单的、较小规模的整体来说，也许有一些直观的帮助，但它从未令人们满意过。因为机械论整体观并未回答整体是什么，它只看到了部分，并未看到整体。而实际上，整体绝不是部分之和，部分绝不能等于整体，只有整体才是客观实在，部分从未单独存在过。机械论思想并不真正接触整体，而是以部分取代整体，在解释整体的运动时，也只有归结于某种外力或"第一推动"，最终还是陷入了神学和宗教，未能给人们提供一种科学的解释。

"整体"在思想史上的不幸遭遇，使人们不太乐意去过多地论证整体，而宁愿把精力放在对"部分"、对细枝末节的研究上，科学的门类日益细化，科学家的专业领域也越来越窄，虽然科学成就在不断地积累，但人们对整体的认识却越来越模糊，整体的利益却越来越不受重视，甚至是背叛了整体。特别是 20 世纪以来，工业污染、环境恶化、生态失衡、核武器的生产、化学武器以及生物武器的研制等等一系列非人道的、全球性的问题的产生，甚至导致了人们对科学的不满和怀疑情绪，人们不禁要问：若科学继续这样发展下去，人类将会怎样？难道人类的智慧是为了毁灭人类吗？潘多拉的盒子果然打开了吗？这个世界真的疯了吗？

严酷的现实使人们警醒。20 世纪后半叶以来，情况急剧变化，人们重新关注整体、重视整体、研究整体。科学摒弃了门户之见，重又开始走向综合，交叉科学、跨学科研究、系统研究、整体研究一跃成为学术的主流和风尚，整体思想渗透到了各个学科领域，整体观理论也得到了新的升华。现代整体思想，是整体观发展史上的最高成就，而且正在逐步显示出其理论魅力和威力。

现代整体思想把整体看作是部分与部分之间的相互关系以及整体与环境的相互作用，把整体的运动变化看作是这些相互关系和相互作用的关联性的结果，整体的发展动力不是来自于神或上帝的力量，而是整体的自组织过程，环境对整体具有决定性的意义。这些思想第一次把"整体"放在了科学的宝座上，"整体"重又放射出耀眼的光芒，照亮了科学领域的各个角落。在现代整体思想的影响下，当代科学正面临着一场深刻的变革。这场变革的最终结果目前尚难预料，但有一点是可以肯定的，未来的科学将会服从自然界和人类整体的利益，将会进一步推动人类社会与自然环境的共同进化。

2. 整体方法的突破性意义

历史科学，也许是由于其专业上的特点，总是习惯于向后看，而忽略向前看。对于科学界产生的新思想、新方法，往往反应迟钝，接受得也较缓慢。现代历史理论对"整体"的态度基本上是拒之门外的，人们仍是喜欢在一些窄小的领域里深入钻研，对于整体、总体、综合的历史却缺乏兴趣，也缺乏信心，即使出现一些宏观的思想，人们也是口头上赞成，行动上半信半疑，实际上置若罔闻。因此，历史学总是落后于时代的，人们对历史学的批评也是屡见不鲜的。可以说，在当代科学整体化、综合化的大趋势面前，历史学如果不能引进整体研究，不能从整体上解释人类历史，不能揭示人类历史的统一性和本质联系，那么，就很难继续保持其在科学领域的地位。实际上，自20世纪初叶以来，就不断有人否认历史学的科学性，历史学究竟是不是一门科学？历史学应当向哪里发展？这是每一个史学工作者都应该深入思考的问题。马克思、恩格斯曾提出，历史科学是"一门唯一的科学"，[①] 我们今天的历史学能担当起这个重任吗？

笔者认为，历史学再照目前这样抱残守缺地走下去，是绝对没有前途的，一场根本性的变革已在所难免，而对全球史的整体研究已给我们展现出了一丝希望。当然，笔者深知，在整体研究的道路上，充满了艰巨性和复杂性，前面的路还很长，困难还很多。但是，笔者坚信，只要我们在整体研究的道路上坚定地走下去，历史学将有可能获得以下几个方面的突破：

第一，突破地区中心论。现代整体观强调部分之间的相互关系，从理论上排除了某个部分成为整体中心的可能性。全球史学科的天然使命就是否定地区中心论。在以往的世界历史研究中，总是存在着各种各样的中心论，其中影响最大的是西方中心论。直到今天，在世界历史甚至全球史的著作中，仍随处可见西方中心论的痕迹。实际上，世界历史的中心绝对不是西方世界。正如马克思和恩格斯指出的："世界贸易中心在古代是推罗、迦太基和亚历山大里亚，在中世纪是热那亚和威尼斯，在现在以前曾经是伦敦和利物浦，而现在则是纽约和圣弗朗西斯科、圣胡安—德尼加拉瓜和莱昂、查格雷斯和巴拿马。"[②] 而且，西方学者也承认，"近代以前，西欧

---

① 《马克思恩格斯全集》第3卷，人民出版社1960年版，第20页注。
② 《马克思恩格斯全集》第10卷，人民出版社1998年版，第276页。

并不是一个发达地区，而是一个不发达地区。11 世纪，中国生产的铁是 1640 年英格兰和威尔士和在一起生产铁的两倍半。到 12 世纪时，中国几大城市各拥有人口 130 万左右，相当于当时整个英格兰的人口。"① 可见，只有坚持整体研究，我们才有可能最终突破各种中心论。

第二，突破还原论方法。整体研究的主要障碍是还原论，还原论认识事物的方式是从部分到整体，它认为整体都是由部分组成的，认识了所有的部分就等于认识了整体，因此，整体可以还原为部分，部分就是整体。各个民族、各个国家的历史加在一起就是世界整体的历史。这种观点严重地妨碍了人们对整体的认识，实际上否定了整体的存在。现代整体思想则完全不同，它是从整体出发去认识部分，整体是部分之间的相互关系，是密不可分的，部分实质上不是客观实在，只有整体才是现实的存在。量子力学证明了从整体中划分出部分是不可能的，只有部分之间的相互关系是现实存在的，整体是不可分割的。因此，单独认识部分是不可能的，我们只能认识整体。任何事物都是以整体的方式存在的，所以我们也只能从整体的意义上去认识它。世界是一个整体，人类历史也是一个整体，我们必须从整体出发才能认识人类历史，才能认识人类历史的组成部分，如果从部分出发，是得不到对整体的正确认识的。

第三，突破群体狭隘性。以往人们常常过于强调历史学的党性、阶级性，这就使历史学难以超越政治史的樊篱。人类总是划分为不同的政治群体、不同的意识形态，如果历史学家只是从自己所处的阶级利益出发来看待世界历史，那他就难免总是从部分出发去看整体，这样的整体总是看不清楚的。从不同的部分出发，看到的整体都不一样，谁是谁非争论不休。其实，世界整体只有一个，从部分出发看到的整体，都不是真正的整体，只有从整体出发，才能认识整体。过去人们认为历史学家要想突破党性、阶级性的限制，恐怕不可能，因为在阶级社会中，每一个人都要打上阶级

---

① ［美］斯塔夫里阿诺斯:《全球通史——1500 年以后的世界》，吴象婴等译，上海社会科学院出版社 1999 年版，第 889 页。

的烙印。但是，现在时代不同了，世界的整体性大大加强了，人类的联结越来越紧密了，人类的整体利益也日渐突出了，历史学家作为人类的一员，不能不考虑人类整体的利益，这就要求历史学家突破群体，建立全局观念，这样才可能写出整体意义上的全球史。

第四，突破科学门类局限性。整体研究必然是一种跨学科的、综合的研究，当代科学发展的基本趋势是融合和渗透，这也是整体思想影响的结果。以往人们把科学划分为自然科学和社会科学，自然科学研究自然规律，社会科学研究社会规律，这种划分是把人与自然相对立的结果，它本身就割裂了整体，因为人类与自然界也是处在一个大的整体之中的，我们不能把人类社会完全从自然界中分离出来，也不能孤立地研究自然界。自然科学与社会科学不能截然分开，人类社会也是自然界中的一种事物，一种现象，客观规律"适用于自然界的，也适用于社会"。[①] 人与自然的统一，决定着科学的统一，全球史的整体研究，意味着将要揭示人类与自然界的关系史，在这个基础形成的历史学，或许有希望真正成为"一门唯一的科学"。

3. 全球史研究必须坚持整体方法

对于全球史研究来讲，整体方法是必不可少的基本方法。因为全球史是世界整体的历史，全球史的本质是它的整体性，因此，整体研究就是解决问题的关键所在，整体方法就是全球史研究必须坚持的基本方法。所谓整体方法，就是要应用现代整体思想的基本理论、基本原则，通过研究组成整体的部分与部分之间的相互关系以及整体与外部环境之间的相互关系来认识事物整体，揭示整体的发展进程及其规律性。这才是科学的整体研究方法。在历史学领域中，以往的"整体"研究，至多只是研究了部分之间的简单相加，还完全没有触及整体。这种情况如不改变，全球史研究最终是没有出路的。麦克尼尔就曾不无遗憾地指出，世界史虽然存在着全球

---

① 《马克思恩格斯选集》第4卷，人民出版社1995年版，第175页。

的共性和交往，但历史学更多的还是依靠地方史的资料，如何揭示人类历史是一个整体，史学家们还未达成一致。①

必须指出，只有通过整体研究，我们才能正确认识世界整体组成部分之间以及世界整体与其外部环境之间的相互关系，形成对全球史的综合的、宏观的认识，揭示世界整体的发展进程和发展规律，从而建立起真正科学的全球史的知识体系。这是与马克思的世界历史理论的基本思想一致的。以往一切建立在旧的整体观基础上的全球史研究，都是不能真正认识世界整体的历史或全球史的，只有在马克思世界历史理论指导下，贯彻和运用现代整体思想的基本理论和基本原则，我们才有可能完成全球史的研究任务。

只有通过整体研究，我们才能够跟上时代步伐，适应时代需要，体现时代精神。我们所处的时代，是整体发展的时代，当今的时代精神是整体观念和整体意识，而整体观念和整体意识必须通过整体研究才能实现，只有通过对各个科学领域知识体系的整体研究，才能给人们提供新的整体观念、整体认识、整体思路。因此，整体研究的提出，是我们时代整体发展的客观要求。对全球史的整体研究，是时代步伐为历史学提出的重大课题，是时代发展对历史学提出的客观要求，是时代精神在历史学领域中的必然反映。

只有通过整体研究，我们才能揭示人类社会发展的总过程及其规律性，以及人类总体发展的经验和教训，从而实现历史学科的社会功能。历史学要想揭示人类社会的发展进程及其规律，不能依靠对单个国家、单个民族的研究来实现。我们即使研究了所有国家、所有地区的历史，仍然得不到对整个人类社会历史的认识，这是因为整体不等于部分的简单相加，单纯研究部分，只能认识部分，永远不能认识整体。要认识整体，就必须研究部分与部分的相互关系以及整体与环境的相互关系，这就是整体方

---

① 　William H.McNeill: The changing shape of world history, *History and Theory*, 34（Theme Issue）1995.

法。只有通过这样的方法，我们才能够认识世界整体的历史，才能够认识人类社会发展的总进程及其规律，才能够为人类社会的未来发展提供必要的历史经验和教训。这也是历史学的责任。

只有通过整体研究，全球史学科才能获得它独立的学科地位，使它同国别史、地区史、专门史一样能够并列为历史学的一个分支，有自己特定的研究对象和研究范围，从而避免与历史学其他分支的过多重复。国内目前的全球史学科基本等同于世界史，而世界史学科又缺乏正确的整体观念，基本上是国别史和地区史的汇编，因此与国别史和地区史重复甚多。全球史学科要想成为一门独立的学问，就必须坚持整体研究，坚持现代科学的整体观念，使全球史真正成为世界整体的历史，而不是国别史和地区史的简单相加。

只有通过整体研究，全球史学科才能满足人们对宏观历史知识的渴求，吸引人们的兴趣，得到人们的支持和喜爱。近年来国内引进的几种全球史著作，普遍受到读者欢迎，市场销量一路上升，说明人们是需要宏观历史知识的。这种宏观历史知识的主要特征是它的整体性，是它对世界历史的整体层面上的研究和描述，这正是全球史的魅力所在。遗憾的是，国内学者很少能写出这样的全球史，也很少能写出具有整体性的世界史，其根本原因在于缺乏整体研究。

只有通过整体研究，才能使全球史学科持续发展下去，才能产生更多的新思想、新理论、新成果，才能改变我国全球史学科目前在国际上所处的落后地位，尽快赶上欧美发达国家，走到国际学术界同行的前列。现代整体思想给我们提供了许多新理论、新方法，正确应用这些新理论、新方法，能够使我们提升观念、开拓视野、更新模式、推陈出新。虽然欧美国家的全球史研究硕果累累，影响甚广，但细读他们的著作，也会发现他们在应用整体方法上，既不全面，也不完善，甚至还缺乏系统性。国内学者如果认真贯彻现代整体思想，坚持整体研究方法，就完全有可能写出更为科学的全球史，完全有可能超越欧美学者的学术水准，达到国际一流水平。

笔者认为，在进行全球史的整体研究时，应当正确处理好几个关系。

第一，整体研究与部分研究的关系。在谈到全球史的整体研究时，往往会出现两种倾向：一种倾向认为，对于人类历史的整体认识，必须在充分掌握局部的具体知识后才能进行。另一种倾向认为，历史研究的目的在于对历史过程的"质"的认识，因此，整体研究可以超越具体材料，在抽象的王国里进行。笔者认为，这两种倾向都是错误的。应该说，对于整体的研究和对于局部的研究是一个相辅相成的过程。整体研究虽然重视部分之间的相互关系，但并不是说对部分本身就不需要研究了。因为部分之间的相互关系与部分内部的变化密切相关，所以对部分内部的研究，也是同样重要的。整体研究有赖于具体知识的积累，局部研究也要由一定的整体知识为背景。单纯地空谈整体，或者片面地醉心于琐碎史实的考证，都不能完成全球史学科的任务。一般地讲，要从浩如烟海的史料中，描绘出世界历史的整体轮廓，是一项十分艰巨的工作，但如果我们要等到全部掌握历史事实之后，再去进行整体研究，那无疑等于取消了整体研究。

第二，马克思的世界历史理论与现代整体思想的关系。对全球史的整体研究，当然要吸取现代科学思维中的整体思想和整体方法，只有这样才能使我们的研究跟上时代发展的水平，才能使全球史学科居于现代科学之林。但是，这并不是说马克思主义的理论、方法和观点就已经过时了，对我们没有指导意义了。事实上，即使在目前国际史学界普遍不景气的情况下，马克思主义史学仍然是蓬勃发展，硕果累累。马克思的世界历史理论以其深刻的历史洞察力和精辟的见解，令国际史学界许多学者和流派深为叹服，至今仍然是充满智慧光芒的科学的理论体系。仅就整体观思想而言，马克思的世界历史理论坚持有机整体的思想，从唯物辩证法的高度出发，深刻地揭示了自然界和人类社会的统一性和客观事物的普遍联系，把人类社会看作是一个有机整体来加以考察。可以说，马克思的世界历史理论是我们研究全球史的基本理论原则，马克思主义的整体思想是现代科学思维中整体思想的重要来源之一。因此，我们对全球史的整体研究应当是坚持在马克思主义基本理论的指导下，运用现代科学思维的整体思想和整体方法去进行冷静的思考和钻研。只有这样，我们才能获得对世界整体历史的科学的认识。

第三，全球史学科与历史学其他分支学科的关系。全球史学科是一个新兴的学科，也是历史学内部的分支学科之一。应当明确全球史学科的研究对象和研究范围，摆正全球史学科在历史学诸多分支学科中的位置。笔者认为，全球史学科是历史学领域中的一个独特的分支学科，它与历史学的其他分支学科处于并列的地位。所谓并列地位，一方面是指全球史学科既然是一个分支学科，它和其他分支学科一样，是不能混同于历史学本身的，只能承担历史学中某一领域的科学任务。另一方面是指全球史学科不能过多地重复，更不能包含其他分支学科。比如，不能把国别史从属于全球史学科。全球史学科由于研究范围的特点，决定了在内容上它会涉及国别史、地区史、专门史的内容，但它与这些分支学科是相互区别、相互独立的。

第四，"史"与"论"的关系。看起来这似乎是个老生常谈的问题，但它对全球史的研究仍有着特殊的意义。一般地讲，整体研究因为要给人们提供宏观的、综合的历史知识，它的"论"的成分往往会多一些，如果不能正确地处理"史"与"论"的关系，就可能使全球史学科陷入一种空谈，或过于抽象的论述，结果将是十分危险的。这也许是人们不愿从事整体研究，宁愿在狭小的专业领域里耕耘的主要原因。但是，如果只重视"史"，而忽略"论"的话，离开了一定的理论指导和综合概括，要想从日益迅增、数量巨大的史料中，梳理出世界整体的历史过程，是根本不可能的，更不用说总结历史的发展规律了。应当认识到，对于像全球史这样的复杂而又巨大的整体来说，一方面，人们只能接触、体验到它的一部分，整体总是给人们留下某些抽象和神秘的印象；而另一方面，由于部分不能脱离整体，整体是不可分割的，人们就无法单纯地认识部分，但人们可以认识整体，因为只有整体是客观的实在和现实的存在。而整体就存在于部分之间的各种相互关系中。因此，"史"与"论"的统一，或"史"与"论"的科学的结合，就成为全球史研究的关键一环。离开了"史"或者离开了"论"，我们都不能完成全球史研究的任务。

余论　全球史学科的构建

在本书即将完成它的研究任务的时候，还有一个相关的问题应当略作讨论，那就是全球史学科的构建问题。严格地讲，在国内，全球史学科是一个尚未完全独立的学科，它是混淆在世界史学科之内的。甚至还有人否认全球史是一个学科，认为全球史只是一种历史观。实际上，无论是从当前时代发展的要求，还是从学科建设的需要来看，都必须构建一个独立的历史学分支学科——全球史学科。这个问题至今还没有引起史学界的足够重视。

一、从世界史学科的危机谈起

习惯上，国内学术界把除中国史以外的学科，都归入世界史。比如美国史、欧洲史、日本史等，全球史也在此列。既然如此，在为全球史学科定位之前，我们需要简单回顾一下世界史学科的情况。

古代中国没有"世界"的概念，但有"世"的概念，"世"是指时间三十年，即三十年为一世。"世界"这个概念在汉语中最初是从佛教经典中来的。在佛教经典中，"世界"指宇宙，世指时间，界指空间，《楞严经》中就说:"何名为众生世界?世为迁流,界为方位。汝今当知,东、西、南、北、东南、西南、东北、西北、上、下为界;过去、未来、现在为世。"所以说,中国古代没有今人的"世界"这个概念,更没有"世界史"这种提法。但是,古代中国的哲学里始终有整体思想,有天人合一的思想;在古代史学中有"天下"的概念,有域外史的记载,这是不可忽略的。

国内世界历史学科的正式建立,是1949年新中国成立后的事情,距今不过60多年时间,应当说,还是一门年轻的学科。在这60多年的时间里,如果扣除因"文化大革命"造成的停滞的十多年,就只有不到50年的时间。在这不到50年时间里,世界历史学科从无到有,发展成今天这样的规模,可以说,发展是很快的,成就也是很大的。

但是,20世纪80年代以来,世界历史学科同历史学的其他一些分支学科一样,面临着严峻的危机、挑战和困惑。这场危机来势汹汹,波及面广,反映在许多方面:比如教师队伍不稳定,人数减少;学生对世界史的兴趣降低,毕业后不愿从事所学专业,纷纷"逃离"史坛;研究机构急剧萎缩,经费严重不足;许多学术团体几乎处于瘫痪状态。正常的年会都无法召开,有些学术会议虽然能够按时召开,但与会人数越来越少;世界历史的专业刊物越办越少,目前只剩下《世界历史》一种。其他历史类刊物中,世界历史、外国历史方面的文章所占篇幅均不到30%;除了译著和教材以外,世界历史的出版物越来越少,印刷量越来越小等等。而最为严重的危机在于:世界历史专业的学术空气淡薄了,理论创新的意识减弱了,学术讨论、争论的热点和焦点问题变少了,与社会现实和民众需求的距离越来越远了。

一门十分年轻的学科,却遭受着如此严峻的挑战,这不能不让人对它的前景感到忧虑。那么,究竟是什么原因造成了这样一场危机呢?有人说,现在全世界的历史学都发生了危机,是国外的危机蔓延到了国内;有人说,现在搞市场经济,人们都更加注重知识的实用性,历史学古老、陈旧,自然没有什么"用处";也有人说,历史著作枯燥乏味,令人难以产生兴趣等等。其实,这些都不是主要原因。在笔者看来,世界历史学科出现危机的主要原因在以下几个方面：

第一，缺乏时代感。每一门科学在它发展的每一个阶段，都是处在一定的时代条件下的。离开了时代的基础，离开了时代的精神，任何科学理论都会遇到危机，甚至会走向消亡。我们目前处在一个整体发展的新时代，整体机制显得日益重要，它制约着整个人类社会的进步和变化，反映着我们时代的新风貌和新特征。许多世界史的工作者虽然看到了全球一体化的发展趋势，也认识到世界整体性的重要意义，但是，并没有把时代的变化趋势与自己的专业认真结合起来，也没有把新的时代精神贯彻于自己的研究工作中去。而是仍旧埋头于自己的那个狭小的专业领域，用原有的那些概念和方式从事着与前人相近似的研究，编写着大同小异的论著。这样研究出来的成果，难免会让人感到过时、陈旧、无聊。

缺乏时代感的表现是多种多样的：比如，没有站在时代水平的高度重新审视、评价世界历史；没有关注那些时代发展所提出的新问题、新领域；没有重视吸收现代科学发展所产生的新理论、新方法、新概念；没有突破传统的研究课题、研究思路、研究计划；没有考虑到社会公众对世界历史知识的新的需求和新的评价；没有注意开发世界历史的新的社会功能等等。

第二，学科界限模糊。世界历史是历史学的一个分支学科，应当有它自己独特的研究对象和研究范围，这样才能和历史学的其他分支学科区别开来。但是，长期以来，由于受到前苏联世界通史体系的影响，人们普遍认为：世界历史是记叙从古到今世界上各个地区、各个国家、各个民族、各个社会领域的发展过程的学科。实际上，这不应是世界历史学科的任务，而是整个历史学的任务。历史学是一门包罗万象的学问，它要阐述整个人类以往的全部发展过程，这需要由历史学的所有分支来共同完成。世界历史是历史学的一个分支学科，我们没有理由要求历史学的一个分支来承担整个历史学的任务，也不能让历史学的一个分支成为包罗万象的学科。否则的话，除了世界历史以外的其他历史学分支就没有存在的必要了，世界历史与历史学之间也就没有区别了。还有的人认为，世界历史就是外国历史，这显然也是不妥当的。中国是世界的重要组成部分，世界历史不能不包括中国历史的有关内容。也有的人把国别史等同于世界史，以为研究美国史、英国史、法国史等等，就是研究世界历史。其实不然，国别史是历史学的另外一个分支，它是以一国之史为其研究范围。美国、英国、法国等国虽是世界的重要组成部分，但这些国家的国别史加在一起却不等于世界历史。一个人即使读遍国别史的著作，他也仍无法得到对世界整体的历史认识。

由于学科界限的这种模糊状况，极大地限制和妨碍了世界历史学科的发展，一些历史学的其他分支，如地区史、国别史及各种专门史等，不断地侵占世界历史学科的领域，使世界历史学科的阵地越来越小。今天我们能够见到许多美国史专家、英国史专家、非洲史专家、二战史专家、文化史专家等，但能称得上是世界史专家的人越来越少了。照此下去，世界历史学科不仅是面临危机，而且是能否继续成为一个独立学科的问题了。

第三，研究方法陈旧。目前国内大多数流行的名之为世界历史的专著或教材，表面上看来是把世界历史当作一个整体来阐述，实际在谈到某一阶段的历史过程时，仍然是分别谈及一些国家和地区的若干史实，然后就进入下一阶段的叙述。这样似乎就完成了对"世界"历史的描述。实则不然，这种研究方法仍属于机械论的整体研究方法。它是把整体看作是部分的简单相加，把世界历史写成了国别史和地区史的汇编或堆积。按照这种方法，并不能从整体的意义上揭示世界历史的总进程、总趋势、总特点，而只是重复了国别史和地区史及专门史著作的部分内容。在国别史、地区史、专门史著作不断涌现的今天，这样的世界历史著作是不能令人满意的。因为人们读了它之后，不仅没有建立起世界历史的概念，甚至也没有获得比国别史、地区史、专门史更多的知识。于是，这样的世界历史著作就很快地失去了读者。

世界历史并不等于国别史、地区史的汇编或堆积，许多著名的学者都曾多次地强调指出这一点。遗憾的是，这种状况至今并未得到根本改变。究其原因，主要是研究方法的陈旧。在机械论整体观的指导下，只能写出"摆积木"式的世界历史。而对黑格尔、马克思、恩格斯提出的有机论的整体观，人们并未认真加以研究和运用，更不用说现代系统论的整体思想了。

第四，社会功能丧失。每一门学科都有一定的社会功能，这也是科学存在的依据。世界历史学科的基本功能，就是要给人们提供整个世界全局的历史过程及其规律。每个时代的人们，都十分渴望得到对整个世界完整的、综合的、宏观的历史认识，希望以此来帮助他们理解现实和理解人类的命运。在今天这个整体发展的时代里，人们对这种宏观历史知识和整体历史知识的需求，更是超过了以往任何时代。这本应给世界历史学科提供更多的"用武之地"，更多的发展机会。但是，我们的许多世界史工作者却因为宏观研究、整体研究的种种困难而踌躇却步，他们大多数仍然醉心于自己的狭小研究领域，在一些琐碎细节上大做文章。客观地讲，在一些细小的历史问题上，搜集些史料，整理成文章，是相对比较容易的，也是有可能被认为是有"深度"的，所以发表起来比较顺利。但是，微观研究毕竟不能代替宏观研究，细节上的研究也不能代替整体的研究，人们终究没有完成世界历史学科的基本任务，也不可能实现世界历史学科的社会功能。这样一来，世界历史学科赖以存在的基础就逐步丧失了。

还有其他一些原因，这里就不再一一论及了。我们现在的主要问题是：如何才能克服危机，走出困境，重新振兴世界历史学科。

笔者认为，加强全球史研究，加强对世界整体的历史研究，对于克服世界历史学科面临的这场危机，提供了一个很好的机遇。当然，这里所说的全球史研究，指的是运用整体方法，对世界历史的整体研究。这就要求世界史学工作者认清时代，正视现实，重新学习马克思的世界历史理论，并在现代科学思维中整体性原则的指导下，勇敢地承担起整体研究的重任，只有这样，才有可能实现世界历史学科的社会功能。除此之外，别无他途。

国内史学界的许多著名学者如吴于廑、李植枬、张象等，都多次大力提倡世界历史的整体研究。① 但至今这方面的工作进展缓慢，成果也不多，说明学术界对这个问题的认识，还有待深入。在这种情况下，对全球史学科构建的一些基本问题还有必要做进一步的探讨。

二、全球史的学科定位

全球史是一个新兴的学科，还没有形成一套成熟的理论。甚至直到今天，全球史学科的基本定位，都还是十分模糊的。因此，认识全球史学科的学科性质及其意义，确定全球史学科的研究对象和研究范围，探讨全球史学科的理论方法和特点等问题，仍然是摆在我们面前的一项任务。

1. 全球史的学科性质及其意义

全球史学科是一门整体性、综合性很强的历史学分支学科，主要研究世界整体的历史过程及其规律。它不同于通常意义上的世界史学科，因为它的研究范围并不包括国别史、地区史，它只研究整体意义上的世界的历史。这就使它有较多的概括性论述，但它又不同于史学理论学科，因为它仍然要以描述历史过程为主要任务。同时，全球史学科需要运用多学科、多领域的知识来描述世界整体的运行过程，它比传统的历史学分支学科更富有综合性，是多学科相互融合而形成的新型的历史学分支学科，这使它更加适应全球化进程的需要，更加符合 21 世纪的时代精神。

根据以上认识，为避免概念上的混乱和认识上的分歧，有必要对全球史学科进行重新定位：全球史学科是历史学的一个新的分支学科，它与历

① 参见吴于廑撰写的《中国大百科全书·外国历史卷》"世界历史"条；齐世荣：《关于开展世界现代史研究的几个问题》，载《历史教学问题》1988 年第 2 期；李植枏：《世界历史与整体发展》，载《世界历史》1991 年第 2 期；张象：《通过多种途径发挥世界史学科的社会功能》，载《世界历史》1993 年第 3 期。

史学的其他分支学科处于并列的位置。作为一个分支学科，全球史学科只能承担历史学总任务中的一个部分，因此，不能要求全球史学科去研究人类历史的全部内容；作为与其他分支学科并列的学科，全球史学科不能涵盖其他分支学科，不能与其他学科的研究内容过多地重复。全球史学科内部也不再划分出更小的分支学科，它本身是一个完整的、相对独立的、不可分割的科学理论体系和历史知识体系。比如它不像传统的世界历史学科那样还可以细分出国别史、地区史、国际关系史等等更小的学科，全球史则只能是一个学科，无法再细分。这是全球史的整体性所决定的。

定位决定地位。每个时代的人们，都十分渴望得到对整个世界完整的、综合的、宏观的历史认识，希望以此来帮助他们理解现实和理解人类的命运。在今天这个整体发展的时代里，人们对这种宏观历史知识和整体历史知识的需求，更是超过了以往任何时代。由于时代发展的需要和历史学本身的社会功能所决定，全球史学科是历史学中极为重要的分支学科之一，应当属于优先发展、鼓励扶持、政策倾斜的重点学科。

认清全球史学科在历史学领域中的位置，有着重要的意义。一方面，避免了将全球史与世界史学科混为一谈。如前所述，世界历史学科的学科界限十分模糊，不利于学科的发展。而全球史则有着明确的学科界限；另一方面，有利于确定全球史的研究对象和研究范围，使全球史研究不至于太宽泛。全球史既不能与历史学其他分支学科相重叠，也不能成为包罗万象的学问，它仅仅是历史学众多分支学科中的一个，它的任务和功能也必须是唯一的和独特的。

在当今世界整体化、一体化、全球化进程不断加速的条件下，建设一门以整体研究为特征的全球史学科，适应了时代发展的需要，体现了当今时代的整体精神，也发挥了现代科学思维中整体性原理的理论威力。因此，新的全球史学科的建立和发展，对于世界历史学科克服危机、摆脱困境、寻求新的生长点，对于各门科学的融会、整合、交叉、发展，对于维护世界整体的全局利益，推动人类社会的可持续发展都有着极为重要的理论意义和现实意义。

2. 全球史学科的研究对象和研究范围

全球史学科以整体意义上的人类社会的历史运行过程及其规律为研究对象。也就是说，全球史是世界整体的历史，是具有世界意义、反映整体趋势的人类活动的历史。这个整体是一种不可分割的活的有机体或高度进化着的组织。它是以整体的方式存在和演化着的，因此它只能被整体地认识。所谓整体，它不仅仅是由部分组成的，更为重要的是，它是指部分与部分之间复杂的相互关系以及整体与外部环境之间进行的物质、能量、信息的交换。世界整体有它自己的运行模式，这个运行模式并不等于世界部分运动过程之和。因为部分与部分之间的相互关系能够产生新的因素、新的能量、新的复杂性，它们不从属于部分，而是从属于整体。所以，全球史学科不是要穷尽人类历史的所有细节和部分，而是要着重研究人类群体之间的联系以及人类与自然界之间的相互关系、相互影响。

全球史学科的研究范围限定在世界整体的运行过程及其规律性。这一范围在逻辑上包括了世界各地的、各个历史时期的人类活动的全部过程，但在实践上，全球史学科不再将世界整体分解为若干部分进行逐一的研究，而是仅仅从整体的角度加以考察。所以，全球史不等于国别史、地区史的汇编或堆积，应当给人们提供整个世界全局的历史过程及其规律。实际上，历史学家永远不可能掌握人类活动的全部过程的全部史料，社会愈发展就愈是如此。布罗代尔在半个世纪前就指出，历史学家应当认识到，所有的社会科学都是相互影响的，历史学正像是这个相互影响的"牺牲品"，随着人类科学的不断发展，新知识、新目标不断增加，历史学家的职业不得不面对越来越复杂的变化。[①] 解决问题的办法只能是加强整体研究。

全球史学科研究的问题主要有：世界整体与其外部环境的相互关系及其变化过程；世界整体的质的规定性；世界整体的运行过程：世界整

---

①   Fernand Braudel: *On History*, The University of Chicago Press, 1982, p.65.

体的变化过程和发展趋势；世界整体运行过程中的阶段划分和阶段性特征；具有世界整体历史意义的历史人物、历史事件、历史运动；世界整体各个组成部分之间联结方式和联结度的发展变化；世界整体的运行模式及发展取向；世界整体内部的各种相互关系、相互作用及其运动、变化过程；全球史的目的和意义；全球史的史料选择、运用及其编纂体例等。

3. 全球史学科的理论基础和方法论原则

作为历史学的分支学科，历史学的基本理论同样是全球史的基本理论。马克思主义的唯物史观是科学的历史观，是全球史学科的基本指导思想。马克思的世界历史理论是全球史学科的直接理论基础，应当作为全球史学科的基本理论。马克思的世界历史理论本身是对世界历史的整体研究的结果，马克思所强调的普遍交往、世界历史性存在、世界历史个人、世界历史的统一性与多样性等等，都是全球史理论的重要内容。国外大多数全球史学者，虽然没有直接引用马克思的观点，但都自觉或不自觉地受到唯物史观的影响，重视物质力量、经济发展对历史的推动作用，承认交往、互动在全球史发展过程中的重要地位。

全球史学科的方法论原则，在坚持历史学一般方法论原则的基础上，也有它独特的地方。这就是全球史学科应当在马克思主义的辩证唯物主义和历史唯物主义的基本原理指导下，吸取现代科学方法论中的最新成果，着重采纳现代科学思维中的整体思想作为主要的方法论原则。现代整体思想主要体现在一般系统论、系统哲学、协同论、耗散结构理论、突变论、网络理论、自组织理论、混沌学等理论中。这一思想的实质是把研究对象当作不可分割的、自组织的、相对独立的整体，通过考察构成整体的各个组成部分之间的有机联系和相互作用以及整体与其外部环境在信息、物质、能量上的不断交换，来揭示整体的复杂的、不平衡的、非线性的运动、变化过程。此外，跨学科研究、比较研究、计量研究等也是全球史学科应当重视的研究方法。

4. 全球史学科的任务和特点

全球史学科的研究任务主要包括：阐述世界整体与自然环境的相互关系及其在不同历史阶段的发展演变；揭示世界整体发展、运动的过程及其规律性；提供世界整体进程的宏观的、综合的、完整的历史认识和科学理论；提供现实世界全球化进程的总体背景和历史解释；论证世界整体进程的一般趋势和未来前景，阐述各个国家、各个民族的相互关系以及人类各地区之间相互交往、互动的历史过程；帮助人们正确地理解世界整体的发展过程，正确认识现实中的全球化进程以及未来人类社会发展的一般趋势；培养人们的整体思维习惯和行为方式，改善不同国家、不同民族、不同文化之间人们的相互关系，努力构建和谐世界；提高人们的全球意识和环境意识，呼吁全社会重视和解决全球性问题，维护生态平衡和生物多样性；提醒人们关心人类命运和全球利益，争取实现永久的世界和平，推动整个人类文明的不断进步。

全球史学科的主要特征是整体研究，它所要揭示的是人类历史整体的总进程、总趋势、总规律，这是与历史学其他任何分支学科的明显区别。与以往世界历史学科不同的是，这里所说的全球史既不是国别史、地区史、专门史的简单相加或汇编，也不是包罗万象的、涵盖人类历史一切细节的万花筒，它仅指具有整体意义的那一部分历史过程。在历史学大家族中，只有全球史学科必须进行整体研究，必须面对人类整体，必须研究世界整体各个组成部分之间的相互关系以及世界整体与外部环境之间的相互关系。离开了整体研究，全球史学科就会等同于世界史学科，就会与国别史、地区史、民族史相重复，最终就会失去自己的学科界限和学科地位。

三、全球史的编纂

全球史应当如何编纂？这是一个不能回避的问题。近年来，图书市场上的全球史著作深受读者欢迎，相关著作的销量直线上升，说明了人们对全球史知识的渴望和需求。但这些全球史著作基本上是国外学者所著，而国内学者大多认为，全球史就是世界通史，因此，并不特别关心全球史的编写。实际上，全球史不能等同于以往的世界通史，对全球史的编纂必须作专门的探讨。

1. 20 世纪的全球史编纂

15 世纪以来，虽然世界各国出现了数量不少的"全球史"（世界史）著作，但它们大都是缺乏整体性的全球史，这些著作不是带有明显的欧洲中心论色彩，就是把全球史写成了国别史或地区史的拼凑和汇编。真正称得上是世界整体历史的可谓是凤毛麟角。造成这一现象的客观原因是民族国家的兴起，使历史学家们更为关注民族和国家的历史。

进入 20 世纪以后，情况发生了巨大变化，世界历史本身的整体化进程，使人们愈益感受到世界各国、各地区之间的相互影响和相互联系，而两次世界大战在欧洲的首先爆发和欧洲文明国家之间的残酷厮杀，又彻底动摇了欧洲中心论的观念在人们心目中的地位，悲观主义情绪弥漫在整个欧洲的上空。时代条件的显著变化，促使人们用新的眼光去看待欧洲和世界及其历史。在这种背景下，越来越多的历史学家开始尝试用一种全球的、宏观的眼光，重新研究和撰写世界历史。他们试图摆脱欧洲中心论的羁绊，把世界看作是一个整体，从各个部分之间的相互关系以及人类同自然环境的密切联系上来揭示世界历史的总进程。文化形态史观和总体史观对此产生了许多推动作用，而系统科学的逐步成熟，又给了历史学家以崭新的世界观和方法论。由于这许多有利的因素，使世界整体史的编纂出版工作，呈现出空前的繁荣局面。

我们可以随便列举出一些这方面的代表性著作。如：赫·乔·韦尔斯的《世界史纲》（1920 年）、科恩和瓦尔贾维克的《世界史》（1952 年）、伯恩斯和拉尔夫的《世界文明史》（1955 年）、曼恩的《普罗皮兰世界史》（1960 年）、麦克尼尔的《西方的兴起》（1963 年）和《世界史》（1967

年）、瓦格纳的《历史学家和世界史》(1965 年)、斯塔夫里阿诺斯的《全球通史》(1966 年)、巴勒克拉夫的《当代史导论》(1964 年)、瓦特等的《二十世纪世界史》(1967 年)、伊斯顿的《1945 年以来的世界史》(1968 年)、丹斯的《统一的世界历史》(1971 年)、巴特菲尔德的《论中国史和世界史》(1971 年)、巴勒克拉夫的《泰晤士世界历史地图集》(1978 年)、托马斯的《世界史》(1979 年)、哈考特和罗宾逊的《二十世纪世界史》(1979 年)、杰里·本特利和赫伯特·齐格勒的《新全球史》(2000 年) 等等。

在这些著作中，麦克尼尔的《西方的兴起》(1963 年) 通常被认为是全球史著作的开端，实际上，在麦克尼尔之前，韦尔斯等人的著作，已具有较为明确的整体观念。此外，美国学者沃勒斯坦的《现代世界体系》、德国学者弗兰克的《白银资本》、约阿希姆·拉德卡的《自然与权力：世界环境史》、庞廷的《绿色世界史》、朝德哈利的《印度洋的贸易与文明：从伊斯兰教的兴起到 1750 年的经济史》、科汀的《世界历史中的跨文化贸易》、威廉· H. 麦克尼尔的《瘟疫和人类》等著作在全球史研究中亦有重要影响。这类著作能够从整体的角度出发，对世界历史或全球史过程进行新的分析和研究。如麦克尼尔提出应将全球文明看作相互联系影响的整体，认为各文明相互间的接触交流所造成的技术和文化进步与生产生活形态向较高方式演化，是人类发展的关键因素；华勒斯坦用世界体系理论阐释了资本主义、自由主义、民族主义、社会主义的改革与革命的经济与历史渊源等问题，并将这些问题都纳入到多学科综合的世界体系论中；安德森将欧洲作为一个整体来比较分析东、西、南、北欧的生产力、生产关系和国家体制等。

实际上，这些著作虽然都具有整体的视野，但如何理解整体的概念？如何去描述整体？如何从整体角度去阐述世界历史？这些问题并未完全解决。其主要原因是，在这一时期，系统科学的一系列新理论、新方法、新观念尚未对史学界造成太大影响，人们的整体论认识，还停留在近代机械论的水平上。因此，对全球史学科的定位十分模糊，人们把全球史和世界史基本是混为一谈的。在阐述全球史的时候，由于缺乏现代整体理论的支撑，所以还不可能有根本性的突破。人们只是朦胧地感觉到世界的整体化进程以及世界整体的重要性，不能脱离整体去描述国家和民族，因此编纂出各种各样的具有整体意识的全球史或世界史。

2. 全球史的编纂特点

我们仅以目前国内最为流行的全球史著作——斯塔夫里阿诺斯的《全球通史》和本特利的《新全球史》为例，来看一下目前全球史编纂的一些特点。

斯塔夫里阿诺斯的《全球通史》在编纂原则和编纂体系上有三个明显的特点。第一，该书在第一章《引言：世界史的性质》中，开宗明义，首先强调了该书的全球眼光，指出："本书是一部世界史，其主要特点就在于：研究的是全球而不是某一国家或地区的历史；关注的是整个人类，而不是局限于西方人或非西方人。本书的观点，就如一位栖身月球的观察者从整体上对我们所在的球体进行考察时形成的观点，因而，与居住伦敦或巴黎、北京或德里的观察者的观点判然不同"。[1] 作者十分强调世界的整体性和统一性，他认为："重要的是，人类历史自始便具有一种不容忽视、必须承认的基本的统一性。要确切认识西方的历史或非西方的历史，没有一个包含这两者的全球性观点是不行的；只有运用全球性观点，才能了解各民族在各时代中相互影响的程度，以及这种相互影响对决定人类历史进程所起的重大作用"。[2] 这里所说的各民族的相互影响，与马克思所说的"普遍的交往"以及系统论整体观中的部分与部分的相互关系本质上是一致的。所谓全球史或者世界整体的历史著作，与以往的世界历史著作的根本区别就在这里。

---

[1] ［美］斯塔夫里阿诺斯：《全球通史——1500 年以前的世界》，吴象婴等译，上海社会科学院出版社 1988 年版，第 54 页。

[2] ［美］斯塔夫里阿诺斯：《全球通史——1500 年以前的世界》，吴象婴等译，上海社会科学院出版社 1988 年版，第 55 页。

第二，全球史虽然是"整体"的历史，但并不是要研究所有"部分"的历史，"正如西方历史不是西方各国历史的总和，世界历史也不是世界上各种文明的总和"。就是说，研究西方历史并不是要逐一研究所有西方国家的历史，"而应把研究的重点放在对整个西方发生影响的那些历史力量或历史运动之上，诸如基督教、伊斯兰教、十字军东侵、文艺复兴、宗教改革、法国革命、科学和工业革命等等。研究世界史也同样如此，不过，世界史的舞台是全球而不是某一地区，因此，研究重点应放在那些具有世界性影响的运动之上。"[1] 作者非常反对把全球史写成搭积木式的国别史的简单相加，他显然更为重视重要的历史运动（事件或专题），这些历史运动往往产生了全球性的影响。

第三，该书以 1500 年为界，分为上下两卷。上卷共五编，第一编写史前人类，第二、三、四编写欧亚大陆文明，第五编写欧亚大陆以外的文明。欧亚大陆文明是上卷的主要内容，其中包括了古代文明、希腊罗马文明、印度文明、中国文明、伊斯兰文明、拜占庭文明等。显然，上卷的叙事单元基本以历史上依次出现的诸文明为主，其体例受斯宾格勒和汤因比的文明形态史观影响较大。下卷共四编，第一编主要写西欧扩张的根源和西欧扩张时其他地区的历史背景；第二编主要写新兴西方的世界，1500—1763 年；第三编主要写西方据优势地位的世界，1763—1914 年；第四编主要写 1914 年以来西方衰落和成功的世界。在各编中有些章节叙述了国家和地区的历史，有些章节则叙述了重要的历史运动（事件或专题），比如科学革命、工业革命、政治革命、第一次世界大战、五年计划和大萧条、第二次世界大战、冷战等。可见，下卷并不局限于文明形态的历史，而是叙述了一些专题史，这些专题史的叙述更好地阐述了世界整体的历史过程。至于西方的历史在书中占有较多的篇幅，作者解释说"并不是因为本书偏向西方，而是因为从全球观点看，这时的欧洲实际上是世界变化的动

---

[1] ［美］斯塔夫里阿诺斯：《全球通史——1500 年以前的世界》，吴象婴等译，上海社会科学院出版社 1988 年版，第 56 页。

力之源。……以欧洲为中心并不排除全球性的观点和范围"。①

　　本特利和齐格勒合著的《新全球史》，在编纂原则和编纂体系上也有三个明显的特点。第一，全书在叙述人类历史时，紧紧抓住两个主题：传统与交流。该书的英文原名为 *Traditions and Encounters: A Global perspective on the past*，可见，作者是非常强调传统（Traditions）和交流（Encounters）的。作者认为，"这两个主题集中反映了人类发展的最重要的特征，概言之，它们可以对人类社会历史发展的原因做出解释"。作者在前言中解释说，所谓"传统"，"关注的是个体社会的组织、维持和衰落。在人类发展的早期阶段，人群中就产生出特点各异的政治、社会、经济和文化传统来管理社会事务。……本书的一个主要目的就是要考察曾经塑造了各民族生活和经历的各种政治、社会、经济和文化传统的发展。……本书特别重视那些大型的、人口密集的、以城市为基础的复杂社会组织，它们对人类过去 6000 年的历史产生了深刻的影响"。作者的这段话，说明该书的叙事单元是以社会组织为主的，与《全球通史》中叙述的文明略有差异。该书强调的另一个主题是交流，作者说交流的主题"就是关注于交通运输、贸易往来和交互影响等能够维系某个社会组织与其相邻组织和周围更广大地区联系的手段和方式。……人们之间的交流以大规模的民族迁徙、帝国扩张战争、远距离贸易、农作物的传播、疾病的传染、生产技术的传播以及宗教和文化的传播为形式，对各个社会组织以及世界整体的发展产生了深刻的影响"。② 作者用"交流"来表示各个社会之间的相互影响、相互作用，同样是注重人们之间的互动，突出了世界历史组成部分之间的相互关系，这是研究世界整体的历史所必须重视的。作者认为，"全球的互动深刻地影响到所有人的命运，仅仅从西欧、从美国、日本或者其他某个社会出发，是不可能理解当代世界的。同样，仅仅从某个社会的历史经验出

---

① ［美］斯塔夫里阿诺斯：《全球通史——1500 年以后的世界》，吴象婴等译，上海社会科学院出版社 1992 年版，第 3—4 页。

② ［美］杰里·本特利、赫伯特·齐格勒：《新全球史》，魏凤莲等译，北京大学出版社 2007年版，第 10—11 页。

发也是不可能理解世界历史的。"①

第二，在结构上，该书把世界历史分为七个时期，即全书的七个部分。每个部分的年代划分及内容安排，亦有其特色。第一部分是"早期复杂社会（公元前3500—前500年）"，主要叙述亚洲、非洲、美洲和大洋洲的早期社会，其中史前时代仅占一章，只用2万余言概述了400万年前至公元前3500年的人类社会；第二部分是"古典社会组织（公元前500—公元500年）"，主要叙述波斯、中国、印度、地中海的古代历史，并专辟一章叙述丝绸之路上的文化交流；第三部分是"后古典时代（公元500—1000年）"，主要叙述拜占庭、伊斯兰、中国、印度的古代社会以及西欧基督教社会的历史；第四部分是"跨文化交流的时代（公元1000—1500年）"，主要叙述蒙古帝国、撒哈拉以南非洲、西欧、美洲和大洋洲的社会情况以及跨文化交流的历史，这里的跨文化交流涉及远距离贸易、旅行、鼠疫、探险、殖民等历史内容，是该书的一个特色；第五部分是"全球一体化的缘起（公元1500—1800年）"，主要叙述跨洋交流与全球联系、欧洲的转变、美洲和大洋洲、东亚的传统和机遇、伊斯兰帝国等，这一部分的研究视野更加宽广，作者显然把1500年作为全球化过程的开端，近代早期阶段的历史是全球化的第一个阶段；第六部分是"革命、工业和帝国时代（公元1750—1914年）"，主要叙述大西洋世界的革命和民族国家、工业社会的产生、独立时期的美洲、处在十字路口的社会（指土耳其、俄罗斯、中国、日本等国）、世界帝国的建立；第七部分是"现代全球重组：1914年至今"，这一部分各章都是全球性的专题，如第一次世界大战、焦虑的时代、民族主义和政治认同、第二次世界大战、两极世界、帝国的结束、没有国界的世界等。

第三，该书作为一部全球史的教材，在体例上也有一些独特之处。比如在每一部分的前面都有一篇简短的序言，对这一部分的内容做一概括性

---

① ［美］杰里·本特利、赫伯特·齐格勒：《新全球史》，魏凤莲等译，北京大学出版社2007年版，第9页。

介绍，帮助读者了解每一章的基本内容；在每一章的开头都先讲述一个历史人物的故事，以激发学生的兴趣并点明该章的主题；在每一章的后面都有一段总结性的表述，提出该章的结论。还有一个结合本章内容的大事年表和进一步阅读文献，并对这些文献做了简单的评价，以便于读者做进一步的研究；在每一章中还设有背景链接和历史文献栏，为读者提供了一些相关的历史知识；甚至在每一页的页边，都列出了该页的关键词；全书的最后还附有术语表、索引和大事年表，帮助读者阅读。此外，该书还建立了专门的网站，读者可上网查询相关的地图、词汇、新闻等。相比之下，国内的世界历史教材就缺少读者使用的工具，只是单一的文字阐述，也减少了教材的可读性。因此，该书的这些特点，还是值得我们借鉴的。

斯塔夫里阿诺斯的《全球通史》和本特利的《新全球史》这两部书，都深受读者欢迎。《全球通史》1970 年出版，1980 年已修订三版。1984年左右引入我国，1988 年中译本问世，旋即在高校盛行，国内至今已出多版。《新全球史》2000 年出版，到 2005 年就出到第三版，并成为全美销量第一的世界史教科书。中译本根据 2005 年版译出，2007 年即问世，市场反映快，销量大，且好评如潮。这些情况说明，伴随着全球化的进程，社会上对全球史知识的需求是巨大的，这一点应当引起我们的高度关注，因为我们对全球史的研究还是远远不够的。

就这两部代表性的著作而言，虽然在全球史研究方面已取得了很大的进展，但仍然存在一些问题。比如，世界整体与环境的关系还没有得到充分的论述，离开了环境史的描述，世界历史的整体性就难以展现出来；再如，这两部书中，国别史、地区史的内容明显偏多，还没有完全摆脱以往世界通史体例的影响，这也是造成这两部书篇幅过大的一个原因。实际上，现有的全球史著作，大多近似于世界通史，并不是真正的全球史。造成这一现象的主要原因在于：没有正确认识全球史的整体性。究竟什么是整体？哪些历史内容应当属于全球史？哪些历史内容应当属于地区史？这些问题并没有得到很好地解决。此外，在全球史的分期、内容编排等问题上，都需要做进一步的研究。

3. 全球史的叙事单元和叙事方法

在编纂全球史的时候，首先要解决的问题是采用什么样的叙事单元。如果叙事单元是国家或民族、地区，甚至是某一种文明或一个社会，都有可能把全球史写成国别史、地区史的汇编，并不是真正的全球史或世界整体的历史。那么，究竟采用什么样的叙事单元才便于叙述全球史呢？

笔者认为，以某一个问题或一个专题为基本的叙事单元，是比较恰当的。这些问题或专题应当是关系到整个世界、整个人类社会的。巴勒克拉夫给我们树立了一个典范，他的《当代史导论》（1964 年）一书，在叙述1890 年到 1961 年的世界历史时，既没有按照国家或地区来叙述，也没有按照一个个文明或社会来叙述，而是用七章的篇幅，每章阐述一个问题，共七个问题。如科技进步和工业制度、人口因素、全球政治、大众民主、反对霸权的斗争、共产主义的影响以及文学和艺术等。全书仅仅十余万字，就把当代世界七十年的发展过程完整地刻画出来，使读者真正了解到当代世界的整体面貌。巴勒克拉夫的《当代史导论》虽然是一本小书，只有十几万字，但却产生了巨大的影响，是与他的全球史观分不开的，而他的全球史观是用这种专题叙述的编纂方式呈现给广大读者的。A.G. 霍普津斯也认为，全球史"追求的是抓住所有超国家的联系，围绕一些专题，如环境变化、思想运动、疾病扩散等。这些专题在传统的国际关系研究中只有很少或毫无地位"。①

实践表明，以反映世界整体发展的专题作为叙事单元是全球史编纂的最佳选择。在人类历史的不同时期，会有不同的整体性问题，因此就会有许多专题。可以将这些专题进行分类，比如：

环境史：陆地水体、植被物种、资源矿藏、自然灾害、生态平衡等；

生活史：人口分布、衣食住行、婚姻家庭、闲暇娱乐、医疗卫生等；

生产史：采集狩猎、畜牧农耕、城市乡村、工业技术、商业金融等；

文化史：语言文字、思想道德、宗教科学、文学艺术、民俗民风等；

---

① A.G Hopkins: *Global History*, published 2006 by PALGRAVE MACMILLAN, New York. p.5.

社会史：种族民族、政治法律、阶级国家、社会组织、媒体传播等；

交往史：战争和平、迁徙殖民、贸易旅游、交通通讯、国际关系等；

探险史：地表地下、南极北极、山川荒漠、海洋河流、太空宇宙等。

……

全球史虽然可以专题作为叙事单元，但又不能写成专题史的简单汇编，因为专题史的简单汇编依然是专题史，而不是全球史。所以，写一部真正的全球史，不仅要以反映世界整体发展的专题作为叙事单元，还应当注意一定的叙事方法。比如，每一个专题的内容，都应当属于某一个历史时代，而不是贯穿整个全球史，否则就会把全球史写成专题史的简单相加。这就要求我们对全球史做一个分期，本书在第六章对整个全球史做了阶段划分，根据本书的学术立场，整个全球史可以分为六个阶段，它们的时间范围如下：

原始时代：从人类产生到 1 万年前；

农耕时代：从 1 万年前到公元前 3000 年代；

古典时代：从公元前 3000 年代到公元前 500 年左右；

帝国时代：从公元前 500 年到公元 15 世纪；

工业时代：从 15 世纪到 19 世纪末 20 世纪初；

信息时代：从 20 世纪初叶到现在。

在每一个历史时代，都会有若干个重要的专题，那么，应该先写什么专题？后写什么专题呢？也就是说这些专题应该有一个排列的顺序。为了更好地反映世界整体的历史面貌，笔者认为，应当首先叙述世界整体与外部环境的关系及其变化，其次叙述世界整体即人类社会整体的主要变化和重要趋势，最后叙述世界各部分之间的相互关系以及影响广泛的历史事件。比如，全球史的古典时代，可阐述下列专题：

文明发源地的自然环境

金属工具的制造和使用

私有制与阶级的产生

古老文明国家的出现

早期社会秩序和社会生活

游牧部落与农业部落的接触

文字的产生与早期文化

……

此外，全球史在叙事时一般都要求在比较大的范围内和比较大的跨度内阐述历史，显然，大范围、大跨度内的历史运动更利于反映全球的面貌。国内学者以往较为重视的此类历史事件有世界大战、海道大通、民族迁徙、殖民扩张、国际共产主义运动、世界经济和世界市场等，除此以外还应当纳入全球史视角的如：历史上流行性疾病不仅夺去大量生命，对较大区域社会造成巨大影响。早在 6000 年前的新石器时代，肺结核在北非和欧洲已经流行，在 4000 到 5000 年前，流行性感冒就已在人群中蔓延。14—15 世纪黑死病对欧亚地区的贸易、工业、金融和社会造成破坏。在16 到 19 世纪，天花和其他外来疾病毁灭了美洲和太平洋岛屿上的土著居民，同时为欧洲人提供了一个建立殖民地和传播欧洲文化的机会。[①] 在所有这些例子中，人类活动都加速了疾病的传播，对已经建立的政治、社会、经济和文化秩序造成深深的影响。又如较大范围的经济活动，对世界整体产生了影响，印度洋周边地区就是一个大经济带，从 7 世纪以来就具有连接商路、形成贸易网的特征。大宗日用品和奢侈品贸易使生产者有利可图，最终围绕着丝绸、铁和陶器的生产形成了较大范围的市场，在 1000 年或更长的时期内，对东半球的大部分地区产生深刻影响。再如，从早期的历史开始，人类群体就经常展开大范围的迁徙和移动。在这个过程中，除了人口的流动之外，人们还携带着不同种类的植物、动物、农作物、微生物、疾病和其他有生命的东西，从原居住的地区迁移到新的地区。近代之前，多种农业作物——其中包括各种谷类、蔬菜、水果和引种农作物——跨越遍及欧亚和北非大部分地区的生物界限，改变饮食和农业耕作的历史。对全球性社会变迁的叙述，就需要从这些较大范围内的历史

---

① 参见张剑光等：《人类抗疫全记录》，华东师范大学出版社 2003 年版，第 75—76 页。

运动去说明。

已有学者提出，应当建立"全球普适性的历史话语系统"，"使历史学本身全球化"。这对全球史的研究，也是一个合理的要求。实际上，所谓全球普适性的历史话语，归根到底就是要求全球史的阐述，必须具有一种客观、公正的全球立场，必须排除任何"中心论"，这是全球史学科本身的特点所决定的，做不到这一点，就永远写不出真正的全球史。目前，在国内外学者中，已经达成了一种共识：即在全球史著作中必须排除任何"中心论"，但在实际写作中，"中心论"的思想并未完全排除，比如在许多全球史著作中，仍然出现"东方"、"西方"、"中东"、"远东"这样的字眼，说明作者仍然站在某种政治立场或局部立场，并不是真正的全球立场。所以，至今学术界仍有人认为，真正的全球史或世界整体的历史著作还没有产生。看来，建立"全球普适性的历史话语系统"并不是一件容易的事情，编写一部真正的全球史，仍是我们面临的一项艰巨的任务。

参考文献

一、中文文献

1. 《马克思恩格斯全集》，人民出版社 1956—1982 年第一版（50 卷），1995 年起第二版（已出版 20 余卷，计划 60 卷）。

2. 《马克思恩格斯选集》（1—4 卷），人民出版社 1995 年版。

3. 《列宁全集》，人民出版社 1984—1990 年第二版。

4. 马克思：《历史学笔记》，中国人民大学出版社 2005 年版。

5. 马克思、恩格斯、列宁、斯大林：《论历史科学》，人民出版社 1980 年版。

6. 《毛泽东选集》（1—4 卷），人民出版社 1991 年版。

7. 《邓小平文选》（1—3 卷），人民出版社 1993、1994 年版。

8. 丰子义、杨学功：《马克思"世界历史"理论与全球化》，人民出版社 2002 年版。

9. 曹荣湘：《马克思世界历史理论与当代全球化》，中央编译出版社 2006 年版。

10. 尹树广：《晚年马克思历史观的变革》，黑龙江人民出版社 2000 年版。

11. 吕世荣：《马克思社会发展理论研究》，中国社会科学出版社 2001

年版。

12．[德] 格姆科夫:《马克思传》，易廷镇等译,三联书店 1978 年版。

13．张爱武:《世界历史性社会主义研究》，社会科学文献出版社 2005 年版。

14．郭艳君:《历史与人的生成》，社会科学文献出版社 2005 年版。

15．叶险明:《世界历史视野中的哲学》，中国社会科学出版社 2007 年版。

16．袁吉富:《马克思主义历史哲学》，吉林人民出版社 2006 年版。

17．陈先达:《走向历史的深处:马克思历史观研究》，中国人民大学出版社 2005 年版。

18．叶险明:《马克思的世界历史理论与现时代》，清华大学出版社 1996 年版。

19．吴江:《马克思主义是一门大史学》，中央编译出版社 2002 年版。

20．李植枬:《宏观世界史》，武汉大学出版社 1999 年版。

21．袁贵仁:《马克思的人学思想》，北京师范大学出版社 1996 年版。

22．赵士发:《世界历史与和谐发展》，人民出版社 2006 年版。

23．杨霞:《历史进步与人的解放》，中国社会科学出版社 1996 年版。

24．王东、丰子义、聂锦芳:《马克思主义与全球化》，北京大学出版社 2003 年版。

25．李振宏:《历史学的理论与方法》，河南大学出版社 1999 年版。

26．《2008 世界经济发展报告》，上海财经大学出版社 2008 年版。

27．李世安:《世界文明史》，中国发展出版社 2000 年版。

28．刘新成:《全球史译丛》，商务印书馆 2006 年版。

29．钱乘旦等:《换个角度看历史》，四川出版集团 2007 年版。

30．刘德斌:《国际关系史》，高等教育出版社 2003 年版。

31．于沛:《全球化和全球史》，社会科学文献出版社 2007 年版。

32．何兆武:《历史理论与史学理论》，商务印书馆 1999 年版。

33．《梁启超史学论著三种》，三联书店 1984 年（香港）版。

34．郭圣铭：《西方史学史概要》，上海人民出版社 1983 年版。

35．张文杰等编译：《现代西方历史哲学译文集》，上海译文出版社 1984 年版。

36．田汝康、金重远选编：《现代西方史学流派文选》，上海人民出版社 1982 年版。

37．[德]黑格尔：《哲学史讲演录》，贺麟等译，商务印书馆 1983 年版。

38．[德] 黑格尔：《历史哲学》，王造时译，三联书店 1956 年版。

39．[挪威] 约翰·加尔通：《和平论》，陈祖洲等译，南京出版社 2006 年版。

40．[英] 巴勒克拉夫：《当代史学主要趋势》，杨豫译，上海译文出版社 1987 年版。

41．[美] 戴维·弗罗姆金：《世界大历史》，王琼淑译，国际文化出版公司 2006 年版。

42．[美] 罗伯特·马克斯：《现代世界的起源》，夏继果译，商务印书馆 2006 年版。

43．[德] 斯宾格勒：《西方的没落》，陈晓林译，黑龙江教育出版社 1988 年版。

44．[德] 费希特：《人的使命》，梁志学等译，商务印书馆 1983 年版。

45．[苏] 阿·符·古留加：《赫尔德》，侯鸿勋译，上海人民出版社 1985 年版。

46．[英] 汤因比：《历史研究》，曹未风等译，上海人民出版社 1966 年版。

47．[英] 汤因比、[日] 池田大作：《展望二十一世纪》，荀春生等译，国际文化出版公司 1985 年版。

48．[德] 约阿希姆·拉德卡：《自然与权力：世界环境史》，王国豫等译，河北大学出版社 2004 年版。

49．[美] 鲁滨逊：《新史学》，齐思和等译，商务印书馆 1964 年版。

50．[法] 布罗代尔：《15 至 18 世纪的物质文明、经济和资本主义》，顾良等译，三联书店 1992 年版。

51．姚纪纲：《交往的世界》，人民出版社 2002 年版。

52．[美]安德烈·冈德·弗兰克等：《世界体系:500 年还是 5000 年?》，郝名玮译，社会科学文献出版社 2004 年版。

53．[法] 勒高夫等编：《新史学》，姚蒙编译，上海译文出版社 1989 年版。

54．[美] 伊格尔斯：《欧洲史学新方向》，赵世玲等译，华夏出版社 1989 年版。

55．[英] 韦尔斯：《世界史纲》，吴文藻译，人民出版社 1982 年版。

56．[美] 伯恩斯、拉尔夫：《世界文明史》，罗经国等译，商务印书馆 1987 年版。

57．[美] 斯塔夫里阿诺斯：《全球通史》，吴象婴等译，上海社会科学院出版社 1988 年版。

58．[美] 伊曼纽尔·沃勒斯坦：《现代世界体系》，吕丹等译，高等教育出版社 1998 年版。

59．[英]巴勒克拉夫主编：《泰晤士世界历史地图集》，邓蜀生等编译，三联书店 1985 年版。

60．[英] 巴勒克拉夫：《当代史导论》，张广勇等译，上海社会科学院出版社 1996 年版。

61．[美]特伦斯·K.霍普金斯、伊曼纽尔·沃勒斯坦等：《转型时代》，吴英译，高等教育出版社 2001 年版。

62．[苏] 尼·切博克萨罗夫、伊·切博克萨罗娃：《民族·种族·文化》，赵俊智等译，东方出版社 1989 年版。

63．[美] 柯娇燕：《什么是全球史》，刘文明译，北京大学出版社 2009 年版。

64．[芬兰] 佩克·库西：《人，这个世界》，张晓翔等译，中国工人出版社 1989 年版。

65．[美] 丹尼尔·丁·布尔斯廷：《发现者》，严撷芸等译，上海译文出版社 1995 年版。

66．［德］哈贝马斯：《交往行动理论》，洪佩郁等译，重庆出版社 1989 年版。

67．［美］阿·托夫勒：《第三次浪潮》，朱志焱等译，三联书店 1984 年版。

68．［德］卡尔·雅斯贝斯：《历史的起源与目标》，魏楚雄等译，华夏出版社 1989 年版。

69．［美］杰里·本特利、赫伯特·齐格勒：《新全球史》，魏凤莲等译，北京大学出版社 2007 年版。

70．［美］弗雷德里克·J．梯加特：《罗马与中国—历史事件的关系研究》，丘进译，人民交通出版社 1994 年版。

71．［美］菲利普·柯丁：《世界历史上的跨文化贸易》，鲍晨译，山东画报出版社 2009 年版。

72．［英］庞廷：《绿色世界史》，王毅等译，上海人民出版社 2002 年版。

73．［英］波普尔：《历史决定论的贫困》，杜汝楫等译，华夏出版社 1987 年版。

74．［古希腊］希罗多德：《历史》，王敦书译，商务印书馆 1985 年版。

75．［意］维科：《新科学》，朱光潜译，人民文学出版社 1986 年版。

76．［美］大卫·克里斯蒂安：《时间地图：大历史导论》，晏可佳等译，上海社会科学院出版社 2007 年版。

77．［法］雅克·勒戈夫等编：《史学研究的新问题、新方法、新对象》，郝名玮译，社会科学文献出版社 1988 年版。

78．［美］汤普森：《历史著作史》，孙秉莹等译，商务印书馆 1998 年版。

79．［美］埃里克·詹奇：《自组织的宇宙观》，曾国屏等译，中国社会科学出版社 1992 年版。

80．［美］克拉克·威斯勒：《人与文化》，钱岗南、傅志强译，商务印书馆 2010 年版。

81．北京大学哲学系编译：《16—18 世纪西欧各国哲学》，商务印书馆

1975 年版。

82．［美］塞耶编：《牛顿自然哲学著作选》，上海外国自然科学哲学著作编译组译，上海人民出版社 1974 年版。

83．［英］卡·波普尔：《开放社会及其敌人》，陆衡等译，中国社会科学出版社 1999 年版。

84．王雨田：《控制论、信息论、系统科学与哲学》，中国人民大学出版社 1988 年版。

85．［美］杰里米·里夫金等：《熵：一种新的世界观》，吕明等译，上海译文出版社 1987 年版。

86．［美］彼得·圣吉：《第五项修炼》，郭进隆译，上海三联书店 1994 年版。

87．［美］欧文·拉兹洛：《系统哲学导论：一种当代思想的新范式》，钱兆华等译，商务印书馆 1998 年版。

二、外文文献

1．Bruce Mazlish: *The New Global History*, published 2006 by Routledge, New York.

2．A.G. Hopkins: *Global History*, published 2006 by Palgrave Macmillan, New York.

3．Fernand Braudel: *On History*, The University of Chicago Press, 1982.

4．Michael Geyer and Charles Bright, World History In A Global Age, *American Historical Review*, 100（4），1995.

5．Barry K. Gills and William R. Thompson: *Globalization and Global History*, published 2006 by Routledge, Oxon.

6．Odum, EP.: *Man'impact on the Global Environment*, The MIT Press, Mass 1970.

7．W. H. Mcneill: *The Rise of the West: A History of the Human Community*, The University of Chicago Press, 1963.

8．J. R. Mcneill & William H.Mcneill: *The Human Web*, Printed 2003 by W·W·Norton &Company, New York.

9．Bertrand Russell, The Scientific Outlook, London, 1931.

10．Fernand Braudel: *The Mediterranean and the Mediterranean World in the Age of Philip II*, Harpar Torchbook, 1976.

11．Marc Bloch: *Historian's Craft*, Alfred A. Knopf, Inc. 1953.

12．Ernst Breisach: *Historiography, Ancient, Medieval and Modem*, University of Chicago Press, 1983.

13．Fritz Stem: *The Variety of History*, Vintage: Books, 1972.

14．Gerard Corsane: *Heritage, Museums and Galleries*. London and New York, 2005.

15．Frederic S. Mishkin: *The Next Great Globalization*, 2006 by Princeton University Press.

16．A.G.Hopkins, ed., *Globalization in world history*, New York, 2002.

17．Interactions: *Transregional Perspectives on World History*, 2005 University of Hawaii press.

18．Annthony D. King edited, *Culture, Golbalization and the World -System*, Macmillan Press LTD, 1991.

19．Robert J Holton, *Globalization and the Nation-state*, Macmillan Press LTD, 1998.

20．Mike Featherstone edited, *Global Culture: Nationalism, Globalization and Modernity*, Sage Publications Inc, 1990.

21．Kotkin, joel: *The City: A Global History*. New York: Modern Library, 2005.

后 记

1985 年到 1988 年，我在武汉大学攻读世界史研究生期间，有幸就教于著名世界史学家吴于廑教授和李植枏教授，两位先生关于世界历史研究的宏观视野和整体思想，深深地吸引了我，使我感到整体研究正是世界史学科发展的根本出路。从那时起，我就决定把世界历史的整体研究作为我学术道路的基本方向。

几乎在同一时期，全球化进程扑面而来，全球史研究方兴未艾。巴勒克拉夫的《泰晤士世界历史地图集》、《当代史学主要趋势》以及斯塔夫里阿诺斯的《全球通史》已开始传入国内。当我用新奇的目光在这些著作的字里行间游弋的时候，一种学术的冲动从心底油然而生：什么叫全球史？全球史的发展规律是什么？全球史的发展动力是什么？全球史应当如何分期？全球史的未来向何处去？全球史应当如何编纂？……

坦率地讲，我并不认为巴勒克拉夫和斯塔夫里阿诺斯已经很好地解决了这些问题。那么，应当如何去解决这些问题呢？经过一段时间的思考，我感到全球史研究和世界历史的整体研究本质上是同一个问题，因为全球史实质上就是世界整体的历史，全部问题的关键就是整体研究。解决的途径有两个：一是要用马克思主义的世界历史理论作指导（巴勒克拉夫已经暗示了这一点）；二是要借鉴整体观的方法论（这一点学界至今未给予足够的重视）。这两个途径本质上也是一致的，即要解决整体观问题。没有一个正确的整体观作指导，无论是世界历史的整体研究，还是全球史研究都是没有前途的。

于是，我就开始着手自己的研究工作。当我研究马克思主义的世界历史整体观的时候，发现必须从黑格尔入手才能说明问题；当我研究黑格尔的历史哲学时，又感到古代的整体观念和近代的世界史观也有其理论价值；当我研究现代系统哲学的整体性原则的时候，又发现当代自组织理论最有说服力……研究工作就这样一步一步地展开了，成果在一点一滴地积累，时间也一年一年地过去，到今天已经二十多个年头了。

2007年，我申报的国家哲学社会科学基金项目获得批准，课题名称为"马克思的世界历史理论与全球史观研究"。这使我有条件将二十多年来的研究作一个系统的总结，最终定名为《全球史导论》。本书的任务是：在马克思主义的世界历史理论的指导下，运用现代整体观的理论和方法，探讨世界整体历史即全球史研究的基本理论和方法，为全球史学科的建立和发展寻求一种现实可行的路径。至于本书是否完成了这样的任务，那就只能留给读者去评判了。

马克思在评价自己的《资本论》时曾说："不论我的著作有什么缺点，它们却有一个长处，即它们是一个艺术的整体"。这给我了很大的启发，成为本书的一个努力的方向。我不能奢望本书没有缺点，也不能要求所有的读者都接受我的观点。但我应努力使本书成为一个"艺术的整体"，即它应当是完美的和完整的，内部存在着有机的联系。

二十多年来，在我的学术道路上，许多学界前辈、同仁、学友给予了悉心指教和无私帮助，他们包括中国社会科学院世界历史研究所、北京大学历史系、武汉大学历史文化学院、河南大学历史文化学院等单位的老师和朋友们，在此向他们表示衷心的感谢！

本书的出版得到海南师范大学重点学科建设基金资助，人民出版社的编辑为本书出版付出了辛勤的工作，在此也一并向他们表示感谢！

张一平

2012年春于海南岛

索　引

Q

全球化　1—4，7，10，11，14，16，18，19，32，81，86，110—113，118，175，290，294，318，331，367，380，395，410，411，414，420，421，425—427，433

全球史的编纂　22，23，414，415，417

全球史的分期　19，22，285，299，303，307，421

全球史的目的　264，269，271，272—280，282—284，321—323，413

全球史的起点　285，290，291，295，297

全球史的未来　320，433

全球史的意义　276

全球史观　1，14，15，17—19，67，70，73，81，112，422，434

全球史学科　1，14，15，19，21—23，113，122，134，285，325，398，402—405，410—414，416，425，434

全球性　4，5，7，8，19，45，69，73，83，142，182，193，225，397，414，417，418—420，424

S

世界历史性　16，18，83，87—93，95—100，108，119—123，296，413，427

T

统一性　13，14，16，26—28，33，34，69，70，100，101，105，106，132，135，143，238，242，244，256，271，289，321，329，338，344，346，350，354，356，367，368，398，403，413，417

突变　22，147，218，232，240，241，243—246，247，302，303，347，390，413

退化　22，145，146，172，224，237，239，256，257，259—264，270，273，274，317，321，322，334

W

唯物史观　15—17，28，36，42，81，84，99—105，121，124，126，131，280，304，325，347，368，369，413

文化形态史观　18，43—45，57，58，68，331，389，415

责任编辑：毕于慧
封面设计：刻奇设计
版式设计：汪　莹

图书在版编目（CIP）数据

全球史导论 / 张一平 著 . - 北京：人民出版社，2012.6
ISBN 978 - 7 - 01 - 010938 - 1

I. ①全…　　II. ①张…　　III. ①世界史 - 研究　　IV. ① K107

中国版本图书馆 CIP 数据核字（2012）第 115811 号

全球史导论
QUANQIUSHI DAOLUN

张一平　著

人 民 出 版 社 出版发行
（100706　北京朝阳门内大街 166 号）

环球印刷（北京）有限公司印刷　新华书店经销

2012 年 6 月第 1 版　2012 年 6 月北京第 1 次印刷
开本：700 毫米 × 1000 毫米 1/16　印张：28
字数：389 千字

ISBN 978 - 7 - 01 - 010938 - 1　定价：52.00 元

邮购地址 100706　北京朝阳门内大街 166 号
人民东方图书销售中心　电话（010）65250042　65289539